MANFRED HÖFER
Die Kaiser und Könige der Deutschen

MANFRED HÖFER

Die Kaiser und Könige der Deutschen

BECHTLE

2. Auflage Februar 1998
3. Auflage April 1999
4. Auflage November 1999
5. Auflage Juni 2001 (Sonderproduktion)
6. Auflage Januar 2003 (Sonderproduktion)

© 1994 by Bechtle Verlag München und Esslingen
Alle Rechte vorbehalten
Schutzumschlaggestaltung: Bernd und Christel Kaselow,
  München, unter Verwendung von Fotos des Archives
  für Kunst und Geschichte, Berlin
Druck: Jos. C. Huber KG, Dießen
Binden: Oldenbourg Buchmanufaktur, Monheim
Printed in Germany
ISBN: 3-7628-0524-5

Inhaltsverzeichnis

Vorwort 7

Teil I
Die Kaiser und Könige des Heiligen Römischen Reiches
911–1806 9

Teil II
Die Preußischen Könige und Kaiser
des zweiten Deutschen Reiches
1701–1918 249

Teil III
Die Könige von Hannover
1814–1866 315

Teil IV
Die Kursächsischen Könige
1806–1918 335

Teil V
Die Könige der Bayern
1806–1918 363

Teil VI
Die Könige von Württemberg
1806–1918 385

Personenverzeichnis 405

Literaturhinweise 425

Vorwort

Das Anliegen dieses Buches soll nicht nur die Veröffentlichung einer Sammlung von Lebensgeschichten deutscher Kaiser und Könige sein, deren Existenz unverwechselbar und beispiellos eng mit der Geschichte unseres Landes verbunden ist, sondern darüber hinaus Deutsche Geschichte, am Leben seiner Herrscher orientiert, chronologisch darstellen. Das übergeordnete Ziel des Werkes aber ist vielmehr, Geschichte durch die vordergründige Herausstellung von Persönlichkeiten anschaulich zu vermitteln, es wendet sich daher an den Interessenten, der sich bewußt um Geschichtsverständnis bemühen möchte.
Infolgedessen will das Buch den Anspruch, der im ursprünglich engen Rahmen meiner Unterrichtsführung in der geschichtlich-politischen Bildung von Erwachsenen bestand, als Nebenprodukt dieser Arbeit auf einer wesentlich breiteren Basis fortsetzen.

Allen, die mir bei der Entstehung des Buches geholfen haben, danke ich herzlich.

Bremerhaven, Frühjahr 94

Manfred Höfer

Teil I

Die Kaiser und Könige des Heiligen Römischen Reiches 911–1806

Einleitung zu Teil I

Die Gründung des Heiligen Römischen Reiches Deutscher Nation kann nicht mit einem Datum angegeben werden. Sie versteht sich als Ergebnis einer politischen Entwicklung, deren Ursprung im Fränkischen Reich liegt. Dieser Staat, vom Merowingerkönig Chlodwig aufgebaut, erreichte unter Kaiser Karl dem Großen seine größte Ausdehnung und Machtentfaltung. Aufgrund der fränkischen Rechtsauffassung und -praxis teilte man das Gebiet nach dem Tode Karls des Großen auf. Zunächst in zwei, später in drei etwa gleich große Teilgebiete, die noch heute auf der politischen Karte West- und Mitteleuropas grob erkennbar sind. Das Westfrankenreich könnte man mit dem heutigen Frankreich vergleichen, allerdings ohne Elsaß-Lothringen und Burgund, diese Gebiete gehörten zum Mittelfränkischen Reich, das darüber hinaus auch noch die Territorien der heutigen Schweiz, der Benelux-Staaten und Oberitaliens umfaßte. Das Ostfränkische Reich bestand in etwa aus dem Gebiet der ehemaligen Bundesrepublik Deutschland (bis zum 3. 10. 1990) und Österreich.
Die Teilung des Frankenreiches hat nicht zur Entstehung des Deutschen Reiches geführt, wie man vielleicht vermuten könnte, sondern das Frankenreich blieb fränkisch, die Landesteile wurden durchweg von den Mitgliedern der Familie der Karolinger regiert. Auch die Zählweise bzw. Numerierung der deutschen Könige und Kaiser hilft zur Festlegung eines Zeitpunktes der Reichsentstehung nicht weiter, denn gezählt werden die Herrscher des Heiligen Römischen Reiches ab Karl dem Großen. Es soll hier nicht verschwiegen werden, daß diese komplizierte Thematik auch unter Historikern vielfältige Meinungen und Diskussionen herausforderte. Für den Verfasser ergab sich daraus die Schwierigkeit, zu welchem Zeitpunkt er mit seinen Kurzbiographien einsetzen konnte. Er wählte schließlich das Jahr 911: Mit dem Ableben des karolingischen Königs Ludwig des Kindes starb die ostfränkische Linie der Karolinger aus. Für die erstarkten Herzöge der ostfränkischen Stämme erhob sich damit die Frage, ob erneut ein Karolinger die Landesgeschicke führen sollte; denn zu diesem Zeitpunkt regierte im Westfränkischen Reich Karl der Einfältige, ein weiterer Vertreter des Hauses Karolingen, der nach der bisherigen Praxis auch König von Ostfranken hätte werden müssen. Während sich in dieser Situation das

Mittelfränkische Reich dem Westen zuwandte, wählten die Stammesherzöge und der Adel Ostfrankens einen Vertreter aus ihren eigenen Reihen zum König. Dies war der Herzog Konrad von Franken, des Gebietes Bayerns, das heute noch mit »Franken« bezeichnet wird. Wie problematisch diese Wahl hinsichtlich einer Festschreibung der Reichsentstehung des »Deutschen Reiches« ist, mögen die eigenen Auffassungen der ersten Könige verdeutlichen: Konrad I. sah sich selbst als Erneuerer des Frankenreiches, darüber hinaus war er (wie viele aus dem Adel) mit dem Hause Karolingen verwandt, selbst Otto der Große nannte sich »König der Franken und Langobarden«.

Entscheidend für den Verfasser sollte jedoch sein, daß die deutschen Stämme erstmals in ihrer Geschichte im Jahre 911 in der Stadt Forchheim mit Konrad I. einen Mann aus dem Lande in freier Wahl zu ihrem König berufen hatten.

Die Geschichte der deutschen Kaiser und Könige darf also mit dem Jahre 911 beginnen, wobei die damit verbundene Problematik beachtet werden sollte. Letztlich hat sich das Heilige Römische Reich in einem allmählichen politischen Prozeß konstituiert. Die Entwicklung der deutschen Sprache (erstmals 842 in den »Straßburger Eiden« dokumentiert), die Einführung des germanischen Rechts (gegenüber dem römischen Recht im Frankenreich) mit der konsequenten Fortführung des Lehnswesens stellen ebenso wertvolle Indikatoren zur zeitlichen Festlegung der Reichsgründung dar wie der Bau der ersten großen Dome in einem im Lande geprägten Baustil, womit die frühen Herrscher ihre Machtfülle und ihre politischen Ansprüche bildlich klar zum Ausdruck brachten.

So schnell und vehement der Aufstieg des Deutschen Reiches erfolgte, so setzte auch der Abstieg bereits nach weniger als 100 Jahren Reichsgeschichte ein. Schon unter dem dritten König der Deutschen, dem späteren Kaiser Otto I., dem Großen, stellte das Reich den mächtigsten Staat im europäischen Raum dar, wenn er auch noch nicht seine größte räumliche Ausdehnung aufwies. Zur größten Landfläche gelangte das Reich erst unter Kaiser Heinrich III. (1039–1056).

Der rasche Aufschwung des Deutschen Reiches zur europäischen Großmacht begründet sich mehrfach. Nach dem Zerfall des fränkischen Großstaates existierte als nennenswerter Machtfaktor in Europa nur noch im Südosten das Oströmische Reich, Byzanz, das aber auch bereits die Zeichen des Untergangs trug. Die römische Kirche, West-

und Mitteleuropa benötigten eine starke politische und militärische Kraft gegen die oströmischen Byzantiner, gegen die Wikinger im Norden und gegen die slawischen Völker und die Ungarn im Osten Europas. Diesen Gegenpol glaubten die Könige des Deutschen Reiches bilden zu können. Sie verstanden sich im Mittelalter als weltliches Oberhaupt der Kirche und als Beschützer und Bewahrer der westlichen Christenheit. Diesem hohen Anspruch, im wesentlichen entstanden durch das römische Engagement der fränkischen Könige Pippin des Jüngeren (»Pippinsche Schenkung«) und Karls des Großen, wurden jedoch insgesamt gesehen nur wenige Herrscher gerecht. Die sächsischen Kaiser und Könige, vor allem Otto der Große, konnten sich sowohl im Reich als auch in Rom durchsetzen. Dies fiel den späteren Königen zunehmend schwer. Die Reichseinheit hing dann meist nur noch von den finanziellen Möglichkeiten sowie von den geistigen und militärischen Fähigheiten der einzelnen Herrscherpersönlichkeiten bzw. der Kirchenfürsten ab. Otto der Große starb 973, von diesem Zeitpunkt an ging es, grob ausgedrückt, mit der außenpolitischen Bedeutung des Reiches in Europa – mal mehr und mal weniger, zu manchen Zeiten kaum wahrnehmbar, aber doch stetig – bergab. Drei Gründe haben zu diesem Niedergang im wesentlichen beigetragen:

1. **Der vermeintliche oder begründete Anspruch der deutschen Könige auf die durch Karl den Großen überlieferte Kaiserkrone, die das ganze Mittelalter hindurch nur durch den Papst vergeben werden konnte, und der dadurch programmierte Kompetenzstreit zwischen der Kirche und dem Reich,**

2. **der Besitz der Krone der Langobarden und der damit verbundene Titel des Königs von Italien seit Kaiser Otto dem Großen und**

3. **das Lehnswesen als Verwaltungssystem, das die Partikularbestrebungen der deutschen Fürstenhäuser provozierte.**

Während die Nachbarstaaten des Reiches – vor allem Frankreich und England – sich innerlich konsolidierten und die bestehenden Machtverhältnisse im Laufe der Geschichte zugunsten der regierenden Königshäuser zu zentralen Machtbasen ausbauen konnten, zerschlissen die deutschen Könige ihre und des Volkes Kräfte nahezu das gesamte Hoch- und Spätmittelalter hindurch auf italienischen Schlachtfeldern. Dabei ging es sowohl gegen die weltlichen Ambitionen der römischen Kirche als auch um die deutschen Kronansprüche in Ober- und Mittelitalien. Einen traurigen Höhepunkt bildet in diesem Zusammenhang der »Investiturstreit« zur Zeit der salischen Kaiser, der Heinrich IV. zu seinem berühmten Gang nach Canossa zwang.

Die kraftraubenden Heerzüge der Könige nach Italien verzehrten die Soldaten und Mittel, die die Herrscher zur Festigung ihrer Stellung und damit zur Förderung der Reichseinheit im Lande sehr viel dringender benötigt hätten. So ging das Lehnsrecht, auf das sich die Reichsverwaltung stützte, verloren, weil die Fürsten es verstanden, sich ihre Lehen als erblichen Familienbesitz zu sichern. Natürlich dachten diese Fürsten in erster Linie daran, ihren Besitz zu erhalten und wenn möglich gegen die Interessen der Gesamtstaatlichkeit auszubauen. Das Königtum konnte sich letztlich nur behaupten, weil die Herrscher im Verlaufe des Mittelalters als Spender von Souveränitätsrechten benötigt wurden, wodurch sich das Reich in einen lockeren Staatenbund auflöste. Je mehr aber das Reich zerfiel, desto größer erschien den Nachbarländern die Chance, zu eigenen Gunsten in die Geschicke des Reiches einzugreifen. Der Frieden von Münster und Osnabrück 1648, der den 30jährigen Krieg beendete, bestätigte endgültig die Reichsauflösung unter Mitwirkung von Frankreich, England, Spanien, Dänemark, Schweden u. a. in über 200 kleine und kleinste Staaten.

Nominell existierte das Reich nach dem 30jährigen Krieg noch 158 Jahre, in denen die Stellung des Kaisers zum bloßen Titel herabgesunken war. Napoleon I. löschte 1806 das Heilige Römische Reich Deutscher Nation auch offiziell aus, indem er den letzten Kaiser, Franz II., zum Rücktritt bewegte.

Regierungszt.	Name	Kaiser/Jahr	Herkunft
911– 918	Konrad I.	–	Franken
919– 936	Heinrich I., der Vogler	–	Sachsen
936– 973	Otto I., der Große	Kaiser 962	Sachsen
973– 983	Otto II.	Kaiser	Sachsen
984– 991	Theophano	Kaiserin	Byzanz
991– 995	Adelheid	Kaiserin	Burgund
995–1002	Otto III.	Kaiser	Sachsen
1002–1024	Heinrich II.	Kaiser 1014	Sachsen
1024–1039	Konrad II.	Kaiser 1027	Salier
1039–1056	Heinrich III.	Kaiser 1046	Salier
1056–1062	Agnes von Poitou	Kaiserin	Frankreich
1062–1065	Erzbischof Anno von Köln u. Adalbert von Hamburg-Bremen		
1065–1105	Heinrich IV.	Kaiser 1084	Salier
1106–1125	Heinrich V.	Kaiser 1111	Salier
1125–1137	Lothar III.	Kaiser 1133	Sachsen
1136–1152	Konrad III.	–	Staufer
1152–1190	Friedrich I., Barbarossa	Kaiser 1155	Staufer
1190–1197	Heinrich VI.	Kaiser 1191	Staufer
1198–1208	Philipp von Schwaben	–	Staufer
1198–1212	Otto IV.	Kaiser 1209	Welfe
1212–1250	Friedrich II.	Kaiser 1220	Staufer
1220–1234	Heinrich (VII.)	–	Staufer
1250–1254	Konrad IV.	–	Staufer
1254–1273	Interregnum		
1273–1291	Rudolf I.	–	Habsburg
1292–1298	Adolf I.	–	Nassau

*) Die Leiche Konrads IV. verbrannte im Dom zu Messina vor der Beisetzung

vor Regierungsantritt	Bemerkungen	beerdigt in
Herzog von Franken	–	Fulda (?)
Herzog von Sachsen	–	Quedlinburg
–	Sohn Heinrichs I.	Magdeburg
–	Sohn Ottos I.	Rom
Gemahlin Ottos II.	Regentin für ihren unmündigen Sohn Otto III.	Köln
Gemahlin Ottos I.	Regentin für ihren unmündigen Enkel Otto III.	Selz
–	Sohn Ottos II.	Aachen
Herzog von Bayern	–	Bamberg
Herzog von Franken	–	Speyer
–	Sohn Konrads II.	Speyer
Gemahl. Heinrichs III.	Regentin für ihren unmündigen Sohn Heinrich IV.	Rom (?)
Regenten für den unmündigen Heinrich IV.		–
–	Sohn Heinrichs III.	Speyer
–	Sohn Heinrichs IV.	Speyer
Herzog von Sachsen	–	Königslutter
Herzog von Schwaben	–	Bamberg
Herzog von Schwaben	Neffe Konrads III.	Tyros
–	Sohn Friedrichs I.	Palermo
Herzog von Schwaben	Bruder Heinrichs VI.	Speyer
Herzog von Aquitanien	Gegenkönig zu Friedrich II.	Braunschweig
König von Sizilien	Sohn Heinrichs VI.	Palermo
König von Sizilien	Mitregent und Sohn Friedrichs II., teilweise gegen dessen Willen	Cosenza
–	–	Messina *)
	Die königs- und kaiserlose Zeit	–
Graf von Habsburg	–	Speyer
Graf von Nassau	–	Speyer

Regierungszt.	Name	Kaiser/Jahr	Herkunft
1298–1308	Albrecht I.	–	Habsburg
1308–1313	Heinrich VII.	Kaiser 1312	Luxemburg
1314–1347	Ludwig IV., der Bayer	Kaiser 1328	Wittelsbach
1347–1378	Karl IV.	Kaiser 1355	Luxemburg
1378–1400	Wenzel I.	–	Luxemburg
1400–1410	Ruprecht I.	–	Wittelsbach
1410–1411	Jobst I.	–	Luxemburg
1410–1437	Sigismund I.	Kaiser 1433	Luxemburg
1438–1439	Albrecht II.	–	Habsburg
1440–1493	Friedrich III.	Kaiser 1452	Habsburg
1486–1519	Maximilian I.	Kaiser 1508	Habsburg
1519–1558	Karl V.	Kaiser 1529	Habsburg
1558–1564	Ferdinand I.	Kaiser	Habsburg
1564–1576	Maximilian II.	Kaiser	Habsburg
1576–1612	Rudolf II.	Kaiser	Habsburg
1612–1619	Matthias I.	Kaiser	Habsburg
1619–1637	Ferdinand II.	Kaiser	Habsburg
1637–1657	Ferdinand III.	Kaiser	Habsburg
1658–1705	Leopold I.	Kaiser	Habsburg
1705–1711	Joseph I.	Kaiser	Habsburg
1711–1740	Karl VI.	Kaiser	Habsburg
1740–1745	Karl VII.	Kaiser	Wittelsbach
1745–1780	Maria Theresia I.	Kaiserin	Habsburg
1745–1765	Franz I.	Kaiser	Lothringen
1765–1790	Joseph II.	Kaiser	Habsburg
1790–1792	Leopold II.	Kaiser	Habsburg
1792–1806	Franz II.	Kaiser	Habsburg

vor Regierungsantritt	Bemerkungen	beerdigt in
Hzg. v. Östr./Steierm.	–	Speyer
Herzog von Luxemburg	–	Pisa
Herzog von Oberbayern	–	München
König von Böhmen	–	Prag
König von Böhmen	Sohn Karls IV.	Prag
Kurfürst v. d. Pfalz	–	Heidelberg
Kurfürst von Brandenburg	bekannt als Markgraf Jobst von Mähren	Brünn
König von Ungarn	–	Großwardein
Herzog von Österreich	Die deutsche Krone geht in den Besitz der Habsburger	Stuhlweißenburg
Herzog von Österreich	Letzter in Rom gekrönter deutscher Kaiser	Wien
Statth. d. Niederlande	Sohn Friedrich III.	Wien
König von Spanien	Letzter von einem Papst gekrönter Kaiser	Madrid
Römischer König	–	Prag
–	–	Prag
–	–	Prag
–	–	Prag
–	–	Graz
–	–	Wien
–	–	Wien
–	–	Wien
–	–	Wien
Kurfürst von Bayern	–	München
Königin Ungarn/Böhmen	Durch die »Pragmatische Sanktion« Karls VI. Kaiserin	Wien
Herzog von Lothringen	Mitregent seiner Gemahlin Maria Theresia	Wien
–	bis 1780 Mitregent Maria Theresias für Östr./Ungarn	Wien
Großherzog v. Toskana	–	Wien
–	Letzter Kaiser des Heiligen Römischen Reichs	Wien

911–918 Konrad I.

Konrad I. residierte bis zu seiner Königswahl bei Forchheim an der Regnitz als Herzog von Franken. Aus seinem Leben blieben nur wenige Nachrichten erhalten. Die entfernte Verwandtschaft zu den »deutschen« Karolingern gab vermutlich den Ausschlag für die Stimmenmehrheit der Herzöge und des Adels der Franken, Sachsen, Bayern und Schwaben bei der Wahl dieses Königs, der als erster deutscher Herrscher gelten kann. Allerdings hatte man zunächst Otto den Erhabenen, Herzog von Sachsen, vorgeschlagen; doch er lehnte aus Altersgründen ab (er starb bereits ein Jahr später) und unterstützte die Kandidatur Konrads.
Konrad I. wollte der Zentralgewalt des Königs, wie sie zu Zeiten Karls des Großen existiert hatte, wieder zum Durchbruch verhelfen. An dieser Absicht scheiterte er. Unmittelbar nach der Wahl verwickelte er sich innenpolitisch in zahlreiche militärische Auseinandersetzungen, die er nicht zu durchschlagenden Erfolgen verwirklichen konnte. Seine Gegner waren die Herzöge, die ihn zwar gewählt hatten, aber keineswegs gewillt waren, auf ihre eigenen Machtansprüche zugunsten der königlichen Zentralmacht zu verzichten.
Die Pläne Konrads schienen zunächst aussichtsreich, weil sich im Herzogtum Schwaben die großen Familien um die Herzogswürde stritten. Doch während der König sich in Schwaben um eine Klärung der dortigen Verhältnisse bemühte, drangen die Sachsen in Franken ein und bedrohten das Stammland des Königs. So mußte er zunächst die Sachsen zurückdrängen, ohne aber einen spektakulären Sieg erringen zu können. Unterstützung erhielt Konrad nur durch die Kirche, die aus Furcht vor herzoglichen Übergriffen auf ihren Besitz die zentralistischen Bestrebungen des Königs protegierte. Doch auch diese Hilfe war nur von kurzer Dauer, da Konrad durch die Hinrichtung der Brüder Berthold und Erchanger aus dem schwäbischen Herzoghaus sein Ansehen bei den Kirchenführern verlor. Ebenso erfolglos endeten die militärischen Bemühungen Konrads, Lothringen an das Reich zu binden.
Konrads Kämpfe gegen Sachsen, Schwaben, Lothringen und Bayern führten zu einer Aufsplitterung seiner Kräfte, so daß er weder die jährlich wiederkehrenden Einfälle der Ungarn, die im Reich nach

Belieben brandschatzten und plünderten, noch die Überfälle der Wikinger im Norden verhindern konnte. In seinen letzten Kämpfen wandte er sich gegen den Bayernherzog Arnulf und wurde 917 so schwer verwundet, daß er sich von den Verletzungen nicht mehr erholte. Im Gefühl des nahen Todes ließ er (wahrscheinlich) die Zeichen seiner königlichen Würde, die goldenen Armringe, den Mantel, das Schwert und die Krone, seinem Widersacher, dem Herzog von Sachsen, durch seinen Bruder Eberhard überbringen. In dieser letzten Entscheidung werden die Absicht und der ehrliche Wille Konrads deutlich, das Reich zum Wohle der Gemeinschaft zu vereinen. Indem er dem mächtigsten Reichsfürsten die Reichsinsignien überbringen ließ, siegte er durch seinen Nachfolger über den Tod hinaus. Heinrich, Herzog von Sachsen, wurde 919 tatsächlich zum deutschen König gewählt.

Konrad I. starb am 23. Dezember 918. Er wurde im Dom zu Fulda beigesetzt, jedoch ging seine Grabstätte durch den Brand des Doms im Jahre 1286 verloren, nur eine Gedenktafel erinnert an den ersten deutschen König.

919–936 Heinrich I., der Vogler

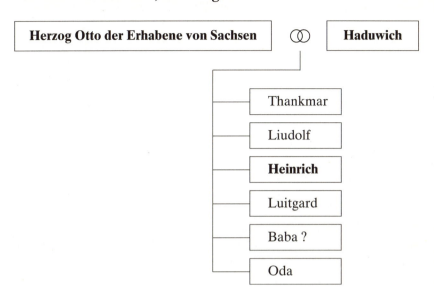

Kindheit und Jugendzeit Heinrichs I. liegen im Dunkel der Geschichte. Selbst sein Geburtsjahr kann nicht mit Bestimmtheit angegeben werden, es muß um etwa 876 gelegen haben. Als König kam Heinrich eine andere übergeordnete Stellung zu, so daß wir über seine Person in späteren Jahren mehr wissen.

In erster Ehe war er mit Hatheburg, einer wohlhabenden Witwe, die als Nonne in Merseburg gelebt hatte, verheiratet. Aus dieser Ehe stammte sein ältester Sohn, Thankmar. Mit großer Wahrscheinlichkeit mußte Heinrich diese Ehe unter dem Druck seiner Familie lösen. Seine zweite Ehe schloß er mit Mathilde, der Urenkelin des Sachsenführers Widukind, der einer der legendären Gegner Karls des Großen gewesen war. Mathilde gebar fünf Kinder, Otto, der als Otto I. dem Vater auf dem Thron nachfolgen sollte, Brun, den späteren Erzbischof von Köln, Gerberga, die mit Giselbert, dem Herzog von Lothringen, verehelicht wurde und nach dessen Tod Ludwig IV. von Westfranken heiratete, Hadwig, die mit dem Grafen Hugo von Paris verbunden wurde, und schließlich Heinrich, den späteren Herzog von Bayern.

Heinrich I. war weder der von der Romantik stilisierte »Vogler« noch der von den Geschichtsschreibern seiner Zeit gelobte Städtebauer. Sein Regierungsstil verrät den zwar ungebildeten, aber nüchtern denkenden

Realpolitiker, der seine Grenzen, aber auch seine Chancen richtig einzuschätzen wußte. Sicherlich war Heinrich ein durchtrainierter Reiter und guter Soldat, der im Kampf und auf der Jagd zu glänzen wußte. Die »Schönheit« und »Weisheit«, die der Mönch Widukind von Corvey bei ihm so rühmte, gelten eher dem Respekt und der Anerkennung, mit der der Mönch die Leistungen des Königs glaubte würdigen zu müssen, doch die Leistungen Heinrichs I. sind im Gegensatz zu der romantischen Spätverbrämung unbestreitbar.

Heinrich wurde im Mai 919 nur von den Franken und Sachsen zum König gewählt. Die Bayern und Schwaben riefen dagegen Herzog Arnulf von Bayern zum Gegenkönig aus. Die Zentralgewalt hing ganz entscheidend vom politischen Geschick des Königs ab. Dieses Geschick bewies er auch sogleich. Während sein Vorgänger Konrad I. um Anhänger in Kirche und Reich buhlte, blieb Heinrich I. absichtlich auf sich und sein Stammland allein gestellt. Er vermied jede Anbiederung an die Kirche und die Herzöge; denn er fühlte sich als Träger der königlichen Macht, der zu folgen war oder die man fürchten lernen sollte. Nachdem er sich in Regensburg zwar mühsam gegen die Bayern und Schwaben durchzusetzen vermochte, begannen die außenpolitischen Schwierigkeiten. Wie so oft in der Geschichte stritten das Reich und Westfranken (Frankreich) um Lothringen. Heinrich I. verzichtete zugunsten seiner Anerkennung als König durch Karl den Einfältigen, den König von Westfranken, zunächst auf seine lothringischen Ansprüche. Als aber König Karl 923 im eigenen Land gefangengenommen wurde, marschierte Heinrich I. in Lothringen ein und zwang Herzog Giselbert zur Anerkennung der königlichen Lehnshoheit des Reiches. Diese Anerkennung wurde im Jahre 928 durch die Heirat Giselberts mit Gerberga, der Tochter Heinrichs, untermauert.

Ein weiteres außenpolitisches Problem waren die Ungarn, die in stetiger Regelmäßigkeit im Sommer das Reich überfielen. Hier kam Heinrich ein glücklicher Zufall zu Hilfe. Im Jahre 924 nahmen seine Gefolgsleute einen ungarischen Führer in der Nähe der Pfalz Werla, unweit von Goslar an der Oker, gefangen. Heinrich konnte unter Ausnutzung dieser Geiselnahme einen auf zehn Jahre befristeten Waffenstillstand mit den Ungarn aushandeln.

Diese Erfolge verschafften ihm solchen Respekt, daß er auf dem Reichstag von Worms 926 den Beschluß der sogenannten »Burgenordnung« durchsetzen konnte. Dabei handelte es sich um ein umfangreiches Burgen- und Befestigungsbauprogramm vor allem entlang der

Ostgrenze des Reiches, das im Kriegsfall den Ein- und Durchmarsch der Ungarn erschweren sollte. Auf die Burgenordnung bezieht sich König Heinrichs Ruhm als »Städtebauer«. Gleichzeitig schuf er als erster deutscher Herrscher ein stehendes Heer. Die Soldaten waren schwerbewaffnete und mit Helm und Kettenhemd gepanzerte Reiter, auf deren militärisch-taktische Schulung der König große Sorgfalt verwendete. Besoldet wurden die »Ritter« mit Grundbesitz. Heinrichs militärisches Konzept begann alsbald an der östlichen Reichsgrenze erste Früchte zu tragen. Die Elbslawen sowie einige andere slawische Stämme, die im späteren Brandenburg siedelten und einen ständigen Unruheherd bildeten, wurden besiegt und christianisiert, was die Integration dieser Stämme in das Reich bedeutete. Weitere Kriegszüge führte Heinrich I. gegen die Böhmen, die ihm 930 huldigen mußten. Nach neun Jahren Waffenstillstand mit den Ungarn fühlte sich Heinrich I. so stark, daß er die bei den Waffenstillstandsverhandlungen zugesicherten Tributzahlungen einstellte. Der Sage nach ließ er der Tributkommission einen toten Hund vor die Füße werfen. Damit war der Waffenstillstand gebrochen, und die Ungarn drangen noch im gleichen Jahre in zwei Heersäulen nach Thüringen und Sachsen ein. Die erste Abteilung der Ungarn schlug König Heinrich mit dem Reichsheer im Harzvorland vernichtend. Damit war der Nimbus der Unbesiegbarkeit der ungarischen Reiternomaden gebrochen. Bei Riade an der Unstrut stellte sich Heinrich mit seiner Streitmacht zum zweiten Mal zur Schlacht und besiegte auch hier die Ungarn entscheidend. Zu Lebzeiten des Königs wagten sie nunmehr keinen weiteren Angriff auf das Reich. Doch das Problem löste endgültig erst sein Sohn Otto.
Ein Jahr nach dem Erfolg an der Unstrut schlug Heinrich I. auch die Dänen in Schleswig-Holstein und eroberte die Stadt Haitabu (bei Schleswig). König Gnupa von Dänemark wurde zur Annahme des Christentums gedrängt. Als dann auch noch König Rudolf von Westfranken den Besitz Lothringens dem Reich zuerkannte, befand sich König Heinrich I. im Jahr 935 auf dem Höhepunkt seines Lebenswerks und seiner Macht. Im gleichen Jahr unterstellte sich auch noch das Königreich Burgund der Reichshoheit. Sowohl in Deutschland als auch von den Nachbarländern wurden König Heinrich I. Respekt, Anerkennung und Achtung entgegengebracht. Diese Erfolgswelle wollte er möglicherweise mit einem Zug nach Rom zur Kaiserkrönung abschließen, doch sein Schicksal entschied anders.
Heinrich I. erlitt in Bodfeld am Harz einen Schlaganfall. Zwar ver-

mochte er noch seine dringendsten Reichsgeschäfte auf dem Hoftag von Erfurt 936 zu regeln, doch am 2. Juli 936 starb er in Memleben. Er wurde unter großer Anteilnahme der Bevölkerung in der Stiftskirche in Quedlinburg bestattet.

Heinrich I. errichtete mit Tatkraft und Spürsinn für das Machbare ein unter dem Zepter des Herrschers geeintes Reich. Er sicherte und erweiterte die Reichsgrenzen und brachte Ruhe und Ordnung in das Land. Dem erfolgreichen und hochangesehenen Sachsenkönig Heinrich I. gelang das, was seinem Vorgänger versagt geblieben war: Der Bestand des Deutschen Reiches konnte nicht mehr in Zweifel gezogen werden. Letztlich schuf Heinrich I. die Voraussetzungen für die späteren Erfolge seines Sohnes.

936–973 Otto I., der Große

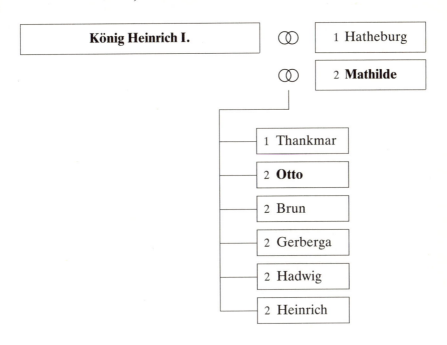

Otto I. wurde am 23. November 912 geboren. Der erste Sohn aus der zweiten Ehe Heinrichs I. mit Mathilde konnte nicht von vornherein mit der Nachfolge auf dem Königsthron rechnen. Mit Sicherheit wählte Heinrich I. den seiner Meinung nach fähigsten seiner Söhne aus. Der älteste Sohn, der in erster Ehe geborene Thankmar, aber auch der jüngste Sohn, Heinrich, der Liebling seiner Mutter, glaubten, ebenso Rechtsansprüche auf die Krone zu haben. Diese Situation führte nach dem Tod Heinrichs I. zu einem erschütternden Familienstreit im Haus der Liudolfinger Sachsen. Thankmar wollte seine Ansprüche als Erstgeborener durchsetzen, Heinrich dagegen wollte geltend machen, daß er als einziger der Söhne »purpurgeboren« sei, das heißt, er wurde geboren, als der Vater bereits König geworden war. Doch bevor die beiden Stiefbrüder sich untereinander hätten einigen müssen, wandten sie sich gegen ihren Bruder Otto.

Otto I. knüpfte an die fränkische Tradition an, indem er als Krönungsort Aachen auswählte, den Ort, den Karl der Große zum Mittelpunkt seines Reiches gemacht hatte und in dem er beerdigt worden war. Die

Königssalbung ließ er durch die Erzbischöfe von Köln, Mainz und Trier ausführen, und bei dem anschließenden Krönungsmahl warteten die Herzöge des Reiches auf: Hermann von Schwaben als Mundschenk, Arnulf von Bayern als Marschall, Giselbert von Lothringen als Kämmerer und Eberhard von Franken als Truchseß. Otto brachte durch diese Anordnungen ganz klar seine Absichten als Inhaber der königlichen Zentralgewalt zum Ausdruck und stellte seine Auffassung von der hierarchischen Ordnung für jedermann sichtbar dar.

Doch Tradition und eine geschickt dargebrachte Krönungsinszenierung garantierten noch lange keine politische Anerkennung im Reich. Die inneren Feinde haben Otto I. in den ersten Jahren seiner Regierungszeit sehr viel mehr zu schaffen gemacht als seine Gegner im Osten, Norden und im Süden Europas. Der Fluch der Deutschen, die Uneinigkeit und das machthungrige Streben der Partikularkräfte gegen jede bessere Einsicht, brachten den jungen König an den Rand der Verzweiflung. Daß der König in diesen Zeiten nicht entmutigt aufgab, daß er selbst in der Niederlage in unerschütterlichem Glauben an seiner Berufung festhielt, hat Otto I. »groß« gemacht. So bedeutete sein späterer Sieg auf dem Lechfeld sehr viel weniger als die Tatsache, daß er das Reich zu einer gemeinsamen Anstrengung gegen die Feinde zusammenbringen konnte.

Otto I. erkämpfte sich seine Anerkennung durch Leistung. 936 gewährte man ihm im Reich noch eine Eingewöhnungsfrist. Aber an der Ostgrenze übten die von Heinrich I. ins Reich gepreßten Slawen den Aufstand. Wenzel von Böhmen wurde durch seinen heidnischen Bruder Boleslaw ermordet. Gleichzeitig versuchte Boleslaw, die sächsischen Großen gegen den König aufzuhetzen. Zwar konnten die »Merseburger«, eine üble, aus Strauchdieben, zur Bewährung entlassenen Häftlingen und anderen Übeltätern zusammengesetzte Truppe, Herzog Boleslaw besiegen, doch ging der Erfolg durch die Sorglosigkeit der sächsischen Kräfte, die sich nach dem Sieg in völliger Sicherheit wähnten, wieder verloren. Inzwischen kam es in Mecklenburg zu einem Aufstand der Redarier. Otto I. griff nun selbst ein, besiegte die Redarier und setzte seinen treuen Gefolgsmann Hermann Billung als Markgrafen für Holstein, Mecklenburg und Pommern ein. Diese Personalentscheidung führte, obwohl Hermann Billung sich der Aufgabe durchaus gewachsen zeigte, unter den Anhängern Ottos in Sachsen zu Mißgunst und Verärgerung. Doch es gehörte zu den charakterlichen

Eigenschaften des Königs, daß er einmal getroffene Entscheidungen nicht rückgängig machte.
Die außenpolitischen Schwierigkeiten setzten sich auch im Jahre 937 fort. Die Ungarn drangen in Sachsen und Thüringen ein und wichen geschickt einer offenen Feldschlacht aus, der Schock von Riade vier Jahre zuvor saß noch zu tief. Schon wegen der bisher geschilderten Vorkommnisse hätte Otto einen spektakulären Sieg dringend benötigt, aber dieser blieb ihm vorerst noch versagt. Den Beweis seines »Königsheils«, des mittelalterlichen Glaubens an die Unbesiegbarkeit des von Gott gegebenen Königs, blieb Otto noch schuldig. Der Autoritätsmangel des Königs verleitete Herzog Eberhard von Franken zu einem barbarischen Akt der Selbstjustiz: Als sächsische Adlige Steuerzahlungen verweigerten, eroberte er innerhalb seines Herrschaftsgebietes eine Burg und ließ deren Bewohner ermorden. Der König konnte den Herzog zwar durch eine empfindliche Buße demütigen, aber gerade diese Schmach saß tief. 938 verbündete sich Thankmar mit Herzog Eberhard, wodurch der Streit Eberhards und seine offen ausgetragenen militärischen Händel mit dem sächsischen Adel in Hessen eine neue Dimension bekamen. Thankmar nahm seinen Bruder Heinrich als Geisel und lieferte ihn an Herzog Eberhard aus. Es blieb Otto nichts anderes übrig, als gegen Thankmar zu kämpfen. Wegen der großen Übermacht des königlichen Heeres öffnete man freiwillig die Tore der Eresburg, wohin sich Thankmar geflüchtet hatte. Thankmar wurde mit einem Speer, der durch ein Fenster der Burgkapelle geworfen wurde, getötet. König Otto ließ vier der vornehmsten Begleiter Thankmars sofort aufhängen, seinen Bruder aber betrauerte er trotz des begangenen Verrats.
Inzwischen beschlossen Herzog Eberhard und der bei ihm inhaftierte Heinrich in einem Geheimbündnis, gemeinsam gegen Otto I. vorzugehen. Unterstützung erhielten die beiden vom Mainzer Erzbischof Friedrich. Wieder bereinigte Otto die Situation. Herzog Eberhard wurde in das sächsische Hildesheim verbannt, seinem Bruder Heinrich verzieh der König und nahm ihn in allen Ehren wieder bei sich auf. Doch Heinrich gab keineswegs auf. Nunmehr verband er sich mit Herzog Giselbert von Lothringen, seinem Schwager. Den beiden gelang es, mit Geschenken und Versprechungen viele Vertreter des sächsischen Adels auf ihre Seite zu ziehen, und so standen plötzlich Franken, Sachsen und Lothringer gegen den König und seine Sache. Die Bayern verhielten sich abwartend, lediglich die Schwa-

ben wollten sich für den König einsetzen. In der Nähe der Stadt Xanten am Niederrhein sollte es zur Entscheidungsschlacht kommen.

Das Heer Ottos I. hatte den Rhein noch nicht in voller Stärke überquert, als die Vorhut bereits angegriffen wurde. Nur mit List gelang es den Rittern Ottos, aus dieser Falle zu entwischen: Trotz der großen Übermacht der Feinde stürzten sich die Königstreuen sofort in den Kampf, in dem folgenden Durcheinander schrien einige Anhänger des Königs auf Französisch den Lothringern zu, sie sollten fliehen. In Unkenntnis der wahren Lage ergriffen daraufhin die Lothringer tatsächlich die Flucht. Heinrich entkam mit wenigen Anhängern nach Merseburg, wo der König seinen Bruder zwei Monate lang erfolglos belagerte. Immerhin hielten nach dem »Wunder von Xanten« die meisten sächsischen Familien wieder zum König. Schließlich ergab sich Heinrich unter der Zusicherung freien Geleits und begab sich nach Lothringen. Otto folgte mit dem Heer nach und belagerte Herzog Giselbert vor Lüttich.

In dieser Situation griff Eberhard von Franken erneut in die Kriegshandlungen ein. Der König mußte Lothringen unverrichteter Dinge verlassen. Entgegen dem Rat seiner Vertrauten, sich nach Sachsen zurückzuziehen, begab er sich 939 mit nur geringem Gefolge, zu dem die Schwaben unter Herzog Hermann, der Bruder Herzog Hermanns, Udo Graf des Rheingaus, und Konrad »Kurzbold«, ein Vetter der beiden, gehörte, nach Andernach, wo die Aufständischen gerade dabei waren, mit einem großen Heer den Rhein zu überschreiten. Ähnlich wie bei Xanten kam dem König auch hier geradezu unglaubliches Glück zu Hilfe. Die königlichen Truppen überraschten die sorglosen Herzöge Eberhard und Giselbert beim Brettspiel, als ihr Heer bereits zum größten Teil auf der gegenüberliegenden Rheinseite angekommen war. Der Kampf entschied sich rasch, Herzog Eberhard wurde von mehreren Pfeilen tödlich getroffen. Giselbert konnte noch auf ein Boot fliehen, das jedoch – da völlig überladen – mit Mann und Maus versank. Eine Schlacht fand nicht mehr statt, der König hatte auf ganzer Linie gesiegt. Heinrich ergab sich, und Otto nahm ihn zum zweiten Mal in Gnaden auf.

Aus heutiger Sicht erscheint uns dieser Schritt des Königs absolut unverständlich, doch darf man nicht vergessen, daß es im Mittelalter zu den königlichen Pflichten gehörte, in Erfüllung christlicher Nächstenliebe demonstrativ Gnade walten zu lassen. Wieder ließ Otto sich täuschen. Sein Bruder versuchte, die sächsischen Familien für sich zu gewinnen, und plante, da er zu militärischen Aktionen nicht mehr die notwendigen Mittel besaß, die Ermordung des Königs. Ostern 941 sollte Otto I. vergiftet werden, doch der Mordanschlag wurde verraten. Heinrich konnte zunächst fliehen, wurde aber schon bald gefaßt und in Ingelheim festgesetzt. Weihnachten 941 beendete König Otto I. den Bruderstreit endgültig. Er versöhnte sich mit seinem Bruder und ernannte ihn sechs Jahre später zum Herzog von Bayern. Heinrich blieb bis zu seinem Tode nunmehr ein treuer Gefolgsmann des Königs. Fünf Jahre hatte der Bewährungskampf gedauert. Nur die außergewöhnliche Beharrlichkeit des Königs, verbunden mit dem festen Glauben, daß Gott einen wahrhaft königlichen Herrscher nicht im Stich läßt, verhalf Otto zu seinem Sieg über Verrat, Übermacht und quälenden Zweifel in großer Bedrängnis. Otto hatte sich durchgesetzt. Seine Ausdauer machte sich mit allgemeiner Anerkennung im Reich, aber auch über die Reichsgrenzen hinaus bezahlt.

Das Jahr 951 wurde nicht nur für König Otto zum Schicksalsjahr. Die Ereignisse, die nun eintraten, haben über 300 Jahre die deutsche Geschichte überschattet und die Entwicklung des Reiches entscheidend mitgeprägt. Die junge oberitalienische (lombardische) Königswitwe Adelheid rief Otto I. um Hilfe an (s.a. 991–995 Kaiserin Adelheid).

Die Verhältnisse in Oberitalien waren seit dem Niedergang des fränkischen Reiches alles andere als ruhig gewesen. Keiner der Landesteile hatte die Macht und die Stärke besessen, für Ruhe und Ordnung zu sorgen. Jeder kämpfte gegen jeden, so wie es in den Jahren 937 bis 941 im Reich gewesen war, jedoch dauerte der Kampf in Italien bereits 76 Jahre. Schon vor dem Eingreifen des Königs hatten sich die süddeutschen Fürsten sowie der Herzog von Burgund in Oberitalien engagiert. Auch der Markgraf Berengar von Ivrea spielte eine wichtige Rolle. 950 wagte Liudolf, der Sohn Ottos, inzwischen zum Herzog von Schwaben ernannt, einen eigenmächtigen, erfolglosen Heerzug in die Lombardei mit dem Ziel, die Krone der Langobarden für sich zu erringen. Zum gleichen Zeitpunkt griff auch der Bruder des Königs, Herzog Heinrich von Bayern, militärisch in Oberitalien ein. Ein Jahr später setzte Berengar Adelheid, die Witwe des rechtmäßigen langobardischen Königs Lothar, in der Burg Garda am Gardasee fest. Adelheid konnte sich jedoch mit Hilfe von Freunden aus ihrer Gefangenschaft befreien und zog ihrem erklärten Beschützer, König Otto, entgegen, der sich nun selbst nicht nur aus ritterlicher Pflicht gegenüber der Dame, sondern auch aus politischen Gründen, die vor allem auf Rom zielten, zum Eingreifen entschlossen hatte.

Otto I. heiratete Adelheid unmittelbar nach der ersten Zusammenkunft. Sehr zum Ärger seines Sohnes Liudolf, der sein Herzogtum gerne um Oberitalien erweitert hätte. Adelheid hat ihren Mann, der mehr als zwanzig Jahre älter war als sie, nach einer glücklichen Ehe um viele Jahre überlebt und noch lange Zeit eine bedeutende Rolle in der europäischen Geschichte gespielt. Die Heirat fand in Pavia statt. Gleichzeitig krönte man Otto dort zum langobardischen König. Sicherlich ahnte der König nicht, welche Problematik er mit dieser Krönung in das Reich geholt hatte. Jahrhundertelang dauerte der Kampf um diese Königskrone, der die Blüte des deutschen Adels auf den Schlachtfeldern Italiens verbluten ließ.

Zunächst aber bekam Otto I. durch diesen Italienfeldzug zum letzten Mal Ärger in der Familie. Durch die Heirat seines Vaters mit Adelheid und durch die Vergabe der Markgrafschaften Aquileja, Istrien und Verona an das Herzogtum Bayern fühlte sich Liudolf übergangen und fing an, offen gegen den Vater zu rebellieren. Militärische Aktionen gegen die Aufrührer – unverständlicher Weise schlossen sich auch Bayern Liudolf an – verliefen zwar überwiegend erfolgreich für den König, aber es wollte kein entscheidender Schlag gelingen. Als Liudolf dann auch noch Kontakte mit den Erzfeinden des Reiches, den Ungarn, anknüpfte, überzeugte der König auf dem Reichstag von Langenzenn, in der Nähe von Nürnberg, die meisten der deutschen Fürsten von den verräterischen Absichten der Verschwörer, die sich danach nur noch der Gnade des Herrschers unterwerfen konnten.

Möglicherweise wurden die Ungarn durch die geschilderten Ereignisse zu dem Einfall im Jahr 955 in Süddeutschland provoziert, trafen aber unerwartet auf ein vereintes gesamtdeutsches, schlagkräftiges Heer unter der Führung des Königs. Zwar zählten die ungarischen Reiterscharen bei weitem mehr Köpfe als die vom Sammelort bei Ulm heranziehenden Deutschen, aber die Tage der ungarischen Schreckensherrschaft waren gezählt. Drei Tage lang verteidigte sich die Stadt Augsburg tapfer gegen die Feinde, bis das Reichsheer am 10. August 955 auf dem Lechfeld bei Augsburg eintraf. Die Ungarn erlitten die bitterste Niederlage in ihrer Geschichte. Den gefangenen ungarischen Führer ließ Otto noch auf dem Schlachtfeld töten, und entgegen dem Brauch, rieb man mit der Verfolgung der Feinde nahezu das gesamte

ungarische Heer auf. Nur vereinzelt konnten einige Ungarn die Heimat erreichen und über die Vorkommnisse berichten.
Mit dem Sieg auf dem Lechfeld erreichte Otto zweierlei: Erstens wagten die Ungarn nach dieser Schlacht nie wieder einen Angriff auf das Reich, und zweitens brachte der Sieg die endgültige und einhellige Anerkennung des Königs im ganzen Land. Im gleichen Jahr gelang es dem König auch noch, sein Stammland im Osten um das heutige Mecklenburg zu erweitern. Durch diese Erfolgsserie stieg das Reich unter Otto I. zur europäischen Großmacht auf. Aus aller Welt kamen die Gesandten und huldigten dem König. Auf der Woge dieser positiven Ereignisse brach der König 961 zu seinem zweiten Italienzug auf. Am 2. Februar 962 krönte Papst Johannes XII. Otto I. in einer pompösen Feier im Petersdom zum Kaiser.
Die letzten elf Jahre der Regierungszeit des Kaisers prägten der Kampf um die Vorherrschaft in Italien und in Rom. Während seines zweiten Italienaufenthalts, der bis 964 dauerte, klärte Kaiser Otto die italienischen Verhältnisse. Vor allem ersetzte er den unwürdigen Papst Johannes XII. durch den ihm genehmen Laien Leo VIII. Doch bald nach seiner Rückkehr ins Reich zwangen den Kaiser erneute Unruhen in Rom zu seinem dritten und letzten Italienaufenthalt, der sechs Jahre – bis 972 – währen sollte. Am 7. Mai 973 starb Otto der Große in Memleben, wo auch sein Vater, Heinrich I., das Zeitliche gesegnet hatte.
Kaiser Otto war wie sein Vater zweimal verheiratet. Aber bereits vor seiner ersten Eheschließung hatte Otto eine Liaison mit einer slawischen Fürstentochter, aus der Ottos erster Sohn Wilhelm hervorging, der nach einer vorbildlichen Erziehung und Ausbildung Erzbischof von Mainz wurde. Mit Sicherheit hat Otto die Heirat mit der schönen Slawin gewünscht, jedoch konnte diese Verbindung aus Gründen der Staatsräson von seinem Vater nicht zugelassen werden. Seine erste Ehe schloß Otto mit der englischen Königstochter Edgitha. Diese gebar zwei Kinder, Liudolf und Liutgart. Edgitha ist im Jahre 949 gestorben. Aus der zweiten Ehe, wie berichtet mit der burgundischen Prinzessin und Witwe König Lothars von Italien, Adelheid, gingen vier Kinder hervor: Heinrich, Brun (die beiden ersten Kinder überlebten das Kleinkindalter nicht), Otto, der spätere Kaiser Otto II., und Mathilde, die Äbtissin in Quedlinburg wurde.
Kaiser Otto I. war kein Herrscher aus dem Bilderbuch. Er besaß eine eher niedrige, dabei aber gedrungene, kräftige Gestalt. Seine tempera-

mentvolle unkonventionelle Art, die manchmal das allzu Menschliche hervorkehrte und das Persönlichkeitsbild eines Königs vermissen ließ, brachten ihm Kritik und hin und wieder auch Spott ein, der erst verstummte, als seine Durchsetzungskraft triumphierte. Auch seine Bildung zeigte Mängel, die störenden Einfluß auf seine Staatsgeschäfte ausübten. Dessen wurde er sich verhältnismäßig spät bewußt: Mit 30 Jahren erlernte er mühsam Lesen und Schreiben. Häufig bediente er sich der ratgebenden Geisteskraft seines umfassend gebildeten Bruders Brun, den er zunächst als Erzbischof von Köln und später auch noch als Herzog von Lothringen einsetzte. Otto I. strahlte also nicht durch ein gewinnendes angenehmes Erscheinungsbild, seine Zornausbrüche waren gefürchtet. Die charakterlichen Stärken lagen in seiner unbestechlichen Art, seinem Willen, für den Zusammenhalt des ihm anvertrauten Reichsgutes zu sorgen, seiner Sparsamkeit und seiner menschlichen Haltung gegenüber seiner Umgebung.

Kaiser Otto I. wurde im Dom zu Magdeburg, der Stadt, die ihm ihre Existenz verdankt, in der Nähe seiner ersten Gemahlin Edgitha beigesetzt.

973–983 Otto II.

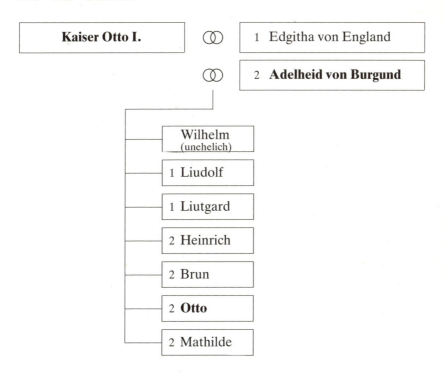

Ein Sohn, der einen berühmten und dominanten Vater in dessen Amt nachfolgt, erweckt Erwartungen und Vorstellungen, die er meist nicht erfüllen kann. Otto II., geboren im Januar des Jahres 955, erging es nicht anders. Im Alter von sechs Jahren krönte man ihn, nachdem sein älterer Stiefbruder Liudolf bereits gestorben war, zum König. Mit zwölf Jahren erhielt er 967 die Kaiserkrone. Otto I. sorgte also wie sein Vater Heinrich I. zu Lebzeiten für eine geregelte Nachfolge aus den Reihen der eigenen Familie. Am 14. April 972 wurde der Kronprinz auf Betreiben seines Vaters mit der byzantinischen Fürstentochter Theophano aus der Familie der Skleros verheiratet. Trotz dieser zwangsweisen Zusammenführung entwickelte sich eine zunächst glückliche Ehe. Die Verbindung diente natürlich politischen Zielen. Aber gerade das Ziel Ottos I., eine friedliche Interessenteilung im Mittelmeerraum zwischen dem Deutschen und dem Byzantinischen Reich, erkannte Otto II. nicht oder wollte es nicht erkennen.

Otto II. folgte mit 18 Jahren seinem Vater auf dem Thron nach. Wie jeder seiner Vorgänger im Reich prallte auch er auf das suchende Abtasten seiner fürstlichen Nachgeordneten nach persönlichen Schwächen und nach Möglichkeiten, ihn in seiner Zentralgewalt zu beschneiden. Der junge Kaiser konnte unmöglich dem geschickten Ränkespiel der Reichsfürsten gewachsen sein. Dennoch gelang es Otto II., sich in seinen fünf ersten Regierungsjahren durchzusetzen. Der Streit begann ausgerechnet mit dem Sohn des Mannes, der seinem Vater über viele Jahre die meisten Schwierigkeiten bereitet hatte: Heinrich, genannt »der Zänker«, Sohn Heinrichs des Herzogs von Bayern, und Vetter Ottos II. Als Sohn eines »purpurgeborenen« Vaters fühlte sich Heinrich der Zänker mit dem Kaiser gleichrangig. Die eigenmächtige Ernennung des Grafen Heinrich zum Bischof von Augsburg durch die Herzöge Heinrich von Bayern und Burchardt von Schwaben hatte den Kaiser tief verletzt. Aller alter, längst vergessen geglaubter Familienstreit, nur durch die Macht der Persönlichkeit Ottos des Großen unterdrückt, brach nun mit aller Gewalt neu aus. Wieder erschütterten Eidbruch, Verrat und Krieg das Land. Heinrich der Zänker verbündete sich mit Böhmen und Polen und hatte außerdem Bayern und den Erzbischof von Augsburg auf seiner Seite. 974 erzielte Otto II. einen ersten Erfolg. Die Revolte wurde niedergeschlagen, der Herzog in Ingelheim, wo schon sein Vater eingesessen hatte, in Haft gegeben. Aber auch der Sohn konnte fliehen (976).

974 besiegte Otto II. den Herzog Boleslaw von Böhmen. Fast gleichzeitig konnte Otto von Schwaben, ein Vetter und treuer Gefolgsmann, den Zänker in Passau festnehmen. Der Kaiser hielt jetzt ein strenges Gericht. Er enteignete den Zänker und ließ ihn in Utrecht inhaftieren. Ebenso enteignet wurde der Herzog von Kärnten, ein Mitverschwörer des Bayernherzogs, und der Bischof von Augsburg wurde als Parteigänger des Zänkers abgesetzt. Das Herzogtum Bayern ging an Otto von Schwaben, den Sohn seines Halbbruders Lindolf. Kärnten erhielt der Luitpoldinger Heinrich, 978 dann ein Neffe Ottos II., der Sohn seiner Halbschwester Liutgard und des Herzogs Konrad des Roten von Lothringen. Die inneren Verhältnisse im Reich stabilisierten sich. In dieser Situation traten plötzlich andere Gegner auf.

Im Jahre 977 setzte der Kaiser ausgerechnet Karl, den Bruder des westfränkischen Königs Lothar aus karolingischem Geschlecht, als Herzog von Niederlothringen ein. Otto glaubte, mit diesem Schachzug einen besonders klugen Schritt getan zu haben. Die französische

Absicht, Lothringen wieder an das Westfrankenreich zu binden, hätte abklingen können oder aber zu einem Familienzwist im Hause Karolingen führen müssen. Darüber hinaus hätte eine eventuelle Absetzung Karls im Reich keine Schwierigkeiten hervorgerufen. König Lothar von Westfranken (Frankreich) faßte aber den Entschluß des Kaisers als Schwäche oder als Anerkennung einer rechtmäßigen Bindung Lothringens an Westfranken auf. Vielleicht glaubte der König auch nur an eine günstige Gelegenheit, Lothringen für sein Land gewinnen zu können. Jedenfalls überfiel er 978 die Pfalz Aachen, wo sich der Kaiser gerade mit seiner schwangeren Frau aufhielt. Der Angriff kam so überraschend, daß Otto II. von der gedeckten Tafel weg flüchten mußte, um der Gefangenschaft zu entgehen.

Die inzwischen erwachten nationalstaatlichen Interessen führten auf dem nachfolgenden Reichstag von Dortmund zu einer einmütigen Entscheidung der Reichsfürsten: Frankreich mußte für diesen Überfall bestraft werden. Doch wieder beging Otto II. einen schweren Fehler. Anstatt das Frühjahr des Jahres 979 abzuwarten und den Feldzug gewissenhaft vorzubereiten, marschierte er noch im Herbst 978 in Westfranken ein. Zwar verliefen seine militärischen Operationen zunächst erfolgreich, aber die Eroberung von Paris mißlang, und die katastrophale Versorgungslage, durch schlechte Wetterbedingungen noch verschlimmert, zwang den Kaiser zum Rückzug, der um Haaresbreite in einer totalen Niederlage endete. Lediglich der Umsicht des Grafen Gottfried von Oberlothringen, der den Übergang des Heeres über die durch wolkenbruchartige Regenfälle überschwemmte Aisne ermöglichte, verdankte der Kaiser, daß sich sein Rachefeldzug nicht zur absoluten Katastrophe auswuchs, politisch gesehen konnte der Einmarsch in Frankreich jedoch nicht anders genannt werden.

Sonderbarerweise erhoben sich nach diesem Fehlschlag keine Stimmen im Reich, die Otto II. deshalb angriffen. Das harte Durchgreifen Ottos gegen seine inländischen Feinde mahnte zur Vorsicht. Selbst in Frankreich feierte man den Rückzug der Deutschen nicht als Sieg, dazu war wohl auch das Ansehen des karolingischen Königs Lothar bereits zu sehr geschwächt. 980 verzichtete Lothar im Frieden von Margut-sur-Chiers freiwillig auf seine Ansprüche auf Lothringen. Gerade rechtzeitig erhielt der Kaiser damit die Möglichkeit, seinen Ambitionen als »Römischer Kaiser« nachgehen zu können.

Im Gegensatz zu seinem Vater, der die allzu enge Bindung des Reiches an Rom vermied, nannte sich Otto II. ausdrücklich »Imperator Romanorum Augustus«. Er glaubte also an die Erneuerung des weströmischen Reiches als seine kaiserliche Sendung. Seine kluge byzantinische Gemahlin Theophano unterstützte ihn in dieser Haltung lebhaft (siehe 984–991 Theophano). Im September 980 zog der Kaiser über den Septimer Paß nach Oberitalien, wo es auf der Straße zwischen Mailand und Pavia zu einer entwürdigenden Aussöhnung zwischen dem Kaiser und seiner Mutter Adelheid kam, die er zwei Jahre zuvor wegen anhaltender Streitigkeiten vom Hofe verbannt hatte und die seitdem als Stellvertreterin des Kaisers in Oberitalien in Pavia residierte.

Mutter und Sohn umarmten sich im Straßenstaub liegend und weinten wie die Kinder. Die Entfernung Adelheids aus der kaiserlichen Umgebung resultierte aus der unüberbrückbaren Abneigung der hochkultivierten Theophano gegenüber der eher biederen Adelheid, die es nicht unterlassen konnte, auf ihre schwiegermütterliche Art Einfluß in die intimsten Familienangelegenheiten des Kaiserpaares zu nehmen. Vor allem aber ließ Adelheid sich durch die Reformbewegungen aus dem Kloster Cluny beeinflussen, die aus politischer Sicht nur zu einer Einschränkung der kaiserlichen Macht zugunsten der Kirche führen konnten. Nun also im Herbst 980 stieg der Stern der Adelheid wieder, sehr zum Leidwesen Theophanos, die kurz zuvor einem Thronfolger das Leben geschenkt hatte.

Im Frühjahr traf der Kaiser in Rom ein. Seine bloße Anwesenheit in Italien hatte ausgereicht, die Verhältnisse in Italien, besonders aber in Rom, wo wieder einmal um die Tiara gestritten worden war, zu stabilisieren. Der Kaiser wollte Italien nach deutschem Muster verwalten. Bevor er diese Aufgabe in Angriff nehmen konnte, sollte ganz Italien vereint werden. Die Byzantiner hielten Apulien besetzt, und auf Sizilien herrschten die Sarazenen (Araber). Ob der Kaiser den byzantinischen Besitz annektieren, also eine Auseinandersetzung mit Byzanz in Kauf nehmen wollte, bleibt im dunkeln. Den Krieg gegen die Araber faßte man im Mittelalter dagegen als eine christliche Pflicht auf. 982 kam es zur letzten Schlacht Ottos II. Nahe dem heutigen Ort Crotone am Kap Kolonne besiegten die deutschen Panzerreiter die Sarazenen. Doch Sorglosigkeit und Siegestaumel kehrten den Erfolg in das Gegenteil. Das Heer geriet in einen Hinterhalt und wurde fast gänzlich aufgerieben. Otto II. konnte sich mit einigen Freunden auf ein Schiff retten. Doch der byzantinische Kapitän nahm Kurs auf Konstantinopel. Mit List gelang es den Deutschen, in der Nähe des Hafens Rossano schwimmend zu entkommen. Die Niederlage beendete mit einem

Schlag den mühsam vom Vater aufgebauten Respekt vor der Schlagkraft des Reiches. Die Slawen überrannten in breiter Front die Ostgrenze, plünderten die Städte und zerstörten die Dörfer. Eine Korrektur der Niederlage von Kap Kolonne schien auf nähere Sicht nicht möglich.

Kaiser Otto II. zog sich nach Verona zurück, gesundheitlich gezeichnet und demoralisiert. Seinen dreijährigen Sohn Otto ließ er in Verona (auf italienischem Boden) zu seinem Nachfolger wählen. Dort erreichte ihn die Nachricht vom Sieg der sächsischen Grafen unter der Leitung des Erzbischofs Giseler von Magdeburg über die Slawen. Zwar keimten nun wieder die Hoffnungen auf einen Krieg mit dem Ziel der Eroberung Siziliens auf, aber am 7. Dezember 983 starb Otto II. in Rom, vermutlich an Malaria.

Als einzigen der ottonischen Könige und Kaiser begrub man ihn in fremder Erde – in der Peterskirche in Rom.

984–991 Theophano

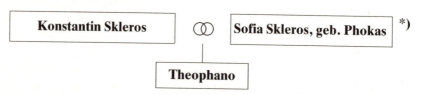

Die Nichte des berühmten, weltoffenen und als Armeeführer gefürchteten byzantinischen Kaisers Tsimiskes erblickte das Licht der Welt um das Jahr 955. Sie entstammte der Familien der Skleros und Phokas, beide gehörten zu den ersten Häusern in Konstantinopel. Theophano erhielt eine auch für byzantinische Verhältnisse der Zeit hervorragende Ausbildung. Sie beherrschte neben ihrer griechischen Muttersprache fließend Latein, später erlernte sie rasch Deutsch. Die antiken Meister waren ihr ebenso bekannt wie die Dichter und Denker ihrer Zeit. Darüber hinaus verfügte sie über eine erstaunliche Auffassungsgabe, sie wußte Menschen sicher und richtig einzuschätzen und entwickelte viel Sinn für das Wesentliche. Aufgrund ihrer Bildung ragte sie am kaiserlichen Hof im Deutschen Reich hoch aus ihrer Umgebung heraus. Sicher erkannte man ihre Begabung früh, so daß die Bemühungen ihrer Ausbildung von vornherein auf eine hochgestellte politische Aufgabe abzielten. So kam das Ansinnen des Kaisers Otto I., eine passende Tochter aus dem kaiserlichen Oströmischen Reich als Ehefrau für seinen Sohn und Nachfolger Otto II. zu erhalten, aus byzantinischer Sicht gerade recht. Allerdings erhoffte Otto I. eine »purpurgeborene«, das war Theophano nicht, doch erst einmal im Lande und in Augenschein genommen, zeigte auch er sich zufrieden, und diese Entscheidung (auch, wenn er es selbst nicht mehr erlebt hat) zeigte sich später in jeder Hinsicht gerechtfertigt.

Theophano heiratete also nach dem Willen ihres Onkels, Kaiser Tsimiskes von Byzanz, und ihres Schwiegervaters, Kaiser Otto des Großen, als 16jährige am 14. April 972 in Rom den designierten Thronanwärter des Deutschen Reiches, Otto II., der seinem Vater bereits ein Jahr später nachfolgte. Das Brautpaar lernte sich erst wenige Tage vor der Heirat in Italien kennen. Dennoch keimte recht bald in ihnen die Liebe

---

*) Die Elternschaft des angegebenen Paares trägt nur den Grad der Wahrscheinlichkeit, die Herkunft der Kaiserin Theophano ist wissenschaftlich ungeklärt.

auf, die die beiden eng aneinander band. Besonders für Theophano bedeutete diese Liebe viel, war sie doch als Ausländerin mit nur wenigen byzantinischen Bedienten eine Fremde im Reich, und schon bald erkannte sie, daß ihr keineswegs von allen am kaiserlichen Hof Respekt und Anerkennung entgegengebracht wurde.
Besonders angespannt gestaltete sich ihr Verhältnis zu ihrer Schwiegermutter Adelheid, das sich schon bald so sehr trübte, daß Adelheid vom Hof entfernt werden mußte. In der Affäre stand Otto II. ganz auf der Seite seiner Frau. Allerdings lag die Ursache der Mißstimmungen eindeutig bei der Mutter des Kaisers, die glaubte, den Respekt, den ihr verstorbener Gatte, Otto I. genossen hatte, für sich einfordern zu können, ohne ähnliche charakterliche Eigenschaften aufzuweisen. Die Eifersucht der verblühten Schönheit (Adelheid zählte 973 immerhin bereits 42 Jahre) auf die jugendliche Theophano spielte eine ebenso große Rolle in diesem Streit wie die auch in diesem Falle unangebrachte Besserwisserei der Älteren gegenüber der nachfolgenden Generation. Der Verlauf der familiären Auseinandersetzung zwischen den beiden zeigt aber eindeutig, daß auch Theophano eine kluge Frau war. Adelheid räumte letztlich das Feld und ging als Regentin des Kaisers für Italien nach Pavia. Die Ehe des Kaiserpaares blieb dadurch zunächst von weiteren Belastungen frei, bis das Engagement des Kaisers in Italien zu einer Aussöhnung mit seiner Mutter und dann zu politischen Verwicklungen mit Byzanz führte (siehe 973–983 Otto II.).
Der Tod ihres Mannes 983 in Rom traf Theophano nicht so sehr, wie es noch vielleicht drei Jahre zuvor gewesen wäre, zu sehr hatten sich die beiden während ihres zweiten Italienaufenthalts aufgrund des neuerlichen Einflusses Adelheids am Hofe und der auf Konfrontation abzielenden Politik Ottos II. gegenüber Byzanz menschlich voneinander entfernt. Bereits einige Tage nach dem Tod Otto II. unterzeichnete Theophano eine Urkunde mit *Theophano Imperator*. Ob sie die Formulierung ganz bewußt gewählt hat, bleibt dahingestellt, doch scheint hier bereits ihr fester Wille durch, das Reich für ihren Sohn Otto zu erhalten.
Das Kaiserpaar, Otto II. und Theophano, zeugte vier Kinder: Adelheid (ab 999 Äbtissin in Quedlinburg), Sofia (ab 1002 Äbtissin in Gandersheim und ab 1011 Äbtissin in Essen), Otto (siehe 995–1022 Otto III.) und Mathilde (standesungleich verheiratet mit Pfalzgraf Ezzo).
Als Kaiser Otto II. in Rom starb, befand sich sein Sohn in Deutschland. Am 24. Dezember 983 krönten der Erzkanzler des Reiches, Erzbischof Willigis von Mainz, und der Erzbischof Johannes von Ravenna den

dreieinhalbjährigen Knaben in Aachen zum deutschen und italienischen König*) und gaben ihn in die Obhut des Erzbischofs Warin von Köln. Im Februar des Jahres 984 erhielt Kaiserin Theophano in Paris die Nachricht, daß ihr Sohn von Heinrich dem Zänker, dem wegen seiner Gegnerschaft zu Kaiser Otto II. das Herzogtum Bayern aberkannt worden war, unter der Mithilfe des Kölner Erzbischofs entführt wurde. Das bedeutete offene Rebellion im Reich. Theophano kehrte unverzüglich in das Reich zurück. Im Mai versuchte Heinrich der Zänker in Quedlinburg, sich als König des Deutschen Reiches ausrufen zu lassen. Doch damit überspannte er den Bogen seiner Möglichkeiten. Erzbischof Warin wurde verhaftet und in Köln inhaftiert. Der Reichstag von Worms im Juni 984 zwang den Zänker, Theophanos Sohn zurückzugeben. Die entscheidende Unterstützung erhielt Theophano in den Zeiten dieser problematischen Angelegenheit vom Reichskanzler, Erzbischof Willigis von Mainz, der mit seiner Reichstreue und Zuverlässigkeit sowie seiner klugen Politik als Reichsverwalter während der Abwesenheit der Kaiserin die Voraussetzungen schuf, daß Theophano sich überhaupt als Regentin durchsetzen konnte. Dies war nach dem Reichstag von Worms der Fall. Heinrich der Zänker erhielt, trotz seines mehrmaligen Verrates, 985 einen Teil seines ursprünglichen Herzogtums Bayern zurück und versank fortan in Vergessenheit.

Inzwischen aber entbrannte der Krieg mit den westfränkischen Karolingern – Frankreich. Zunächst erlitt Frankreich eine militärische Niederlage im Elsaß, womit die Auseinandersetzung jedoch noch nicht beendet war. 986 starb König Lothar von Frankreich, der Krieg bekam dadurch einen Aufschub. Aber der Sohn König Lothars, Ludwig V., starb bereits ein Jahr nach seinem Regierungsantritt unter mysteriösen Begleitumständen. Ludwig V. war der letzte Karolinger auf einem Königsthron. Am 3. Juli 987 wurde Hugo Kapet als erster Vertreter des Hauses Kapetingen zum französischen König gekrönt. In der Friedensurkunde, die zur gleichen Zeit mit dem Reich ausgetauscht wurde, verzichtete Frankreich unwiderruflich (!) auf den Besitz von Lothringen. Theophanos kluge Politik hatte Früchte getragen.

Die Kaiserin starb im Alter von etwa 36 Jahren am 15. Juni 991 in Nymwegen, möglicherweise an kapetingischem Gift. Ihr früher Tod muß hinsichtlich der Entwicklung des jungen Deutschen Reiches als

---

*) Ohne zu wissen, daß der Vater zu diesem Zeitpunkt bereits gestorben war.

nationales Unglück angesehen werden. Theophano war eine Realistin, und so gestaltete sie unterstützt vom Reichskanzler Willigis auch ihre Politik realistisch, an den vorhandenen Möglichkeiten orientiert. Die schwärmerische Verklärung ihres Sohnes Otto III. für den Gedanken der Wiederbelebung des Römischen Weltreiches hätte sich niemals so entfalten können, wenn es Theophano vergönnt gewesen wäre, die Erziehung ihres Sohnes abzuschließen und ihn zu Beginn seiner Regierungszeit hilfreich zu unterstützen.

Die Kaiserin Theophano wurde in der Stiftskirche St. Pantaleon in Köln beigesetzt.

991–995 Adelheid

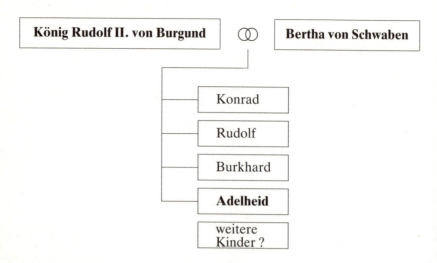

Adelheid wurde 931 als königlich burgundische Prinzessin geboren. Sie gehörte zu den bedeutendsten Persönlichkeiten des Mittelalters.
In erster Ehe Frau eines Königs (Italien), in zweiter Ehe Frau eines Kaisers (Deutschland), selbst zur Kaiserin gekrönt, Mutter eines Kaisers (Ottos II.), Regentin des Deutschen Reiches, Großmutter eines Kaisers (Ottos III.), Schwägerin eines Königs (Frankreich), Schwiegermutter eines Königs (Ludwigs IV. von Frankreich) und Großmutter eines Königs (Lothars von Frankreich); mit allen hervorragenden europäischen Fürstenhäusern war sie verwandt. Adelheid galt nicht nur als Schönheit, sondern sie erhielt auch eine angemessene Bildung und standesgemäße Erziehung am Hof Königs Hugo von Italien. Um seinen Anspruch auf Hochburgund durchzusetzen, heiratete König Hugo von Italien Adelheids Mutter Bertha und verlobte das sechsjährige Mädchen Adelheid gleichzeitig mit seinem etwa gleichaltrigen Sohn Lothar. 947 heiratete Adelheid Lothar, der inzwischen seinem Vater auf dem langobardischen Königsthron gefolgt war. Aus dieser Ehe stammte Adelheids Tochter Emma, die den französischen König Ludwig IV. heiratete.
Das Glück Adelheids und Lothars währte nicht lange. 950 starb König Lothar, wahrscheinlich durch Gift, das der Markgraf Berengar von Ivrea ihm heimlich verabreichen ließ. Berengar ließ sich daraufhin in Pavia zum italienischen König krönen, bemächtigte sich der jungen

Witwe und versuchte sie zur Ehe mit seinem Sohn Adalbert zu zwingen. Adelheid lehnte diese Ehe jedoch ab und hatte nun für Monate unter einer demütigenden Behandlung durch Berengar und dessen Frau zu leiden. Schließlich brachte man sie 951 auf die Burg Garda am Gardasee und sperrte sie dort in das Verließ. Einigen treuen Gefolgsleuten Adelheids gelang es jedoch, sie daraus zu befreien.

Nun griff der deutsche König Otto I. in Oberitalien ein. Er heiratete Adelheid in einer Zweckehe, die später in eine echte Zuneigung einmündete, und krönte sich selbst, nachdem er Berengar unterworfen hatte, mit der eisernen Krone der Langobarden zum italienischen König. Am 2. Februar 963 wurde Adelheid zusammen mit ihrem Ehemann in Rom zur Kaiserin gesalbt. Zu Lebzeiten ihres Mannes war ihr Einfluß in der Politik eher gering. Dennoch nahm sie lebhaft an allen Ereignissen am Hof Anteil. Nach dem Tode Ottos des Großen versuchte sie ihren Einfluß auf die Politik ihres Sohnes Otto II. durchzusetzen und geriet bald in unüberwindbare Spannungen mit ihrer Schwiegertochter Theophano, die schließlich dazu führten, daß Adelheid als Reichsverweserin von Oberitalien nach Pavia abgeschoben wurde.

Hier beeinflußten sie die geistigen Strömungen, die aus dem Kloster Cluny kamen. Diese Strömungen waren es, die von ihrem Sohn und Theophano als reichsfeindlich erkannt und ausgeschaltet werden sollten. 980 kam es zu einer Aussöhnung zwischen Mutter und Sohn in Oberitalien, worauf sowohl die Spannungen mit ihrer Schwiegertochter aber auch ihr politischer Einfluß wieder zunahmen. Nach dem Tode Ottos II. verständigten sich Adelheid und Theophano dahingehend, daß Adelheid weiterhin als Reichsverweserin für Oberitalien eingesetzt blieb, aber dort keine eigenständige Reichspolitik betreiben durfte.

Nach dem Tode Theophanos wurde Adelheid für vier Jahre regierende Kaiserin des Deutschen Reiches. Sie versuchte nun, die konsequente und kluge Politik Theophanos fortzusetzen, konnte sich jedoch nur auf Kosten von Zugeständnissen an die deutschen Fürsten auf dem Thron halten. 995 wurde ihr Enkel Otto III. mündig (mit 15 Jahren!). Dieser verbannte Adelheid umgehend aus persönlicher Abneigung von seinem Hof. Die letzten vier Jahre ihres bewegten Lebens verbrachte Adelheid im Kloster Selz im Elsaß, wo sie unbeachtet am 16. Dezember 999 im Alter von 68 Jahren verstarb und beerdigt wurde. Obwohl sie später heiliggesprochen wurde, ging das Wissen über ihre Grabstätte verloren. Sie wird unter der Gemeindekirche in Selz vermutet.

995–1002 Otto III.

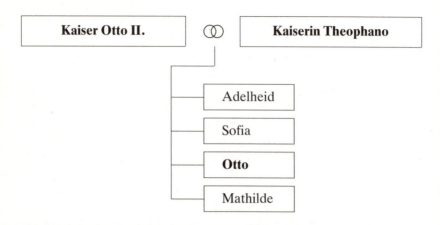

Otto III. wurde Mitte Juli 980 in einem Zelt in der Nähe von Nymwegen geboren. Ohne den frühen Tod des Vaters auch nur zu ahnen, salbten der Erzbischof von Mainz, Willigis, und der Erzbischof von Ravenna den dreijährigen Knaben am 24. Dezember 983 im Aachener Dom gleichzeitig zum deutschen und italienischen König. Nach einer Entführung durch den Herzog von Bayern, Heinrich den Zänker, unter der Mithilfe des Erzbischofs von Köln, Warin, kam Otto nach dem Reichstag von Rohr bei Meiningen in Thüringen 984 in die Obhut seiner Mutter zurück.
Otto erhielt eine ausgesprochen vielseitige, umfassende und sorgfältige Ausbildung. Zu seinen Lehrern zählten: Bernward von Hildesheim, der Naturwissenschaftler Gerbert von Aurillac (der spätere Papst Silvester II.), Johannes Philagathos von Rossano (der spätere Papst Johannes XVI.) und Graf Hoiko von Eupen. Besonderer Wert wurde bei der Erziehung Ottos darauf gelegt, ihn nicht zu einem verwöhnten Egoisten heranzubilden. Neben der ausgewogenen und für die damalige Zeit mehr als umfangreichen allgemeinen Unterrichtung erhielt der junge König durch Graf Hoiko von Eupen bereits frühzeitig eine sportliche und militärische Ausbildung. Die Kaiserin Theophano sorgte also für eine gewissenhafte Vorbereitung ihres Sohnes auf sein Amt. Viel zu früh für den jungen Otto und natürlich auch für seine Schwestern starb 991 die Mutter, die seit dem Tod ihres Mannes 983 als Kaiserin die Regentschaft des Reiches übernommen hatte. König Otto zählte beim Tod seiner Mutter erst elf Jahre. Mit der Gewährung von Zugeständnis-

sen an die deutschen Reichsfürsten gelang es der Großmutter Ottos, Adelheid, für vier Jahre, bis 995, die Regierungsgeschäfte im Sinne ihrer verstorbenen Schwiegertochter fortzuführen.
Im Alter von 15 Jahren erklärte man 995 König Otto III. für volljährig und damit fähig, den Thron zu besteigen. Eine seiner ersten Handlungen war die Verbannung seiner Großmutter Adelheid vom königlichen Hof. Dies bedeutete die politische Kaltstellung der inzwischen 64jährigen alten Dame. Adelheid zog sich in das Kloster Selz zurück, das sie selbst gegründet hatte; dort starb sie 999 in Vergessenheit. Otto III. war mit 15 Jahren weit über sein Alter hinaus gereift und aufgrund seiner Bildung durchaus fähig, sein Amt auszuüben. Zeitgenossen schilderten ihn als überaus schönen Jüngling, freigebig und milde. Später bezeichnete man ihn wegen seiner strahlenden Erscheinung als »Weltwunder«.
Aber dennoch traten bei ihm auch die Charakterzüge seines Großvaters Otto des Großen hervor. Noch im Jahr seiner Regierungsübernahme ernannte Otto III. den Sohn des verstorbenen Heinrichs des Zänkers, Heinrich, zum Herzog von Bayern. Dieser sollte später der Nachfolger Ottos III. werden.
Zu Weihnachten 995 erreichte den König ein Hilferuf des Papstes Johannes XV. aus Rom, der sich über die Schreckensherrschaft des weltlichen Führers Roms, Crescentius, beklagte. Otto III. brach unverzüglich zu seinem ersten Italienzug auf. Zu Ostern 996 erreichte ihn die Nachricht, daß Papst Johannes XV. verstorben war. Otto III. kam nun auf eine ebenso ungewöhnliche, wie einfache Lösung des ewigen Streites um die Papstwahl. Er mißachtete die bisher gebräuchliche Praxis und ernannte seinen 24jährigen Neffen, Bruno, den Sohn Herzog Ottos von Kärnten, zum Papst. Bruno nannte sich Papst Gregor V., er war der erste deutsche Träger der Tiara. Am Himmelfahrstag 996 krönte Gregor V. seinen Onkel und Freund, Otto III., in Rom zum Kaiser.
Auf Bitten des Papstes unterließ es Otto jedoch, Crescentius zu bestrafen. Diese Unterlassung rächte sich sofort, als der Kaiser nach Deutschland zurückgekehrt war, um einen Slawenaufstand niederzuwerfen. Gregor V. wurde aus Rom vertrieben, und Crescentius ernannte ausgerechnet den ehemaligen Lehrer Ottos, Johannes Philagathos von Rossano, inzwischen zum Erzbischof von Piacenza aufgestiegen, zum Gegenpapst. Ein Jahr später kehrte der Kaiser zusammen mit »seinem« Papst Gregor V. zurück. Die Römer hatten bereits vor dem Eintreffen

45

Ottos III. Johannes Philagathos, alias Papst Johannes XVI., die Augen ausgestochen, die Nase abgeschnitten und die Zunge herausgerissen. Dennoch konnte Johannes XVI. fliehen. Crescentius verschanzte sich in der Engelsburg. Er wurde gefangengenommen, zusammen mit zwölf adeligen Römern enthauptet und an den Beinen aufgehängt zur Schau gestellt.
Der Kaiser blieb nun für zwei Jahre in Rom. Einerseits umgab er sich hier mit allem Pomp eines spätrömisch-byzantinischen Cäsars, andererseits lebte er aber beinahe asketisch wie ein Mönch. Diese Lebenshaltung, die eine gewisse Befremdung in seiner Umgebung auslöste, beruhte sicher in seinen engen Verbindungen zu dem bereits 999 heiliggesprochenen Freund, dem Bischof Adalbert von Prag, sowie zu seinem Lehrer Gerbert von Aurillac, der ihm die Wiedererrichtung des Römischen Weltreiches eingeredet hatte. Als 999 Papst Gregor V. starb, verwandte sich der Kaiser folgerichtig darauf, Gerbert von Aurillac, der zu diesem Zeitpunkt Erzbischof von Reims war, zum Papst krönen zu lassen. Gerbert wurde Papst Silvester II. Aus kirchlicher Sicht war diese Ernennung eine »Unmöglichkeit«, denn bereits der Name Silvester sollte auf die enge Verbindung von Kaiser und Papst (Kaiser Konstantinus von Byzanz – Papst Silvester I.) hinweisen.
Im Jahr 1000 kehrte Kaiser Otto III. in der Absicht nach Deutschland zurück, das Grab seines Freundes Bischof Adalbert von Prag in Gnesen zu besuchen. Adalbert von Prag war als Missionar 997 von den Pruzzen erschlagen und nur zwei Jahre später heiliggesprochen worden. Anläßlich dieser Reise erhob der Kaiser Gnesen zum Erzbistum und untergliederte diesem Erzbistum die Städte Krakau, Kolberg und Breslau als Bischofssitze. Gleichzeitig ernannte er den polnischen Herzog Boleslaw Chobry zu seinem Stellvertreter und befreite Polen von allen Tributzahlungen an das Reich.
Aus deutsch-nationaler Sicht konnten diese Entscheidungen nur absolutes Unverständnis auslösen, zumal sie eine erhebliche Einbuße vor allem für das Erzbistum Magdeburg bedeuteten. Aus dem Betrachtungswinkel des römischen Cäsars gewann Ottos Vorgehensweise jedoch eine ganz andere Bedeutung. Dem Kaiser schwebte ein Weltreich vor Augen, in dem die europäischen Länder gleichberechtigt als eine Art »Europa der Vaterländer« unter der Herrschaft des römischen Kaisers leben sollten. Natürlich wollte Otto aber auch die polnische Christianisierung durch die direkte Anbindung an Rom stabilisieren. Das gilt auch für die Entscheidung, das Erzbistum Gran in Ungarn zu

begründen. Sowohl in Polen als auch in Ungarn konnten sich seither eigenständige, vom Deutschen Reich unabhängige christliche Kirchen entwickeln.

Im Jahr 1000, bevor Kaiser Otto III. zu seinem dritten und letzten Italienzug aufbrach, beging er eine weitere Handlung, die Unverständnis und Kopfschütteln auslöste. In Aachen ließ er das Grab Karls des Großen öffnen und ein Kreuz sowie Reste der Kleidungsstücke und einen Zahn entnehmen. Diese »Leichenschändung« hat Otto lebhafte Vorwürfe und herbe Kritik eingebracht. Der mittelalterliche Reliquienglaube und der Anspruch Ottos, sich als Nachfolger Karls des Großen fühlen zu können, entschuldigten diesen Frevel nicht. Vor allem aber gaben ihm die Reliquien nicht die erhoffte Kraft Karls des Großen, wie sich schon bald zeigen sollte.

In Italien stritten sich derweil die Römer mit den Einwohnern der Stadt Tivoli. Otto schlichtete diesen Streit, nachdem er zu seinem dritten Aufenthalt in Rom eingetroffen war, zu ungunsten der Römer – so meinten sie jedenfalls. Wie oberflächlich die Vorstellungen des Kaisers über das reorganisierte Römerreich in der Bevölkerung Fuß gefaßt hatten, zeigte sich sogleich. Wegen der Entscheidung im Falle »Tivoli« mußte der Kaiser in der Engelsburg Zuflucht suchen, um sich vor dem rasenden Pöbel Roms zu schützen. Von dort hielt er eine ergreifende Ansprache, die zwar die Römer zur Einkehr bewegte, so daß sie ihre Rädelsführer auslieferten, gleichzeitig aber wurde auch offenbar, wie weit sich der Kaiser von den geltenden politischen Vorstellungen im Reich entfernt hatte. Für dieses Mal gelang es ihm, die Einwohner der Stadt zu beruhigen. Aber bereits am 16. Februar 1001 brach ein erneuter Aufstand in Rom aus, und der Kaiser mußte eiligst aus Rom flüchten.

Es blieb ihm nur noch ein knappes Jahr seines Lebens. Er starb am 24. Januar 1002 in der Burg Paterno, 40 Kilometer nördlich von Rom, an Malaria, der Krankheit, der vermutlich auch sein Vater erlegen war. Alle Versuche, Rom in seinem letzten Lebensjahr zurückzuerobern, waren gescheitert, zumal auch die meisten der deutschen Fürsten ihre Hilfe versagten. Otto hatte es versäumt, für seine Ideen und Vorstellungen in Deutschland das notwendige Verständnis zu entwickeln. Selbst sein Begräbnis, es war sein Wunsch, in der Aachener Pfalzkapelle bestattet zu werden, stieß in der Erfüllung auf Schwierigkeiten. Der Leichenzug mußte sich mit Waffengewalt seinen Weg verschaffen. Beerdigt wurde der Kaiser im Aachener Dom.

Otto III. hatte es trotz seiner Jugend verstanden, als Herrscher anerkannt zu werden. Seine seelischen Schwankungen zwischen Höhenflügen und tiefsten Depressionen überschatteten allerdings seine letzten beiden Regierungsjahre. Die Durchsetzung seiner politischen Visionen zur Erneuerung des Römischen Weltreiches hätten allerdings eines reiferen und erfahreneren Politikers bedurft. Daß seine Ideen sowohl in Italien als auch (was viel verständlicher war) in Deutschland auf wenig Zustimmung stießen, hat er zeitlebens nicht verstanden. Das Unglück war, daß Otto III., von Ratgebern in die verschiedensten Richtungen getrieben, meist selbst entscheiden mußte oder Entscheidungen erzwang. Seine Unerfahrenheit und sein zeitweise übersteigertes Selbstbewußtsein waren dabei die schlechtesten Berater. Es ist müßig zu fragen, zu welchen Leistungen er sich befähigt erwiesen hätte, wenn ihm ein hohes Alter vergönnt gewesen wäre. So verklärten schon bald nach seinem Tod die Zeitgenossen den »Kaiser im Sternenmantel« zum »Mirabilia Mundi«, zum »Weltwunder«, so ähnlich, wie es Jahrhunderte später dem bayrischen König Ludwig II. nach seinem tragischen Tod erging.

Otto III. hatte keine Nachkommen, mit ihm starb das sächsische Königshaus in der direkten Nachfolgeschaft Heinrichs I. aus.

1002–1024 Heinrich II.

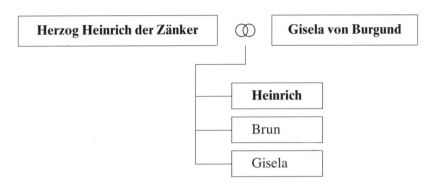

Heinrich II. wurde am 6. Mai 973 als Sohn Herzog Heinrich des Zänkers und Giselas von Burgund in der Burg Abbach bei Regensburg geboren. Mit ihm kam erstmals ein Vertreter der sogenannten Sekundogenitur der Liudolfinger (Sachsen) auf den deutschen Thron, um den sowohl sein Großvater als auch sein Vater erfolglos gegen die eigene Familie gekämpft hatten. Vor der Regierungsübernahme residierte Heinrich als Herzog von Bayern. Als der Überführungszug mit dem Leichnam Kaiser Ottos III. durch bayrisches Gebiet kam, bemächtigte sich Heinrich der Reichsinsignien, um seinen Ambitionen Nachdruck zu verleihen. Dennoch versuchten Herzog Herrmann von Schwaben und Markgraf Eckehard von Meißen, die Inthronisation Heinrichs zu verhindern, allerdings letzlich erfolglos, wobei das plötzliche Ableben des Markgrafen, er wurde am 30. April 1002 in der Pfalz Pöhlde ermordet, Heinrich sehr gelegen kam.

Mit Heinrich II. kam der sachliche Realpolitiker auf den Thron, den das Reich nach dem Chaos, das Otto III. als »Imperator Romanorum« hinterlassen hatte, dringend benötigte. Der zweite Heinrich verzichtete zwar auch nicht ganz auf die kraftraubende Italienpolitik seiner beiden Vorgänger, konzentrierte sich aber viel mehr auf die Reichsstabilität und die Sicherung und Erweiterung der Ostgrenzen des Reiches.

Heinrich II. ragt durch die Art seiner politischen Handlungsweisen zwar nicht aus der Reihe der Reichsherrscher heraus, doch hinterließ er ein gefestigtes, befriedetes Reich. Seine kritische, manchmal gar spöttische Verurteilung in der Historik als »Heinrich der Heilige« oder »Heinrich der Mönch« ist ebenso unangebracht wie die Bezeichnung seiner ehelichen Beziehung als »Josefsehe«.

Nach der mißlungenen Rebellion seines Vaters sollte Heinrich II. für den geistlichen Stand vorbereitet werden, um die bayrischen Sachsen politisch endgültig kaltzustellen. Aus diesem Grund kam der junge Prinz bereits im Vorschulalter in die vom berühmten Bischof Bernward geführte Domschule zu Hildesheim. Mit Sicherheit hat Heinrich hier Latein, Lesen, Schreiben und die Kenntnis der wesentlichen Inhalte der Bibel erlernt. Aber auch die Lust an der Baukunst und der Bildhauerei wurden dort gefördert.

Nach der Begnadigung seines Vaters im Jahre 985 kehrte auch Heinrich nach Regensburg zurück, wo er in die Obhut des Bischofs Wolfgang kam, der als ein aufgeschlossener und fortschrittlicher Mann galt und dessen Lebensweg sowohl die notwendigen Kenntnisse als auch die Erfahrungen vermuten lassen, die ein Lehrer für eine hochgestellte Persönlichkeit aufweisen sollte. Die fundierte Ausbildung, die Heinrich erhielt, blieb nicht ohne Auswirkungen. Bereits mit 22 Jahren (995) folgte er seinem Vater auf dem Herzogssitz in Bayern. Treu stand er dem Kaiser, seinem Vetter Otto III., der sieben Jahre jünger war, zur Seite. Ein Jahr genügte ihm, um sich nach Ottos Tod im Reich durchzusetzen, eine Tatsache, die gemessen an den Schwierigkeiten mancher seiner Vorgänger Verwunderung hervorruft und diplomatisches Geschick und Intelligenz vermuten läßt.

Am 7. Juni 1002 ließ sich Heinrich im Mainzer Dom zum König krönen. Gewählt wurde er ohne Wissen der Sachsen, Lothringer und Thüringer, nur von Bayern, Kärnten und Mainfranken gegen die Stimmen der Schwaben. Trotz der überaus komplizierten Situation gelang es dem König überraschend schnell, die Lage zu seinen Gunsten zu entscheiden. Sachsen, Thüringer und Niederlothringer konnte Heinrich durch geschickte Verhandlungen, bei denen er nicht mit Geschenken geizte, auf seine Seite ziehen. Damit isolierte er Herzog Herrmann von Schwaben, dem dann nichts anderes übrigblieb, als Heinrich zu huldigen (1. Oktober 1002 in Bruchsal).

Außenpolitisch mußte sich Heinrich während seiner gesamten Regierungszeit gegenüber dem Polenherzog Boleslaw »Chobry« (der Tapfere) mit mal mehr, mal weniger großem Erfolg durchsetzen. Allerdings begann das Reich, das Boleslaw geschaffen hatte, nach seinem Tod (1025) zu zerfallen, so daß die hinhaltende vorsichtige Militärpolitik Heinrichs letztlich doch erfolgreich war.

Heinrich II. unternahm drei Italienzüge. 1004 sicherte er sich die Krone der Langobarden in Pavia und kehrte auffallend rasch ins Reich zurück, ließ Italien in einem zehnjährigen Bürgerkrieg unbeachtet. 1013 schlichtete er den päpstlichen Streit zwischen Crescentiern und Tusculanern in Rom zugunsten der deutschfreundlichen Tusculaner und ließ sich bei dieser Gelegenheit zum Kaiser krönen (14. Februar 1014). 1022 eroberte er auf Bitten des Papstes Benedikt VIII. (der 1020 persönlich in Bamberg erschienen war) die von Byzantinern okkupierten Gebiete Capua, Salerno und Benevent zurück. Damit aber auch genug, kehrte er noch im Herbst des gleichen Jahres nach Deutschland zurück. Den größten außenpolitischen Erfolg konnte Kaiser Heinrich II. zwar selbst nicht auskosten, doch hat er die Basis dafür geschaffen, daß das Königreich Burgund nach dem Ableben König Rudolfs III. an das Deutsche Reich fiel.

Den größten Dank allerdings schuldet die Stadt Bamberg dem Kaiser, der den ursprünglichen Flecken zur »heimlichen Hauptstadt« des Reiches in seiner Zeit machte. Bamberg erhielt zu Heinrichs Zeiten mindestens vier Kirchen, die Ernennung zum Bischofssitz und zahlreiche Privilegien und Besitzrechte, die der Stadt eine einmalige Stellung im Reich verliehen. So nimmt es nicht Wunder, daß Kaiser Heinrich II. mit seiner Gemahlin Kunigunde heute in einem imposanten Hochgrab im Bamberger Dom ruht, das niemand anders als der berühmte Tilman Riemenschneider geschaffen hat.

Heinrich II. führte mit seiner Frau Kunigunde eine vorbildliche Ehe, die kinderlos blieb. Eine Tatsache, die zu den wildesten Spekulationen Anlaß gegeben hat, wobei die Heiligsprechung des Paares mit Sicherheit als Hintergrund dieser Geschichten gesehen werden muß. Diese einzige Heiligsprechung eines deutschen Kaisers, 122 Jahre nach seinem Tod, bezog sich wohl mehr auf die handfesten Wohltaten, die Heinrich der Kirche erwiesen hatte, als auf einen »heiligen« Lebenswandel. Doch hatte diese Bevorzugung der Kirche ganz eigennützige Gründe. In einer Fuldaer Urkunde hat Heinrich II. dies selbst zum Ausdruck gebracht: »Es ist nötig, daß die Kirchen viele Güter besitzen, denn wem viel gegeben ist, dem kann auch viel genommen werden« (nach Karl Hampe). Hinzu kam, daß Heinrich bei der Auswahl seiner Berater, der Bischöfe und Kleriker eine ganz außergewöhnliche Fähigkeit entwickelte, Begabungen und Eignungen zu erkennen und zu nutzen; dabei machte er keinerlei Standesunterschiede. Unter seiner Regierung stiegen Unfreie bis in die höchsten Kirchenämter auf.

Kaiser Heinrich II. war weder der strahlende, glanzvolle Prachtherrscher noch der erfolgreiche Kriegsheld. Seine fundierte Bildung, seine

Intelligenz, sein realer Sachverstand sowie der (ihm von vielen Kritikern abgesprochene) Humor stempeln ihn zu einem fleißigen, beharrlichen, leutseligen, beliebten und erfolgreichen Politiker, dessen Stabilitätspolitik die Erfolge seiner Nachfolger möglich machte.
Kaiser Heinrich II. starb ohne erklärten Nachfolger am 13. Juli 1024 in der Pfalz Grona bei Göttingen.

1024–1039 Konrad II.

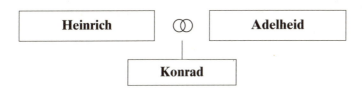

Nach dem Ableben des letzten Liudolfingers blieb der Dynastiewechsel unausweichlich. Die Wahl eines Saliers (Franken) verband den »Vorteil« der Anlehnung an das karolingische Königsheil mit der verwandtschaftlichen Beziehung zu Sachsen; hatte doch der Ahnherr der Salier, Konrad der Rote, eine Tochter Ottos des Großen geheiratet. Die Frage war nur, welcher der zur Verfügung stehenden Salier die Krone erhalten sollte, der jüngere oder der ältere Konrad. Mit Unterstützung des Mainzer Erzbischofs Aribo entschied man sich am 4. September 1024 in Kamba für den älteren Konrad. Damit gelangte der erste Salier auf den deutschen Thron, der erste eines Herrschergeschlechts, das in den folgenden hundert Jahren die Reichsherrschaft ausübte. Mit der Wahl dieses Edelmannes, der nicht einmal den Grafentitel besaß und keinerlei Hausmacht sein eigen nennen konnte, hatte man, wie sich bald zeigte, den guten Griff getan, den die wählende Fürstenheit vielleicht gar nicht geplant hatte.

Konrad II. wurde um 990 geboren. Zum Zeitpunkt seiner Königswahl war er also etwa 34 Jahre alt. Seinen Vater Heinrich hatte er früh verloren, und die Mutter hatte ihn in die Obhut des Wormser Bischofs Burchard gegeben, in dessen Umgebung er aufwuchs. Im Kindesalter gingen alle seine Erbschaftsansprüche durch unrechtmäßige Aneignungen seiner Verwandten verloren. Konrad war also macht- und mittellos. Man hielt es auch nicht für notwendig, ihn mit einer Ausbildung zu belasten. Konrad konnte weder Lesen noch Schreiben und hat diese Künste auch zeitlebens nicht erlernt. Eines aber konnte Konrad II. mit Sicherheit: seine Situation sachlich beurteilen. Der erste Schritt zur Verbesserung seiner Lebensumstände gelang ihm mit der Heirat der schwäbischen Herzogswitwe Gisela, einer ebenso klugen wie besonders schönen Frau, die trotz erheblich höheren Alters ihren Mann in den Bann zu ziehen wußte.

Nach der Krönung am 8. September 1024 in Mainz gelang es dem König überraschend schnell, seine Anerkennung im Lande durchzusetzen. Eine Verschwörung gegen ihn, die sein Stiefsohn Herzog Ernst von Schwaben anzettelte, warf er bald nieder. Bereits im Februar 1026, nachdem sein Sohn Heinrich zum Nachfolger gewählt worden war, brach Konrad II. nach Italien auf, wo er im Mai 1026 in Mailand mit der Krone der Langobarden zum italienischen König gekrönt wurde. Doch regte sich oberitalienischer Widerstand gegen die deutsche Herrschaft, besonders die Städte Ravenna und Pavia machten gegen den König Front. Es dauerte ein Jahr, bis Konrad sich in Oberitalien durchsetzen und am 26. März 1027 in Rom zum Kaiser gekrönt werden konnte. Allerdings kam es am Rande der Krönungsfeierlichkeiten aufgrund der spannungsgeladenen Atmosphäre zu blutigen Auseinandersetzungen zwischen Soldaten des deutschen Heeres und der römischen Stadtbevölkerung.

Inzwischen hatte Ernst von Schwaben die Abwesenheit des Kaisers genutzt, um mit Hilfe einiger Fürsten gegen den Bischof Brun von Augsburg vorzugehen, der Konrad II. vertreten sollte. Nach der Rückkehr des Herrschers bröckelte jedoch die Allianz sehr schnell auseinander. Ernst von Schwaben kam nach Ingelheim in Haft. Sein Leben endete auf tragische Weise. 1030 wurde er aus der Haft entlassen; da er jedoch das Versprechen, gegen einen früheren Vasallen einzuschreiten, verweigerte, geriet er selbst in Acht und Bann und starb im Kampf im Schwarzwald, wohin er sich in einem Raubritternest zurückgezogen hatte.

Im Jahre 1029 ging Konrad II. erstmals gegen den Fürsten Mieszko von Polen, einen Sohn des Boleslaw Chobry, vor; allerdings verlief die Operation wirkungslos. Mieszko geriet jedoch zwischen zwei Fronten, da er auch aus dem Osten, aus Rußland, bedroht wurde. Nach zwei kurzen Heerzügen Konrads II. 1031 und 1032 erschien es Mieszko sinnvoller, sich dem Kaiser zu unterwerfen. Mieszko starb 1034, das Reich Boleslaw Chobrys ist danach zerfallen.

Gleichfalls im Jahre 1034 schlossen sich Böhmen und Mähren durch Herzog Udalrich freiwillig dem deutschen Reich an. Ungarn hatte schon im Jahre 1031 seinen Frieden mit dem Reich geschlossen, der junge König Heinrich III. trat in dieser Angelegenheit als Mitregent erstmals eigenständig in der Außenpolitik des Reiches auf.

Im September 1032 starb König Rudolf III. von Burgund. Durch die vertraglichen Vereinbarungen, die Rudolf III. mit Kaiser Heinrich II. getroffen hatte, fiel das Königreich Burgund jetzt an das deutsche

Reich. Am 2. Februar 1033 ließ sich Kaiser Konrad II. in Peterlingen zum burgundischen König krönen. Mit der Eingliederung Burgunds in das Reichsgebiet sicherte Konrad II. die wichtigen Alpenpässe für einen freien Zugang nach Italien. Zweifellos vermehrte Kaiser Konrad II. die Macht des Reiches und schaffte mit harter Hand Frieden und Ordnung. Dabei ging es ihm besonders um den Ausbau seiner eigenen Hausmacht, die er auf Kosten von Reichs-, Kirchen- und Privatbesitz häufig rücksichtslos vergrößerte. Mit der Kirche verfuhr der Kaiser wenig sanft, Ämter besetzte er nach rein politischen oder privaten Gesichtspunkten. Die Eignung der Kandidaten spielte dabei keine Rolle, wohl aber deren Geld, denn der Kaiser war sich nicht zu schade, Kirchenämter auch regelrecht zu verkaufen (Simonie).

1037 mußte Kaiser Konrad II. zum zweiten Mal nach Italien ziehen, um Unruhen in Ober- und Mittelitalien beizulegen. 1039 kehrte er nach Deutschland zurück. Dort starb er am 4. Juni 1039 in der Stadt Utrecht. Konrad II. ist der erste deutsche Herrscher, der in der Königsgruft des Speyerer Doms beigesetzt worden ist.

Mit Härte, Glück und Rücksichtslosigkeit, gepaart mit egozentrischem Durchsetzungstrieb, gelang es Konrad II. während seiner 15jährigen Regierungszeit Ruhe, Ordnung und Frieden in das Reich zu bringen. Im Gedenken an seine eigene, für einen Kaiser bescheidene Herkunft bewahrte sich Konrad II. auch nach seinem persönlichen Aufstieg den Sinn und das Verständnis für die Nöte des Volkes. Zu diesen charakterlichen Eigenschaften traten sein Mut und seine Tapferkeit, die er in seinen Kämpfen bewiesen hat. Solche Züge waren es, die ihm seine große Popularität verschafften, so daß seine Zeitgenossen sich nicht scheuten, ihn mit Karl dem Großen zu vergleichen.

1039–1056 Heinrich III.

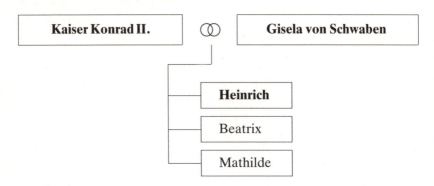

Heinrich III. war Kaiser Konrads II. einziger leiblicher Sohn und wurde daher von seinem Vater liebevoll geschützt, erzogen und auf sein Amt vorbereitet. Geboren wurde Heinrich III. 1017, also bevor sein Vater König des deutschen Reiches geworden war. Gegen die Ansprüche der Stiefsöhne aus der ersten Ehe Giselas von Schwaben, der Mutter Heinrichs, zog Kaiser Konrad seinen Sohn rücksichtslos vor. Mit neun Jahren (1026) wählten die deutschen Fürsten Heinrich zum Nachfolger seines Vaters. Zwei Jahre später folgte die Krönung am Ostertag, am 14. April 1028, in Aachen. Diese Krönung Heinrichs III. schlossen die ersten erfolgreichen Regierungsjahre seines Vaters ab.

Die Erziehung Heinrichs muß, wahrscheinlich durch den Einfluß der gebildeten Mutter (Konrad II. war Analphabet), konsequent betrieben worden sein, nicht anders ist es zu erklären, daß der Vierzehnjährige bereits mit außenpolitischem Auftrag an die ungarische Grenze entsandt wurde, um dort Verhandlungen in Grenzfragen zu führen, die zu einem Frieden mit Ungarn führten (1031). 1036 heiratete Heinrich III. im Alter von 19 Jahren Gunhild von Dänemark, die Tochter des Dänenkönigs Knut des Großen. Doch Gunhild starb bereits zwei Jahre später, während des zweiten Italienzugs Kaiser Konrads.

Im Todesjahr seines Vaters erhielt König Heinrich III. noch das Herzogtum Schwaben und auf dem Reichstag von Solothurn die Königswürde von Burgund.

Nach dem Tod Kaiser Konrads II. am 4. Juni 1039 hatte der 22jährige Heinrich III. keinerlei Schwierigkeiten, Anerkennung im Reich, in Italien und in Burgund zu finden. Hier wird die enorme Wirkung der tatkräftigen Handlungsweise Kaiser Konrads II. besonders

deutlich. 1040 erreichte König Heinrich III. die Nachricht, daß der Böhmenherzog Bretislav in Polen eingefallen war und die Stadt Krakau erobert und geplündert hatte. Die Strafexpedition Heinrich III. geriet jedoch zum Mißerfolg, und erst ein Jahr später gelang die Unterwerfung Herzog Bretislavs, der von da an einer der treuesten Gefolgsleute Heinrichs III. war und häufig am Hof des Königs weilte.
Im November 1043 schloß Heinrich III. seine zweite Ehe, mit Agnes, der Tochter des Herzogs Wilhelm V. von Aquitanien und Poitou. Diese Ehe sollte in erster Linie der Erhaltung des Friedens mit Frankreich sowie der Sicherung der Herrschaft über Burgund dienen. Die Hochzeitsfeierlichkeiten waren bemerkenswert, weil das Königspaar alle Gaukler, Schauspieler, Sänger und Musikanten von der Feier ausschloß. Der in der Umgebung des Königs durch die Heirat befürchtete »französische Einfluß« bei Hof blieb aus.
Die folgenden zwei Jahre beschäftigten den König das Land Ungarn und das Herzogtum Lothringen, das zeitweise durch den Herzog Gottfried den Bärtigen vom Reich abzufallen drohte. 1045 beendete der König jedoch den Aufstand mit der Belehnung Oberlothringens an Herzog Gottfried und Niederlothringens an Friedrich, einen Bruder des Herzogs Heinrich von Bayern. 1044 beendigte Heinrich III. einen Aufstand der Ungarn gegen ihren eigenen König Peter, der in das Reich geflüchtet war. In der Schlacht von Menfö besiegte Heinrich III. die Ungarn, die sich danach unterwerfen mußten. Im Herbst 1046 brach König Heinrich III., nachdem die Grenzen gesichert und alle Unruhen beigelegt waren, nach Italien auf. Am 24. Oktober 1046 hielt er in Pavia eine Synode ab, auf der der Verkauf von Kirchenämtern verboten wurde.
Heinrich III. rückte also deutlich von der Praxis seines Vaters ab. Unerfreuliche Vorgänge um das Amt des römischen Bischofs führten dazu, daß Heinrich III. auf den Synoden von Sutri und Rom im Dezember 1046 mit der Absetzung von drei rechtmäßig-unrechtmäßigen Päpsten reinen Tisch machte und mit Clemens II. einen deutschen Bischof auf den Heiligen Stuhl brachte. Dieser krönte Heinrich III. und seine Gemahlin Agnes am 25. Dezember 1046 zum Kaiserpaar. Noch in Italien huldigten dem Kaiser im Februar 1047 die normannischen Fürstentümer Apulien und Aversa; gleichzeitig hatte der von Konrad II. eingesetzte Walmar von Salerno die ihm verliehene Macht über Amalfi, Capua, Gaeta und Sorrent weiter ausgedehnt.

Kaiser Heinrich III. verwendete große Anstrengungen auf die Absicherung der Reichsgrenzen. Es gehörte zu seinem Selbstverständnis als Herrscher, für den Frieden im Reich zu sorgen, so hat er sich auch innenpolitisch zum Beispiel durch das Fehdeverbot an bestimmten Wochentagen und an hohen Kirchenfesten verdient gemacht. Die Ostgrenzen des Reiches befriedete er durch eine Reihe von Maßnahmen, zu denen vor allem die Einrichtung von neuen Marken gehörte, deren Leiter mit dem militärischen Schutz und der Verwaltung der Gebiete beauftragt wurden. Ungarn blieb auch nach der Schlacht von Menfö ein unruhiges Nachbarland, in dem die Heerzüge von 1051 und 1052 nicht die erhoffte Wirkung zeigten. 1058 wurde Ungarn endgültig selbständig.

Bereits im Jahr 1040 schaffte Heinrich III. die Vorbedingungen für die Gründung der Stadt Nürnberg. Auch mit dem Aufschwung von Goslar ist Heinrich III. eng verbunden. Die Grundlage für diesen Aufstieg bildete das Silbervorkommen im Rammelsberg. Kaiser Heinrich III. hat sich diese reiche Einnahmequelle gegen den Widerstand der Sachsen nicht nehmen lassen und mit der Goslarer Kaiserpfalz seinen festen Willen untermauert, der Stadt die Reichsunmittelbarkeit zu sichern. Goslar galt zu Zeiten der Salier als »heimliche Hauptstadt« des Reiches. Der Bau des mächtigen Kaisersaales der Pfalz galt als größtes Profanbauwerk der salischen Zeit.

Große Bedeutung muß dem Verhältnis des Kaisers zur Kirche beigemessen werden. Es soll deshalb an dieser Stelle unabhängig vom Lebenslauf des Herrschers darauf eingegangen werden, zumal die spätere Entwicklung im Reich weitgehend durch die Haltung Heinrichs III. beeinflußt worden ist. Kaiser Heinrich III. war ein frommer und gläubiger Mensch, der, wahrscheinlich durch seine Erzieher, in eindringlicher Weise in der Religion unterwiesen worden sein muß. In seiner Haltung zur Kirche unterscheidet er sich eindeutig von seinem Vater, der zwar auch fromm war, aber die Kirche eher als willkommene Einnahmequelle ansah. Heinrichs größter Wunsch war die Durchsetzung einer großen Kirchenreform, durch die das Laienpriestertum, die Ehelosigkeit der Priester, die Abschaffung der Simonie sowie die Hinwendung zu einem allgemeinen frommen Lebenswandel durchgesetzt werden sollte. In diesen Bestrebungen wurde er durch seine Frau Agnes eifrig unterstützt. Im Prinzip handelte es sich bei der Reform um das Gedankengut, das im Kloster Cluny entwickelt und von dort aus verbreitet worden war. Unter diesen Aspekten ist zu werten, daß er

hintereinander vier deutsche Bischöfe auf den Heiligen Stuhl beförderte.
1. Den Sachsen Suitger von Bamberg als Clemens II.
2. Den Bayern Poppo als Damasus II. (der bereits nach drei Wochen starb)
3. den Elsässer Brun von Toul als Leo IX. und
4. Gebhardt von Eichstätt als Victor II.

Mit der Einsetzung dieser Päpste schaltete Heinrich III. den Einfluß der römischen Familien auf die Papstwahl aus und schaffte ein starkes, unabhängiges Papsttum. Dabei übersah er völlig die weitreichenden Folgen, die dem Reich durch einen kräftigen weltlich orientierten Vatikan drohten, ein schwerwiegender Fehler, der erheblich zum Machtzerfall des Reiches beitrug, der aber auch durch den aufflammenden Kampf der Päpste gegen das Reich und der damit einhergehenden Verweltlichung der Kirche großen Schaden zufügte.

Im Frühjahr des Jahres 1055 zog Heinrich III. zum zweiten Mal nach Italien, wo er zunächst zusammen mit Papst Victor II. ein Generalkonzil in Florenz abhielt, während dessen man gegen den Verkauf von Kirchenämtern vorging und verschiedene Bischöfe wegen des Verstoßes gegen den Zölibat und der Simonie maßregelte. Herzog Gottfried der Bärtige von Oberlothringen hatte im Jahre 1054 ohne Wissen des Kaisers Beatrix von Tuscien-Canossa geheiratet und sich damit den Unwillen des Herrschers zugezogen. Als der Kaiser in Italien eintraf, floh Gottfried in sein Stammland. Kaiser Heinrich nahm Frau und Tochter Herzog Gottfrieds als Geiseln gefangen. Kurz vor dem Tode des Kaisers zeichnete sich jedoch noch eine Versöhnung mit dem Lothringer ab. 1056 kehrte der Kaiser nach Deutschland zurück, wo er am 5. Oktober 1056 in der Pfalz Bodfeld in Sachsen an einem schweren Gichtleiden starb. Wie alle salischen Herrscher wurde auch Kaiser Heinrich III. im Speyerer Dom beerdigt. Er ist nur 39 Jahre alt geworden und für seinen unmündigen Sohn Heinrich viel zu früh gestorben.

Kaiser Heinrich III. war nicht der populäre volksnahe Herrscher, der sein Vater gewesen war. Seine dunkle Hautfarbe und sein finsterer Gesichtsausdruck brachten ihm den Beinamen »der Schwarze« ein. Zu Ende seiner Regierungszeit mehrte sich die Unzufriedenheit der deutschen Fürsten wegen der Bevorzugung der Kirche. Der auf sein Amt gut vorbereitete Kaisersohn ist zwar als Herrscher nicht gescheitert, davor hat ihn vielleicht sein früher Tod bewahrt, aber er hat mit seiner

Kirchenpolitik die Fußangeln gelegt, die manchem seiner Nachfolger zum Verhängnis wurden. Dabei muß berücksichtigt werden, daß er sein Herrscheramt in enger Verbindung mit einer christlichen Sendung verstand, der er sein gesamtes Wirken unterstellte.

Als weltlicher Herrscher hat Heinrich III. nahezu die Machtfülle Kaiser Ottos des Großen erreicht. Gleichzeitig war er aber auch der letzte König beziehungsweise Kaiser des Heiligen Römischen Reiches, der völlig unabhängig und souverän herrschte.

1056–1062 Agnes von Poitou

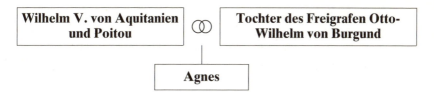

Agnes' Mutter war eine Tochter des Freigrafen Otto-Wilhelm von Burgund, der König Rudolf III. von Burgund ein erbitterter Gegner gewesen war und nicht unerheblich zu dem Entschluß Rudolfs III. beigetragen hatte, Burgund nach seinem Tod als Reichslehen an Kaiser Heinrich II. abzugeben. Allerdings wurde der Vertrag erst zu Kaiser Konrads II. Regierungszeit wirksam. 1043 wurde in Ingelheim die Ehe zwischen König Heinrich III. und Agnes von Poitou geschlossen. Damit wollte der König vor allem seine Herrschaftsansprüche in Burgund sichern, da Agnes eine Enkelin des aufrührerischen Freigrafen Otto-Wilhelms von Burgund war.
Als Tochter des Grafen Wilhelm V. von Aquitanien und Poitou gehörte Agnes aber auch gleichzeitig zu den besten Familien Frankreichs, darüber hinaus hatte ihre Mutter in zweiter Ehe den Grafen Gottfried Martell von Anjou geheiratet. Agnes galt als überaus fromme und der Kirche besonders verbundene Frau. Sie hat ihren Mann Heinrich III. mit Sicherheit in seiner sakralen Herrschaftsauffassung seines Königsamtes bestärkt. Man mag bei den Bedingungen, unter denen diese Ehe zustandekam, nicht an eine glückliche eheliche Gemeinschaft der beiden glauben, doch bei der Gleichartigkeit der religiösen Anschauungen kann davon ausgegangen werden, daß das Paar mehr als der Druck der Staatsräson verbunden hat. Diese Vermutung wird gestützt durch die Tatsache, daß Agnes und Heinrich III. fünf Kinder hatten.
Zu Lebzeiten ihres Mannes ist die Kaiserin wenig in der Öffentlichkeit aufgetreten. Doch der Kaiser setzte sie noch auf seinem Sterbebett zur Regentin für den unmündigen Heinrich IV. ein, was, wie sich zeigen sollte, ein weiterer schwerer Fehler des Kaisers war. Der Sohn Heinrich IV. war 1054 mit knapp vier Jahren zum Nachfolger bestimmt und offiziell gewählt worden.
1056 trat Agnes die Regentschaft an. Sie ist die einzige Französin auf dem deutschen Thron geblieben. Zunächst wurde sie durch Papst

Victor II. unterstützt, der als ihr wichtigster Berater fungierte. Leider starb Victor bereits ein Jahr später (1057), wodurch die Kaiserin bald völlig verunsicherte und bei ihren politischen Entscheidungen zu schwerwiegenden Fehlern neigte. Dies gilt vor allem für die Besetzung von vakant gewordenen Herzogtümern. Das schwäbische Stammherzogtum der Salier übertrug sie an Rudolf von Rheinfelden, der damit zu einer enormen Machtfülle gelangte. Das Herzogtum Bayern bekam Otto von Northeim, der bereits durch seine Frau in Westfalen zu erheblichem Besitz gelangt war. Darüber hinaus belehnte Agnes Berthold von Zähringen mit dem Herzogtum Kärnten. Damit besaß das salische Königshaus kein einziges Stammland mehr, und dies, wo doch die Hausmacht des Königs seine Machtbasis darstellte. Alle drei Herzöge haben sich dann in der Folgezeit zu gefährlichen Widersachern Heinrichs IV. entwickelt.

Mit ihren Entscheidungen hinsichtlich der Kirche wirkte Kaiserin Agnes ausgesprochen unentschlossen. Heinrich III. hatte sich zwar voll und ganz für eine Reform der Kirche eingesetzt, aber er hatte seinen eigenen Handlungsspielraum innerhalb der Kirche niemals preisgegeben, was durch die Ernennungen »seiner« Päpste ausreichend bewiesen ist. Als Victor II. starb, überließ Kaiserin Agnes die Einsetzung der in rascher Folge bis 1061 wechselnden Päpste den Reformpredigern der Kirche. 1061 wurde auf Betreiben des einflußreichen Mönches Hildbrand (des späteren Papstes Gregor VII.) der Bischof von Lucca als Papst Alexander II. eingesetzt. Da aber gleichzeitig die Vertreter der oberitalienischen Kirche den Bischof Cadulus von Parma wählten und als Honorius II. einzusetzen bemüht waren, kam es zum Schisma. Auch in dieser Situation griff die Kaiserin nicht ein. Gerade die Reformer gingen ab 1061 eigene Wege und fingen an, das Kaisertum zu bekämpfen. Gegen die offenkundige Unfähigkeit der Kaiserin regten sich schon bald erste Fürstenstimmen. 1062 beendete der Erzbischof von Köln, Anno, die Regentschaft der Kaiserin Agnes durch einen Staatsstreich. Er überfiel die Begleitung des jungen Königs bei Kaiserswerth. Zwar versuchte Heinrich IV. durch einen mutigen Sprung in den Rhein zu fliehen, aber er konnte nicht entkommen. Erzbischof Anno bemächtigte sich der Person des Königs und übte anschließend praktisch die Regentschaft über das deutsche Reich aus.

Die Kaiserin Agnes verschwand in der Umgebung des Papstes Alexander II. und ist später nur noch als Vermittlerin zwischen Papst Gregor VII. und ihrem Sohn Heinrich IV. in Erscheinung getreten.

1065–1105 Heinrich IV.

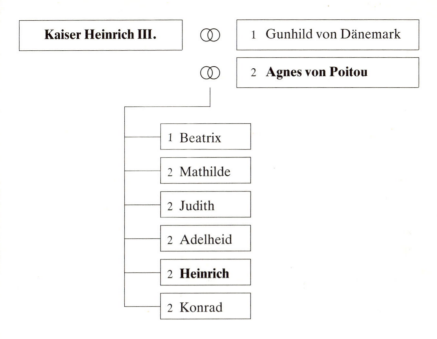

Heinrich IV. wurde am 11. November 1050 geboren. Bereits 1053 wählte man ihn, wie es im Mittelalter üblich war, zum Nachfolger seines Vaters. Noch nicht ganz sechs Jahre alt, erlebte Heinrich IV. den Tod seines Vaters, der einen tiefen Einschnitt sowohl in das Leben des jungen Königs als auch in die Verhältnisse im Reich bedeutete. Zunächst übernahm die Mutter, die Kaiserin Agnes, die Regentschaft über das Reich. Doch je mehr die Unfähigkeit der Kaiserin in Erscheinung trat, desto mehr regte sich im Reich die Unzufriedenheit der Fürsten über die Regentschaft.

Im Jahre 1062 beendete der Erzbischof von Köln, Anno, durch einen Staatsstreich die Regierungszeit der Agnes von Poitou und setzte sich selbst an die Spitze der Regierung, indem er sich der Person des elfjährigen Königs bemächtigte. Bei dem Überfall auf den jungen König in der Nähe von Kaiserswerth im April 1062 sprang Heinrich voll bekleidet in den Rhein, konnte jedoch seinen Häschern nicht entkommen. Heinrichs IV. Mutter Agnes verschwand in der Umgebung Papst Alexanders II. in Rom.

Heinrich befand sich nunmehr in der Gewalt des Kölner Erzbischofs, dem jedoch bald in seiner staatsbeherrschenden Rolle mit Erzbischof Adalbert von Bremen und Hamburg ein ernsthafter Konkurrent erwuchs, währenddessen der Mainzer Erzbischof Siegfried an Einfluß einbüßte, obwohl traditionell der Mainzer Erzbischof das Amt des Reichskanzlers innehatte.

Anno von Köln und Adalbert von Bremen einigten sich über die Teilung der Regentschaft, wobei sich Adalbert von Bremen allmählich gegenüber Anno von Köln Vorteile zu verschaffen wußte. Ab 1064 regierte Adalbert von Bremen praktisch das Reich allein. Ein Jahr später wurde Heinrich IV. volljährig. Beiden Kirchenführern hat Heinrich IV. ihre Rolle bei der Entmachtung seiner Mutter nicht vergessen. Nachdem bereits Anno von Köln durch seinen geistlichen Konkurrenten ausgeschaltet worden war, stürzte auch Adalbert, als er 1066 dem Reichstag von Tibur weitere Reichsgüter in Kirchenbesitz umwandeln wollte. Es war der Versuch des jungen Königs, die Bevormundung abzuschütteln und die Regierung in die eigenen Hände zu bekommen. Allerdings hatte der Sturz Adalberts unangenehme Folgen im Nordosten des Reiches. Wenden, Obodriten und Liutizen, deren Christianisierung mühsam versucht worden war, erhoben sich gegen die Herrschaft des Bistums Hamburg, gegen die Billunger, die seit Otto I. die slawischen Stämme im Nordosten des Reiches unterdrückten.

Allmählich trug die reformfreundliche Kirchenpolitik der Vorgänger Heinrichs IV., besonders seit den Regierungstagen seines Vaters, unliebsame Früchte. In England unterstützte das Papsttum den Normannen Wilhelm den Eroberer (1066). In Frankreich konnte Papst Alexander II. immer wieder erfolgreich in die Politik eingreifen. Deutsche Bischöfe wurden nach Rom zitiert und mußten sich dort wegen verschiedener Vorwürfe, besonders dem der Simonie, verantworten. Als Heinrich IV. 1070 versuchte, das vakante Bischofsamt von Konstanz zu besetzen, setzte er seinen Kandidaten nicht durch. Einen weiteren Prestigeerfolg verzeichneten die Römer, als Heinrich IV. versuchte, seine Ehe mit Bertha von Turin zu lösen, mit der er als Fünfjähriger verlobt worden war und die er bald nach seiner Mündigkeitserklärung geheiratet hatte. Zum ersten ernsthaften Konflikt zwischen dem König und der Kurie kam es jedoch durch einen Streit über die Besetzung des Bischofsstuhls von Mailand, der 1073 mit der Bannung von fünf königlichen Räten endete.

Seit seinem Amtsantritt hatte Heinrich IV. versucht, die verlorenen Besitzungen der salischen Hausmacht zurückzugewinnen, besonders in den reichen sächsischen Provinzen wollte er sogenanntes Königsgut wieder an sich bringen, wodurch er jedoch zwangsläufig mit den dortigen Fürstenhäusern in Streit geraten mußte. Zum offenen Kampf kam es 1070, als der König gegen Otto von Northeim vorging, der neben seinem Herzogtum Bayern in Sachsen über große Besitztümer verfügte. 1071 mußten sich Otto von Northeim und sein Verbündeter, Magnus Billung, unterwerfen. Beide kamen in Haft, jedoch entließ der König Otto von Northeim bereits nach einem Jahr. 1073 schlossen sich die sächsischen Fürsten unter Otto von Northeim erneut zusammen. Es kam zur offenen Revolte. König Heinrich IV. mußte nach Hessen flüchten. Die Lage erschien prekär, weil auch die süddeutschen Fürsten auf Konfrontationskurs gingen.

Im Frieden von Gerstungen, am 2. Februar 1074, verschaffte sich der König zunächst durch sein Verhandlungsgeschick militärisch Luft, um im folgenden Jahr am 9. Juni 1075 in der Schlacht von Homburg an der Unstrut den entscheidenden Durchbruch gegen seine sächsischen Feinde zu erringen. Ende 1075 hatte König Heinrich IV. die Machtfülle seines Vaters zurückgewonnen. Doch in der Euphorie seines Erfolgs beging der König nun schwerwiegende Fehler, die ihn an den Rand des Unterganges brachten.

Im Jahr 1073 war Papst Alexander II. gestorben, und Papst Gregor VII. hatte auf dem Heiligen Stuhl Platz genommen. Zwar war man sich zunächst in der Frage des Mailänder Bistums entgegengekommen, doch als 1075 vier deutsche Bischöfe der Aufforderung zur Rechtfertigung in Rom nicht folgten, erneuerte Papst Gregor VII. ausdrücklich die Gesetze gegen die Simonie und den Zölibat. Noch einmal kam es zu einer gewissen Entspannung zwischen dem König und dem Papst. Im Sommer 1075 griff der König erneut in den Kirchenstreit in Oberitalien ein. Dagegen wandte sich Gregor VII. in einem scharfen Schreiben vom 8. Dezember 1075. Daraufhin berief der König am 24. Januar 1076 eine Reichsversammlung nach Worms ein. Das Ergebnis dieser Versammlung war die Absetzung des Papstes. Zwar war es nicht das erste Mal, daß ein deutscher König einen Papst abgesetzt hatte, doch dieses Mal geschah es aus der Ferne, ohne daß die Möglichkeit bestand, der Maßnahme den notwendigen (militärischen) Nachdruck zu verschaffen. Die Folge war eine allgemeine Empörung in Rom, die am 14. Februar 1076 dazu führte, daß Papst Gregor VII. König Heinrich IV. seinerseits für abgesetzt erklärte und den Herrscher mit dem Kirchenbann belegte.

Aufgrund dieser Maßnahmen flackerten die Unruhen in Sachsen wieder auf. Die Reichsfürsten dachten erneut über die Absetzung des Königs nach und kehrten zu ihrem früheren Konfrontationskurs zurück. Alle Erfolge des Königs, die er bisher errungen hatte, gingen durch seine unklugen Entscheidungen, die allerdings auf Betreiben seiner kirchlichen Ratgeber zustandegekommen waren, wieder verloren. König Heinrich IV. hatte seine Machtstellung eindeutig überschätzt. Auf den Reichstagen von Ulm und Tribur fielen dann Entscheidungen, die einer Absetzung des Königs praktisch gleichkamen. Heinrich IV. konnte lediglich eine Aufschiebung der endgültigen Entscheidung erreichen. Allerdings verlangten die Fürsten in Tribur, daß Papst Gregor VII. zur Herbeiführung einer letztlichen Regelung nach Deutschland kommen sollte.

Heinrich IV. konnte sich denken, welches Ergebnis dieses Erscheinen im Reich erbracht hätte. Um den Papst an seinem direkten Eingreifen im Reich zu hindern, fällte er eine außergewöhnliche Entscheidung. Der König trat trotz eines sehr harten Winters seinen berühmten Bußergang nach Canossa an. Mit seiner Frau Bertha, seinem zweijährigen Sohn Konrad und kleinem Gefolge begab er sich über den Mont Cenis nach Oberitalien. Da der Papst, der sich bereits auf dem Weg ins Reich befand, ein kriegerisches Eingreifen Heinrichs befürchtete, zog er sich auf die starke Burg Canossa zurück. An drei Tagen hintereinander erschien der König dort barfuß im Büßergewand, bis er endlich vorgelassen wurde.

Am 28. Januar 1077 blieb Papst Gregor VII. nichts anderes übrig, als sich an sein priesterliches Gelübde zu erinnern und dem König die Absolution zu erteilen. Zwar war durch die Lösung vom Bann im Prinzip nichts entschieden worden, doch hatte der König eine Vereinigung der Fürstenpartei mit dem Papst erfolgreich verhindert und seinen Handlungsspielraum im Reich zurückgewonnen. Am 15. März 1077 wählten die deutschen Fürsten, verärgert über den Entschluß des Papstes in Canossa, Herzog Rudolf von Schwaben zum Gegenkönig. Heinrich IV. kehrte daraufhin nach Deutschland zurück und kämpfte mit wachsendem Erfolg gegen seine Gegner im Reich. Zunächst besetzte er die süddeutschen Herzogtümer neu. Rudolf von Schwaben konnte sich nirgendwo entscheidend durchsetzen.

Die für den König erfolgreichen Kämpfe im Reich bewogen Papst Gregor im Jahr 1080, erneut den Bann gegen den König auszusprechen. Allerdings waren die Argumente und Begründungen des Papstes schwach, die politischen Absichten wurden dermaßen offenkundig, daß sich der größte Teil der deutschen Bischöfe und weite Teile des Reichsadels auf die Seite des Königs stellten. Im Juni 1080 wählte eine Synode in Brixen den Erzbischof Wibert von Ravenna zum Gegenpapst. Am 15. Oktober 1080 kam Heinrich das Glück zu Hilfe. Zwar verlor er an diesem Tag die Schlacht von Hohenmölsen gegen seine beiden ärgsten Feinde, Rudolf von Schwaben und Otto von Northeim, doch Rudolf von Schwaben hatte im Kampf seine rechte Hand (die Schwurhand) verloren, was nach der Auffassung der Zeit als Gottesurteil anzusehen war. Rudolf von Schwaben starb an den Folgen seiner Verletzung. Heinrich IV. hatte gesiegt. Die Ernennung des Grafen Hermann von Salm zum neuen Gegenkönig am 6. August 1081 blieb ohne jede Bedeutung.

Im Frühjahr 1081 zog König Heinrich IV. nach Italien. Mit Unterstützung einiger oberitalienischer Freunde gelang es dem König aber erst 1084, Rom einzunehmen und den Bischof von Ravenna als Papst Clemens III. einzusetzen, der ihn Ostern 1084 zum Kaiser krönte. Papst Gregor VII. mußte sich auf die Normannen stützen, die in Süditalien ein Reich gegründet hatten. Er kehrte nur noch einmal nach Rom zurück, als Kaiser Heinrich dort abgezogen war, und mußte die Stadt zusammen mit den normannischen Truppen wieder verlassen. Im Jahr 1085 ist Papst Gregor VII. als Gescheiterter in Salerno gestorben.

Kaiser Heinrich IV. befand sich nun auf dem Höhepunkt seiner Macht. Den Frieden im Reich sicherte er auf dem Reichstag von Mainz im April 1085 durch die Verkündigung eines »Gottesfriedens«. Seine letzten Gegner in Sachsen flüchteten oder starben. So plante der Kaiser 1090 erneut einen Italienzug, um das Schisma, das sich durch die Reformpartei der Kirche gebildet hatte, zu beseitigen. Zunächst verlief sein Einsatz in Italien erfolgreich. Doch nachdem er 1092 eine Niederlage im Kampf in Oberitalien erlitten hatte, wechselte sein eigener Sohn Konrad, den er 1087 zum Nachfolger hatte krönen lassen, das politische Lager, und auch seine zweite Ehefrau, Praxedis, die er 1089 geheiratet hatte, fiel von ihm ab.

Heinrich IV. mußte sich in die Provinz Venetien zurückziehen, wo ihm zeitweise nur noch eine Burg als Zufluchtsort verblieb. Sein Sohn Konrad bestätigte den Reformer Urban II. als rechtmäßigen Papst. In der Folgezeit geriet der Thronstreit durch den ersten Kreuzzug in den Hintergrund. Der Kaiser hat sich mit Zähigkeit und Geduld Schritt für Schritt aus seiner mißlichen Lage befreit. Die Aussöhnung mit dem

Haus der Welfen gab ihm Gelegenheit, 1095 nach Deutschland zurückzukehren. Auf dem Reichstag in Mainz ließ Heinrich im Jahre 1098 seinen Sohn Konrad absetzen und den 17jährigen Sohn Heinrich zum König wählen, allerdings mit Einschränkungen bezüglich der Übernahme von Regierungsgeschäften durch den Sohn zu Lebzeiten des Vaters.
Die Macht des Kaisers war nun weitgehend wieder hergestellt. Er wollte nun auch mit der Kirche zu einem Ausgleich kommen, doch blieben seine diesbezüglichen Versuche erfolglos. 1102 sprach Papst Paschalis II. erneut einen Bann gegen den Kaiser aus. Der Wille, eine Einigung mit der Kirche zu erzielen, in Verbindung mit der Absicht, eine Entfremdung der Fürsten vom Königstum zu verhindern, brachte den Sohn des Kaisers, Heinrich V., in die Opposition.
Der letzte Kampf des vom Schicksal nicht verwöhnten Kaisers zeichnete sich ab. Im Jahre 1105 kam es zum offenen Kampf des Vaters gegen den Sohn, bei dem Heinrich V. die Oberhand behielt. Ende dieses Jahres konnte Heinrich V. seinen Vater in der Nähe von Mainz gefangennehmen. Anfang 1106 wählten die Reichsfürsten Heinrich V. in Mainz erneut zum König, nachdem Kaiser Heinrich IV. formal auf seine Krone verzichtet hatte. Zwar konnte der Kaiser noch einmal aus seinem Gefängnis in Ingelheim entkommen und nach Lüttich flüchten, doch blieb ihm eine Genugtuung letztlich versagt. Er starb am 7. August 1106 in Lüttich. Erst fünf Jahre nach seinem Tod wurde er seinem Wunsch entsprechend im Speyerer Dom beerdigt.
Kaiser Heinrich IV. hat in seiner verhältnismäßig langen Regierungszeit wie kein anderer König des Reiches abwechselnd Tiefschläge und Höhenflüge erleben müssen. Selbst seine tiefste Demütigung hat den Kampfeswillen dieses Herrschers, dessen menschliche und charakterliche Stärke sich am eigenen Schicksal mehr und mehr entwickelte, nicht brechen können. Gegen die Fürsten verteidigte er die Stellung des deutschen Königs bewußt und mit dem Einsatz aller ihm zur Verfügung stehenden Kräfte, dabei hat er sich auch für die Rechte der Bürger und kleinen Leute im Land Verdienste erworben. Seine Friedensbemühungen und die Weiterentwicklung der Reichsgerichtsbarkeit schufen die Grundlagen für die Festigung der Königsmacht seiner Nachfolger.

1105–1125 Heinrich V.

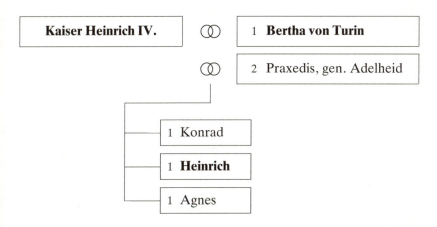

Heinrich V. wurde am 11. August 1086 geboren. Seine Mutter Bertha von Turin starb schon sehr früh. Die Wirren des Investiturstreits haben wohl nur ungenügende Erziehungsversuche an dem königlichen Prinzen zugelassen. Wie alle Salier besaß auch Heinrich V. einen hohen Wuchs, einen wachen Verstand, unbeugsamen Stolz und den Machthunger, der ihn letztlich zum Verräter am eigenen Vater werden ließ. 17jährig wurde er zum König gewählt, nachdem sein älterer Bruder entthront worden war. Die Begleitumstände seiner Wahl, bei der Heinrich V. schwören mußte, nichts gegen den Willen seines Vaters zu unternehmen, bedeuteten in der Beziehung zwischen Vater und Sohn wohl den unüberbrückbaren Bruch, der schon bald nach der Krönung zutage trat. Den äußerlichen Anlaß zu der Entfremdung zwischen Vater und Sohn bot höchstwahrscheinlich die Ermordung des Grafen Sigehard von Burghausen, der von verärgerten Bürgern und Ministerialen aus Regensburg wegen ungerechter Rechtsprechung erschlagen worden war. Kaiser Heinrich IV. sah 1104 von einer Bestrafung der Täter ab, weil er die Handlungsweise des Grafen ebenfalls mißbilligte und darüberhinaus seine königliche Macht auf die freien Städte und seine Beamten stützte. Heinrich V. befürchtete, unter solchen Umständen nicht zu einem Ausgleich mit dem Adel und der Kirche kommen zu können. Er verließ daher heimlich das Heer seines Vaters, das sich um die Jahreswende 1104/05 auf dem Weg nach Sachsen befand, und kehrte nach Bayern zurück. Der Kaiser mußte daraufhin seinen Plan ändern und sich gegen seinen Sohn wenden.

Heinrich V. gelang es sehr schnell, seinen Aufstand in für ihn günstigem Sinn anzustacheln. Im Oktober 1105 standen sich Vater und Sohn bei Regensburg militärisch gegenüber. Heinrich V. konnte die Schlacht verhindern, indem es ihm gelang, einen Teil des Heeres seines Vaters zum Überlaufen zu bewegen. Die vorgeschobenen Gründe Heinrichs V. zu der Abkehr von seinem Vater können kaum ernst genommen werden. Heinrich V. gab an, seinen von der Kirche gebannten Vater aus religiösen Gründen nicht unterstützen zu können. In Wahrheit ging es ihm jedoch darum, die Gräben, die der Kaiser zwischen sich und den Reichsfürsten geschaffen hatte, zu überbrücken, um dadurch zu einem Ausgleich mit der Kirche zu kommen. Als Gegenleistung der Kirche hatte diese ihn bereits Anfang des Jahres 1105 von allen Eiden gegenüber seinem Vater »befreit«.

Weihnachten 1105 sollte ein Reichstag in Mainz alle Angelegenheiten zwischen Vater und Sohn regeln. Heinrich V. lud seinen Vater dorthin ein und sicherte ihm ausdrücklich freies Geleit zu. Auf dem Weg überfiel der Sohn den Vater jedoch überraschend, nahm ihn gefangen und inhaftierte ihn auf der Burg Böckelheim an der Nahe. Wenn man die Motive, die Heinrich V. zu dem Entschluß brachten, seinen Vater vor dem Reichstag abzufangen, noch verstehen mag, so kann man die Festnahme und Inhaftierung nur als Infamie empfinden, mit der sich der Sohn charakterlich disqualifizierte. Heinrich IV. zwang man noch auf Burg Böckelheim zur Herausgabe der Reichsinsignien. Anfang 1106 kam es dann zu einem Zusammentreffen zweier päpstlicher Legaten mit dem Kaiser und dessen Sohn in der Pfalz Ingelheim. Heinrich IV. sollte ein öffentliches Schuldbekenntnis ablegen, das er trotz äußerer Bußfertigkeit und formalem Thronverzicht entschieden ablehnte. So blieb der Kaiser in Ingelheim in Haft, während Heinrich V. auf einem weiteren Reichstag in Mainz als König des Reiches bestätig wurde.

Es spricht für die enorme Zähigkeit und den ungebrochenen Kampfeswillen Kaiser Heinrichs IV., daß er selbst in dieser aussichtslosen Lage in Ingelheim nicht aufgab und die erste Gelegenheit, die sich ihm bot, nutzte, um aus seiner Haft zu fliehen. Der Kaiser erreichte über Köln die Stadt Lüttich, wo er noch treue Freunde besaß. Heinrich V. eilte mit einem Heer dem Vater nach. Die Eroberung der Stadt Lüttich mißlang jedoch und Heinrich V. erlitt darüber hinaus am Tag vor Karfreitag 1106 eine vollständige Niederlage an der Maasbrücke von Visé. Doch bevor Kaiser Heinrich IV. diesen militärischen Sieg seiner niederlothringischen Gefolgsleute in einen politischen Erfolg umsetzen konnte, starb er am 7. August 1106 in Lüttich. Fünf Jahre lang hat der Sohn dem Wunsch des Vaters, im Dom von Speyer beigesetzt zu werden, nicht entsprochen.

Heinrich V. setzte sich also letztlich nur durch den Tod seines Vaters durch, doch hatte er immerhin die Fürsten und zunächst auch die Kirche auf seiner Seite. Bald jedoch wurde klar, daß König Heinrich V. keineswegs gewillt war, auf das Recht der Investitur zu verzichten. Bevor aber der Streit mit der Kirche erneut aufflammte, erforderten innenpolitische Vorgänge die ganze Konzentration des Königs. Graf Lothar von Supplinburg (der spätere Kaiser Lothar III.) erhielt das vakante Herzogtum Sachsen und stieg damit zum mächtigsten Mann im Norden des Reiches auf. Erstmals ging auch ein Teil von Sachsen an das Haus der bayerischen Welfen. Weitere Veränderungen betrafen Lothringen, wo Heinrich V. die Parteigänger seines Vaters absetzte. Auch an der Ostgrenze des Reiches kam es wieder zu Unruhen, in die der König persönlich eingriff. Diese Aktivitäten banden Heinrich V. bis 1110 an das Reich.

Im Sommer 1110 konnte er jedoch an die Ausführung seines geplanten Zuges nach Rom denken. In Italien fand der König überall Anerkennung. Auf diesen Erfolg bauend forderte er nun auch von der Kurie seine Rechte der Investitur von Bischöfen usw. ein, die natürlich verweigert wurden. Es kam zu geheimen Verhandlungen, deren Ergebnisse die königliche Gewalt erheblich eingeschränkt hätten. Die Posse, die nun folgte, hätte auch dem Urgroßvater Heinrichs V., Konrad II., einfallen können. Am 12. Februar 1111 ließ Heinrich V. die Peterskirche in Rom militärisch besetzen. Danach verzichtete der König feierlich auf das Recht der Investitur. Im Gegenzug verkündete Papst Paschalis II. den Verzicht des deutschen Episkopats auf alle Regalien und allen weltlichen Besitz. Ein ungeheurer Tumult war die Folge, da die deutschen Bischöfe und Fürsten von diesen Abmachungen völlig überrascht worden waren. Gemeinsam verlangten sie die Annullierung des Vertrags, den sie als ketzerisch brandmarkten. Daraufhin verlangte Heinrich V. das Investiturrecht und die Kaiserkrönung, doch der Papst verweigerte beides. Nun erklärte der König den Papst für vertragsbrüchig und nahm Paschalis II. und die ihm ergebenen Kardinäle gefangen. Ein Aufstand der römischen Stadtbevölkerung, mit dem Ziel, den Papst zu befreien, nutzte nichts. Nach zwei Monaten mußte sich der Papst allen Forderungen des Königs fügen. Am 13. April 1111 krönte Papst Paschalis II. König Heinrich V. unter dem Schutz der deutschen Waffen zum Kaiser. Heinrich V. kehrte triumphierend nach Deutschland zurück. Im Gefühl seiner überschwenglichen Freude ließ er nun seinen Vater an dessen Todestag am 7. August 1111 im Speyerer Dom beisetzen.

Gegen den zwangsweise beendeten Investiturstreit erhob sich in der römischen Kirche bald nach dem Abzug der Deutschen aus Italien eine Opposition. Diese zwang Papst Paschalis II., seine Abmachungen mit dem Kaiser zu widerrufen. Da der Papst feierlich geschworen hatte, Heinrich V. niemals mit einem Bann zu belegen, mußte es im September 1112 eine Synode unter der Führung des Erzbischofs Guido von Vienne tun. Zwar erkannte Paschalis II. diese Beschlüsse an, doch brach er den Kontakt zu Kaiser Heinrich V. niemals ab.

In Deutschland schwenkte der Kaiser nach seinem Erfolg in Rom in den politischen Kurs seiner salischen Vorgänger ein. Das bedeutete, daß er den Städten (Goslar, Speyer, Worms) wieder mehr Rechte zugestand und den Stand der abhängigen Ministerialen förderte. Zwangsläufig geriet er dadurch mit seinen Fürsten in Konflikt. Das Zentrum des fürstlichen Widerstandes gegen den Kaiser bildete wieder einmal Sachsen, wo Herzog Lothar um eine Aufwertung seines Herzogtums bemüht war.

Im Jahr 1114 heiratete Kaiser Heinrich V. Mathilde, die Tochter des englischen Königs Heinrich I. Anläßlich dieser Hochzeit unterwarf sich Lothar von Supplinburg noch einmal dem Kaiser. Im Jahr darauf kam es am 11. Februar jedoch zur offenen Feldschlacht zwischen einem Reichsheer und einem sächsischen Aufgebot am Welfesholz bei Mansfeld. Der Kaiser erlitt eine schwere Niederlage, sein Heerführer, Graf Hoyer von Mansfeld, starb auf dem Schlachtfeld. Der Kaiser selbst mußte Sachsen fluchtartig verlassen.

Diese Niederlage führte zu einer entscheidenden Wende im Leben des Kaisers. Die fürstliche Partei hatte gegenüber den Kaisertreuen gesiegt, und auch in der Kirche regte sich wieder die Opposition. In dieser schwierigen Lage verließ der Kaiser das Reich, um eine Erbschaft, die Grafschaft Tuszien (Toskana) der Gräfin Mathilde, anzutreten. Obwohl der Kaiser ohne Heer in Italien eintraf, gab es bei der Übernahme der Mathildischen Güter keine Schwierigkeiten. Anstrengender gestalteten sich die Verhandlungen zwischen Papst Paschalis II. und dem Kaiser, der eine Verbindung der Kirche mit der Fürstenpartei verhindern wollte. Erst durch einen Aufstand der Römer gegen den

Papst konnte der Kaiser im Frühjahr 1117 in Rom einziehen. Am Pfingsttag desselben Jahres ließ er durch den Erzbischof Mauritius von Barga seine Gemahlin zur Kaiserin krönen. Papst Paschalis II. ist nur noch einmal kurz mit normannischer Hilfe in Rom erschienen und starb im Januar 1118.

Nachdem Papst und Gegenpapst mehrere Male in kurzer Reihenfolge wechselten, erhielt 1119 eben jener Erzbischof Guido von Vienne den Heiligen Stuhl, der Heinrich V. anstelle von Papst Paschalis II. im Jahre 1112 gebannt hatte. Guido von Vienne nannte sich als Papst Calixt II. Mit ihm schien ein Ausgleich möglich zu sein. Nach schwierigen Verhandlungen, die zeitweise zu scheitern drohten, kam es zu einem Kompromiß im Investiturstreit: dem *Wormser Konkordat von 1122*. Damit gelang es Kaiser Heinrich V. mit starker Unterstützung durch die deutschen Fürsten, den seit fast 50 Jahren andauernden Streit zwischen dem Reich und der Kirche zu beenden. Im wesentlichen blieb dem Kaiser das Recht, Bischöfe mit weltlichen Gütern zu belehnen, was einem Einspruchsrecht bei der Besetzung von Bischofssitzen gleichkam.

Durch das Wormser Konkordat hatte der Kaiser seinen Frieden mit der Kirche geschlossen. Dies bedeutete jedoch keineswegs, daß damit auch die Spannungen im Reich beseitigt waren. In Sachsen herrschte Herzog Lothar von Supplinburg nach eigenem Gutdünken, ohne sich um die Anweisungen des Kaisers zu kümmern. Aber auch an der Westgrenze des Reiches kam es zu Schwierigkeiten. Durch einen Unglücksfall starb der einzige Bruder der Gemahlin Kaiser Heinrichs V. Damit wäre nach geltendem Recht Heinrich V. der Erbe des englischen Königreichs geworden.

Für Frankreich bahnte sich die Gefahr eines deutsch-englischen Zusammenschlusses an. Selbstverständlich unterstützte Kaiser Heinrich V. alle Aktionen seines Schwiegervaters in der Normandie bzw. in Frankreich. 1124 sollte ein deutsches Heer in Frankreich einmarschieren. Doch erhob sich in Frankreich erstmals ein derartig enormer nationaler Widerstand, daß der geplante deutsche Heerzug aufgegeben wurde. Zu dieser Zeit litt der Kaiser bereits an einer schweren Erkrankung. Am 23. Mai 1125 starb Heinrich V. in Utrecht an einem Krebsleiden. Auch er wurde in Speyer beerdigt. Heinrich V. starb kinderlos, mit ihm schied nach 100 Jahren das salische Kaisergeschlecht aus der Reichsgeschichte aus. Auf seinem Sterbebett übergab er seine Güter seinem Neffen Friedrich von Schwaben, dem Oberhaupt der Staufen, jenes Adelshauses, das nach einem Zwischenspiel die Reichsgeschicke leiten sollte. Trotz der negativen Charaktereigenschaften, die Kaiser Heinrich V. zweifellos in seiner unmenschlichen Härte und in seiner Verschlagenheit besaß, versuchte er, das Ziel aller salischen Herrscher, die Königsgewalt im deutschen Reich zu erhalten und zu sichern, nach besten Kräften zu erreichen. Dennoch muß man erkennen, daß sich nach dem Tod des letzten Saliers die Macht der deutschen Könige eindeutig zugunsten der Reichsfürsten verlagert hatte.

1125–1137 Lothar III.

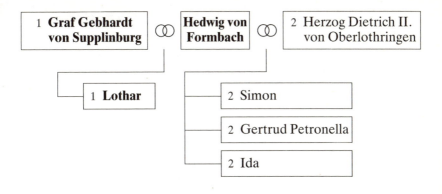

Lothar von Supplinburg wurde nach einer unbestätigten Eintragung in den Disibodenberger Annalen wenige Tage vor der Schlacht von Homburg an der Unstrut geboren (9. Juni 1075). Sein Vater fand in dieser Schlacht als aufständischer Sachse gegen Kaiser Heinrich IV. den Tod. Die Mutter heiratete danach Herzog Dietrich II. von Oberlothringen und gebar in dieser Ehe noch drei Kinder.
Mit hoher Wahrscheinlichkeit wurde Lothar am Hof seiner Großmutter Gertrud von Haldensleben erzogen, die in zweiter Ehe mit Herzog Ordulf Billung von Sachsen verheiratet war. Ob durch diesen Aufenthalt bereits die Vorentscheidung für die spätere Ernennung zum Herzog von Sachsen gefallen war oder ob sich Lothar in einem zähen Durchsetzungsprozeß, der seine ganze Kraft erforderte, nach oben kämpfte, läßt sich nicht mehr nachvollziehen. Jedenfalls muß mehrere Male in seinem Leben sein Stern besonders günstig gestanden haben. Mit Sicherheit war dies im Jahre 1100 der Fall, als er die zwölf- bis vierzehnjährige Richenza heiratete, die ihm reichliche Erbschaften einbrachte und ihn schlagartig zum reichsten Mann Norddeutschlands machte. Sechs Jahre danach lächelte Fortuna ihm wiederum zu, als Herzog Magnus von Sachsen (der letzte Billunger) verschied. Im Schicksalsjahr der Salier 1106, blieb König Heinrich V. gar keine andere Wahl, als das Herzogtum Sachsen an den bedeutendsten Mann der Region, Lothar von Supplinburg, zu vergeben, obwohl dieser stets ein Gegner der Salier gewesen war und dies auch nach seiner Erhebung zum Herzog von Sachsen blieb. Sehr zum Ärger des Königs, der sich

mit der Ernennung Lothars einen Ausgleich mit den Sachsen erhofft hatte.

Herzog Lothar betrieb von vornherein eine recht eigenständige, teilweise souveräne Politik in seinen Ländern und konnte dies auch unbehelligt tun, da der Investiturstreit weiterhin andauerte. Aber seine Aktivitäten zielten nicht nur auf seine Unabhängigkeit vom Reich als Territorialfürst ab, sondern er verfolgte auch erfolgreich die Expansion Sachsens in die östlich angrenzenden Gebiete der Slawen. Ab 1112 verschärften sich die Schwierigkeiten Heinrichs V., inzwischen zum Kaiser gekrönt, mit den Reichsfürsten, insbesondere mit Herzog Lothar und dessen Parteigänger, dem Erzbischof Adalbert von Mainz.

Der Grund für diese Schwierigkeiten lag in der Absicht des Kaisers, in die inneren sächsischen Verhältnisse einzugreifen. Gegen diese Absicht bildete sich eine starke Fürstenopposition, deren Spitze Herzog Lothar und Erzbischof Adalbert von Mainz bildeten. Heinrich V. ließ dem Mainzer Erzbischof den Prozeß machen und sperrte ihn ein. Gleichzeitig führte der kaiserliche Feldherr Graf Hoyer von Mansfeld in Sachsen einen zunächst erfolgreichen Krieg. Anläßlich der Hochzeit des Kaisers mit Mathilde von England (1114) unterwarf sich Herzog Lothar zwar dem Kaiser, aber ein Jahr später schlug Lothar das Reichsheer am 11. Februar 1115 in der Schlacht bei Welfesholz in der Nähe von Eisleben vernichtend. Graf Hoyer wurde in der Schlacht getötet, und Heinrich V. mußte den Norden des Reichs fluchtartig verlassen. Damit beendete Herzog Lothar faktisch die kaiserliche Macht im nördlichen Raum des Reichs, zumal Heinrich V. in der Folgezeit wieder nach Italien eilte, um den Investiturstreit dort weiterzuführen bzw. um seinen Anspruch auf die Mathildischen Güter (Toskana) durchzusetzen.

Der Machtkampf zwischen dem Kaiser und Herzog Lothar flammte aber erneut auf, als Heinrich im Jahre 1123 Fürsten mit den Marken Meißen und Lausitz belehnen wollte, die Lothar nicht genehm waren. Herzog Lothar konnte seine Kandidaten durchsetzen. Die Lausitz erhielt Albrecht der Bär, Meißen ging an Konrad von Wettin. So hatte sich Lothar als Herzog eine enorme Machtbasis geschaffen.

Als Kaiser Heinrich V. im Jahr 1125 kinderlos verstarb, hätte nach dem Erbrecht sein Neffe Herzog Friedrich II. von Schwaben zum Nachfolger ernannt werden müssen, doch das Wahlrecht setzte sich dem Erbrecht gegenüber durch. Vier Bewerber stellten sich am 24. August 1125 in

Mainz zur Wahl: Herzog Friedrich II. von Schwaben, Markgraf Leopold III. von Österreich, Graf Karl von Flandern und Herzog Lothar von Sachsen. Am 30. August 1125 wählte das Wählergremium den Sachsenherzog zum König des Deutschen Reichs. 14 Tage später, am 13. September 1125, wurde er in Aachen gekrönt. Lothar von Supplinburg zählte bereits um die 50 Jahre, als er den deutschen Thron bestieg. Mit seiner Wahl kam ein erklärter Gegner der salischen Politik an die Macht. Einerseits bestand damit die Gefahr einer Abkehr von den durch die Salier forcierten zentralistischen Bestrebungen im Reich und somit des Zerfalls der königlichen bzw. kaiserlichen Gewalt, andererseits durfte man einen Ausgleich mit den Reformkräften der Kirche erhoffen.

Es dauerte fünf Jahre, bis sich Lothar III. als König den notwendigen Respekt verschaffen konnte. Vor allem widersetzten sich die Staufer und vor ihnen besonders Konrad, der jüngere Bruder Herzog Friedrichs von Schwaben, bei der Herausgabe des Reichsgutes, das vom Privatbesitz des salisch-staufischen Hauses zu trennen war. Beide Seiten konnten ihre Ziele jedoch nicht erreichen. Der Kampf zwischen den Sachsen und den Staufern mußte zunächst vertagt werden, da Lothar sich militärisch um die Anerkennung seiner Lehnshoheit durch den böhmischen Herzog Sobeslaw kümmern mußte. Dabei erlitt der König eine herbe Niederlage bei Kulm. Dennoch hat Sobeslaw später König Lothar anerkannt und mehrfach Waffenhilfe geleistet.

Erst 1127 konnte der Krieg gegen die Staufer beginnen. Die Stadt Nürnberg widerstand der sächsischen Belagerung und rief Konrad von Schwaben zum Gegenkönig aus. Um sich eine entsprechende Machtgrundlage zu verschaffen, wandte sich Konrad nun nach Italien. Dort hoffte er die Toskana an sich bringen zu können, was ihm allerdings nicht gelang, obwohl er sich in Monza vom Mailänder Erzbischof zum König von Italien krönen ließ. Erfolglos kehrte Konrad 1130 nach Deutschland zurück, wo es König Lothar inzwischen gelungen war, Nürnberg und Speyer zu erobern. Aber auch im Nordwesten und Osten des Reiches konnte sich der König allmählich behaupten.

Im Oktober 1130 griff Lothar anläßlich einer Synode in Würzburg in die Entscheidung um das durch den Tod Papst Honorius II. entstandene Kirchenschisma ein. Zwei römische Familien stritten sich um die Nachfolge eines Kandidaten auf dem Stuhl Petri. Die Anhänger der Familie Frangipani wählten den Kardinal Gregor von St. Angelo als Innozenz II., und die Anhänger der (jüdischen) Familie Pierleoni wählten Petrus Pierleoni als Anaklet II. zum Papst. Anaklet II. fand in Rom allgemeine Anerkennung, Innozenz II. mußte schließlich Rom verlassen und wandte sich nach Frankreich. Beide Päpste bemühten sich um ihre Anerkennung durch König Lothar, der sich für den in der Verbannung weilenden Innozenz II. entschied. In dieser Situation blieb Anaklet II. keine andere Wahl, als sich mit dem Normannenherzog Roger II. zu verbünden. Er erhob Süditalien und Sizilien zum Königreich und belehnte Roger II. damit. Dieser erkannte im Gegenzug Anaklet II. als rechtmäßigen Papst an und versprach, im Notfall Hilfe zu leisten.

Im März 1131 traf König Lothar Papst Innozenz II. in Lüttich und erwies diesem die Ehrendienste als Lehnsmann (!). Es dauerte jedoch noch mehr als ein Jahr, ehe Lothar mit einem kleinen Heer nach Italien aufbrechen konnte, um Papst Innozenz zu inthronisieren. Der König traf auf günstige Verhältnisse, da Roger II. wegen erheblicher Unruhen in seinem Machtgebiet gebunden blieb. Allerdings gelang es Lothar III. nicht, Rom völlig zu erobern. Dennoch krönte Papst Innocenz II. am 4. Juni 1133 Lothar und seine Gemahlin Richenza zum Kaiser bzw. zur Kaiserin. Außerdem klärte Kaiser Lothar die Frage der Mathildischen Besitzungen zugunsten seines welfischen Schwiegersohnes Heinrich des Stolzen, der Lothars und Richenzas einziges Kind, ihre Tochter Gertrud, 1127 geheiratet hatte. Der Besitz der Toskana bedeutete für den Kaiser und für die Welfen einen erheblichen Machtzuwachs. Schon im September 1133 kehrte Lothar nach Deutschland zurück, ohne daß er in die Kämpfe Rogers II. in Süditalien eingegriffen hatte.

Kaiser Lothar befand sich nun auf dem Höhepunkt seiner Macht. Herzog Friedrich unterwarf sich 1134, und sein Bruder Konrad legte den Königstitel ab. Frieden und Stabilität kehrten im Reich ein. In Italien aber hatte Roger II., nachdem Lothar das Land verlassen hatte, Süditalien wieder völlig in seine Hand gebracht und darüber hinaus noch das Herzogtum Capua erobert. Innozenz II. war nach Pisa geflüchtet. Ein Eingriff in Italien schien unvermeidbar. Im Sommer 1136 zog Kaiser Lothar nunmehr mit einem ansehnlichen Heer zunächst nach Oberitalien, das er seiner Lehnshoheit unterwarf. Anfang 1137 zog er weiter nach Süden und eroberte Benevent und die Hafenstadt Bari. Die Erfolge des Kaisers waren unübersehbar, doch blieben sie alles in allem nur kurzlebig, da Roger II. nach dem Rückzug der deutschen Truppen sofort mit der erneuten Besetzung seiner ehemaligen Gebiete begann.

Auf der Rückreise aus Italien ergriff den Kaiser eine schwere Krankheit, die Alpen konnte er zwar noch überschreiten, aber am 3. Dezember 1137 starb Lothar im Ort Breitenwang in Tirol. Die Reichsinsignien übergab er seinem Schwiegersohn Heinrich dem Stolzen.
Als Gegner der Salier und deren Politik war Kaiser Lothar an die Macht gekommen. Doch bald nach seiner Inthronisierung schwenkte er auf den königlich-salischen Machtkurs um. Dieser Wechsel wird deutlich durch die Versuche, das Investiturrecht zurückzugewinnen und damit das Wormser Konkordat zu unterlaufen. Kaiser Lothar war also nicht der willige Gefolgsmann der Kirche, wozu man ihn zeitweise abgestempelt hat. Seine größeren Erfolge aber liegen in der Entwicklung der Ostkolonisation, für die er durch seine militärischen Unternehmungen östlich der Reichsgrenzen die Voraussetzungen geschaffen hat.
Kaiser Lothar III. von Supplinburg fand seine letzte Ruhestätte, wie er es selbst gewünscht hatte, in der von ihm gegründeten Stiftskirche von Königslutter.

1138–1152 Konrad III.

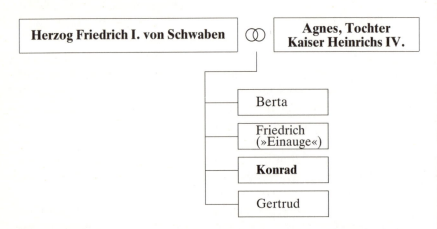

Als am 23. Mai 1125 Kaiser Heinrich V. als letzter Herrscher aus dem Haus der Salier kinderlos verstarb, erbten die staufischen Brüder Friedrich »Monoculus« (Einauge) und Konrad – Neffen Kaiser Heinrichs V. und somit die nächsten Angehörigen – den salischen Nachlaß und stiegen damit sozusagen über Nacht zu mächtigen Reichsfürsten auf. Ihre Mutter Agnes, die einzige Tochter Kaiser Heinrichs IV. und Schwester Heinrichs V. hatte Herzog Friedrich I. von Schwaben geheiratet. Der Aufstieg der Staufer schien dadurch programmiert.
Die Wahl Konrads zum deutschen König hätte im Jahr 1125 Sinn gemacht, da sein Bruder Friedrich wegen seines körperlichen Gebrechens, er besaß nur ein Auge, für eine Königskandidatur nicht in Frage kam. Doch das Kollegium der Fürsten entschied anders und kürte den Sachsen Lothar von Supplinburg, der zu diesem Zeitpunkt bereits 50 Jahre zählte. Da die Staufer das Reichsgut nicht herausgeben wollten, beschloß ein Teil der Reichsfürsten 1127, Konrad zum Gegenkönig zu wählen. In dieser Position blieb der Schwabe, der zu dieser Zeit das Herzogtum Ostfranken besaß. Nach dem Tod Kaiser Lothars (1137) wählte eine Minderheit von Fürsten erneut Konrad zum König, der sich am 13. März 1138 in Aachen krönen ließ. Damit kam der erste Staufer rechtmäßig auf den deutschen Thron.
Konrad III. war 1093 geboren. Bei seiner Inthronisation hatte er also das für damalige Verhältnisse schon reife Alter von 45 Jahren erreicht.
Konrad III. ist in die deutsche Geschichte als der »Pfaffenkönig« eingegangen. Unter seiner Regierung hat der politische Einfluß der

Kirche auf die politischen Reichsgeschäfte einen Höhepunkt erreicht. Erst als der König 1148 von seinem gescheiterten Kreuzzug in das Heilige Land nach Deutschland zurückkehrte – die Regierungsgeschäfte hatte er für die Zeit seiner Abwesenheit dem Erzbischof von Mainz übergeben –, versuchte er, die Macht der Kirche aus der Reichspolitik zu verdrängen, doch blieb es bei dem Versuch.

Der Kreuzzug Konrads III. hätte zu seinem Lebenshöhepunkt werden können, aber es kam ganz anders. Während der Reise begleitete ihn übrigens sein Neffe, Friedrich, den man später Barbarossa nannte. Es handelte sich um den zweiten Kreuzzug in der Kreuzzugsgeschichte. Dieser war nach dem Fall von Edessa »notwendig« geworden. Wenig motiviert brach das deutsche Heer im Mai 1147 in Regensburg auf und zog zunächst plündernd und brandschatzend die Donau abwärts, an Konstantinopel vorbei nach Kleinasien, wo es am 25. Oktober 1147 von türkischen Seldschuken überfallen und bis auf einen kläglichen Rest vernichtet wurde. Unter den Überlebenden befand sich auch König Konrad mit seinem jungen Neffen. Sie flohen zu den Truppen des französischen Königs Ludwig VII., der den Deutschen gefolgt war. Den französischen Teil des Kreuzzugsheeres befiel jedoch eine verheerende Seuche, die ebenso viele Opfer forderte, zumal die Seldschuken die Schwäche der Kreuzritter auszunutzen wußten. König Konrad kehrte krank nach Konstantinopel zurück, wo ihn Kaiser Manuel I. von Byzanz persönlich gesund pflegte. Konrad III. erreichte schließlich Palästina mit einem byzantinischen Schiff. Die Ereignisse im Heiligen Land gestalteten sich ebenso blamabel für das deutsch-französische Heer wie die Geschehnisse beim Einmarsch in Anatolien. Anstatt energisch die Rückeroberung von Edessa zu betreiben und die christliche Position in Palästina zu stärken, griff man erfolglos unter beschämenden Begleitumständen die verbündete Stadt Damaskus an und erlitt eine weitere herbe Niederlage. Konrad III. kehrte nach entwürdigenden Streitigkeiten in Jerusalem zusammen mit seinem Neffen nach Deutschland zurück.

Am 15. Februar 1152 starb Konrad III. in Bamberg, wo er im Dom bestattet wurde. Die Begleitumstände seines Todes, die schnelle Beisetzung entgegen seinem Wunsch in Bamberg anstatt in Lorch und die ungewöhnlichen Aktivitäten seines Neffen Friedrich, der sich nur wenige Tage später zum König wählen ließ, lassen vermuten, daß es in der Nachfolge vielleicht nicht in allen Punkten mit rechten Dingen zugegangen ist. Jedenfalls wurde nicht der sechsjährige Sohn Konrads III., Friedrich, der später von Friedrich Barbarossa mit dem Herzogtum Schwaben belehnt wurde, zum Nachfolger bestimmt, sondern eben jener Friedrich Barbarossa, der nur zusammen mit dem Bamberger Bischof am Sterbelager seines Onkels zugegen gewesen war.

Konrad III. darf mit ruhigem Gewissen als einer der schwachen Herrscher des Heiligen Römischen Reiches eingestuft werden. Seine auch für die Zeit übertriebene Frömmigkeit trübte ihm den Blick für das Notwendige und für die Realitäten im Land, oder aber er hatte nicht die Kraft, sich gegen seine Gegner, besonders in der Kirche, durchzusetzen. Sollte die oben angedeutete Möglichkeit einer Testamentsverfälschung zutreffen, dann könnten die Motive, die dazu geführt haben, angesichts der Schwäche Konrads III. noch verständlich genannt werden. Trotz seiner Hörigkeit und Abhängigkeit von der Kirche hat Konrad III. es Zeit seines Lebens nicht geschafft, die Kaiserkrone für sich zu erringen.

1152–1190 Friedrich I., Barbarossa

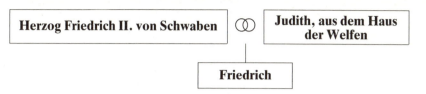

Es gehört zu den unausweichlichen Gegebenheiten für den Historiker, daß die Jugendzeiten der mittealterlichen Könige und Kaiser unwiderbringlich im verborgenen bleiben. Sofern die Nachfolge geregelt war, können Daten, Aufenthalte und persönliche Kontakte rückgefolgert werden. Dies ist bei Friedrich »Barbarossa« nicht der Fall, obwohl er bereits vor seiner Königswahl als Herzog von Schwaben dem höchsten Adel des Reiches angehörte. Über den jungen Friedrich wissen wir noch viel weniger als über manch anderen, der die Reichskrone trug, und dies, obwohl Kaiser »Rotbart« zu den populärsten und bedeutendsten Herrschern des Reiches zählt. Selbst sein Geburtsjahr wird mit 1122 nur vermutet. Wohl wird gewiß sein, daß der Prinz seine Kindertage auf dem Hohenstaufen, der Stammburg des Staufergeschlechts, verbrachte, aber auch von dieser einst mächtigen Burg sind nur noch Reste der Grundmauern vorhanden. In den Jahren 1147 und 1148 begleitete Friedrich seinen Onkel, König Konrad III., auf dessen Kreuzzug in das Heilige Land. Viele Eindrücke hat Friedrich auf dieser Reise sammeln können (siehe 1138–1152 Konrad III.).

Mit etwa 30 Jahren folgte er seinem verstorbenen Onkel auf dem Thron nach, obwohl dieser doch eigene Söhne hatte. Die Ehe mit seiner Frau Agnes von Vohburg ließ er durch Reklamation eines unangemessenen Verwandtschaftsgrades (6. Grad!) annullieren. Hat man dies nicht vorher gewußt? Sicher, die zweite Ehe der Agnes von Vohburg mit einem weit unter ihr rangierenden, abhängigen Ministerialen deutet möglicherweise an, daß das Gerücht über ihre Treulosigkeit nicht aus der Luft gegriffen war, da bei solch unstandesgemäßer Verbindung in jenen Zeiten ausschließlich eine Liebesheirat zugrunde liegen konnte.

Auch die Umstände, die zur Wahl und zur Krönung Friedrichs führten, können nicht mehr geklärt werden. Konrad III. starb am 15. Februar 1152 in Bamberg. Nach seiner auffällig hastigen Bestattung erschien Friedrich im Besitz der Reichsinsignien am 4. März 1152 in Frankfurt am Main zur Königswahl. Regelwidrig, denn eigentlich hätte in Mainz gewählt werden müssen. Verweigerte der Mainzer Erzbischof aus diesem Grund seine Stimme dem Thronanwärter? Alle Vermutungen und Spekulationen verblassen gegen die Vernunft, die für die Wahl des Schwabenherzogs sprach. Versprach nicht der Sohn einer Welfin und eines Staufers, zudem im besten Mannesalter, einen endgültigen Ausgleich zwischen den beiden mächtigen Fürstenhäusern? Die Zeit, die zwischen Konrad III. Tod und der Wahl in Frankfurt lag, ist von Friedrich zu seinem Vorteil genutzt worden. Dabei können auch weitreichende Versprechungen für den Fall seiner Proklamation erteilt worden sein. Dies gilt besonders für das welfische Herzogtum Bayern, um das Heinrich der Löwe seit langem kämpfte. Jedenfalls erhielt Friedrich bei seiner Wahl alle Stimmen, mit Ausnahme der des Erzbischofs von Mainz.

Und wieder hatte es Friedrich sehr eilig. Nachdem er am 5. März 1152 von allen Fürsten in Frankfurt den Treueeid als Lehnsherr entgegengenommen hatte, bestimmte er den 9. März 1152 (!) als Krönungstag in Aachen. In feierlicher Weise krönte der Kölner Erzbischof Arnold zusammen mit weiteren Bischöfen Friedrich zum König. Dieser machte noch am Tag der Krönung deutlich, daß er mit festerer Hand als sein Vorgänger zu regieren gedenke. So standen zu Beginn von Friedrichs Regierungszeit die Wiederherstellung von Frieden und Ordnung im Land und damit die Durchsetzung seiner königlichen Autorität im Vordergrund.

Dazu gehörten die Vergabe von Lehen an das Haus der Welfen in Italien, die Ernennung seines unmündigen Neffen zum Herzog von Schwaben, also seines eigenen Herzogtums (wohl als Ausgleich für den Verlust der Königskrone, den der Neffe zu verschmerzen hatte), die Schlichtung von Streitfragen am Niederrhein, die Wiederherstellung der Reichshoheit in Burgund, die Beseitigung eines Thronstreits in Dänemark (Dänemark wurde Reichslehen), die Besetzung von Bischofsstühlen durch reichstreue Gefolgsleute und die Belehnung Heinrichs des Löwen mit der durch den Silberbergbau einträglichen Stadt Goslar.

Mit der Ernennung eigener Bischöfe forderte Friedrich I. allerdings den Protest des Papstes heraus, verstieß doch dieses Vorgehen gegen die Regeln des Wormser Konkordats. Trotz dieser Verstimmungen kam es nicht zu einem Bruch zwischen Papst Eugen III. und König Friedrich I., der das Oberhaupt der Kirche für seine geplante Kaiserkrönung brauchte, während der Papst den König wegen seiner unsicheren

Position in Rom und wegen der gegen den Kirchenstaat gerichteten Expansionsbewegung der sizilianischen Normannen benötigte. Dies blieb auch so, als Papst Eugen III. 1153 starb und Anastasius IV. den Stuhl Petri bestieg. In der Angelegenheit der versprochenen Rückgabe des Herzogtums Bayern an Heinrich den Löwen kam der König allerdings nicht weiter, weil Herzog Heinrich Jasomirgott aus dem Haus der Babenberger nicht auf Bayern verzichten wollte.

Obwohl die bayerische Frage noch offen war, brach der König im Oktober 1154 zu seinem ersten Italienzug auf. Am 15. Dezember 1154 hielt er in Italien seinen ersten Reichstag ab. Hier erneuerte und verschärfte er die Lehnsrechte und die Lehnshoheit des deutschen Reiches. Den Widerstand einzelner kleinerer Städte brach Friedrich militärisch, ohne daß er gegen die widerspenstige Stadt Mailand eine unmittelbare Unternehmung hätte wagen können. Am 17. April 1155 krönte sich Friedrich I. in Pavia selbst zum König der Langobarden. Inzwischen war die Lage in Rom für den seit 1154 amtierenden Papst Hadrian IV. (der einzige Engländer auf dem römischen Bischofsstuhl) aufgrund unkontrollierbarer Unruhen in der Bevölkerung Roms außerordentlich kritisch geworden. (Papst Anastasius IV. war im Dezember 1154 nach nur einjährigem Pontifikat gestorben.) Hadrian IV. forderte, wenn auch mit gemischten Gefühlen, Friedrich I. beinahe verzweifelt auf, nach Rom zu eilen. Am 18. Juni 1155 krönte Papst Hadrian IV. Friedrich I. zum Kaiser. Die Begleitumstände der Krönung im Vorfeld, aber auch am Krönungstag selbst waren außerordentlich unerfreulich. Sie gipfelten in einem Aufstand der römischen Stadtbevölkerung gegen die Krönung, die in aller Stille vonstatten gehen mußte. Kaiser Friedrich I. ließ diesen Aufstand blutig beenden, 800 Römer sollen an diesem Tag ihr Leben verloren haben.

Vieles blieb in Italien unerledigt, doch der Kaiser mußte seine kriegsmüden Truppen entlassen und nach Deutschland zurückkehren. Beim Passieren einer Brücke nahe der Stadt Verona geriet Friedrich in einen Hinterhalt, den die Bürger Veronas gestellt hatten, doch konnte der Angriff abgewehrt werden. Die Sperrung einer Engstelle des Weges, der Veroneser Klause, überwand der Pfalzgraf Otto von Wittelsbach durch heldenmütigen Einsatz. Im Oktober 1155 erreichte der Kaiser endlich Augsburg.

Die drei Jahre bis zu seinem zweiten Italienzug nutzte Friedrich I. zur Wiederherstellung der Ordnung im Reichsgebiet und zur Stärkung seiner Hausmacht. Am 10. Juni 1156 heiratete er in Würzburg die Erbin des Königreiches Burgund, Beatrix, mit der er 30 Jahre lang eine glückliche Ehe führte. Im September 1156 konnte auch endlich der Streit um Bayern beigelegt werden. Heinrich der Löwe erhielt das Herzogtum zu Lehen, allerdings trennte Friedrich die Mark Österreich ab, die der Herzog Heinrich Jasomirgott mit gleichzeitiger Gewährung weitreichender Privilegien erhielt. Friedrich I. darf daher als der Begründer Österreichs gelten. Im August 1157 konnte ein Heerzug nach Polen erfolgreich abgeschlossen werden. Herzog Boleslaw IV. unterwarf sich der Reichshoheit.

Zwischen die beiden ersten Italienzüge fällt auch die Ernennung Rainalds von Dassel zum engsten politischen Berater und Vertrauten des Kaisers. Rainald stammte aus einem sächsischen Grafengeschlecht und galt als hochgebildeter Gelehrter. Vor seiner Verbindung zum Thron wirkte er als Dompropst in Hildesheim. Rainald von Dassel war dem Kaiser immer treu ergeben, doch hat er durch seine oftmals selbstherrliche und radikale politische Handlungsweise dem Reich in vielen Fällen mehr Schaden als Nutzen zugefügt.

Die Verhältnisse in Italien, vor allem aber die Aktionen der kaiserfeindlichen Stadt Mailand zwangen Friedrich I. zu seinem zweiten Italienaufenthalt, der vier Jahre dauern sollte. Vier Jahre, die er für die Niederringung Mailands benötigte und in denen er sich nicht zuletzt wegen der überaus harten und realitätsfernen »Roncalischen Gesetze« mehr Feinde als Freunde erwarb. Als 1159 Papst Hadrian IV. starb, kam es in dem Bemühen, einen kaisertreuen Papst einzusetzen, zu einem über 18 Jahre andauerndem Schisma; nach unübersichtlichen Vorgängen während des Konklaves war zunächst der kaisertreue Papst Viktor IV., wenige Tage später der die Kircheninteressen vertretende Papst Alexander III. gewählt worden. Diese Spaltung hatte tiefgreifende politische Folgen. Nicht nur daß sie die Nachbarländer Frankreich und England vom Anspruch der kaiserlichen Vorherrschaft in Europa befreien konnten, sondern der Riß klaffte in diesen 18 Jahren mal mehr und mal weniger tief auch durch das gesamte Reich. Einen möglichen Ausgleich zwischen dem Kaiser und Papst Alexander III. verhinderte vor allem Rainald von Dassel durch seine übereilte, eigenmächtige Entscheidung, als er nach Papst Viktors IV. überraschendem Tod im Jahr 1164 sofort einen Nachfolger (Papst Paschalis III.) wählen ließ, der im Reich noch weniger Anhänger fand. Alle Aktionen Kaiser Friedrichs I. in Italien müssen ab 1159 im Zusammenhang mit der Kirchenspaltung gesehen werden, wobei es sich von selbst versteht, daß Papst Alexander III. alle Gegner des Kaisers nach Kräften unterstützte.

Im August 1162 verließ der Kaiser Italien, um über Burgund in das Reich zurückzukehren, dabei scheiterte ein Versuch, mit dem französischen König Ludwig VII. zu einer Einigung über die Beendigung des Schismas zu kommen. Ein Jahr blieb Friedrich nun in Deutschland, um die dringendsten Aufgaben erledigen zu können. Gleichzeitig entsandte er seinen Kanzler Rainald von Dassel nach Oberitalien, der dort mit harter Hand die »Roncalischen Beschlüsse« durchsetzen sollte. Die Anwesenheit des Kaisers im Reich war zu diesem Zeitpunkt um so notwendiger, als Herzog Heinrich der Löwe seinen Machtbereich rigoros gegen die Interessen anderer Reichsfürsten ausgedehnt hatte. Gegen diese Expansion schritt der Kaiser nun erstmalig ein.

Im Herbst 1163 überschritt der Kaiser zum dritten Mal die Alpen nach Süden. Nun wollte er, nachdem er die oberitalienische Frage gelöst glaubte, Süditalien von den Normannen befreien und dem Reich eingliedern. Er ritt ohne großes Gefolge, das notwendige Heer sollte Oberitalien stellen. Durch unglückliche, harte und zeitweise brutale Reichspolitik in Italien verstärkte sich jedoch der Widerstand gegen den Kaiser. Die oberitalienischen Städte schlossen sich in einem Bündnis zusammen, und der Kaiser mußte im Oktober 1163 unverrichteter Dinge nach Deutschland zurückkehren. Nicht nur, daß der geplante Heerzug nach Süditalien nicht zustande kam, auch viele der oberitalienischen Städte fielen wieder vom Reich ab und gründeten den »Veroneser Bund«, der gegen die Reichsinteressen gerichtet war. Darüber hinaus zwangen auch die Verhältnisse in Deutschland den Kaiser zur Rückkehr.

Die Jahre 1164 und 1165, in denen sich Friedrich I. im Reich aufhielt, waren von einer weiteren Verschärfung der Auseinandersetzung mit Papst Alexander III. geprägt. Alle Bemühungen des Kaisers, Frankreich und England für seinen Favoriten Papst Paschalis zu gewinnen, schlugen letztlich fehl. Einen möglichen Ausgleich mit Alexander verbaute sich der Kaiser auch selbst durch die »Würzburger Beschlüsse«, bei denen alle Anwesenden schworen, Papst Alexander niemals anzuerkennen. Damit vertieften sich die Gräben, die das Schisma im Reich hervorgerufen hatten.

Mitte Oktober des Jahres 1166 begab sich Friedrich I. wieder nach Italien. Diesmal mit einem eigenen Heer, allerdings ohne Mitwirkung Heinrichs des Löwen, der um Befreiung vom Heerbann gebeten hatte.

Rainald von Dassel, inzwischen zum Erzbischof von Köln ernannt, eilte dem Heer voraus. Wegen des überaus strengen Winters 1166/67 zogen die kaiserlichen Truppen von Oberitalien aus in zwei Heeressäulen nach Süden, um Rom zu erreichen. In den oberitalienischen Städten hatte sich allmählich soviel Zorn gegen die Deutschen aufgestaut, daß man übereinkam, endlich gemeinsam vorzugehen: Der »Lombardische Bund« wurde gegründet, der bald rasche Verbreitung und Anhängerschaft fand und in der Lage war, militärisch gegen die kaisertreuen Städte vorgehen zu können.

Trotz dieser Gefahr im Rücken der Streitmacht zogen die Truppen des Kaisers weiter nach Süden und eroberten im Juli 1167 die Stadt Rom. Papst Alexander konnte heimlich aus Rom entfliehen, wodurch die Krönung des kaiserlichen Sieges, die Beendigung des Kirchenschismas, ausblieb. In Rom ließ Friedrich Barbarossa, wie man ihn in Italien nannte, seine Gemahlin Beatrix zur Kaiserin krönen.

Anfang August 1167 zwang den Kaiser jedoch eine verheerende Malariaseuche, die auch das Heer nicht verschonte, überstürzt aus Rom abzuziehen. Etliche hervorragende Persönlichkeiten aus dem engsten Umfeld des Kaisers, darunter auch Rainald von Dassel, fielen der Epidemie zum Opfer. Mühsam erreichte der Rest des Heeres Pavia. Verstärkung aus dem Reich konnte nicht erwartet werden, weil sich dort, vor allem in den sächsischen Gebieten, Kämpfe abspielten, die Heinrich der Löwe herausgefordert hatte. Anfang 1168 erkannte der Kaiser, daß er sich mit den wenigen verbliebenen Truppen gegen die Übermacht der oberitalienischen Städte nicht mehr halten konnte. Mit kleinem Gefolge flüchtete er nach Burgund, das er nach einer Gefangennahme in der Stadt Susa nur mit List erreichte. Im Jahre 1168 hatten sich schließlich alle Städte Oberitaliens vom Reich gelöst. Alle Anstrengungen des Kaisers schienen verloren. Allerdings konnte der Erzbischof von Köln mit den verbliebenen Anhängern die deutsche Stellung in Mittelitalien noch halten.

Die folgenden sechs Jahre seines Lebens verbrachte Friedrich I. in Deutschland. Er widmete sich zunächst dem Ausbau seiner eigenen Hausmacht, wobei ihm unter anderem einige Erbschaften einen erheblichen Besitzzuwachs verschafften. Auch den Aufruhr des Adels in Sachsen gegen Heinrich den Löwen konnte er, wenn auch nur mühsam, beenden. Heinrich der Löwe heiratete in dieser Zeit die zwölfjährige englische Prinzessin Mathilde.

Im September 1168 starb unerwartet Papst Paschalis III. in Rom.

Wieder wählte man ohne Wissen des Kaisers einen Nachfolger, Kalixt III., der sich zunächst in Rom behaupten konnte. Im Juni 1169 ließ Friedrich seinen dreijährigen Sohn Heinrich in Bamberg zum König wählen und am 15. August in Aachen krönen. Damit war die Nachfolge des Kaisers gesichert. Gespräche über einen Kreuzzug in das Heilige Land verliefen ebenso ergebnislos wie die eifrigen diplomatischen Bemühungen dieser Zeit, mit den französischen und englischen Königen zu einer Übereinkunft hinsichtlich des Kirchenschismas zu kommen.
Im Jahre 1174 hatten sich die Verhältnisse im Reich sowie in den östlichen Randgebieten soweit stabilisiert, daß der Kaiser zu seinem fünften Italienzug aufbrechen konnte. Das Ziel dieses Heerzuges sollte die erneute Unterwerfung der lombardischen Städte sein. Zum dritten Mal verweigerte Heinrich der Löwe seine Teilnahme. Zunächst zerstörten die Deutschen die Stadt Susa, die den Kaiser 1168 gefangen genommen hatte. Die Eroberung der Stadt Alessandria, die dem Kaiser besonders verhaßt war, trug sie doch den Namen seines ärgsten Feindes, Papst Alexanders, mißlang, und außer einem Waffenstillstand und kleineren Teilerfolgen konnte nicht viel erreicht werden. Wieder bat Friedrich I. Heinrich den Löwen erfolglos um Unterstützung, dabei soll es bei einer Zusammenkunft sogar zu einem Kniefall des Kaisers vor dem Herzog gekommen sein.
Da Friedrichs Kräfte nicht ausreichten, um militärisch eine Lösung in Oberitalien herbeizuführen, verlegte er sich wieder auf Verhandlungen, die zu einer allmählichen Annäherung zwischen dem Kaiser und Papst Alexander führten. Am 24. Juli 1177 kam es dann in Venedig endlich zur Aussöhnung zwischen den beiden Kontrahenten, die am 1. August 1177 in weitreichende Friedensverträge einmündete. Am 12. März 1178 konnte Papst Alexander III. in Rom einziehen. Der Gegenpapst Kalixt III. wurde von Alexander zum Rektor in Benevent ernannt. Alexander fungierte als alleiniger Pontifex Maximus noch drei Jahre und starb am 30. August 1181 in der Nähe von Viterbo.
Im Sommer des Jahres 1178 kehrte der Kaiser über Burgund nach Deutschland zurück, wo er im Oktober eintraf. Seine Anwesenheit im Reich wurde um so dringlicher, als sich die Klagen über Herzog Heinrich den Löwen unüberhörbar häuften. Dem Aufruf, zu den Reichstagen von Worms (Januar 1179) und Magdeburg (Juni 1179) zu erscheinen, folgte der Löwe nicht und fiel daher in die Reichsacht. Als er bei einem Treffen mit dem Kaiser auch noch eine Bußsumme von

5000 Silbermark verweigerte, entzog Friedrich I. Heinrich dem Löwen endlich die schützende Hand, die er jahrelang über den Herzog gehalten hatte, und eröffnete ein formales Verfahren wegen Mißachtung der kaiserlichen Majestät.

Auch zu diesem Verfahren erschien Herzog Heinrich trotz dreimaliger Aufforderung nicht. Auf dem Reichstag von Würzburg 1180 erkannte man ihm deshalb die Herzogtümer Sachsen und Bayern ab. Heinrich der Löwe verlor seinen Herzogtitel sowie seinen gesamten Privatbesitz und sein Vermögen. Auch die Einspruchsfrist verstrich ungenutzt, und so tat der Kaiser auf dem Reichstag von Gelnhausen das, was die wenigsten erwartet hatten, er vergab Sachsen und Bayern neu, wobei die Herzogtümer getrennt wurden. Alle militärischen Anstrengungen, die zunächst sogar erfolgreich waren, nutzten dem Löwen nichts. 1181 mußte er sich der kaiserlichen Übermacht beugen. Zwar durfte er seinen Privatbesitz letztlich doch behalten, aber die Macht der Welfen im Reich war für immer zerbrochen.

Die Beurteilung des Kampfes zwischen Friedrich Barbarossa und Heinrich dem Löwen kann nur zwiespältig ausfallen. Während Heinrich seine ganze Kraft der Stabilisierung des Reiches und der Erweiterung nach Osten widmete, schlug sich der Kaiser in eher sinnlosen Kämpfen in Italien. Heinrich hat also zweifelsohne trotz seiner oft brutalen Mittel dem Reich mehr Nutzen als Schaden gebracht. Die Aufsplitterung der welfischen Herzogtümer forcierte zudem nach Heinrichs Fall die inneren Unruhen und trug erheblich zur Partikularisierung des Reiches bei. Barbarossas Italienpolitik aber kann man nach heutigen Maßstäben weniger gerecht beurteilen. Das Reich bestand damals nun einmal aus Deutschland, Burgund und Italien, und dieses »historisch gewachsene« Gefüge zu erhalten und zu festigen, mußte die Angelegenheit des Kaisers sein, zumal die Krönung der Kaiser nur in Rom vorgenommen werden konnte.

1183 lief der sechsjährige Waffenstillstand, den der Kaiser im Zusammenhang mit der Beendigung des Schismas mit den oberitalienischen Städten geschlossen hatte, aus. Vielleicht der langen Auseinandersetzungen müde und inzwischen weise geworden (Friedrich war zu diesem Zeitpunkt bereits über 60 Jahre alt), zeigte sich Barbarossa milde und kompromißbereit. In den Verträgen von Piacenza und Konstanz wurde festgelegt, daß der Kaiser weiterhin die Gerichtsbarkeit in Oberitalien ausüben und das Recht, die Konsuln der Städte zu bestätigen (oder abzulehnen), behalten sollte. Dagegen verzichtete Barbarossa gegen die einmalige Zahlung von 15 000 Silbermark (eine für die damaligen Verhältnisse sehr hohe Summe) auf alle finanziellen Einnahmen (Regalien), die er in den Roncalischen Gesetzen beansprucht hatte. Die Grundlage für einen dauerhaften Frieden des Reiches mit Oberitalien war damit geschaffen. Offen blieb nur noch die Frage der »Mathildischen Güter« in der Toskana, die der Kaiser mit Papst Lucius III. im Jahre 1184 an Ort und Stelle lösen wollte.

Doch bevor es zu diesen Verhandlungen kam, fand zu Pfingsten auf der rechten Rheinseite gegenüber der Stadt Mainz das berühmte Mainzer Hoffest statt, vielleicht das prunkvollste gesellschaftliche Ereignis des gesamten Mittelalters. Aus ganz Europa strömten die Ritter, aus Deutschland nahezu alle weltlichen und geistlichen Fürsten mit unübersehbarem Gefolge zusammen. Augenzeugen haben die Zahl der Teilnehmer zwischen 40 000 bis 70 000 Personen angegeben. Anlaß zu diesem Fest bot die »Schwertleite« (Ritterschlag) der beiden Kaisersöhne Herzog Friedrich von Schwaben und Heinrich, des nachmaligen Kaiser Heinrichs VI. Zweifellos empfand der Kaiser sich auf dem Höhepunkt seines Lebens. Das Aufblühen der mittelalterlichen Kultur der Minnesänger und Troubadoure zu einem kurzen Höhepunkt (Wolfram von Eschenbach, Walther von der Vogelweide) darf in diesem Bild nicht fehlen.

Im Oktober führten Verhandlungen mit dem Königreich Sizilien zu einem Ausgleich, der durch die Verlobung des Prinzen Heinrich, des späteren Nachfolgers des Kaisers, mit der Tochter Konstanze des Königs Roger II. von Sizilien, besiegelt wurde. Diese Entwicklung verschreckte Papst Lucius III. so sehr, daß er alle Verhandlungen mit dem Kaiser abbrach, denn durch den Frieden mit Sizilien war der Kirchenstaat hilflos von allen Seiten eingekreist.

Am 15. November 1184 starb Friedrichs Frau Beatrix, mit der er fünf Söhne und zwei Töchter gezeugt hatte, nach langer, glücklicher Ehe in Gelnhausen. Sie wurde in der Königsgruft im Speyerer Dom beerdigt. Danach zog der Kaiser zum letzten Mal nach Italien, um zunächst die Heirat seines Sohnes in Mailand vorzubereiten, die am 27. Januar 1186 (siehe 1190–1197 Heinrich VI.) stattfand. Niemand konnte zu diesem Zeitpunkt erahnen, was sich aus dieser Heirat entwickeln würde. Im Juni 1186 kehrte der Kaiser nach Deutschland zurück.

Doch die Ruhepause, die Friedrich Barbarossa vergönnt blieb, war kurz. Nach fast 100jähriger christlicher Herrschaft eroberte im Oktober 1187 der mohammedanische Sultan Saladin die heilige Stadt Jerusalem.

Es dauerte eineinhalb Jahre, bis Kaiser Friedrich I. zum Kreuzzug nach Palästina aufbrach, nachdem die Könige von Frankreich und England versprochen hatten, bald nachzufolgen. Der geplante krönende Abschluß seines Lebenswerks durch die Rückeroberung Jerusalems erfüllte sich jedoch nicht. Kaiser Friedrich Barbarossa ertrank (vielleicht infolge eines Hitzschlags) im Fluß Salef (heute Gök-Su) in Kleinasien, ohne Palästina gesehen zu haben. Seine Gebeine wurden in der Kathedrale von Tyros beigesetzt.

Kaiser Friedrich Barbarossa war in seiner Persönlichkeit oftmals zwiespältig. Seinem Bestreben nach Frieden, Ruhe und Ordnung im Reich steht sein bisweilen grausames Verhalten und seine Bereitschaft, Ziele auch militärisch durchzusetzen, gegenüber. Sein Gerechtigkeitssinn stieß stets dann an Grenzen, wenn die Interessen des Reiches berührt waren. Darüber hinaus dämpfte sein ausgeprägtes Traditionsbewußtsein den Schwung seiner Handlungen. Dennoch muß man dem Kaiser zubilligen, daß er sich während seiner gesamten Regierungszeit redlich um die Erhaltung und die Wiederherstellung der Reichseinheit bemüht und trotz mancher Niederlage unermüdlich gekämpft hat. Am Schluß hinterließ er seinem Sohn ein gefestigtes Reich, wie es vor seinem Amtsantritt nicht existiert hatte. In diesem Sinne muß die Leistung Friedrich Barbarossas gewürdigt werden.

Die Sage, daß Kaiser Rotbart im Kyffhäuser schläft und eines Tages aufersteht, um das Reich wieder zu vereinen, bezog sich zunächst auf seinen Enkel Friedrich II. und wurde erst viel später auf Friedrich I. übertragen.

1190–1197 Heinrich VI.

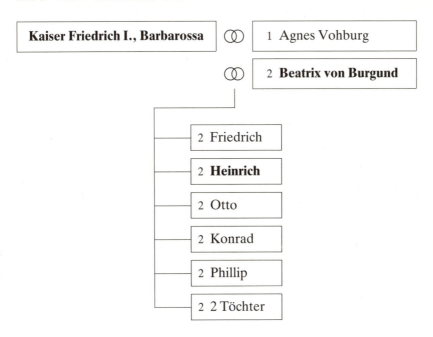

Charakterliche Gegensätzlichkeiten in der krassen Form wie in der Familie der Staufer findet man höchst selten; vielleicht bieten die Hohenzollern nach dem 30jährigen Krieg ein ähnliches Beispiel, im Grundsatz bleiben sie unwiederholbar. Dem schwachen, ängstlichen, frommen »Pfaffenkönig« Konrad III. folgte der ehrliche, ehrbare und ritterliche Kaiser Friedrich Barbarossa, diesem der Tyrann mit Großmachtsambitionen Heinrich VI., und es warten noch der schöne und liebe Philipp, der moderne Kosmopolit Friedrich II. und der jugendliche Konrad IV.

Niemand weiß, wie die abartige Grausamkeit Heinrichs VI. zu begründen ist, die er nur unvollkommen hinter seiner herrscherlichen Tatkraft und seinem politischen Elan verbergen konnte. Jedenfalls wiesen weder der Vater und vor allem nicht die Mutter diese Züge einer entmenschlichten Persönlichkeit auf. Heinrich VI. wurde 1165 geboren. Mit drei Jahren erhielt er bereits die Königskrone in Aachen. Eine außerordentlich seltsame Entscheidung, denn Heinrich war der zweite Sohn Barbarossas. Warum der Kaiser so entschied, läßt sich nicht mehr herausfinden. Alles, was darüber gesagt und geschrieben wurde, ist bloße

Spekulation. Der erstgeborene Sohn Friedrich erhielt das Herzogtum Schwaben und nicht die Königskrone.

Als Friedrich I. 1190 starb, war Heinrich VI. noch nicht ganz 25 Jahre alt. Der Tod des Vaters traf ihn zwar überraschend, aber er war auf sein Amt vorbereitet. Kaiser Friedrich I. hatte seinen Sohn bereits einige Jahre vor seinem Tod als Mitregent eingesetzt und ihm allmählich mehr und mehr Verantwortung übertragen. Dies galt auch für die Zeit, als Kaiser Barbarossa am 11. Mai 1189 zu seinem Kreuzzug aufbrach, von dem er nicht zurückkehren sollte.

Zu dieser Zeit wagte der große Widersacher des Kaisers, Heinrich der Löwe, seine Rückkehr aus der Verbannung. Mit Unterstützung des Bremer Erzbischofs Hartwig eroberte der Löwe rasch zahlreiche Orte in Norddeutschland. Zwar sagte Heinrich VI. dem anderen Heinrich noch im gleichen Jahr den Krieg auf dem Reichstag von Merseburg an, aber es dauerte noch bis zum Frühjahr 1190, ehe der König militärisch gegen Heinrich den Löwen vorgehen konnte, wobei der Herzog rasch an Boden verlor. Auf dem Reichstag von Fulda im Juli 1190 kam es zum Vergleich. Heinrich der Löwe erhielt die Hälfte der Einkünfte der Stadt Lübeck, mußte aber seine Söhne Lothar und Heinrich als Geiseln stellen. Lothar starb bald darauf, aber Heinrich sollte den König auf seinem geplanten Zug nach Italien begleiten. Doch dazu kam es zunächst nicht, denn die Nachricht vom Tod Kaiser Friedrichs I. traf im Reich ein.

An dieser Stelle müssen wir einen Schritt zurückgehen: Am 27. Januar 1186 hatte der 21jährige König Heinrich VI. die um elf Jahre ältere Konstanze von Sizilien in Mailand geheiratet. Konstanze war eine Tochter Rogers II. von Sizilien und die Schwester des sizilianischen Königs Wilhelm II. Niemand konnte damals ahnen, welch weitreichende, schicksalhafte Verbindung für die Familie der Staufer, aber auch für das Deutsche Reich hier geknüpft worden war. König Wilhelm II. war zu der Zeit ein Mann in den besten Jahren, mit einer jungen Frau, Johanna, einer Tochter Heinrichs II. von England, verheiratet, und daß sich Nachkommen einstellen würden, konnte nur eine Frage der Zeit sein.

1189 starb jedoch König Wilhelm II. von Sizilien völlig unerwartet, ohne einen Erben zu hinterlassen. Damit ging das Königreich Sizilien an Konstanze. Die Erbschaft bedeutete nichts anderes, als daß König Heinrich VI. ohne sein geringstes Zutun rechtmäßiger Nachfolger König Wilhelms II. von Sizilien wurde. Verständlicherweise war man über die Ansprüche des unbekannten, fernen Monarchen in Süditalien nicht gerade beglückt, und die sizilianischen Stände wählten lieber einen der ihren, den Grafen Tankred von Lecce, zum neuen König. Diesen Tankred krönte man zwei Monate nach König Wilhelms Tod in Palermo mit der Zustimmung des Papstes zum sizilianischen König. Die Regentschaft Heinrichs VI. in Sizilien konnte nun nur noch militärisch durchgesetzt werden, wobei von päpstlicher Seite die befürchtete Umklammerung des Kirchenstaats durch das Reich den Ausschlag für die Unterstützung des sizilianischen Grafen gab. Heinrich VI. dachte ursprünglich nur an einen sizilianischen Feldzug zur Durchsetzung seiner rechtlichen Ansprüche. Nun, nach dem Tod seines Vaters, konnte er seine Kaiserkrönung mit dem geplanten Einzug in Süditalien verbinden.

Im Januar 1191 brach er nach Italien auf, nachdem Papst Clemens III. versprochen hatte, die Kaiserkrönung durchzuführen. Bevor Heinrich VI. jedoch in Rom eintraf, starb Clemens III., und der Nachfolger Coelestin III. zögerte absichtlich seine päpstliche Weihe hinaus (ein ungeweihter Papst durfte keinen Kaiser krönen). Heinrich VI. begab sich daher in die kaisertreue Stadt Tusculum in der Nähe Roms und begann von dort aus, Verhandlungen mit den Römern zu führen. Unter der Bedingung, daß Heinrich die Stadt Tusculum, die ihn gerade begeistert empfangen hatte, an Rom auslieferte, sagen die Römer zu, Papst Coelestin III. zur Weihe und zur Kaiserkrönung zu zwingen. Der unglaubliche Pakt kam zustande. Heinrich VI. wurde am 15. April 1191 (einem Ostermontag) zum Kaiser gekrönt. Am Karfreitag zuvor zogen die Römer nach Tusculum und zerstörten die Stadt vollständig; wenige Überlebende begründeten neben den Trümmern den heute noch existierenden Ort Frascati, benannt nach den Zweigen (Frasca = Zweig), aus denen man die ärmlichen Behausungen aufbaute.

Für die Kaiserkrone heiligte Heinrich VI. die Mittel, es gab keinen Zweifel mehr über die Charakterzüge des Monarchen. Nun drang das deutsche Heer mit ungeheuerlicher Brutalität nach Süditalien vor. Alle Befürchtungen der Sizilianer, die bei der Anmeldung der Erbansprüche Heinrichs aufgekommen waren, wurden durch die Geschehnisse im negativen Sinne bei weitem übertroffen. Vor Neapel kam der Mordzug zum Stillstand, die Stadt wurde belagert. Doch dort hatte anscheinend eine höhere Instanz ein Einsehen. Eine Seuche brach im deutschen Heer aus, die selbst den Kaiser nicht verschonte. Die Belagerung mußte am 24. August 1191 aufgegeben werden, und die Reste des Heeres zogen nach Norden. Heinrich VI. kehrte im September 1191 nach Deutschland zurück. Die sizilianischen Pläne schienen auf lange Sicht undurchführbar.

Kaiser Heinrichs VI. arrogante Innenpolitik verschreckte seine Anhängerschaft im Reich. Dazu trug auch die unrühmliche Affäre um den englischen König Richard Löwenherz bei. Dieser hatte am erfolglosen Kreuzzug, bei dem Friedrich Barbarossa umgekommen war, teilgenommen und sich dabei außerordentlich unbeliebt gemacht. So kam es, daß sich der König nach seiner Abreise aus Palästina lediglich in einer Verkleidung als Kaufmann durchschlagen konnte. In Österreich wurde er jedoch erkannt und von Herzog Leopold von Österreich kurz vor Weihnachten 1192 auf der Burg Dürnstein gefangengesetzt. Als der Fall im Reich bekannt wurde (grundsätzlich stand allen Kreuzfahrern freies Geleit zu), verlangte Kaiser Heinrich VI. die sofortige Auslieferung des englischen Königs (»weil ein Herzog nicht einen König gefangenhalten darf!«). Nach einigem Hin und Her kam Richard Löwenherz im Frühjahr 1193 auf der Reichsfestung Trifels in Haft. Für den für mittelalterliche Verhältnisse sagenhaften Betrag von zuletzt 34 100 kg reinem Silber an Lösegeld sowie die Unterstellung Englands als Lehnsland des Reiches, was mit einer jährlich zu entrichtenden Abgabe verbunden wurde, sollte König Richard endlich freikommen.

Als der französische König Philipp II., mit dem sich Richard Löwenherz in Palästina völlig überworfen hatte, und der Bruder Richards, Johann Ohneland, von den vertraglichen Abmachungen erfuhren, boten sie Kaiser Heinrich eine höhere Summe für den Fall, daß Heinrich Richard Löwenherz in der Haft belassen würde. Ohne jeden Skrupel ging der Kaiser sofort auf diesen Handel ein. Doch nun war das Maß der Unredlichkeit übervoll. Die deutschen Fürsten opponierten gegen die Entscheidungen, und Richard Löwenherz konnte nach der Erfüllung der vertraglichen Abmachungen im Frühjahr 1194 nach England zurückkehren.

Im gleichen Jahr, im März 1194, kam es zur Aussöhnung zwischen Heinrich VI. und Heinrich dem Löwen, der ein Jahr später am 6. August 1195 in Braunschweig starb. Nun hatte der Kaiser Handlungsspielraum für eine Lösung seiner Probleme in Süditalien und darüber hinaus auch noch das notwendige (englische) Geld. Zudem schien der Zeitpunkt besonders günstig, da kurz zuvor auch noch König Tankred am 20. Februar 1194 gestorben war und nur seinen dreijährigen Sohn Wilhelm hinterlassen hatte, dessen Mutter Sibylle man als

Regentin einsetzte, die es aber nicht verstand, die Kräfte in Süditalien zusammenzuhalten.

Im Mai 1194 brach Kaiser Heinrich VI. nach Italien auf und sicherte sich zunächst die maritime Hilfe der Seestädte Genua und Pisa; die Verträge, die er mit diesen Städten abschloß, ignorierte er nach seinem Sieg. Unangefochten marschierte Heinrich VI. in Süditalien ein. Widerstandslos ergab sich eine Stadt nach der anderen, so daß der Kaiser bereits Ende November 1194 in Palermo einziehen und dort nun auch noch zum sizilianischen König gekrönt werden konnte. Gleichzeitig lud er alle bedeutenden Adligen Siziliens zu einer Beratung nach Palermo ein.

Aber das, was als Sitzung über die Landesgeschicke angekündigt wurde, sollte in Wirklichkeit ein Tribunal werden und endete in einem blutigen Racheakt. Heinrich VI. hielt den versammelten Edlen angebliche Verschwörerbriefe vor, deren Echtheit alle italienischen Chronisten bezweifeln. In dem daraufhin eingesetzten Blutgericht wurden alle potentiellen Oppositionellen Siziliens verhaftet und ohne ordentliche Verfahren abgeurteilt. All diejenigen, die an der Einsetzung der sizilianischen Könige beteiligt waren, wurden auf grausamste Weise umgebracht. Die Brutalität war selbst für das in diesen Dingen nicht zimperliche Mittelalter unvorstellbar. Auch die Mitglieder des sizilianischen Königshauses, immerhin die engste Verwandtschaft der Gemahlin des Kaisers, wurden nicht verschont. Der dreijährige König Wilhelm wurde entmannt und geblendet, seine Mutter und seine Schwestern kerkerte man im Elsaß ein, zwei Vettern kamen in die unterirdischen Verließe der Burg Triberg, wo sie bald starben. Die Sizilianer, die die tyrannische Herrschaft des landfremden Regenten vorausgesagt hatten, wurden mehr als bestätigt.

1195 setzte Kaiser Heinrich VI. auf dem Reichstag von Bari deutsche Ministeriale für die Verwaltung Süditaliens ein. Damit wurde erstmals der Versuch gewagt, in Italien das Reichsverwaltungssystem einzuführen. Danach kehrte der Kaiser nach Deutschland zurück, um einen Kreuzzug in das Heilige Land vorzubereiten, der jedoch in Wahrheit dazu dienen sollte, das Byzantinische Reich zu erobern und ein Weltreich zu errichten. In diese Absichten paßte sehr gut, daß Philipp von Schwaben, ein Bruder des Kaisers, die byzantinische Prinzessin Irene geheiratet hatte.

Auf dem Reichstag von Worms im Dezember 1195 gab es Schwierigkeiten mit den deutschen Fürsten. Sie lehnten rundweg ab, den Sohn

Heinrichs VI., den späteren Kaiser Friedrich II., der knapp ein Jahr alt war, zum König zu wählen, obwohl diese Sicherung der Nachfolge im Mittelalter durchaus üblich war. Man weiß nicht, was die Fürsten zu dieser Haltung bewogen hat. Vielleicht sollte hier unausgesprochen die Warnung vorgebracht werden, daß der Kaiser mit den deutschen Fürsten nicht so umspringen könne wie mit den Sizilianern bei dem Gemetzel von Palermo. Heinrich wich nicht zurück. Im Gegenteil, zwei Monate später verlangte er die Umwandlung der deutschen Wahlmonarchie in eine Erbmonarchie, dafür sollten die Fürstentümer ebenfalls in den erblichen Besitz der Fürstenfamilien übergehen. Wieder lehnten die Fürsten ab. Ende des Jahres 1196 erklärten sie sich jedoch dazu bereit, den Sohn des Kaisers zum König zu wählen. Damit war immerhin die Nachfolge gesichert, und Heinrich VI. hätte zu dem geplanten Kreuzzug aufbrechen können. Doch ein Aufstand in Sizilien hielt den Kaiser auf. Sogar seine Ermordung war wohl geplant worden. Wieder strafte Heinrich VI. alle Beteiligten mit einem fürchterlichen Gericht. Während im Jahre 1197 bereits ein Teil der deutschen Kreuzfahrer in Palästina angekommen war, kam plötzlich die Nachricht aus Sizilien, daß Kaiser Heinrich VI. am 28. September 1197 in Messina im Alter von 31 Jahren nach nur siebenjähriger Regierungszeit gestorben war. Die Todesursache blieb ungeklärt. Kaiser Heinrich VI. wurde im Dom zu Palermo bestattet. Sicherlich hat ihm dort kein Sizilianer eine Träne nachgeweint.
Kaiser Heinrich VI. gehörte durch seine unmenschlichen Charaktereigenschaften zu den unbeliebtesten Herrschern des deutschen Reiches. Seine berüchtigte Grausamkeit, seine Unberechenbarkeit und Gesetzlosigkeit haben ihn so abqualifiziert, daß sich nur wenige Chronisten mit ihm beschäftigen mochten, und dies, wenn auch nur im negativen Sinne. Selbst in seinem Testament (das nicht erfüllt wurde) traf er noch höchst eigenartige Regelungen, die ausgerechnet die größten Feinde der Staufer, die Päpste, begünstigt hätten.

1198–1208 Philipp von Schwaben

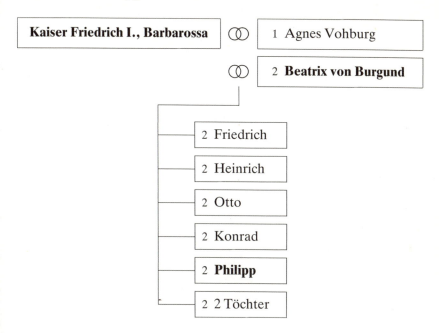

Nach dem Tod Kaiser Heinrichs VI. brach das Weltreich, das er geschaffen hatte, ebenso schnell zusammen, wie er es errichtet hatte. Die Reichsfürsten, froh den unbeliebten und grausamen Herrscher los zu sein, hatten schon zu Lebzeiten des Kaisers laut über eine Absetzung nachgedacht. Nunmehr war ihnen das Schicksal zuvorgekommen. Zwar existierte bereits ein Nachfolger, der inzwischen dreijährige Friedrich, der in Italien erzogen wurde, aber niemand dachte daran, den kleinen Sohn des Tyrannen einzusetzen. In dieser Situation machte sich der 20jährige Onkel dieses Friedrichs, Philipp von Schwaben, der fünfte Sohn Kaiser Friedrich Barbarossas auf, um den Neffen nach Deutschland zu holen, damit er gekrönt werden konnte. Aber in Mittelitalien brach ein Aufstand gegen die deutsche Herrschaft aus, und Philipp mußte nach Deutschland fliehen. Die Möglichkeit, Heinrichs VI. Witwe Konstanze zur Regentin zu küren, zog offenbar niemand in Betracht. Unter diesen Umständen blieb Philipp nichts anderes übrig, als selbst die Regentschaft zu übernehmen. Zwar erkannten die Reichsfürsten, die sich noch auf dem Kreuzzug befanden, die Nachfolge Friedrichs II. an, doch hintertrieb der Erzbischof von Köln, Adolf,

unterstützt vom englischen König Richard Löwenherz, dem der verstorbene Kaiser Heinrich VI. so übel mitgespielt hatte, die Anerkennung im Reich.
Philipp von Schwaben ließ sich, um die Krone in der Familie zu behalten, im März 1198 zum deutschen König wählen. Im Prinzip war dies zwar unmöglich, da mit Friedrich II. bereits ein gewählter König existierte, aber den Fürsten war diese Wahl genauso recht wie die Krönung Friedrichs II. zum König von Sizilien, bei der Konstanze ausdrücklich für ihren Sohn auf den Anspruch auf die Reichskrone verzichtete. Doch nicht genug damit, die Rache des Richard Löwenherz gegen die Staufer ging weiter und führte zur Wahl eines dritten Königs, eines Welfen, der am englischen Königshof erzogen worden war. Am 9. Juni 1198 wählte man den Sohn Heinrichs des Löwen, Otto, ebenfalls zum deutschen König und krönte ihn bereits einen Monat später am 12. Juli 1198. Allerdings starb Richard Löwenherz ein Jahr später, wodurch die Unterstützung Ottos, der sich Otto IV. nannte, ausblieb und der Welfe zunehmend an Anhängerschaft verlor. Daran änderte sich auch nichts, als Papst Innozenz III. im Juli 1201 die Wahl Ottos IV. als rechtmäßig anerkennen und die Staufer mit dem Kirchenbann belegen ließ, denn dieses Mittel, Politik zu betreiben, hatte sich seit den Tagen der Salier bereits zu sehr abgenutzt. Philipp konnte sich trotz der welfischen und päpstlichen Gegenwehr im Reich durchsetzen. Sogar der Bruder Ottos IV. wechselte in das staufische Lager.
Im Jahre 1207 sah Papst Innozenz ein, daß er am Thronanspruch König Philipps nicht vorbeisehen konnte. Otto IV. sollte daher zum Verzicht bewegt werden, und gleichzeitig löste der Papst den Kirchenbann von dem Staufer. Alle beteiligten Parteien einigten sich darauf, daß zunächst für ein Jahr alle bewaffneten Auseinandersetzungen ruhen und am Ende dieses Waffenstillstandes die Krönung König Philipps zum Kaiser stehen sollte.
König Philipp wurde jedoch am 21. Juni 1208 in Bamberg im Alter von etwa 30 Jahren aus niederen Beweggründen vom Pfalzgrafen Otto von Wittelsbach ermordet. Es war kein politischer Mord, sondern der Racheakt eines gekränkten Grafen, der die Zurücknahme einer Zusage, mit einer der Töchter Philipps verlobt zu werden, zum Anlaß nahm, den milden, herzlichen und überaus beliebten König mit dem Schwert zu töten. Dieser Mord war der erste, der an einem deutschen König begangen wurde. Otto von Wittelsbach nahm ein schreckliches Ende; er wurde in der Nähe von Regensburg gefaßt und an Ort und

Stelle getötet. Seinen abgeschlagenen Kopf warf man in die Donau, sein Leichnam blieb jahrelang unbeerdigt, und seine Güter und der Stammsitz der Wittelsbacher wurden zerstört. König Philipps byzantinische Gemahlin Irene starb bald darauf nach einer Fehlgeburt aus Gram und Schmerz über den Tod ihres geliebten Mannes.

König Philipp war alles andere als der geborene Herrschertyp und ganz das Gegenteil seines brutalen und verschlagenen Bruders Heinrich VI. In seiner Redlichkeit und Ritterlichkeit war er seinem Vater sehr ähnlich, ohne aber dessen Durchsetzungskraft zu besitzen. Große Taten vollbrachte König Philipp nicht, aber er hat durch seine harmlose Liebenswürdigkeit und durch seinen männlich jugendlichen Charme die Zuneigung des Volkes besessen, dessen Interessen er gerecht vertreten hat. König Philipp war ein ehrenwerter Mann. Er ruht in der Königsgruft des Speyerer Doms.

1198–1212 Otto IV.

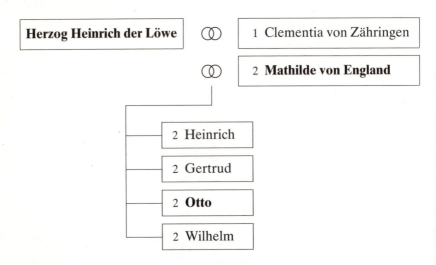

Im Jahre 1168 heiratete der Vater Ottos IV., Heinrich der Löwe, die englische Königstochter Mathilde. Durch den Sturz Heinrichs des Löwen und seine Verbannung aus dem Reich (1182–1186) ergab es sich, daß Otto IV. am englischen Königshof erzogen wurde. Genau genommen gehörte er nicht zu den Reichsfürsten, doch da nach dem Tod Kaiser Heinrichs VI. vom Kölner Erzbischof Adolf ein Nichtstaufer für den deutschen Thron favorisiert wurde, kam man nach langer vergeblicher Suche letztlich auf diesen Sproß der Welfen, weil sich der ältere Bruder Heinrich gerade auf einem Kreuzzug befand. Am 9. Juni 1198 wählten Erzbischof Adolf von Köln und sein rheinisch-westfälischer Anhang Otto IV. zum König und krönte ihn am 11. Juli 1198 in Aachen.

Doch die Staufer waren nicht untätig gewesen. In der Situation, seinem dreijährigen Neffen die Krone erhalten zu wollen, hatte sich der Sohn Kaiser Friedrichs I., Philipp von Schwaben, bereits am 6. März 1198 in Ichtershausen und am 8. März 1198 noch einmal in Mülhausen in Thüringen vom größeren Teil des Reichsadels zum König des Deutschen Reiches wählen lassen. Allerdings erklärten die Anhänger Ottos IV. die Wahl wegen der außergewöhnlichen Orte für ungültig. Außerdem ließ sich König Philipp erst am 8. Dezember 1198 in Mainz (also am falschen Ort) vom zufällig anwesenden burgundischen Erzbischof von Tarantaise krönen. Da die Kräfte der beiden Könige in etwa ausgewogen blieben, konnte keine Entscheidung zwischen den beiden Herrschern fallen. Zunehmend hingen Erfolg oder Mißerfolg des einen oder anderen vom französisch-englischen Streit ab, da die Welfen sich England anschlossen und die Staufer traditionell mit Frankreich verbunden blieben. König Philipp zog im Lauf der Zeit mehr Nutzen aus seinem Bündnis, weil sich die Franzosen gegenüber den Engländern auf dem Festland durchzusetzen begannen.

In dieser Situation griff Papst Innozenz III. in den deutschen Thronstreit ein. Nach langen Verhandlungen mit beiden Seiten verzichtete Otto IV. in einem Geheimabkommen auf jedes politische Recht des Deutschen Reiches in Italien. Am 1. März 1201 verkündete der päpstliche Gesandte Guido von Praeneste in Köln die Entscheidung des Papstes für Otto IV. und bannte gleichzeitig den Stauferanhang. Doch die Sache König Ottos IV. bekam nur zeitweise Auftrieb durch die päpstliche Unterstützung. Als im Sommer 1202 der englische König Johann Ohneland durch Frankreich vom Festland vertrieben wurde, kam dieses Ereignis einer welfischen Niederlage gleich. Im November 1204 wechselte sogar der Bruder Ottos, Heinrich, zu den Staufern (was er sich reichlich belohnen ließ).

Am 27. Juli 1206 erlitt König Otto IV. eine militärische Niederlage in der Schlacht bei Wassenberg in der Nähe von Köln durch Philipp von Schwaben. Otto IV. wurde dabei verwundet. Nach dem Gefecht zog sich der Welfe in sein Braunschweiger Erbland zurück. Die Verhandlungen, die in der Zeit nach Wassenberg zwischen allen Parteien folgten, standen kurz vor einer endgültigen Einigung, als Philipp von Schwaben am 21. Juni 1208 in Bamberg ermordet wurde. Wahrscheinlich sollte König Otto IV. nach einem Thronverzicht das Herzogtum Schwaben erhalten, doch mit dem Tod des Staufers ergab sich nun eine ganz neue Situation. Nur durch die massive päpstliche Unterstützung gelangte Otto IV. nach dem überraschend frühen Tod Philipps zur allgemeinen Anerkennung im Reich.

Am 11. November 1208 ließ sich König Otto IV. sicherheitshalber in Frankfurt noch einmal zum König wählen. Darüber hinaus heiratete er die älteste Tochter Philipps von Schwaben. Unter diesen Aspekten erklärte sich Papst Innozenz III. bereit, Otto IV. zum Kaiser zu krönen. Die Krönung fand am 4. Oktober 1209 in Rom statt. Ein Vertreter der Welfen war Kaiser geworden, also ein Repräsentant desjenigen Herzoggeschlechts, das über lange Zeit dieses Kaisertum vehement bekämpft hatte.

Doch noch in Rom gab es mit dem neuen Herrscher Schwierigkeiten. Es kam zu Zusammenstößen zwischen den römischen Bürgern und den Soldaten Ottos. Die Zusagen, die der Kaiser dem Papst hinsichtlich der Erweiterung des Kirchenstaates gegeben hatte, wurden nicht eingehalten. Die Deutschen verließen Rom in Richtung Norden. Doch plötzlich wandte sich das Heer nach Süden. Die Absicht lag klar auf der Hand, Otto IV. wollte sich der Person Friedrichs, des letzten noch lebenden Staufers, bemächtigen, um allen eventuellen Spekulationen vorzubeugen. Papst Innozenz III. konnte jedoch nichts daran gelegen sein, den Kaiser in Süditalien zu wissen. Er belegte den Kaiser mit dem Kirchenbann.
Dies hätte Otto IV. nicht aufhalten können, doch schlug die Stimmung im Reich aufgrund des Bannes gegen ihn um. Trotz seiner erfolgreichen Kriegsführung in Süditalien eilte Otto IV. sofort nach Deutschland zurück, als er die Nachricht bekam, daß eine Reihe von Reichsfürsten ihn im September 1211 abgesetzt und den Staufer Friedrich II. zum Kaiser (!) gewählt hatten. Noch einmal konnte Kaiser Otto IV. die Reichsfürsten für sich gewinnen, doch als der Staufferkönig Friedrich II. 1212 in Deutschland eintraf, sank der Stern Kaiser Ottos IV. schnell. Dem jugendlichen Charme und der freigebigen, ritterlichen Haltung des Staufers war der wenig beliebte Welfe nicht gewachsen. Dennoch sah Otto IV. die gegen ihn gerichtete Hauptgefahr nicht so sehr im Wirken des Staufers, sondern in dessen Verbindungen zum französischen König Philipp II., der Friedrich II. erheblich finanziell unterstützte und auch beim Papst als dessen Fürsprecher aufgetreten war. Otto IV. sah seine Chance in einem Bündnis mit dem englischen König Johann Onheland, der seine Festlandsbesitzungen in Frankreich zurückgewinnen wollte. Bis dieses Bündnis wirksam wurde, verschaffte sich der Kaiser in Thüringen und Magdeburg militärisch Respekt. 1214 fiel die endgültige Entscheidung.
Am 27. Juli 1214 wurde Kaiser Otto IV. bei Bouvines östlich von Lille von einem kleinen französischen Heer vernichtend geschlagen. Otto IV. konnte nach Köln entkommen, wo er sich ein Jahr lang untätig aufhielt und letztlich wegen privater Schulden gewaltsam ausgewiesen wurde. Unbeachtet und machtlos zog sich Otto IV. in sein Braunschweiger Stammland zurück, wo er am 19. Mai 1218 auf der Harzburg starb. Seine letzte Ruhestätte fand er im Dom zu Braunschweig.
Otto IV. hat seine Chancen durch seine arrogante, hochfahrende Art

und seine unritterliche Haltung verspielt. Darüber hinaus förderten seine Vorliebe für das englische Verwaltungssystem und das Vorhaben, neue Steuern und Abgaben selbst dann noch zu fordern, als seine Macht bereits auf dem Spiel stand, seinen Sturz.

1212–1250 Friedrich II.

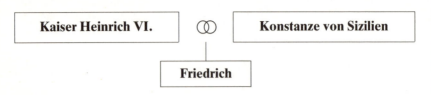

Friedrich II. wurde am 26. Dezember 1194, einen Tag nach der Krönung seines Vaters Heinrich VI. zum König von Sizilien, geboren. Friedrichs Leben begann zu der Zeit, als durch das Blutgericht von Palermo unzählige Sizilianer ihr Leben qualvoll beendeten. Die Vorzeichen schienen so ungünstig, und doch erblickte hier ein Kind das Licht der Welt, das man später »Stupor mundi« – »das Staunen der Welt« nannte.

Mit der Ermordung König Philipps wurde plötzlich deutlich, in welch enormer Gefahr sich das Geschlecht der Staufer befand. Alle Söhne Friedrich Barbarossas hatten bis zum Jahre 1208 bereits das Zeitliche gesegnet, manche unter ganz seltsamen Umständen, wie zum Beispiel Konrad, der im Zusammenhang mit einem Liebesabenteuer ums Leben gekommen sein soll. Der einzige noch lebende männliche Nachkomme überhaupt war der inzwischen 14jährige Enkel Kaiser Rotbarts, Friedrich, der sich ohne Beaufsichtigung, Erziehung und Bildung elternlos in den Straßen von Palermo herumtrieb. Seine Mutter Konstanze war kurz nach dem Tode ihres Mannes 1198 gestorben. Zwar hatte Papst Innozenz III. die Vormundschaft über den dreijährigen sizilianischen König übernommen, aber sich weder um die Versorgung noch um die Erziehung des Kindes gekümmert. So wuchs der König als Bettler (!) in Palermo auf, und wir wissen kaum Einzelheiten über diese Zeit seiner Kindheit. Immerhin steht fest, daß der König arabisch sprechen und schreiben konnte, ein eindeutiges Indiz dafür, daß sich auch Araber um das Kind gekümmert haben müssen.

Als Kaiser Otto IV. in den Jahren 1209–1211 den Versuch unternahm, Süditalien und Sizilien zu erobern, vor allem um sich der Person Friedrichs zu bemächtigen, erinnerte sich Papst Innozenz III. an sein Mündel und ließ Friedrich hastig zu einer Ehe mit Konstanze von Aragon drängen. Der Pontifex verband damit die Hoffnung, von dem jungen Staufer möglicherweise das zu erhalten, was Kaiser Otto IV. ihm nicht zugestehen wollte, nämlich die territoriale Ausweitung des Kirchenstaates. Konstanze von Aragon hatte bereits eine Ehe hinter sich und war darüber hinaus elf Jahre älter als der 15jährige Friedrich. Dennoch kam die Ehe 1209 zustande, und sie ist sogar glücklich verlaufen.

Der Bedrohung durch Kaiser Otto IV. hatte Friedrich nichts anderes entgegenzusetzen als den Plan zu seiner Flucht. Er ließ daher in Palermo eine Galeere bereithalten. Doch das Schicksal wendete sich ganz plötzlich und völlig unerwartet. Eine Fürstenversammlung in Nürnberg im September 1211 erklärte Kaiser Otto IV. für abgesetzt und wählte den nunmehr 17jährigen Friedrich zum zweitenmal zum deutschen König (die erste Wahl erfolgte, als Friedrich ein Jahr alt war). Am 18. März 1212 reiste Friedrich von Palermo nach Deutschland ab. In Rom trafen der König und Papst Innozenz III. zunächst einige Abmachungen, die das Königreich Sizilien betrafen, für den Fall, daß Friedrich tatsächlich die deutsche Krone erhalten und behaupten sollte. Friedrich II. gelangte auf abenteuerlichen Wegen und unter der steten Gefahr, von feindlichen (welfischen) Kräften abgefangen zu werden, bis nach Konstanz, wo er im September 1212 eintraf.

Nur dem Zufall, daß er etwa drei Stunden früher als Kaiser Otto IV. vor der Stadt ankam, verdankte er, daß er sich letztlich gegen Kaiser Otto IV. durchsetzen konnte. Friedrich und seiner Begleitung, besonders dem päpstlichen Legaten Berard von Castacca, gelang es, den Konstanzer Bischof von der Rechtmäßigkeit des staufischen Anspruchs zu überzeugen, so daß die Vorbereitungen der Stadt Konstanz für den Empfang Kaiser Ottos IV. von Friedrich wahrgenommen wurden, während der Kaiser, der nur kurze Zeit später eintraf, ausgesperrt blieb. In wenigen Monaten gewann Friedrich II. mit der Unterstützung der Stadt Konstanz die staufischen Gebiete zurück, und mit französischem Geld brachte er auch die Fürsten auf seine Seite. Am 5. Dezember 1212 wählten den 17jährigen die meisten der deutschen Fürsten in Frankfurt zum dritten Mal zum deutschen König, und vier Tage später ließ er sich in Mainz, wenn auch mit den falschen Insignien (die echten hatte Kaiser Otto IV.) und am falschen Ort (traditionell war Aachen der Krönungsort, doch der lag im welfischen Einflußgebiet) zum König krönen. Erstmals in der Reichsgeschichte regierten zwei rechtmäßige Könige nebeneinander (gegeneinander), denn Otto IV. war immer noch in Amt und Würden.

Der Thronstreit, der seit dem Tod Barbarossas, also seit zwölf Jahren, andauerte, löste sich nicht innenpolitisch, sondern wurde von Frankreich beendet. Dabei kam Friedrich II. wieder ein Glücksfall zu Hilfe. Kaiser Otto IV. erkannte die Gefahr, die ihm von dem jungen Staufer drohte, nicht als unmittelbar (vielleicht zu Recht). Er beschloß daher, mit Unterstützung seines englischen Neffen Johann Ohneland Frankreich anzugreifen, weil König Philipp II. von Frankreich Friedrich II. unverblümt protegierte. Doch Kaiser Otto IV. erlitt eine furchtbare Niederlage am 27. Juli 1214 bei Bouvines, östlich von Lille. Der französische König schickte Friedrich II. demonstrativ den von ihm erbeuteten Kaiseradler der Kaiserstandarte. Dreimal half der französische König Philipp II. dem Staufer massiv, zunächst durch seine Fürsprache beim Papst, dann durch Geld, als Friedrich im Reich eingetroffen war, und zuletzt durch den militärischen Erfolg über Kaiser Otto IV., der sich von diesem Mißerfolg nicht mehr erholte. Zwar konnte er nach Köln fliehen, wurde aber nach einem Jahr wegen Zahlungsunfähigkeit aus der Stadt geworfen. Otto IV. starb unbeachtet und ohne jeden Einfluß im Jahr 1218, mit nur 35 Jahren.

Friedrich II. ließ sich, um die Rechtmäßigkeit seiner Krönung noch augenfälliger zu machen, am 23. Juli 1215 noch einmal in Aachen krönen. Danach galt er unumstritten als alleiniger Herrscher des Reiches. Er selbst hat seine Regierungstage ab der Aachener Krönung gezählt. In Freude und Dankbarkeit stiftete er den kostbaren Karlsschrein, der die sterblichen Überreste Karls des Großen enthält und bis heute auf dem Hauptaltar des Aachener Doms steht.

Die ersten Jahre seiner Regierung verbrachte Friedrich II. im Reich vornehmlich in der Absicht, seine Stellung zu festigen. Dazu benötigte er vor allem Rückenfreiheit in Italien: Er ging weitreichende Verpflichtungen ein, die man ihm später vorwarf. So etwa 1213 mit der »Goldenen Bulle«, in der er Papst Innozenz III. die Territorialrechte in Mittelitalien zugestand, was den Kirchenstaat erheblich vergrößerte. Darüber hinaus verzichtete Friedrich II. auf das Recht, bei der Bischofswahl mitzuwirken, wodurch die Kirche vom Staat unabhängig wurde. Später gestand Friedrich II. auch den Reichsfürsten Privilegien zu, die deren Unabhängigkeit und damit die Partikularisierung Deutschlands förderten. Aber Friedrichs Interessen lagen in Sizilien; um die Kaiserkrone zu erhalten, mußte er auf die sizilianische Königskrone verzichten und seinen Sohn Heinrich als König von Sizilien einsetzen.

Am 16. Juli 1216 starb Papst Innozenz III. Friedrich glaubte, mit dem Nachfolger leichteres Spiel zu haben. Als sich diese Erwartungen jedoch nicht erfüllten, kam er auf eine trickreiche Idee. Er beorderte seine Frau mit dem vierjährigen Sohn Heinrich nach Deutschland, wo der kleine Heinrich sofort zum Herzog von Schwaben ernannt wurde. Zwei Jahre später erhielt der inzwischen sechsjährige Knabe auch noch Burgund, und weitere zwei Jahre genügten, um die deutschen Fürsten für die Wahl Heinrichs zum deutschen König zu gewinnen. Was man Friedrich verweigerte, erfüllte sich, wenn auch um eine Generation verschoben: Friedrichs Sohn Heinrich war gleichzeitig König von Sizilien und König des Deutschen Reiches. Absichtlich blieb Friedrich II. der Krönung seines Sohnes fern, um Papst Honorius III. treuherzig versichern zu können, daß alles ohne sein Wissen geschehen sei.

Der Papst protestierte nur schwach, ja, er forderte Friedrich auf, möglichst schnell nach Rom zur Kaiserkrönung zu eilen. Der Grund für diese überraschende Richtungsänderung lag darin, daß ein vom Papst organisierter Kreuzzug zu scheitern drohte. Nach acht Jahren verließ Friedrich II. das Reich in Richtung Süden. Sein Sohn Heinrich blieb in der Obhut eines Kronrats zurück. Am 22. November 1220 salbte Papst Honorius III. Friedrich II. in Rom zum Kaiser. Nachdem Friedrich II. in Süditalien angekommen war, änderte er sich schlagartig. Während er in Deutschland eher bieder und sachlich auftrat, machte er das Königreich Sizilien in kurzer Zeit zum kulturellen und geistigen Mittelpunkt der abendländischen Welt. Doch er gab sich nicht etwa als der weltoffene Mäzen, der aus Selbstgefälligkeit die Künste und Wissenschaften förderte, nein, er beteiligte sich selbst an wissenschaftlichen Forschungen, beschäftigte sich mit Philosophie und Dichtkunst und schrieb ein beachtliches Buch über die Falkenjagd, das man noch heute als Handbuch für die Falknerei benutzen kann.

Natürlich herrschten zunächst chaotische Zustände im sizilianischen Königreich. Kaiser Friedrich II. ließ zunächst alle Grundverträge, die seit 1189 ausgestellt waren, für ungültig erklären. Alle Adligen, die glaubten, Rechtsansprüche auf ihre Ländereien zu haben, mußten diese neu beantragen. Vergab der Kaiser diese Lehen neu, dann nur unter der ausdrücklichen Bestimmung, daß er alle Rechte auch wieder entziehen konnte. Die Eigenständigkeit der Fürsten, die er im Reich förderte, unterband er in Sizilien rigoros und begründete einen total zentralistischen Staat. Die Grundlagen zu diesem Staat waren in den »Akzisen von Capua« niedergelegt worden. Wenn Kaiser Friedrich II. mit diesem Staatsgebilde auch den Typus des modernen Beamtenstaates schuf, so gaben ihm der Aufschwung des Handels und ein allgemeines »sizilianisches Wirtschaftswunder« bald recht.

1231 veröffentlichte der Kaiser die »Konstitutionen von Melfi«, den Versuch einer umfassenden Gesetzgebung, die alle Bereiche des menschlichen Zusammenlebens umfaßte. Unter anderem enthielt die Gesetzessammlung erste Anordnungen hinsichtlich des Umweltschutzes (!), Vorschriften über Studiengänge, Anordnungen für Ärzte, weitreichende Preisregelungen, Gesetze, die die Polizeistunde regelten, für die Behandlung von Dienstboten und vieles mehr. Es gab kaum noch Bereiche des menschlichen Lebens, die nicht durch Vorschriften genau geregelt waren. Dabei muß natürlich erwähnt werden, daß solch weitgehende Bevormundung nicht unwidersprochen hingenommen wurde. Doch Kaiser Friedrich II. wußte sich erstaunlich kräftig durchzusetzen. Bereits durch die Akzisen von Capua war Friedrich II. mit dem Papst in Konflikt geraten, denn auch das Kirchengut war von den Gesetzen betroffen. Auch wandte sich Papst Gregor IX. gegen die vom Kaiser in Süditalien praktizierte Religionsfreiheit, die der Herrscher durch sogenannte »Ketzeranordnungen« zu kaschieren versuchte.
1224 gründete der Kaiser die Universität Neapel. Er erfüllte sich damit seinen Wunsch nach Mehrung des Wissensstandes. Eine der bedeutendsten Errungenschaften, die bis in die heutige Zeit wirksam geblieben ist, gelang Friedrich II. mit der Einführung des Dezimalsystems. Bis dahin benutzte man das umständliche römische Zahlensystem, in dem bekanntlich die Null fehlt, wodurch ein Stellensprung unmöglich ist und der Darstellung von beliebig hohen Zahlen über M = Tausend hinaus enge Grenzen gesetzt sind. Weitere Verdienste erwarb sich der Kaiser durch die Wiederentdeckung der Schriften der antiken Philosophen und Dichter, die Entwicklung und Einführung eines wirksamen Vermessungssystems, die Begründung der modernen Erfahrungswissenschaft und auf dem Gebiet der Medizin.
Anläßlich seiner Krönung in Aachen im Jahr 1215 hatte sich Friedrich II. spontan zu einem Kreuzzug entschlossen, dessen Ausführung jedoch recht lange auf sich warten lassen sollte. Immer wieder verzögerte er die Planung. Selbst bei dem von Papst Honorius III. initiierten Kreuzzug im Jahr 1219, der aufgrund unglaublicher Borniertheit des päpstlichen Leiters der Expedition in Ägypten steckenblieb, gelang es Friedrich, sich zu drücken. Im Jahre 1223 mußte sich der Kaiser aber endgültig festlegen und seinen Kreuzzug für das Jahr 1225 planen. Der Papst überredete den Kaiser, indem er ihm die Krone von Jerusalem versprach, was durch die Heirat mit der Erbin dieser Krone, Isabella von Brienne, bekräftigt werden sollte. Friedrichs erste Frau Konstanze,

mit der er sehr glücklich gewesen war, war am 23. Juni 1222 gestorben. Erst 1227 segelte Friedrich von Brindisi ab. Doch bevor er das Heilige Land erreichte, befiel ihn eine Krankheit, die ihn zur Umkehr zwang. Papst Gregor IX. bannte den Kaiser daraufhin, weil er an eine vorgeschobene Erkrankung glaubte. 1228 fand der Kreuzzug tatsächlich statt. Nun jedoch gegen den Willen des Papstes, der den Bann nicht aufgehoben hatte. Im September traf der Kaiser in Palästina ein, und am 17. März 1229 betrat er die Stadt Jerusalem, wo er sich am Tag darauf in der Grabeskirche selbst zum König von Jerusalem krönte. Was viele Kreuzfahrer mit Gewalt nicht schaffen konnten, was unzählige Menschenleben kostete, das erreichte Friedrich II. auf seine Weise ohne einen einzigen Schwertstreich auf dem Verhandlungsweg. Den freien Zugang aller christlichen Pilger zu den heiligen Stätten in Palästina. Aber niemand hat dem Kaiser diese Leistung gedankt, immerhin erreichte er, daß Papst Gregor IX. den Bann aufhob.
Inzwischen baute der Sohn Friedrichs II., Heinrich (VII.), als Regent seines Vaters im Reich ein eigenständiges Regime auf, dessen Politik sich besonders gegen die Machtfülle der Reichsfürsten richtete. Im Jahr 1232 auf dem Reichstag von Aquileja wurde Heinrich (VII.) deshalb von seinem Vater gerügt und gedemütigt, was den Sohn jedoch erst recht in die Opposition drängte. 1235 schien daher für den Kaiser eine Strafexpedition gegen den aufmüpfigen Heinrich unvermeidlich. Nach 15 Jahren kehrte Friedrich II. erstmals in das Land seiner Väter zurück. In Worms hielt der Kaiser über seinen Sohn Gericht und verurteilte ihn zu lebenslanger Kerkerhaft. Zunächst brachte man Heinrich nach Heidelberg, später nach Apulien, wo er am 10. Februar auf einem Transport in ein anderes Gefängnis (vermutlich durch Selbstmord) ums Leben kam. Er wurde im Dom zu Cosenza (Kalabrien) beigesetzt. Die Regentschaft Heinrichs (VII.) als deutscher König ist umstritten, da er das Amt lediglich für seinen Vater, zeitweise sogar gegen dessen Willen (1231–1235) ausgeübt hat. In der Geschichtsschreibung wird daher die Zahl hinter seinem Namen in Klammern angegeben.
Noch in Deutschland schloß Friedrich II. seine dritte Ehe und heiratete die 21jährige Johanna von England, wodurch ein Ausgleich mit den Welfen möglich wurde, der auf dem Reichstag von Mainz im August 1235 zustande kam. Auf dem gleichen Reichstag verkündete der Kaiser ein Landfriedensgesetz, wodurch er die verbliebenen Rechte der Krone zu stärken versuchte. Durch die siegreiche Schlacht von Cortenuova am 27. November 1237 gewann Friedrich II. auch die Macht über

Oberitalien zurück. Doch auf dem Höhepunkt seiner Macht forderte er das Schicksal heraus, indem er die Stadt Mailand zur bedingungslosen Unterwerfung aufforderte. Damit beschwor er den Widerstand der Lombardei erneut herauf. 1239 bannte Papst Gregor IX. den Kaiser zum zweitenmal, weil er seinen illegitimen Sohn Enzio zum König von Sardinien ernannt hatte. Die Insel war jedoch eindeutig päpstliches Lehen.

Die letzten elf Jahre seines Lebens wurden durch den unglücklichen und von Verbitterung getragenen Kampf des Kaisers mit der Kirche, oder besser gesagt mit dem weltlichen Machtanspruch der Päpste, geprägt. Zwar keimten nach dem Tod Gregors IX. am 22. August 1241 noch einmal Hoffnungen zu einem Ausgleich, doch zerrannen auch diese sehr bald, als Papst Innozenz IV. klarmachte, daß er auf der Linie seines Vorgängers weitermachen wolle. Er betrieb sogar ernsthaft die Ermordung des Kaisers. Um nicht nachgeben zu müssen, floh Innozenz IV. 1244 über Genua nach Lyon. Hier verkündete er am 17. Juli 1245 die Absetzung des Kaisers, ein Vorgang, der ohne jede Wirkung verpuffte. Zwar konnte man für kurze Zeit einen Gegenkönig, Heinrich Raspe, in Deutschland einsetzen, doch starb dieser ungekrönt im Februar 1247 auf der Wartburg. 1248 mußte der Kaiser wieder einen Aufstand in der Lombardei niederwerfen, wobei er am 18. Februar in der Stadt Victoria eine deprimierende Niederlage erlitt. In diesen unerfreulichen Jahren sehnte sich Friedrich II. immer mehr nach Ruhe und Muße für seine friedlichen Ambitionen, doch dieser Wunsch sollte ihm nicht mehr erfüllt werden, obwohl er zuletzt zu enormen Zugeständnissen gegenüber dem Papst bereit gewesen wäre. Aber der Haß der Kirchenoberen erwies sich als unüberwindlich. Der letzte Stauferkaiser starb am 13. Dezember 1250 im Castel Fiorentino in der Nähe der Stadt Lucera an einer Darminfektion. Er wurde wie sein Vater im Dom zu Palermo beigesetzt.

Friedrich II. war einer der bemerkenswertesten Herrscher des Deutschen Reiches. Seine Klugheit, vor allem aber seine Weltoffenheit eilten seiner Zeit mit großem Abstand weit voraus. Das Unvermögen seiner Zeitgenossen, ihn in seiner Modernität zu verstehen, und die orientalische Lebenshaltung des Kaisers waren es wohl, die zu den unkontrollierten Haßgefühlen in den Kreisen der römischen Kirche führten und dieser über Friedrichs Tod hinaus die Gründe lieferten, das staufische Adelsgeschlecht letztlich auszulöschen.

1220–1235 Heinrich (VII.)

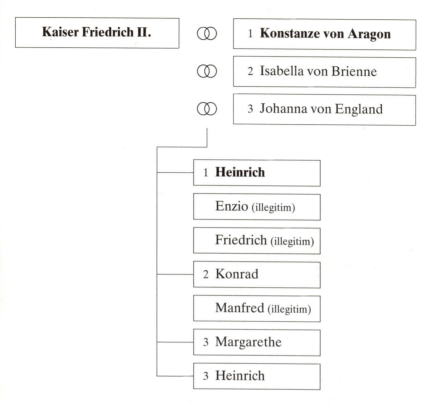

Heinrich (VII.) wurde Ende 1211 in Palermo geboren. Bald nach seiner Geburt krönte man ihn zum König von Sizilien, weil sich der Vater, Friedrich II., auf seine unsichere erste Reise nach Deutschland begeben mußte, um das Erbe der Staufer, die Reichskrone, zu erobern.

Heinrich blieb bis zum Alter von vier Jahren bei seiner Mutter in Sizilien. 1216 rief der Vater die beiden nach Deutschland, weil er seinen Sohn zu politischen Zwecken im Reich benötigte. In Deutschland eingetroffen, ernannte Friedrich II. seinen Sohn zunächst zum Herzog von Schwaben. Zwei Jahre später erhielt Heinrich auch das Rektorat über Burgund, und im April des Jahres 1220 wählten die deutschen Fürsten den inzwischen Achtjährigen zum deutschen König. Damit hatte Friedrich II. ein wichtiges Ziel seiner Politik erreicht: Sein Sohn war gleichzeitig König des Deutschen Reichs und von Sizilien, genau die Personalunion, die die Kirche Friedrich II. nicht zugestehen wollte, weil der Vatikan die Einkreisung des Kirchenstaates durch das Reich fürchtete.

Im Sommer des Jahres 1220 ließ das Elternpaar seinen Sohn unter der Aufsicht eines Kronrats in Deutschland zurück. Heinrich (VII.) hat seine Mutter niemals wiedergesehen. Es muß für das achtjährige Kind eine einschneidende Maßnahme gewesen sein, die es für das Leben geprägt hat. Zum Vormund des jungen Königs bestellte Kaiser Friedrich II. den Kölner Erzbischof Engelbert von Berg, der Heinrich (VII.) am 8. Mai 1222 im Beisein eines großen Fürstenkollegiums im Aachener Dom krönte. Engelbert von Berg hatte neben der Vormundschaft über König Heinrich (VII.) die Aufgaben des Reichsverwesers für den in Italien weilenden Kaiser übernommen. Dieser Kirchenfürst besaß durchaus die Fähigkeiten für das ihm übertragene Amt. Allerdings befand er sich in seinen Entscheidungen nicht immer im Einklang mit dem Kaiser.

Die Kölner Handelspolitik verlangte eine Anlehnung an England, die Engelbert mit der Heirat einer englischen Königstochter und Heinrichs (VII.) fördern wollte. Der Kaiser dagegen strebte im englisch-französischen Krieg 1224 eine Verbindung mit Frankreich an. Ähnliche Unstimmigkeiten ergaben sich in der Reichspolitik gegenüber Dänemark. Im Mai 1223 nahm Graf Heinrich von Schwerin König Waldemar II. von Dänemark gefangen. Friedrich II. wollte den Dänenkönig zu einem Vertrag zwingen, in dem dieser auf frühere deutsche Reichsgebiete verzichten sollte. Erzbischof Engelbert verlangte dagegen die Freilassung des Königs, weil er gelobt hatte, an einem Kreuzzug teilzunehmen. Graf Heinrich von Schwerin löste den Streit auf seine Weise: Gegen ein hohes Lösegeld ließ er den dänischen König laufen. Am 22. Juli 1227 wurde König Waldemar II. bei Bornhöved von einem regional aufgestellten deutschen Heer, an dem sich die Städte Lübeck und Hamburg sowie der Herzog von Sachsen, die Grafen von Schwerin und Schauenburg-Holstein und der Erzbischof von Bremen beteiligten, vernichtend geschlagen. Dieser Sieg eröffnete dem Reich den gesamten Ostseebereich und hat wesentlich zum Aufstieg der Stadt Lübeck sowie zur Gründung der deutschen Ordensstaaten beigetragen.

Erzbischof Engelbert von Berg erlebte diesen Erfolg nicht mehr. Am 7. November 1225 wurde er im Bergischen Land in der Nähe von Hagen von seinem Verwandten Friedrich von Isenburg ermordet. Mit dem Kölner Erzbischof verband Heinrich (VII). eine enge Beziehung. So sind die Gegensätze zwischen dem Kaiser und seinem Reichsverweser

mit Sicherheit nicht spurlos an dem unmündigen Heinrich vorübergegangen. Der Tod des Erzbischofs war sowohl für das Reich als auch für Heinrich (VII.) ein schwerer Schlag, der ähnlich einzustufen ist wie die Ermordung König Philipps von Schwaben. Heinrich (VII.) erfuhr von der Ermordung seines Vormunds, als er in Nürnberg die 14jährige Tochter Herzog Leopolds VI. von Österreich heiratete.
Zum Nachfolger in der Reichsverwaltung bestimmte Kaiser Friedrich II. Herzog Ludwig I. von Bayern. Diesem gelang es nicht, das Vertrauen Heinrichs zu gewinnen, zumal der König sich allmählich anschickte, eigene Vorstellungen zu entwickeln. Herzog Ludwig verstand sich aber auch nicht besonders gut mit dem Kaiser. Vier Jahre später wurde der Herzog im Juli 1229 auf der Donaubrücke bei Kelheim ermordet, vermutlich, weil Ludwig im Streit zwischen Kaiser und Papst Gregor IX. die Partei der Kirche ergriffen hatte. Doch zu dieser Zeit hatte sich König Heinrich (VII.) bereits politisch gelöst, wobei es zwischen dem Herzog und dem König zu schweren Zerwürfnissen gekommen war.
1226 begab sich König Heinrich (VII.) mit einigen Reichsfürsten auf den Weg nach Oberitalien, um am Reichstag von Cremona teilzunehmen. Dieser Reichstag sollte der Vorbereitung des geplanten Kreuzzugs des Kaisers dienen. Doch die oberitalienischen Städte befürchteten Beschränkungen ihrer praktizierten Eigenständigkeiten, die auf diesem Reichstag hätten beschlossen werden können. Daher sperrten sie die Alpenpässe, so daß König Heinrich (VII.), ohne seinen Vater gesehen zu haben, umkehren mußte.
Nach dem Tod Herzog Ludwigs wollte der 18jährige König endlich uneingeschränkt nach eigenem Gutdünken herrschen und eine selbständige Politik betreiben. Die Freunde und Personen seiner unmittelbaren Umgebung kamen aus dem Bereich der Reichsministerialen, also der Gesellschaftsschicht, der am meisten an einer starken königlichen Zentralgewalt gelegen war. Es erscheint daher natürlich, daß Heinrich (VII.) die Interessen des Ritteradels und der Städte gegen die Ansprüche der Reichsfürsten förderte. Sein Vater, der Schwierigkeiten im Reich möglichst vermeiden wollte, stützte sich hingegen weitgehend auf die Fürsten und hatte ihnen aus diesem Grund eine Vielzahl seiner Souveränitätsrechte abgetreten. Zwangsweise geriet der junge König in Konfrontation mit dem Hochadel, wobei die Fürsten keine Gelegenheit ungenutzt ließen, ihre Verärgerung über den König beim Kaiser anzumelden.

Friedrich II. konnte es nicht riskieren, zu den Schwierigkeiten in Italien auch noch im Reich Ärger zu bekommen – er gab dem Drängen der Fürsten nach: König Heinrich (VII.) mußte auf dem Hoftag von Worms am 23. Januar 1231 herbe Einschränkungen seiner bisherigen Politik in Kauf nehmen und am 1. Mai 1231 auf die Ausübung wesentlicher Hoheitsrechte zugunsten der Fürsten verzichten (z.B. bei der Rechtsprechung, Münzprägung, dem Zollrecht, dem Städte- und Burgenbau u.v.m.). König Heinrichs Politik und sein verzweifeltes Bemühen, den Zerfall des Reichs aufzuhalten, waren gescheitert. Alle Rechte, die die Fürsten dem König abgerungen hatten, bestätigte der Kaiser ohne zu zögern.

Es wird niemanden verwundern, daß Heinrich (VII.) unter solchen Umständen trotz einer ausdrücklichen Vorladung dem Reichstag von Ravenna Ende 1231 fernblieb. Im Mai des folgenden Jahres zitierte der Kaiser seinen Sohn zum Reichstag von Cividale in Friaul. Bis auf geringe Änderungen bestätigte Friedrich II. noch einmal das sogenannte »Fürstengesetz«, das die königliche Gewalt im Reich so entscheidend beschnitt, und ließ seinen Sohn beschwören, sich in Zukunft genau an seine Anweisungen zu halten. Als unsinnig und demütigend mußte es Heinrich empfinden, daß er selbst bei zukünftigem Ungehorsam den Papst um den Bann bitten sollte. Die Vorgänge in Cividale machen deutlich, wie weit sich Vater und Sohn durch die elfjährige Trennung voneinander entfernt hatten.

Zunächst schien sich König Heinrich (VII.) an die Anweisungen seines Vaters zu halten. Als er aber gegen die Ketzerverfolgungen durch den unmenschlich im Namen der Kirche mordenden Inquisitor Konrad von Marburg (der von aufgebrachten Rittern erschlagen wurde) vorging, geriet der König wieder in Opposition zum Kaiser und diesmal auch zum Papst. Auf dem Reichstag von Boppard 1234 erhielt Heinrich (VII.) die Nachricht, daß der Kaiser nach Deutschland kommen wolle. In dieser Situation wagte der König die offene Rebellion. Er schloß mit den oberitalienischen Städten ein Bündnis gegen seinen Vater und versuchte, die Reichsfürsten und Frankreich auf seine Seite zu ziehen. Im Frühjahr 1235 traf Kaiser Friedrich II. ohne Heer in Deutschland ein. Allein die Überzeugungskraft seiner Worte und die Demonstration seiner Macht (der Kaiser führte exotische Tiere, Äthiopier und Araber in seinem Gefolge) genügte, um den Aufstand des Sohnes zusammenbrechen zu lassen. In der Pfalz Wimpfen unterwarf sich Heinrich (VII.) seinem Vater, ohne die erhoffte Gnade zu finden. Statt dessen verurteilte der Reichstag von Worms im Juli 1235 den Kaisersohn. Die Königskrone wurde ihm genommen, und man brachte ihn über Heidelberg, wo er zunächst einsaß, nach Apulien, wo er in strenger Haft gehalten wurde. Bei einem Transport in ein anderes Gefängnis nutzte Heinrich (VII.) im Jahr 1242 in seiner Verzweiflung eine Gelegenheit und stürzte sich mitsamt seinem Pferd in eine Schlucht. Weil er zwar gekrönter König war, doch nie selbständig regieren konnte, wird er in der offiziellen Liste der deutschen Könige nicht geführt und die Zahl hinter seinem Namen in Klammern angegeben.

Heinrich (VII.) war ein aufrichtiger, liebenswerter und kluger Mensch. Vom Vater erbte er den Sinn für Kunst und Lebensfreude, möglicherweise versuchte er sich sogar selbst als Dichter. Das Tragische im Leben Heinrichs war der Widerspruch zwischen seinen ehrlichen, überzeugenden herrscherlichen Absichten, die auf die Festigung der königlichen Macht und damit auf die Absicherung des Reichsbestandes abzielten, und den Interessen seines Vaters, dessen Lebensbereich Süditalien war mit den dort von ihm geschaffenen kulturellen Möglichkeiten und einer ihm genehmen, exotischen Lebensform.

König Heinrich (VII.) wurde im Dom von Cosenza in Süditalien beigesetzt.

1250–1254 Konrad IV.

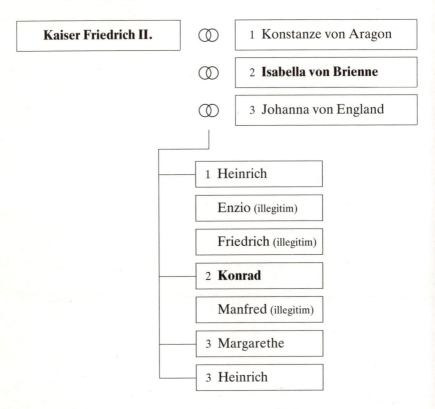

Konrad IV. wurde am 25. April 1228 in Andria in Apulien geboren. Seine Mutter war die unglückliche zweite Frau Kaiser Friedrichs II., Isabella von Brienne, die sechs Tage nach der Geburt Konrads starb. Da Isabella von Brienne als rechtmäßige Erbin des Königreiches Jerusalem galt, ging dieses Erbe auf ihren Sohn Konrad über.

Konrad wuchs zunächst in Italien auf. Mit Sicherheit sorgte der Vater für erstklassige Erzieher, auch an Einsamkeit wird Konrad nicht gelitten haben, denn außer ihm waren im Hause Kaiser Friedrichs II. noch eine Reihe illegitimer Nachkommen vorhanden. 1235 nahm der Kaiser seinen siebenjährigen Sohn mit auf die Reise nach Deutschland, wo er 1237 als neunjähriger in Wien (!) zum Nachfolger Friedrichs II. gewählt wurde, nachdem sein Halbbruder Heinrich (VII.) 1235 aller Ämter enthoben worden war. Bei der Wahl Konrads ist bemerkenswert, daß er nicht nur zum König, sondern auch zum Kaiser gewählt wurde, womit

Friedrich II. erstmals versuchte, die Kaiserkrönung vom päpstlichen Krönungsanspruch loszulösen.
Friedrich II. hat seinen Lieblingssohn Konrad sehr früh an seinen Regierungsgeschäften beteiligt. Bereits 1234 nahm Konrad als Sechsjähriger in Rieti an einer Zusammenkunft des Kaisers mit Papst Gregor IX. teil, wo über das Schicksal des Halbbruders Konrads, Heinrichs (VII.), beraten wurde. Nach der Wahl Konrads zum König des Deutschen Reichs – seine Krönung sollte erst nach dem Tod des Vaters vorgenommen werden (und ist niemals vollzogen worden) – unterstellte der Kaiser seinen Sohn dem Mainzer Erzbischof Siegfried III. von Eppenstein. Konrad IV. hat sich früh aus dieser Bevormundung befreit. Mit 14 Jahren verlobte er sich mit der Tochter des Herzogs Otto von Bayern, danach zerbrach die Verbindung zum Mainzer Vormund.
In Zusammenarbeit der drei Kirchenfürsten von Köln, Mainz und Trier kam es zum Umschwung der Stimmung im Reich gegen Kaiser Friedrich II. Dieser bestellte daraufhin den Landgrafen von Thüringen, Heinrich Raspe, anstelle des Mainzer Erzbischofs zum Verwalter des Deutschen Reichs. Den Kirchenführern gelang es jedoch, Heinrich Raspe auf ihre und damit auf die Seite des Papstes zu ziehen, mit dem der Kaiser in Italien im Streit lag. Am 22. Mai 1246 wählten seine Anhänger Heinrich Raspe zum Gegenkönig. Konrad IV. wehrte sich tapfer gegen Heinrich Raspe, dem er jedoch in einer Schlacht bei Frankfurt unterlag. Doch der Gegenkönig konnte sich seines Erfolgs nicht allzulange erfreuen. Er starb am 16. Februar 1247 auf der Wartburg.
Für die Anhänger des Papstes in Deutschland war es nicht leicht, einen neuen Gegenkönig zu finden. Endlich gewann man mit dem 19jährigen Grafen Wilhelm von Holland einen Vertreter, der sich jedoch nur mühsam im regionalen Bereich des Nordwestens im Reich durchzusetzen verstand. Graf Wilhelm wurde am 3. Oktober 1247 in der Nähe von Köln zum Gegenkönig gewählt. Die Stadt Köln ließ die Wahl innerhalb der Mauern nicht zu. Aachen mußte ein halbes Jahr lang belagert werden, ehe Wilhelm von Holland am 1. November gekrönt werden konnte. Auftrieb bekam der Gegenkönig erst, als Konrad IV. unmittelbar nach dem Tod seines Vaters beschloß, seine Rechte in Süditalien wahrzunehmen. 1252 traf Konrad IV. auf einem venetianischen Schiff in Apulien ein, wo er die Regierung von seinem Halbbruder, dem illegitim geborenen Manfred, übernahm. In kurzer Zeit konnten sich die Staufer in Süditalien wieder durchsetzen. Man rüstete bereits, um

auch in Norditalien einzugreifen, als Konrad IV. nach kurzer Krankheit am 21. Mai 1254 in Lavello bei Melfi an Malaria starb.

Obwohl auch Papst Innozenz IV., der größte Feind der Staufer, im gleichen Jahr wie Konrad IV. starb, lebte der Haß der römischen Kirche gegen die Staufer weiter und führte letztlich zur vollkommenen Vernichtung dieses Herrschergeschlechts. König Manfred starb am 26. Februar 1266 in der Schlacht bei Benevent. Seine Familie erlitt ein weit schlimmeres Schicksal. Alle Familienangehörigen kamen, bis auf die Tochter Beatrix, in der Gefangenschaft um. Enzio, ein weiterer Halbbruder Konrads IV., starb ebenfalls in Gefangenschaft in Bologna. Der letzte Staufer, der Sohn König Konrads IV., Konradin, zog 1267 15jährig mittellos nach Italien. Dennoch gelang es ihm, ein Heer gegen die päpstliche Partei aufzubringen. Doch verlor er am 23. August 1268 in der Schlacht von Tagliacozzo gegen die überlegenen Kräfte Karls von Anjou. Konradin wurde gefangen und am 29. Oktober 1268 in Neapel öffentlich enthauptet.

In Deutschland aber, wo der Gegenkönig Wilhelm von Holland, ohne sich je vollständig durchsetzen zu können, am 28. Januar 1256 bei Alkmaar getötet worden war, brach mit dem sogenannten »Interregnum«, der königslosen Zeit, das Chaos aus.

1273-1291 Rudolf I.

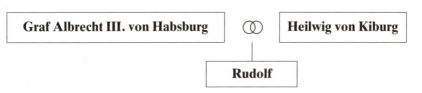

Oberflächlich gesehen regierte seit dem Tod Kaiser Friedrichs II. im Jahr 1250 im deutschen Reich das Chaos. Zwar bemühte sich der Gegenkönig Wilhelm von Holland um die Verbesserung der Verhältnisse, auch König Konrad IV. versuchte bis 1252, die Ordnung im Reich aufrechtzuerhalten, doch das Ziel der Kirche, die königliche Zentralgewalt des Reiches zu zerstören, gelang mit der Beseitigung der Staufer vollkommen.

So gab es nach dem Ableben Wilhelms von Holland im Jahr 1256 keinerlei übergeordnete politische Gewalt. Die Reichsfürsten übten ihre Herrschaft als Souveräne aus, deren wesentliche Rechtsmittel bereits durch Kaiser Friedrich II. in den Jahren 1221 und 1231 gewährt worden waren. Insofern entstand nicht unbedingt ein rechtloser Zustand, doch müssen die Verhältnisse im Reich in der Zeit des Interregnums alles in allem katastrophal gewesen sein. Besonders fällt auch der moralische und soziale Verfall der Ritterschaft auf, der im Aufkommen des Raubrittertums Ausdruck fand. Unter solchen Umständen konnten sich Handel und Gewerbe nicht gedeihlich entwickeln, wobei die durch die Reichsfürsten errichteten Zollschranken, die bis in das 19. Jahrhundert erhalten blieben, ihren Teil zum wirtschaftlichen Abstieg des Reiches beitrugen. Gegenüber den Nachbarländern geriet Deutschland daher ökonomisch immer mehr ins Hintertreffen, obwohl sich die Städte verzweifelt gegen diese Entwicklung wehrten. Die Gründung des Rheinischen Städtebundes und der Aufbau der Hanse stellen solche Versuche dar.

Im Verlauf des Interregnums wurde das Königswahlrecht auf die sogenannten Kurfürsten beschränkt. Dies waren die Erzbischöfe von Trier, Köln und Mainz, der Pfalzgraf bei Rhein, der Markgraf von Brandenburg, der Herzog von Sachsen und ab 1289 der König von Böhmen (!). Dennoch kam es, abgesehen von der Wahl von Ausländern, die sich im Reich nicht durchsetzen konnten, nicht zur Erhebung eines Königs, obwohl zum Beispiel in der Gestalt des Königs

Ottokars II. von Böhmen ein mächtiger Reichsfürst zur Verfügung gestanden hätte. Mißgunst, Zwietracht und die Unfähigkeit der Reichsfürsten, auf eigene Interessen zu verzichten, verhinderten eine solche Wahl. So dauerte es bis zum Jahr 1273, ehe man sich einigen konnte. Die Kirche, die den Sturz der staufischen Könige betrieben hatte, verspürte nun den eigenen Zerfall und verlangte drängend nach einem starken Mann im Reich. Unter Zeitdruck wählte das Wahlgremium der deutschen Kurfürsten am 1. Oktober 1273 Graf Rudolf von Habsburg zum deutschen König.

Rudolf von Habsburg war am 1. Mai 1218 in der Nähe von Breisach geboren worden. Er stammte aus einem alten süddeutschen Grafengeschlecht. Sein Vater, Graf Albrecht III. von Habsburg, hatte den Staufern stets die Treue gehalten und war auf dem Kreuzzug Friedrichs II. 1239 ums Leben gekommen. Rudolf von Habsburg übernahm mit 22 Jahren sein Erbe und hat es durch das gesamte Interregnum hindurch mit bestem Erfolg zu schützen und zu vermehren gewußt. 24 Tage nach seiner Wahl krönte man Rudolf I. zusammen mit seiner Gemahlin in Aachen. Seinen Wählern erschien der Graf nicht mächtig genug, die Interessen der Fürsten zu stören, obgleich Rudolf I. im Südwesten des Reiches als angesehener und machtvoller Territorialfürst galt.

Eine seiner ersten Regierungsmaßnahmen war der Versuch der Rückgewinnung von Reichsgütern, die unter Friedrich II. verfremdet, verpfändet oder von örtlichen Kräften unrechtmäßig in Besitz genommen worden waren. Die Bestrebungen des Königs in dieser Hinsicht verliefen, wenn auch nur mühsam, letztlich durchaus mit einigem Erfolg. Schwieriger schien es, sich gegen Ottokar II. von Böhmen durchzusetzen, der die Wahl des Habsburgers nicht anerkennen wollte. Auf dem Reichstag von Nürnberg im November 1274 wurde beschlossen, daß auch Ottokar alle seit 1245 okkupierten Reichsgüter herausgeben sollte. Da der Böhme nicht folgen wollte, verhängte Rudolf I. zunächst die Reichsacht über ihn, als auch dies nicht fruchtete, wurde der Krieg erklärt. Bedingt durch das strenge Regiment, das König Ottokar II. in seinen Ländern führte, liefen sehr bald seine inneren Gegner zu König Rudolf über, als dieser 1276 nach Wien zog. Am 3. Dezember 1276 mußte sich Ottokar II. im Wiener Frieden König Rudolf I. beugen. König Ottokar behielt nur Böhmen und Mähren und mußte für diese Länder den Lehnseid schwören. Auf die Herzogtümer Österreich, Kärnten, die Steiermark, Krain und das Egerland mußte der Böhme verzichten. Ottokar II. konnte diese Niederlage nicht verwinden. Am 26. August 1278 fiel die Entscheidung in der Schlacht auf dem Marchfeld bei Dürnkrut nordöstlich von Wien. Ottokar II. erlitt eine deutliche Niederlage und wurde auf der Flucht umgebracht. Rudolf hielt sich angesichts des Erfolgs maßvoll. Er ließ dem Sohn Ottokars, Wenzel, sein Erbe. Die Herzogtümer Österreichs gingen jedoch für Jahrhunderte in den Besitz der Habsburger über. Rudolf I. begründete damit den enormen Aufstieg der Familie. Daß sich mit diesem Aufschwung nicht gleichzeitig der des Reiches verband, lag daran, daß der König die Kaiserkrone nicht erringen konnte.

Überhaupt hielt sich Rudolf I. in seiner Italienpolitik auffällig zurück. Zwar gab der König die Romagna als Teil des Reiches zugunsten der Kurie preis, doch alle Bemühungen, die Kaiserkrone zu erlangen, schlugen fehl; entweder weil die krönungswilligen Päpste vorzeitig verstarben oder weil die Verhandlungen und die finanzielle Lage des Königs einen Krönungszug nach Rom ausschlossen. Auch in der Politik gegenüber Frankreich übte sich Rudolf I. in Zurückhaltung. Lediglich in den Gebieten, die zu seiner eigenen Hausmacht gehörten, versuchte er die französische Expansion nach Osten zu verhindern. Je mehr König Rudolf I. darauf verzichtete, spektakuläre außenpolitische Erfolge zu erringen, richtete er sein Augenmerk auf die inneren Zustände des Reiches. Der Sicherung des Friedens widmete Rudolf seine Kraft in viel größerem Maße, als es die Staufer getan hatten. Dennoch gelang es dem König nicht, eine durchgreifende Erneuerung der Königsmacht im deutschen Reich durchzusetzen. Eifersüchtig beobachteten die Reichsfürsten den Machtzuwachs der Habsburger selbst – als die zwei jüngeren Söhne des Königs vor diesem verstarben, konnten sich die Kurfürsten nicht für die Wahl des ältesten Sohnes Albrecht, der bereits in den österreichischen Herzogtümern gefürchtet war, entscheiden. So blieb die Nachfolge zu Lebzeiten König Rudolfs vakant.

Trotz der großen Popularität des Königs, die in den Sammlungen unzähliger Anekdoten über ihn Ausdruck findet, konnte sich Rudolf I. letztlich auch auf seine Stützen, die freien Reichsstädte, nicht mehr verlassen; zu sehr drückte die Last der Steuern auf die Bürger und deren Stimmungslage.

König Rudolf I. verkörperte als Persönlichkeit einen neuen Herrschertypus. Er war schlank, hager, asketisch, ohne jeglichen Prunk wickelte er seine Geschäfte ab, dabei verfolgte er zäh seine Ziele. Auf dem Marchfeld erschien er in rostiger Rüstung, und seine Gefolgsleute wählte er nach Leistung und nicht nach der Herkunft aus. Als er seinen Tod nahen fühlte, ritt er aufrecht nach Speyer, um dort (am 15. Juli 1291) zu sterben und begraben zu werden. Das Relief der Grabplatte, das heute senkrecht in der Krypta des Speyerer Doms aufgestellt ist, zeigt das einzige erhaltene lebensnahe Bildnis eines deutschen Herrschers des Mittelalters, das noch zu dessen Lebzeiten der Natur entsprechend gefertigt worden ist.

1292–1298 Adolf I.

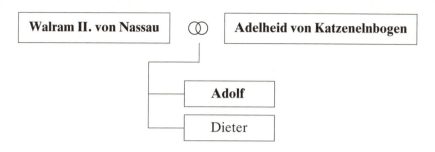

Adolf I., Sohn des Grafen Walram II. von Nassau, der nur über geringen Besitz verfügte, wurde um 1255 geboren. Den kleinen Familienbesitz hatte Walram II. auch noch mit seinem Bruder Otto teilen müssen, so daß Adolf von Nassau nach dem Tod des Vaters nur die Herrschaften Idstein und Weilburg, Stadt und Hof Wiesbaden sowie die Vogtei Bleidenstadt übernehmen konnte. Darüber hinaus teilten sich die beiden Linien der Familie auch noch die Einkünfte der Grafschaft Einrich und die der Herrschaft Nassau. Der Graf mußte, um seine Einkünfte zu mehren, fremde Dienste annehmen. Adolf hatte eine besonders sorgfältige Erziehung und Ausbildung genossen (er sprach Latein und Französisch), außerdem galt er als liebenswürdig, beweglich, waffengewandt und tapfer. Verheiratet war Adolf von Nassau mit Imagina, der Tochter des Grafen Gerlach I. von Isenburg-Limburg. Aus der Ehe der beiden entsprangen zehn Kinder, die zum Teil in hervorragende Fürstenhäuser einheirateten.
Adolf von Nassau hatte schon König Rudolf I. als Burgmann gedient, auch im Dienste des Pfalzgrafen Ludwig hatte er gestanden. Noch wichtiger für den späteren Aufstieg des Grafen war aber wohl die Teilnahme im Limburger Erbstreit, wo er für den Erzbischof von Köln, Siegfried von Westerburg, kämpfte. Als sich nach dem Tod König Rudolfs I. abzeichnete, daß sein Sohn Herzog Albrecht von Österreich im Kurfürstenkollegium keine Mehrheit finden würde, da nur der Pfalzgraf bei Rhein seine Wahl unterstützte, baute der Kölner Erzbischof Siegfried von Westerburg Adolf von Nassau geschickt zum Kandidaten für den Königsstuhl auf. Daß sein Favorit über keine nennenswerte Hausmacht verfügte, machte dem Erzbischof den Grafen in der Rolle des zukünftigen Königs erst akzeptabel. Infolgedessen erfolgte die Wahl unter Einräumung sensationeller Zugeständnisse an

die Kurfürsten, die so weit gingen, daß eine eigenständige Politik des Herrschers nicht mehr möglich war. Daraufhin konnte am 5. Mai 1292 Adolf von Nassau in Frankfurt am Main zum König des deutschen Reiches gewählt und am 24. Juni in Aachen gekrönt werden.

Die Einschränkungen der königlichen Macht beinhalteten, urkundlich festgelegt, den Verlust der Krone für den Fall, daß Adolf I. eines seiner den Kurfürsten gegenüber gegebenen Versprechen nicht einhalten würde. Dennoch gelang es Adolf I. nach und nach, die ihm auferlegten Beschränkungen vorsichtig aufzubrechen. Dies geschah um so eher, als Herzog Albrecht von Österreich in militärische Auseinandersetzungen in seinen eigenen Ländern gebunden war und sich daher nicht um den aufstrebenden König kümmern konnte.

Die Verheiratung seines Sohnes Ruprecht mit Agnes, der Tochter König Wenzels II. von Böhmen, und die seiner Tochter Mechthild mit dem Pfalzgrafen Rudolf gewannen dem König wichtige Bundesgenossen. Vor allem die Wittelsbacher Pfalzgraf Rudolf und Herzog Otto von Niederbayern stellten einen starken Gegenpol zum übermächtigen Habsburger dar. Gleichzeitig gelang es dem König auch noch, das Herzogtum Brabant gegenüber dem Kölner Erzbistum zu stärken. Weitere kleinere Fürstentümer konnte Adolf ebenfalls hinter sich bringen, wenn auch nur unter der Aufgabe weiterer Reichsrechte oder Einkünfte.

1294 fühlte sich König Adolf bereits so stark, daß er mit König Eduard I. von England ein Bündnis gegen Frankreich schloß, mit dem Ziel, die französische Expansion an der Westgrenze des Reiches zu unterbinden. Doch anstatt sich nach der Kriegserklärung an König Philipp IV. zu einem Feldzug zu rüsten, führte König Adolf im Herbst 1294 und 1295 zwei militärische Aktionen in Meißen und Thüringen durch, die ihm diese Gebiete sichern sollten. Meißen war ihm als erledigtes Reichslehen zugefallen, und Thüringen hatte er dem in Geldnöten befindlichen Landgrafen Albrecht von Thüringen regelrecht abgekauft. Gegen diese Vorgehensweise setzten sich die Söhne Albrechts von Österreich, Friedrich der Freidige und Dietrich, zur Wehr. Die englischen Subsidien wurden in dieser Auseinandersetzung aufgezehrt.

In der Folgezeit kristallisierte sich immer mehr heraus, daß weder die Mittel noch die Persönlichkeit des Königs ausreichten, um sich im Reich bzw. auch außenpolitisch Anerkennung zu verschaffen. Im Jahre 1297 wollte Adolf I. endlich seine eingegangenen Verpflichtungen aus dem

Bündnisvertrag mit England einlösen und mit einem Reichsheer nach Flandern einrücken. Doch das Vorhaben scheiterte an einer drohenden Kurfürstenkoalition gegen den König, wobei sich Mainz und Böhmen Herzog Albrecht von Österreich anschlossen. Die Aufdeckung eines Bestechungsskandals, bei dem König Adolf I. französische Gelder erhalten hatte, um von seinen Einmarschplänen nach Flandern abzusehen, war gar nicht mehr notwendig, um den Fürstenaufstand hervorzurufen; zu sehr hatte König Adolf Mainzer und böhmische Interessen in Meißen und Thüringen verletzt. Unter dem Schutz der Habsburger Waffen verkündete der Erzbischof von Mainz am 23. Juni 1298 die Absetzung König Adolfs I. und rief gleichzeitig Herzog Albrecht von Österreich, den mächtigsten Reichsfürsten, zum neuen König des deutschen Reiches aus. Die Entscheidung mußte durch die Waffen fallen. Am 2. Juli 1298 wurde König Adolf I. in der Schlacht von Göllheim in der Rheinpfalz tödlich verwundet. Die Schmach, seine Absetzung zu erleben, blieb ihm erspart. Zunächst fand er seine letzte Ruhestätte im Kloster Rosenthal.
Im Jahre 1309 ließ Heinrich VII. die sterblichen Reste Adolfs I. in den Dom zu Speyer überführen.

1298–1308 Albrecht I.

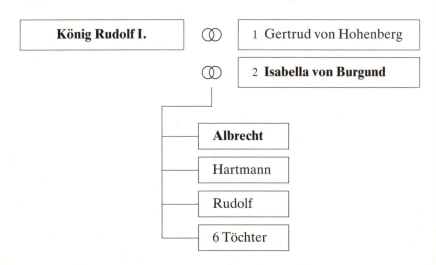

Der älteste Sohn Rudolfs von Habsburg wurde im Sommer des Jahres 1255 geboren, in der schrecklichen Zeit des Interregnums. Als der Vater zum König des deutschen Reiches gekrönt wurde, zählte Albrecht 18 Jahre. Ein Jahr später (1274) heiratete Albrecht Elisabeth von Görz-Tirol; der Ehe entsprangen zwölf Kinder, die fast alle in bedeutende Positionen aufstiegen. Mit dieser Heirat dehnten die Habsburger ihren Einfluß auf die österreichischen Länder aus, in denen die Familie zum machtvollen europäischen Herrscherhaus aufsteigen sollte.

Rudolf von Habsburg baute seinen Sohn behutsam, aber konsequent zur Herrscherpersönlichkeit auf. 1281 ernannte er Albrecht zum Statthalter von Wien. 1282 erfolgte die förmliche Belehnung mit den Herzogtümern Österreich, Steiermark und Krain, zunächst zusammen mit Bruder Rudolf, ab 1283 bestimmte die »Rheinfelder Hausordnung« Albrecht zum alleinigen Landesherrn über die genannten Herzogtümer. Die Hoffnungen König Rudolfs I., einen seiner Söhne noch zu seinen Lebzeiten zu seinem Nachfolger wählen zu lassen, erfüllten sich jedoch nicht. Statt dessen wählte das Kurfürstenkollegium am 5. Mai 1292 Adolf von Nassau, einen unbedeutenden Grafen, zum König. Ein Herrscher, der sich wie der Habsburger auf eine bedeutende Hausmacht hätte stützen können, ließ die Kurfürsten um ihre eigenen Interessen bangen.

Albrecht mußte die Wahl akzeptieren, weil er durch Aufstände in seinen eigenen Ländern gebunden war. Die Erhebungen dauerten bis 1295 an. Als er sich 1297 auch noch mit Erzbischof Konrad von Salzburg aussöhnte, hatte er endlich freie Hand um seinen vermeintlichen Ansprüchen auf die Königskrone gegen König Adolf I. Geltung zu verschaffen. Auf Albrechts Waffen gestützt, setzte 1298 das Kurfürstenkollegium in Mainz König Adolf I. ab und ernannte den Habsburger zum neuen König. Albrecht I. besiegte Adolf von Nassau in der Schlacht von Göllheim, in der Adolf getötet wurde. Nach diesem Sieg (im Mittelalter hatte ein solches Ereignis den Stellenwert eines Gottesurteils) ließ sich Albrecht I. am 27. Juli 1298 in Frankfurt noch einmal wählen und am 24. August in Aachen krönen.

Mit Albrecht I. war der mächtigste Reichsfürst zum König ernannt worden. Aber er war nicht nur ein mächtiger Fürst, sondern galt darüber hinaus auch als ein hervorragender militärischer Führer, als tatkräftiger, kluger und mutiger Mann. Mit anderen Worten, mit König Albrecht I. war ein Herrscher auf den deutschen Königsthron gekommen, der wie kein anderer seiner Vorgänger seit Kaiser Friedrich II. in der Lage gewesen wäre, der Reichskrone zu neuem Glanz zu verhelfen. Umsichtig durchbrach Albrecht bereits bei seiner Königswahl die gemeinsame Front der Kurfürsten, indem er das Füllhorn der unvermeidlichen Zugeständnisse an das Wahlgremium geschickt in die Richtungen ausschüttete, die ihm am förderlichsten waren. Die rheinischen Kurfürsten erhielten im wesentlichen die Privilegien, die sie ohnehin bereits besaßen, während die östlichen Kurfürsten, also Böhmen, Sachsen und Brandenburg, durch die Zuerkennung der Gebiete gewonnen wurden, die sie gefordert hatten. Damit standen diese Kurfürstentümer fortan fest auf der Seite des Königs.

1299 verzeichnete König Albrecht I. seinen ersten größeren außenpolitischen Erfolg. Er verbündete sich mit dem französischen König Philipp. Das Bündnis sollte durch die Heirat des ältesten Sohnes Albrechts, Rudolf, mit der Schwester Philipps, Blanca, besiegelt werden. Albrecht sicherte sich die französische Unterstützung für die Durchsetzung der Nachfolgeschaft seines Sohnes auf dem deutschen Thron, gab dagegen Reichsrechte in Burgund und den westlichen Teil der Grafschaft Bar an Frankreich. Das Bündnis mit Frankreich zielte eindeutig auf eine Stabilisierung der Habsburger Hausmacht. Die rheinischen Kurfürsten erkannten zwar diese Absicht, doch ihr Protest (Mainz und Köln) blieb ohne Wirkung.

Der Versuch Habsburgs, den Hausbesitz in den Niederlanden zu erweitern, scheiterte am französischen Widerspruch. Damit aber bekam König Albrecht I. nun alle Kräfte frei, um die renitenten rheinischen Kurfürsten zu maßregeln. Nacheinander unterwarf der König den Pfalzgrafen Rudolf, Erzbischof Gerhard von Mainz, Erzbischof Wikbald von Köln und zuletzt Erzbischof Dieter von Trier. 1302 schloß der König die Aktionen ab, die ihn als vollendeten Sieger sahen. Die Machtstellungen der rheinischen Kurfürsten waren gebrochen, Albrecht konnte sich anderen Aufgaben widmen.

Obwohl die Gelegenheit zu einem erneuten Eingriffsversuch in die Angelegenheiten der Niederlande günstig schien, verzichtete der König auf diese Möglichkeit. Statt dessen sollte nun die Kaiserkrönung durch Papst Bonifaz VIII. ins Auge gefaßt werden. Dem Papst ging es vor allem darum, Albrecht I. aus dem Bündnis mit Frankreich zu lösen, was auch gelang. Zu einem Krieg gegen Frankreich ließ sich der König jedoch nicht überreden, obwohl er vom Papst dazu gedrängt wurde. Dagegen ging er bereitwillig darauf ein, in die Erbstreitigkeiten um den ungarischen Thron gegen Böhmen einzugreifen. Er tat dies um so lieber, als der König von Böhmen, Wenzel II., mit der Übernahme der ungarischen Krone im Jahre 1301 durch seinen Sohn Wenzel III. zu einer bedrohlichen Machtstellung im Südosten des Reiches aufgestiegen war. Albrecht I. nahm zunächst den Böhmen die Landesteile, die sie anläßlich seiner Wahl erhalten hatten (die oberpfälzischen Burgen, das Eger-, Vogt- und Pleißnerland). Die Absicht der Kirche, Karl Robert von Anjou-Neapel mit der Krone Ungarns zu belehnen (!), durchkreuzte Albrecht ebenfalls. Im August des Jahres 1304 gab Wenzel III. Ungarn an das Haus Habsburg bzw. an das Reich. Als Wenzel III. 1306 ermordet wurde, gelang es Albrecht, seinen Sohn Rudolf mit der Witwe Wenzels III. zu vermählen und ihn mit allen böhmischen Ländern zu belehnen.

Damit kamen die Habsburger zu einer überwältigenden Hausmacht, die die Oberrheinländer, ein weites Gebiet um Nürnberg, Böhmen, Mähren, Österreich, Steiermark, Krain, Teile von Schlesien und Polen und weitere kleinere, weit verstreute Gebiete umfaßte. Darüber hinaus erhielt Habsburg mit Böhmen erstmals eine eigene Kurstimme, die Pfalz und Sachsen waren auf der Habsburger Seite und die rheinischen Kurfürsten entmachtet. Es war viele Jahre her, seit ein deutscher König eine solch beherrschende Stellung im Reich besessen hatte. Die Kaiserkrönung schien nur eine Frage des geeigneten Datums zu sein, obwohl

Papst Bonifaz VIII. und auch der Nachfolger Benedikt XI. inzwischen das Zeitliche gesegnet hatten.
In dieser Situation starb völlig überraschend am 3. Juli 1307 Albrechts Sohn Rudolf im Alter von nur 26 Jahren. Die Herrschaft der Habsburger in Böhmen brach unverzüglich zusammen, gleichzeitig erlitten Albrechts Truppen in Thüringen eine empfindliche Niederlage gegen Friedrich den Freidigen bei Lucka. Albrecht wollte dort die von Adolf von Nassau angestrebten Regelungen durchsetzen. Mitten in den Vorbereitungen zur Wiederherstellung der Ordnung in Böhmen und Thüringen wurde König Albrecht I. am 1. Mai 1308 von seinem Neffen Johann Parricida aus eigensüchtigen Beweggründen – ein seinem Vater versprochenes Fürstentum war ihm noch nicht übergeben worden – ermordet.
Mit Albrecht I. schwand die Hoffnung auf ein wiedererstarktes Kaisertum im deutschen Reich dahin. Die Herrscherpersönlichkeit, sein unbeugsamer Wille, seine Rücksichtslosigkeit, Nüchternheit und sein überragendes politisches Verständnis hätten ihn befähigt, die Überlegenheit seiner Hausmacht auf das Reich zu übertragen. Die Ermordung dieses Mannes gehört zu den größten Unglücksfällen, die die deutsche Geschichte getroffen hat.
König Albrecht I. ruht zusammen mit seinem Widersacher Adolf von Nassau im Speyerer Dom.

1308–1313 Heinrich VII.

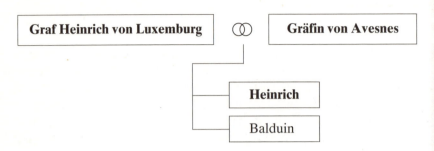

Heinrich VII. wurde um 1275 in Valenciennes geboren. Seine Mutter, eine französische Gräfin, prägte die Erziehung ihrer Kinder im Sinne der eigenen Herkunft, zumal der Vater, Graf Heinrich von Luxemburg, 1288 in der Schlacht von Worringen zusammen mit seinen drei Brüdern (!) fiel. Sieger dieser militärischen Auseinandersetzung war der Herzog von Brabant, der seine unterlegenen Gegner wenig freundlich behandelte. So wuchs Heinrich in recht bescheidenen Verhältnissen auf, bis er zusammen mit seinem jüngeren Bruder Balduin zur Vollendung der Erziehung an den französischen Königshof entsandt wurde. Dort erhielten beide den Ritterschlag, persönlich vollzogen durch den französischen König Philipp IV. Es versteht sich, daß Heinrich VII. in Sprache und Verhalten eindeutig französisch geprägt war. Inzwischen gelang es der Mutter, zu einem Vergleich mit dem Brabanter Herzog zu kommen. Diese Aussöhnung wurde durch die Heirat Heinrichs mit der Schwester des Herzogs Johann von Brabant am 9. Juni 1292 bestätigt. Der junge Graf übernahm nun von seiner Mutter die Grafschaft und betätigte sich erfolgreich in der Bekämpfung des Räuberunwesens in den Ardennen.

Die Stunde der Luxemburger schlug im Jahre 1307, als es Graf Heinrich dank seiner hervorragenden Beziehungen zum französischen Hof und zur Kurie gelang, seinem Bruder Balduin das Erzbistum Trier zu verschaffen, wodurch Balduin zum Kurfürsten des deutschen Reiches aufstieg. Um das Amt ausüben zu können, er zählte erst 22 Jahre, erhielt Balduin eine ausdrückliche Genehmigung des Papstes. Als Erzbischof von Trier hat Balduin in der deutschen und europäischen Geschichte über lange Zeit eine wichtige Rolle gespielt. Zunächst aber verhalf er seinem Bruder Heinrich auf den deutschen Königsthron. Am 15. Mai 1308 war König Albrecht I. aus dem Haus der Habsburger von

einem Verwandten ermordet worden. Auf dem frei gewordenen Thron hätte König Philipp IV. von Frankreich gerne seinen Bruder Karl von Valois gesehen.
Philipp IV. machte sich berechtigte Hoffnungen, daß dieser Plan in Erfüllung gehen könnte, da er alle drei geistlichen Kurfürstentümer vermeintlich unter seinen Einfluß gebracht hatte. Jedenfalls hatte der Avignoner Papst Clemens V. alle drei Erzstühle mit frankreichfreundlichen Personen besetzt. In Köln saß Heinrich von Virneburg, der sich Philipp IV. in einem Treuegelöbnis verpflichtet hatte, in Mainz regierte Peter von Aspelt, der Kanzler König Wenzels II. von Böhmen gewesen und mit den Habsburgern verfeindet war (durch diesen hoffte Frankreich, auch die böhmische Kurstimme zu erhalten), und in Trier befand sich der erwähnte Balduin von Luxemburg. Obwohl Papst Clemens V. vom französischen Hof abhängig war, schienen ihm zwei Valois auf europäischen Herrschersitzen zu übermächtig, so gerieten seine französischen Empfehlungen eher schwach.
Die Situation vor der Wahl stellte sich wie folgt dar: Erzbischof Heinrich von Köln favorisierte Karl von Valois, die Kurfürsten von Sachsen und Brandenburg bevorzugten den askanischen Grafen von Anhalt, der Kurfürst Pfalzgraf Rudolf (ein Wittelsbacher) wollte selbst König werden, und Heinrich von Kärnten, der die böhmische Kurstimme besaß, war unentschlossen. Nur die Mainzer und Trierer kurfürstlichen Bischöfe betrieben insgeheim die Wahl des Luxemburger Kandidaten. Unter solchen Bedingungen traf man am 22. Oktober 1308 in Boppard zusammen. Nur Heinrich von Kärnten blieb der Wahlversammlung fern. Balduin von Trier und Peter von Mainz taktierten zunächst zurückhaltend. Erst als sich das Gremium nicht einigen konnte, war der Weg für die Wahl des luxemburgischen Grafen frei.
Am 27. November 1308 wurde Heinrich in Frankfurt offiziell gewählt und am 6. Januar 1309 in Aachen gekrönt. Die Einigung der sechs Kurfürsten kam vor allem wohl deshalb zustande, weil man sich nach dem übermächtigen Habsburger einen Nachfolger wünschte, von dem Nachgiebigkeit und Privilegien zu erwarten waren. Darüber hinaus stellte Heinrich VII. eine anerkannte Persönlichkeit mit einer wahrhaft königlichen Erscheinung sowohl im Äußeren wie auch hinsichtlich der charakterlichen Züge dar. Die französische Absicht, sich der deutschen Krone zu bemächtigen, war gescheitert.
König Heinrichs VII. Planungen zielten von Anfang an auf eine Wiederherstellung der Machtstellung des Reiches in Italien. Dabei

übersah er völlig die Chancen, die sich ihm im Osten Europas eröffneten. Im Jahre 1310 gelang es ihm, seinen einzigen Sohn, Johann, mit der Przemyslidin Elisabeth zu vermählen, wodurch das Königreich Böhmen nahezu problemlos den Luxemburgern zufiel, was einen enormen Machtzuwachs bedeutete. Gleichzeitig brachte Elisabeth auch noch den Anspruch auf die Krone Polens mit in die Ehe. Weder diese Möglichkeit noch die, die sich aus den ans Reich zurückgefallenen Lehen Thüringen und Meißen ergab, fand ausreichende Beachtung. Alles, auch die Verständigung mit dem Hause Habsburg, diente König Heinrich VII. seinem erklärten Ziel Italien.

Im Herbst 1310 überquerte der König mit einem kleinen Heer die Alpen. Anfänglich gelang es ihm, im vom Bürgerkrieg zerrissenen Italien für eine gewisse Beruhigung zu sorgen. Aber bald brachen die Gegensätze und Kämpfe wieder voll aus, und der König wurde gezwungen, Partei zu ergreifen, wodurch er in die italienischen Auseinandersetzungen hineingetrieben wurde. Aus dem geplanten friedlichen Romzug wurde ein blutiges und gefährliches Unterfangen, dessen Kosten durch Steuererhebungen in Italien gedeckt werden sollten, was die Popularität des Herrschers nicht gerade erhöhte. Erst im Mai 1312 traf der König in Rom ein, wo er höchst unfreundlich empfangen wurde. Selbst verbissen geführte Straßenkämpfe eröffneten ihm nicht den Zugang zur Peterskirche, so daß er sich schließlich von zwei Kardinalslegaten in der Lateransbasilika zum Kaiser krönen ließ. Nach einigen Wochen Aufenthalt in Rom verließ der Kaiser die Stadt, um sich, abgeschnitten vom Reich und von jeglicher Unterstützung, allmählich nach Norden vorzukämpfen. Als die Belagerung von Florenz scheiterte, zog er sich in das ihm ergebene Pisa zurück. Durch geschickte Verhandlungen versicherte sich Heinrich VII. der Hilfe des Königs von Sizilien und plante nun einen entscheidenden Feldzug gegen König Robert von Neapel. Zur Ausführung dieser Absicht kam es jedoch nicht mehr. Am 13. August 1313 starb der Kaiser überraschend in Buonconvento in der Nähe von Siena an Malaria. Er wurde im Dom von Pisa bestattet.

Mit Heinrich VII. starb die Hoffnung, Italien zu vereinen, das nun für Jahrhunderte in ein Gebiet der Klein- und Mittelstaaten zerfiel, also das Schicksal des deutschen Reiches teilte. Ähnlich wie seine beiden Habsburger Vorgänger zeigte sich Heinrich VII. bestrebt, die Zentralgewalt des Königs im Reich zu stärken, wählte dazu aber im Gegensatz zu seinen Vorgängern, die dies über die Stärkung ihrer Hausmacht versuchten, den Weg der Erneuerung des universalen Kaisergedankens. An dieser Absicht ist Heinrich VII. aufgrund der fehlenden finanziellen und machtpolitischen Voraussetzungen gescheitert. Vermutlich bewahrte ihn nur sein früher Tod vor dieser schmerzlichen Erkenntnis.

1314–1347 Ludwig IV., der Bayer

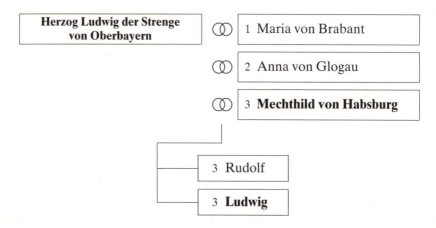

Ludwig von Oberbayern aus dem Haus der Wittelsbacher wurde am 1. April 1282 geboren. Seine Mutter war eine Tochter König Rudolfs I., eine Habsburgerin. Sein Vater Herzog Ludwig der Strenge baute den Ort München zur Residenz der oberbayerischen Herzöge aus. Vermutlich war Ludwig der Bayer also ein echter Münchener. Zur Zeit der Geburt Ludwigs war das Herzogtum in Ober- und Niederbayern aufgespalten und, obwohl in beiden Landesteilen von Wittelsbachern regiert, zutiefst gegeneinander verfeindet. Am 13. November 1313 brachte Ludwig von Oberbayern den niederbayerischen Verwandten (und deren Verbündeten, den Habsburgern) eine empfindliche militärische Niederlage bei Gammelsdorf, westlich von Landshut, bei.

Durch diesen spektakulären Erfolg trat Ludwig schlagartig aus der provinziellen Bedeutungslosigkeit in das Rampenlicht der Geschichte; denn Kaiser Heinrich VII. war am 24. August 1313 in Italien gestorben, und der Königsstuhl des Deutschen Reiches wartete auf einen Nachfolger. Zu der anstehenden Wahl bildeten sich zwei Parteien. Eine habsburgisch-süddeutsche Partei, zu der auch der Bruder Ludwigs von Oberbayern gehörte, machte sich für den Habsburger Friedrich den Schönen stark, eine rheinisch-norddeutsche Gruppe trat für Herzog Ludwig von Oberbayern ein. Da keine Einigung zu erzielen war, wurden beide Fürsten im Jahr 1314 zu Königen des Deutschen Reiches gewählt und am gleichen Tag an verschiedenen Orten gekrönt, Friedrich in Bonn und Ludwig in Aachen (am richtigen Ort, aber vom »falschen« Erzbischof).

Da eine höhere Instanz fehlte, auch ein Papst war zu dieser Zeit nicht gewählt, konnte die Entscheidung zwischen den beiden Herrschern nur durch militärische Auseinandersetzungen fallen, doch hatten es beide Fürsten damit nicht eilig. Habsburg erlitt 1315 bei Morgarten gegen die Eidgenossen eine schwere Niederlage, wodurch König Ludwig verschont blieb. Auch 1319 war das Glück auf der Seite des Oberbayern, als er ein habsburgisches Heer bei Regensburg zurückschlug. Drei Jahre später, am 28. November 1322, besiegte König Ludwig die Habsburger vernichtend in der Schlacht bei Mühldorf am Inn. Friedrich der Schöne geriet in Gefangenschaft des Bayern.

Der Ausgang der Mühldorfer Schlacht veränderte die politische Lage im Reich total. Die Habsburger mußten die Reichsinsignien übergeben, die unverzüglich nach München gebracht wurden. Allerdings leistete der Bruder Friedrichs, Leopold, noch Widerstand. Am 13. März 1325 kam Ludwig IV. zu einem Vergleich mit dem noch immer in der Gefangenschaft befindlichen Gegenkönig. Die nun folgenden Geschehnisse sind in der deutschen Geschichte ohne Beispiel. Zunächst bewies Friedrich der Schöne wahrhaft ritterliches Verhalten: Als sein Bruder die vereinbarten Abmachungen nicht einhalten wollte, kehrte er freiwillig in die Gefangenschaft zurück. Von dieser Großmut restlos überwältigt, söhnte sich Ludwig IV. mit Friedrich dem Schönen vollständig aus. Man schloß einen neuen Vertrag, der besagte, daß beide Fürsten den Titel eines römischen Königs führen sollten. Der Vertrag hat auch tatsächlich gehalten und bedeutet in der Geschichte des Reiches das einzige rechtmäßig zustandegekommene Doppelkönigtum. Allerdings hat Friedrich der Schöne bald freiwillig auf seine Mitwirkung bei der Regierung verzichtet. Er starb 1330, ohne noch eine größere Bedeutung erlangt zu haben.

Inzwischen hatte sich der weitaus praktischer veranlagte Ludwig ganz anderen Problemen zugewandt. Als der König im Jahr 1327 mit geringem Gefolge nach Trient aufbrach, ahnte er mit Sicherheit nicht, daß sein Aufenthalt in Italien drei Jahre dauern sollte. Während König Ludwig in seinen Aktivitäten innerhalb des Reiches meist glücklich agierte, verliefen seine italienischen Aktionen eher wechselhaft. Zunächst konnten die Interessen und Intentionen der oberitalienischen Städte und Fürstentümer nicht aufeinander abgestimmt werden. Doch nötigten die Stadt Mailand und einige andere kaisertreue Städte den König, die italienische Königskrone möglichst bald anzunehmen. Dieser Wunsch resultierte aus den französischen Ambitionen in Oberitalien, die die Avignoner Päpste förderten. Darüber hinaus war Ludwig IV. im Jahr 1324 von Papst Johannes XXII. in Avignon gebannt worden. Am Pfingstsonntag 1327 krönten der Mailänder Bischof Guido von Arezzo und der Bischof von Brescia Ludwig IV. zum König von Italien. Rasch rüstete Ludwig nun einen Zug nach Rom, wo er Anfang 1328 eintraf. Da die Kirche ihm die Kaiserkrönung versagte, ließ er sich und seine Gemahlin am 17. Januar 1328 in der Peterskirche durch einen Vertreter des römischen Volks krönen. Am 18. April 1328 verkündete der Kaiser die Absetzung Papst Johannes XXII. und ließ einen neuen Kirchenführer, einen Franziskanermönch, als Nikolaus V. wählen. Zu Pfingsten 1328 wiederholte Papst Nikolaus V. die Kaiserkrönung Ludwigs. Im August desselben Jahres zog sich der Kaiser aus Rom zurück. Über Pisa erreichte er 1329 wieder Trient, den Ausgangspunkt der italienischen Unternehmung, wo ihn die Nachricht vom Tod Friedrichs des Schönen ereilte. Der gesamte Italienzug des Kaisers muß als gescheitert angesehen werden; weder dem Kaiser noch dem Reich waren Vorteile aus der Unternehmung erwachsen. Im Reich aber hatte sich die Stellung Kaiser Ludwigs IV. eher gefestigt.

Die letzten siebzehn Jahre der Regierungszeit des Kaisers sind geprägt von den Bemühungen um die Vergrößerung der Wittelsbacher Hausmacht sowie von den Streitigkeiten mit den Päpsten. Bei seinem Regierungsantritt hatte Ludwig IV. lediglich sein oberbayerisches Herzogtum besessen, während sein Bruder Rudolf in der Kurpfalz herrschte. Rudolf starb 1317. 1327 übertrug Ludwig, nach dem Tod des letzten Askaniers, Kurbrandenburg an seinen achtjährigen Sohn Ludwig. Zwei Jahre lang besaß Ludwig daher zwei Kurstimmen, doch mußte er bereits 1329 die Kurpfalz an die Söhne seines Bruders übergeben. 1340 starben die niederbayerischen Wittelsbacher aus, so daß der Kaiser die beiden bayerischen Herzogtümer wieder vereinigen konnte. Gegner weiterer kaiserlicher Bestrebungen nach Vergrößerung der Hausmacht fand Ludwig IV. in den Familien der Luxemburger (Böhmen) und der Habsburger. 1342 verheiratete der Kaiser seinen Sohn Ludwig mit der Erbin von Tirol, Margarete Maultasch, wodurch auch dieses Gebiet in den Besitz der Wittelsbacher kam. Allerdings verschärfte der Kaiser mit der Besitznahme Tirols die ohnehin bereits vorhandenen Spannungen zwischen sich und den Luxemburgern erheblich.

Im Streit mit der Kirche erhoffte sich der Kaiser einen Ausgleich, als Papst Johannes XXII. 1334 starb und Benedikt XII. gewählt wurde, der als versöhnlicher Mann galt. Daß es zwischen dem Kaiser und der Kurie dennoch nicht zu einem Einlenken gekommen ist, lag an den gesamteuropäischen politischen Verhältnissen der Zeit. Dazu zählen auch die vom Kaiser gebilligten und noch verschärften Gesetze des sogenannten Kurvereins von Rhens, der im wesentlichen die Unabhängigkeit des deutschen Königtums von der Kirche festlegte. Auch die Bündnispolitik Kaiser Ludwigs trug nicht dazu bei, seine Stellung gegenüber der Kirche zu verbessern. 1338 schloß er ein Bündnis mit England, das gegen Frankreich gerichtet war. Bereits ein Jahr später brach er den Vertrag jedoch und verband sich mit Frankreich, weil er sich dadurch die Beendigung des Kirchenstreits erhoffte. Er erreichte aber nur das Gegenteil.

Der Nachfolger Benedikts XII., Clemens VI., wollte die Herrschaft Kaiser Ludwigs IV. mit aller Macht beenden. Zu diesem Zweck schloß sich Clemens den Luxemburgern an, also König Johann von Böhmen sowie dessen Sohn Karl, die, wie erwähnt, mit dem Kaiser verfeindet waren. Ostern 1345 unternahm Ludwig IV. einen letzten Versöhnungsversuch beim Papst von Avignon. Doch Clemens VI. hatte sich längst anders festgelegt. Am 28. April 1346 forderte Clemens VI. die deutschen Kurfürsten auf, Kaiser Ludwig abzusetzen und eine Neuwahl vorzunehmen. Diese fand am 11. Juli 1346 in Rhens statt. Alle Kurfürsten mit Ausnahme der beiden Kurstimmen (Kurpfalz und Kurbrandenburg), die die Wittelsbacher besetzten, nahmen an dieser Versammlung teil und wählten Karl von Böhmen zum neuen König. Doch gelang es diesem nicht, sich zu Lebzeiten Kaiser Ludwigs des Bayern im Reich durchzusetzen. Die Entscheidung fällte eine höhere Instanz, Ludwig IV. erlag am 11. Oktober 1347 auf der Bärenjagd einem Schlaganfall. Er wurde in der Münchener Frauenkirche beigesetzt.

Kaiser Ludwig der Bayer starb unbesiegt. Der nüchterne, praktisch denkende Realpolitiker behauptete sich 33 Jahre lang zäh gegen alle Gegner. Durch seine Sprunghaftigkeit, zuweilen auch durch seine Unentschlossenheit verdarb er sich jedoch selbst die Chancen, die sich ihm boten. Seine Politik gegenüber der Kirche bereitete eine spätere Abgrenzung des deutschen Königtums von deren Einflüssen vor.

1347–1378 Karl IV.

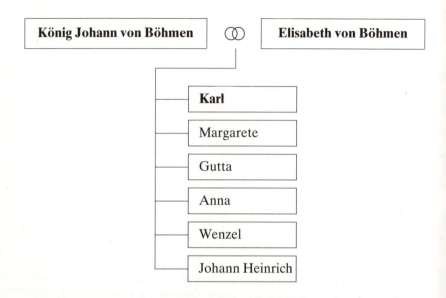

Während wir über die Jugend bzw. das Leben der meisten deutschen Herrscher des Mittelalters vor dem Regierungsantritt nur sehr spärliche Informationen besitzen, ist dies bei Karl IV. aus zwei Gründen anders: Erstens gibt es eine Selbstbiographie, die von seiner Geburt bis kurz nach seiner Wahl zum deutschen König reicht, und zweitens wurde Karl IV. bereits als junger böhmischer Prinz von seinem Vater König Johann von Böhmen mit verantwortungsvollen Regierungsaufgaben betraut.

Wenzel, erst später, nach seiner Heirat mit Blanche von Valois, nannte er sich nach seinem Schwiegervater, Karl von Valois, wurde am 14. Mai 1315 in Prag geboren. Der Vater bevorzugte eine rabiate und überaus strenge Erziehungsmethode. Dieser Praxis entkam der Prinz, als er 1323 mit sieben Jahren seiner Mutter entrissen zu seiner Tante, der Gemahlin des französischen Königs Karl IV., an den französischen Hof gegeben wurde. Karl erlernte fünf Sprachen: Französisch, Italienisch, Deutsch, Tschechisch und Latein. Darüber hinaus erhielt der Prinz, gemessen an der Zeit des späten Mittelalters, eine umfassende Bildung, die den späteren Herrscher zum Gelehrten auf dem Königsthron qualifizierte und ihn gegenüber politischen Gegnern und Partnern geistig meist weit überlegen machte. So wurde 1328 Peter von Fecamp

sein Lehrer, der später zum Papst (Clemens VI.) aufstieg und von dieser Position Einfluß auf die Wahl Karls zum deutschen König nahm.
Im Jahr 1329 heiratete Karl die französische Prinzessin Blanche von Valois, eine Nichte des französischen Königs Karls IV. Nach siebenjährigem Aufenthalt in Frankreich beendete König Johann von Böhmen die Ausbildungszeit seines Sohnes und bestellte den 15jährigen zu seinem Statthalter, zunächst für einige Monate in Luxemburg, danach für Oberitalien, das er zuvor gegen den Willen Kaiser Ludwigs des Bayern unter seine Herrschaft gebracht hatte. In dieser Zeit, von 1331 bis 1333, in der dem jungen böhmischen Prinzen das gewonnene Gebiet unter den Händen zerrann, reifte er dennoch zu einem Politiker mit außergewöhnlichen Fähigkeiten.
Nach dem Scheitern des oberitalienischen Abenteuers holte König Johann seinen Sohn nach Böhmen zurück und setzte ihn als Markgraf von Mähren ein, wobei Karl auch häufig den unsteten Vater in Böhmen zu vertreten hatte. Dabei arbeitete Karl so effektiv und erfolgreich, daß König Johann um seine eigene Krone fürchtete und seinen Sohn deshalb zeitweise wieder entmachtete. Eine neue Aufgabe stellte sich Karl, als er 1335 Tirol übernehmen mußte, das allerdings bald an Kaiser Ludwig den Bayern zurückging, der in diesem Zusammenhang zu einem unversöhnlichen Feind Karls wurde.
1340 übergab König Johann das Königreich Böhmen endgültig an seinen Sohn. Der Grund für die Übergabe der Regierungsgeschäfte lag in der völligen Erblindung des alten Königs. Karl konnte sich als Sohn der letzten Przemyslidin bald den Respekt und die Zuneigung seiner tschechischen Untertanen erwerben. 1344 wurde er nach Avignon gerufen, um dort mit Papst Clemens VI. die Vorgehensweise zu seiner Wahl zum deutschen König zu klären; dabei wirkte auch der Großonkel Karls, Erzbischof Balduin von Trier, kräftig im Sinne der Luxemburger mit. Am 11. Juli 1346 wählten die Kurfürsten, natürlich außer den beiden Wittelsbachern, Pfalz und Brandenburg, König Karl zum deutschen König. Allerdings blieb Kaiser Ludwig der Bayer noch in Amt und Würden und behielt in weiten Teilen des Reiches seinen Einfluß. Karl IV. mußte sich vom Kölner Erzbischof am 26. November 1346 in Bonn krönen lassen, weil der traditionelle Ort der Krönung, Aachen, weiterhin zu Kaiser Ludwig hielt. Doch der drohende Bürgerkrieg fand nicht statt. Kaiser Ludwig IV., der Bayer, starb am 11. Oktober 1347. Obwohl die Auseinandersetzungen zwischen den Wittelsbachern und Luxemburgern damit noch nicht beendet waren, hatte das Schicksal für

Karl IV. entschieden. In der Folgezeit taktierte der König außerordentlich geschickt, wobei ihm so ziemlich jedes Mittel recht schien. Dies gilt auch für die Betrugsaffäre um den »falschen Waldemar«, mit dessen Hilfe König Karl es schaffte, das Kurfürstentum Brandenburg den Wittelsbachern zu entreißen. Das Haus Wittelsbach veranlaßte deshalb Anfang 1349 die Wahl Graf Günthers von Schwarzburg zum Gegenkönig. Mit Geschick gelangte jedoch Karl zu einem Einvernehmen mit dem Pfalzgrafen Rudolf II. (einem Wittelsbacher). Damit brach der König die Einheitsfront der Wittelsbacher auf.

Zur Bekräftigung seiner Ausgleichsbestrebungen heiratete er, gerade verwitwet, die Tochter des Pfalzgrafen Rudolf II., Anna von Wittelsbach. Darüber hinaus gelang es Karl IV., den Gegenkönig Günther von Schwarzburg so unter Druck zu setzen, daß dieser gegen Zahlung einer beachtlichen Geldsumme zum Rücktritt bereit war. Günther von Schwarzburg starb kurze Zeit später unter mysteriösen Umständen und wurde auf Anordnung König Karls IV. mit allen königlichen Ehren in Frankfurt beigesetzt. Unter diesen Aspekten entschloß sich der Wittelsbacher Ludwig V., der Brandenburger, König Karl anzuerkennen, und erhielt deshalb alle ihm zuvor genommenen Länder zurück. Daraufhin ließ sich Karl IV. zur Sicherheit ein zweitesmal, diesmal in Aachen, zum deutschen König krönen. Die Aussöhnung Karls IV. mit dem Haus Wittelsbach verschaffte dem König die uneingeschränkte Anerkennung im gesamten Reich, allerdings zum Preise der Abkehr Papst Clemens VI. von seinem ehemaligen Zögling, weil er insbesondere Karls Verbindung mit einer Wittelsbacherin und die Aussöhnung mit dem dem Papst so verhaßten Fürstenhaus nicht verzeihen konnte.

Ein Italienzug zum Zweck der Kaiserkrönung erschien unter diesen Umständen aussichtslos, doch Karl IV. konnte abwarten. 1352 starb Papst Clemens VI., aber erst am 13. September 1354 brach der König nach Italien auf. Dabei verließ er sich nur auf sein Verhandlungsgeschick und verzichtete fast ganz auf eine militärische Begleitung (nur rund 300 Ritter befanden sich in seinem Gefolge). Am 6. Januar 1355 konnte er sich problemlos in Mailand zum italienischen König krönen lassen, und anstelle dem König Schwierigkeiten zu bereiten, befleißigten sich die italienischen Stadtstaaten, ihm die Kassen zu füllen, was dessen außerordentliche Talente überdeutlich bestätigt. Da der Papst immer noch in Avignon residierte, krönte ein Kardinalslegat Karl IV. am Ostersonntag 1355 im Petersdom zum Kaiser. Bereits am gleichen Tag verließ Karl Rom und kehrte beinahe fluchtartig nach Böhmen zurück. Kaiser Karl IV. hielt sich in der Folgezeit in seiner Italienpolitik weitgehend zurück. Nur noch einmal griff er in Italien ein, als nach der Rückkehr der Kurie nach Rom im Jahr 1367 Papst Urban V. ihn zum Eingreifen in die völlig zerstrittenen Verhältnisse Italiens nötigte. 1368 zog der Kaiser mit einer stattlichen Armee in Italien ein, entscheidende Verbesserungen der italienischen Zustände konnten allerdings nicht erzielt werden. So kehrte der Kaiser Ende 1369 nach Deutschland zurück. Am 6. Januar 1370 traf er in Prag ein.

In der Reichspolitik agierte Karl IV. deutlich effektiver. Allerdings überschattete die erste große Pestepidemie im Reich den Beginn seiner Regierungszeit. Auch Karl selbst kämpfte 1350 mit gesundheitlichen Problemen, die ihn nahezu ein Jahr außer Kraft setzten. Nach der Rückkehr von seinem Krönungszug zum Kaiser ließ er zunächst die Königswahl des deutschen Königs erstmals gesetzlich festlegen. Dieses Gesetz wurde Ende 1355 auf dem Reichstag von Nürnberg beschlossen und Anfang 1356 dort verkündet. Es ist unter dem Namen »Goldene Bulle« in die Geschichte eingegangen und hat die politische Entwicklung im deutschen Reich für Jahrhunderte beeinflußt. Vor allem legte die Goldene Bulle fest, daß allein den Kurfürsten das Recht der Königswahl zustand und dazu eine einfache Mehrheit der Kurfürstenstimmen (4 von 7) ausreichte. Die Rechte, die Kaiser Karl IV. im Zusammenhang mit dem Gesetz der Goldenen Bulle einräumte, förderten den deutschen Föderalismus, der im gewissen Sinne bis auf den heutigen Tag anhält.

In seinen Bestrebungen, die Hausmacht des Hauses Luxemburg auszuweiten und zu festigen, verhielt sich der Kaiser ebenso vorsichtig wie konsequent. Konfrontationen mit den beiden anderen bedeutsamen Herrscherhäusern, den Habsburgern und den Wittelsbachern, blieben nicht aus, doch wußte Karl seine Interessen klug zu wahren und überreizte seine Möglichkeiten nicht. Im wesentlichen verhalfen ihm seine vier Ehefrauen zu einem erheblichen Anwachsen des Familienbesitzes. Die erste Frau, Blanche, starb 1348, seine zweite Frau, Anna von Wittelsbach, heiratete er 1349 vor allem wegen der Aussöhnung mit den Wittelsbachern. 1353 ehelichte Karl Anna von Schweidnitz, wodurch er den Luxemburger Hausbesitz um das Herzogtum Schweidnitz-Jauer vergrößerte. Die vierte Ehe kam 1363 mit Elisabeth von Pommern zustande. Sein Stammland Böhmen, besonders aber die Stadt Prag hat Kaiser Karl IV. bis auf den heutigen Tag enorm viel zu verdanken. Bereits 1348 begründete er die Prager Universität, und so manches

Bauwerk, so zum Beispiel die berühmte Moldaubrücke, zeugen vom segensreichen Wirken des Kaisers. Zur Aufbewahrung der Reichsinsignien ließ er 30 Kilometer südlich von Prag die Burg Karlstein errichten, die zu den schönsten Bauwerken dieser Art in Europa gehört.

Kaiser Karl IV. war nicht der elegante Kavalier und ritterliche Krieger, Merkmale, die seinen Großvater ausgezeichnet hatten. Er besaß eine eher kleine und gedrungene Gestalt, und seine Haltung wirkte wenig königlich. Den Gesichtsausdruck prägten die slawischen Züge der Mutter. Als Soldaten und Feldherrn darf man diesen Kaiser wahrhaft nicht sehen, und dennoch gehört Karl IV. zu den bedeutenden Herrschern der Reichsgeschichte. Seine persönliche Einstellung zu seiner Berufung als Herrscher und der von ihm bewußt empfundenen Verantwortung, verbunden mit einer tiefen Frömmigkeit, brachten ihm den Titel eines »Friedensfürsten« ein. Mit ihm gelang es erstmals nach den Staufern wieder einem Kaiser bzw. einem König des Deutschen Reichs, einen Sohn zum Nachfolger wählen zu lassen, während er noch im Amt war.

Kaiser Karl IV. starb am 29. November 1378 in Prag. Er wurde dort in dem von ihm errichteten Dom beigesetzt. Sein schlichter Sarkophag trägt die tschechische Aufschrift »Karel«.

1378–1400 Wenzel I.

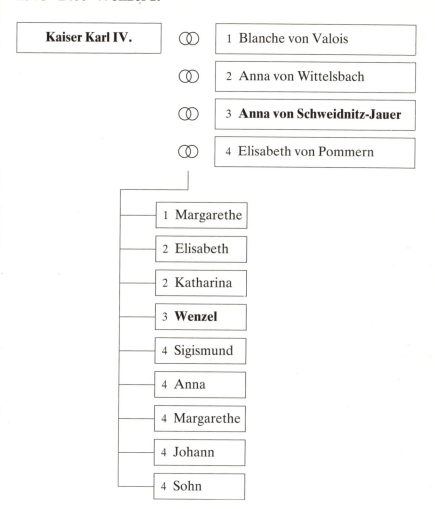

Als Wenzel am 26. Februar 1361 in Nürnberg geboren wurde, schienen die Zeichen für ein erfolg- und segensreiches Wirken in seiner Zukunft gesetzt zu sein. Der Vater Kaiser Karl IV., selbst ein hochgebildeter und kluger Politiker, sorgte für eine hervorragende Erziehung und Vorbereitung seines Sohnes auf das Amt, das er selbst als Kaiser des Heiligen Römischen Reiches innehatte. Sehr früh bezog der Vater seinen Sohn in die Regierungsangelegenheiten ein. Darüber hinaus

stellte der Hausbesitz der Luxemburger eine genügend große Machtbasis dar, um sich im Land behaupten zu können. Bereits mit zwei Jahren ließ Karl IV. seinen Sohn zum König von Böhmen krönen. Als Wenzel 15 Jahre alt und damit volljährig geworden war, gelang dem Vater das diplomatische Meisterstück, den Sohn am 10. Juni 1376 in Frankfurt zu seinem Nachfolger auf dem deutschen Thron wählen zu lassen. Ein solcher Erfolg war seit den Staufern keinem Herrscher des Reiches beschieden gewesen. Am 6. August 1376 wurde Wenzel in Aachen gekrönt.
Trotz aller Anstrengungen Karl IV., zukünftige Schwierigkeiten vorausschauend abzubauen, blieb bei seinem Tod am 29. November 1378 noch manches zurück, das allerlei Zündstoff in sich barg. Zwei Probleme ragten dabei besonders hervor: Das in den letzten Jahren Kaiser Karls IV. erneut einsetzende Kirchenschisma (als die Kurie endlich aus Avignon nach Rom zurückkehren wollte) und die Reaktionen der freien Reichsstädte und der Ritterschaft auf die Erstarkung der Reichsfürsten harrten der vorrangigen Regelung durch den jungen König. Dabei ist klar, daß das genannte Reichsproblem von Kaiser Karl IV. zu verantworten war, da er für die Durchsetzung der Nachfolgeschaft Wenzels den Kurfürsten und anderen bedeutenden Reichsfürsten erhebliche Konzessionen gewährt hatte.
Sowohl die Städte als auch die Ritterschaft reagierten auf den Machtzuwachs der Reichsfürsten mit dem Abschluß von Bündnisvereinbarungen, um die eigenen Interessen gegenüber den Fürsten bzw. gegeneinander abzusichern. Diese Bemühungen entwickelten sich über längere Zeiträume, doch scheiterten zunächst die Ritterschaft und allmählich auch die Städte. Am Ende der Freiheit der Städte stand der Sturz des Reichs in die wirtschaftliche Bedeutungslosigkeit, eine Erscheinung, die mit dem Machtzerfall der deutschen Kaiser und Könige einherging und nur zeitweise durch Aufschübe oder durch kurze Blütezeiten unterbrochen wurde. Die Hanse stellt in diesem Zusammenhang zwar einen besonderen Fall, jedoch keine Ausnahme dar.
König Wenzel I. trat sein Amt im Alter von 17 Jahren an. Am Anfang seiner Regierung stand die Parteinahme für den »Römerpapst« Urban VI. und der Konflikt der Reichsstädte mit den Ritterbünden.
Darüber hinaus schwelten die Streitigkeiten des Hauses Luxemburg mit den Habsburgern und Wittelsbachern weiter. Während die Parteinahme für Papst Urban VI. den König in den Gegensatz zu den Anhängern des Avignoner Papstes Clemens VII. brachte, der vor allem

im Südwesten des Reiches respektiert wurde, begegnete er den inneren Auseinandersetzungen, besonders denen der Reichsstädte mit den Ritterschaften, durch die Verkündigung von Landesfriedensgesetzen, deren Inhalte jedoch so abgefaßt waren, daß die Städte sie weitgehend nicht akzeptieren konnten, was zu einer Entfernung des Königs von den Bürgern und zu seiner stärkeren Anlehnung an die Fürsten führte. Diese Sachlage entwickelte sich unausweichlich in den Bürgerkrieg. Durch die Erfolge der Schweizer Kantone und Städte bei Sempach (9. Juli 1386) und Näfels (9. April 1388) gegen Habsburger Aufgebote beflügelt, wagten auch die schwäbischen und rheinischen Städtebünde den Aufstand gegen die Fürstenmacht. Die Schwaben verloren jedoch die Entscheidungsschlacht am 24. August 1388 bei Döffingen in der Nähe von Stuttgart, und die Rheinländer wurden nur kurze Zeit später am 6. November 1388 besiegt. Militärisch zeigten sich die Fürsten überlegen, doch war die Kraft der Reichsstädte damit noch lange nicht gebrochen. Den nun einsetzenden Kleinkrieg in Süddeutschland mit Tod und Verwüstungen trug man überwiegend zu Lasten der Landbevölkerung aus. In dieser Situation, als die Kräfte auf beiden Seiten nachließen, gelang es dem König, ein Reichsfriedensgesetz durchzusetzen, das am 5. Mai 1389 in Eger verkündet wurde. Zwar zogen die Fürsten aus dem »Egerer Landfrieden« größere Vorteile als die Städte, doch konnte das Gesetz noch von den meisten Orten akzeptiert werden. König Wenzel I. verzeichnete einen klaren Erfolg. Dennoch ist es ein Trugschluß zu glauben, daß die Steigerung der königlichen Zentralgewalt mit Hilfe der Städte möglich gewesen wäre. Fürsten und Stadtbürgern ging es ausschließlich um die Wahrung und Vermehrung der örtlichen Befugnisse und Rechte und damit um die Stärkung der Partikulargewalt. In dieser Hinsicht blieb es für den König bei den Gegebenheiten, die sich im Lauf der Reichsgeschichte entwickelt hatten.
Bei der Durchsetzung Luxemburger Hausmachtinteressen fungierte Wenzel I. im Osten des Reichs erfolgreicher. Am 31. März 1387 sicherte er seinem Bruder Sigismund das Königreich Ungarn. Im Westen war Wenzel bereits 1383 das Stammland der Luxemburger zugefallen, als sein Onkel Graf Wenzel von Luxemburg gestorben war. Doch kümmerte sich der König recht wenig um die Chancen, die sich mit diesem Besitz an der Westgrenze des Reichs ergaben. Vor allem aber drängte er den französischen Einfluß auf die dortigen Reichsgebiete nicht zurück. König Sigismund, Wenzels Bruder, der vor seiner Krönung

zum ungarischen König Kurfürst von Brandenburg gewesen war, verpfändete dieses Gebiet mit Zustimmung Wenzels an ihren Vetter Jobst von Mähren. Dieser leistete dafür Hilfe, um den Anspruch Sigismunds in Ungarn durchzusetzen. Der ausgeprägte Geschäftssinn und übermäßige Ehrgeiz Jobsts von Mähren führte zu schweren Zerwürfnissen im Haus der Luxemburger. Letztlich mußte König Wenzel I. seinen Vetter Jobst am 3. April 1397 mit der Mark Brandenburg belehnen.

Aufgrund des jahrelangen Engagements des Königs in Ungarn sowie der augenfälligen Verschlechterung seiner Stellung in Böhmen, zu der seine eigene mangelhafte Moral nicht unerheblich beitrug, vernachlässigte er in grober Weise seine Aufgaben im Reich, dem er über sehr lange Zeit fern blieb. Weiterer Unmut bildete sich in der gesamten Bevölkerung über die Haltung des Herrschers zum anhaltenden Kirchenschisma, um dessen Beseitigung er sich in keiner Weise bemühte. In Böhmen kam es 1394 zum Aufstand, den Jobst von Mähren unterstützte. Jobst nahm den König gefangen, mußte ihn aber nach wenigen Monaten auf Druck einiger Reichsfürsten wieder freilassen. Der immer deutlicher werdende Imageverlust des Königs, den Wenzel I. unter anderem auch durch seine Vorliebe förderte, Günstlinge niederen Stands in gehobene Positionen einzusetzen, führte schließlich in die Katastrophe. Selbst im Haus Luxemburg gab es Stimmen für einen Thronwechsel.

Am 24. Oktober 1396 schlossen die Häuser Wittelsbach und Nassau in Oppenheim ein Bündnis mit dem Ziel, König Wenzel I. zu stürzen. Weitere Vereinbarungen mit dem gleichen Ziel schlossen auch die Kurfürsten von Mainz, Köln und der Kurpfalz am 11. April 1399 in Boppard. Diesen Kurfürsten gelang es dann in der Folgezeit, die letzten nicht luxemburgischen Kurstimmen (Trier und Sachsen) für ihre Absichten zu gewinnen. Am 20. August 1400 setzten die vier rheinischen Kurfürsten König Wenzel I. bei einer Zusammenkunft in Oberlahnstein ab, nachdem er die Chance, sich zu rechtfertigen, nicht wahrgenommen hatte. Gleichzeitig wählte man den einzigen anwesenden weltlichen Kurfürsten aus der Versammlung, den Pfalzgrafen Ruprecht, zum neuen deutschen König. König Wenzel I. erkannte diese Entscheidung nie an und suchte im Jahr 1410, nach Ruprechts I. Tod, noch einmal seine Chance, verzichtete jedoch letztlich zugunsten seines Bruders Sigismund. Um seine Thronansprüche während der Regierungszeit Ruprechts I. durchzusetzen, fehlte es Wenzel I. nicht nur an der persönlichen Energie, sondern auch die politischen

Umstände in Böhmen ließen einen militärischen Einsatz im Reich nicht zu. Die Verhältnisse in Böhmen blieben auch nach dem Tod König Ruprechts I., während der Amtszeit der Luxemburger Jobst I. und Sigismund I., ähnlich, beziehungsweise sie verschlimmerten sich noch durch den Ausbruch der Hussiten- und Taboritenkriege, die durch die Lehren und den gewaltsamen Tod des Johannes Hus auf dem Konzil zu Konstanz (Hus wurde trotz Zusicherung freien Geleits zum Tod verurteilt und auf dem Scheiterhaufen verbrannt) hervorgerufen wurden. Am 30. Juli 1419 entlud sich der (tschechische) Volkszorn gegen die Maßnahmen König Wenzels und gegen die katholische (deutsche) Minderheit in Prag. Wenzel I. überlebte die Aufregungen dieser Tage nicht. Er starb am 16. August 1419 in seiner dortigen Residenz.

König Wenzel I. besaß im Prinzip die Voraussetzungen und die Eignungen, die ein Herrscher des Spätmittelalters brauchte, um die Regierungsgeschäfte sicher führen zu können. Aufgrund seiner charakterlichen Eigenschaften, die vor allem Beständigkeit, Energie und die Willenskraft, sich auch gegen Widerstände durchzusetzen, vermissen ließen, verfiel er im Lauf seiner Regierungszeit immer mehr in Untätigkeit und Resignation, wobei diese Merkmale seines Charakters noch durch seine Genußsucht, seinen Jähzorn sowie seinen zunehmenden moralischen Verfall unterstützt wurden.

1400–1410 Ruprecht I.

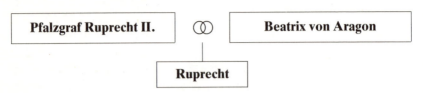

Als Sohn des Pfalzgrafen Ruprecht II. und der Beatrix von Aragon wurde Ruprecht, mit Beinamen Clem (von Clemens), am 5. Mai 1352 in Amberg geboren. Der Vater war ein Enkel Rudolfs I., des Bruders Kaiser Ludwigs des Bayern. Ruprecht gehörte also zu der weitverzweigten Familie der Wittelsbacher. Kaiser Ludwig hatte ehedem beschlossen, daß die pfälzische Kurwürde zwischen dem Haus seines Bruders und dem bayrischen Zweig der Familie alternieren sollte. Kaiser Karl IV. hatte jedoch in seiner »Goldenen Bulle« die Kurwürde der Wittelsbacher endgültig auf den Pfälzer Familienteil übertragen.
Wie bei den meisten mittelalterlichen Herrschern des Deutschen Reiches liegt auch bei Ruprecht von der Pfalz die Kindheit im dunkeln. Immerhin, so scheint es, waren die oberrheinischen Städte und die Stadt Amberg bevorzugte Aufenthaltsorte der Pfalzgrafen. Die Mutter Ruprechts starb 1365, der Prinz war zu diesem Zeitpunkt 13 Jahre alt. 1374, also mit 22 Jahren heiratete Ruprecht in Amberg Elisabeth, die Schwester des Burggrafen Friedrich von Zollern, der später zum Kurfürsten der Mark Brandenburg ernannt wurde und damit den Aufstieg der Familie der Hohenzollern einleitete. Diese Heirat kann nur als politische Zweckehe angesehen werden, ganz gleich, wie sie sich entwickelt hat. Immerhin sind aus der Ehe etliche Kinder hervorgegangen, darunter auch vier Söhne, die alle in gute Positionen aufstiegen.
Bereits zu Lebzeiten seines Großonkels Kurfürst Ruprecht I. nahm der Prinz, nachdem er 18 Jahre alt geworden war, regen Anteil an der pfälzischen Politik. Dies galt besonders seit 1390, dem Jahr, in dem der Vater den Kurfürstenhut der Kurpfalz übernahm. Schon acht Jahre später (1398) mußte Ruprecht die Nachfolge seines Vaters als Kurfürst antreten. In dieser Zeit bildete sich im gesamten Reich eine starke Opposition gegen den regierenden König Wenzel I., der den Unwillen der Bevölkerung durch seine Untätigkeit und durch seinen sittlich-moralischen Zerfall hervorgerufen hatte. Zu den Gegnern König Wenzels zählte auch Ruprecht von der Pfalz. Im August 1400 versammelte

sich die Fürstenopposition, unter anderen auch die drei kirchlichen Kurfürsten des Reiches, in Oberlahnstein, um über die Reichssituation zu beraten. Am 20. August 1400 setzte diese Versammlung Wenzel I. als König des Deutschen Reichs ab. Einen Tag später in Rhens wählte das Gremium den einzigen anwesenden weltlichen Kurfürsten, den Pfalzgrafen Ruprecht, zum deutschen König. Da die Stadt Aachen an König Wenzel I. festhielt, mußte Ruprecht I. im Januar 1401 in Köln gekrönt werden.

Trotz einer nicht zu übersehenden Popularität unter seinen Zeitgenossen ist Ruprecht I. während seiner Regierungszeit niemals über das Maß eines Gegenkönigs hinausgewachsen. Im wesentlichen sind dafür zwei Gründe von Bedeutung: Ruprecht I. besaß als König eine viel zu geringe Machtbasis, und darüber hinaus reichten seine geistigen Kräfte nicht aus, um über das täglich Notwendige hinweg den Blick für die großen Zusammenhänge zu schärfen. So blieb König Ruprecht erfolglos, obwohl er voll gutem Willens seine persönlichen Möglichkeiten ausschöpfte. Um sein Ansehen zu stärken, versuchte Ruprecht zunächst, in einem schlecht vorbereiteten Italienzug die Kaiserkrone zu erwerben. Dabei sollte auch die Stadt Mailand für das Reich zurückgewonnen werden, die Wenzel I. an die Familie der Visconti abgegeben hatte.

Im September 1401 brach Ruprecht mit einer viel zu kleinen Streitmacht auf. Zwar erhielt er Unterstützung von der mit Mailand verfeindeten Stadt Florenz, doch schon im Oktober desselben Jahres mußte sich Ruprecht nach den ersten Kämpfen gegen Mailänder Truppen, bei denen das Reichsheer bei Brescia eine Niederlage erlitt, nach Tirol zurückziehen. Im November marschierte das Heer Ruprechts noch einmal weiter östlich in die Lombardei ein; da aber jede Unterstützung sowohl aus dem Reich als auch aus Italien ausblieb, mußte der König im Frühjahr des Jahres 1402 wegen Geldmangels nach Deutschland zurückkehren.

Mit dem Scheitern des kläglichen Versuchs büßte der König an Ansehen ein. Die erste Auflage der Rhenser Wahlversammlung, dem Erwerb der Kaiserkrone, hatte er nicht erfüllt. Auch bei der Lösung des zweiten Problems, das zu erledigen Ruprecht vor seiner Wahl versprochen hatte, versagte der König. Es gelang ihm nicht, das andauernde Kirchenschisma zu beenden. Zur Zeit König Ruprechts residierte in Rom Papst Bonifatius IX., dem 1406 Gregor XII. folgte, und in Avignon herrschte Papst Benedikt XIII., den der französische König stützte. Ruprecht erkannte die römischen Päpste an; er stützte sich dabei auf eine Schrift (»Postille«) der Heidelberger Universität, die das römische Papsttum als rechtmäßig herauszustellen versuchte.

Mit der Anerkennung der Römer-Päpste verschaffte sich Ruprecht nicht nur die Gegnerschaft Frankreichs, sondern stand im Gegensatz zum Konzil von Pisa, das die Abdankung beider Päpste forderte, um der Neuwahl eines allein regierenden Kirchenvaters den Weg zu ebnen. Diese Möglichkeit wurde nun jedoch sowohl durch die Haltung Frankreichs als auch durch König Ruprecht verhindert. Die Ansicht des Pisaner Konzils entsprach jedoch dem westlich-europäischen Zeitgeist. Die Unterstützung des Konzils hätte also der modernen Stimmung in der Bevölkerung entsprochen. Diese Chance, seinem Image durch die Verfolgung eines solchen politischen Kurses aufzuhelfen, ließ Ruprecht I. ungenutzt verstreichen. So nimmt es nicht Wunder, daß der König mit seinen Bestrebungen im Reich ebenfalls keinen durchgreifenden Erfolg verbuchen konnte. Seine Landfriedensbestrebungen und die Versuche, seine Pfälzer Hausmacht auszubauen, stießen zusammen mit den schwelenden Kirchenproblemen auf den entschiedenen Widerstand der süddeutschen, rheinisch-regionalen Reichsfürsten. Ganz besonders geriet Ruprecht in der Gegenerschaft zum Mainzer Erzbischof, der ihm vormals zur Königskrone verholfen hatte. In die Reihe seiner Gegner traten auch die freien Reichsstädte ein, die Ruprecht in der Durchsetzung seiner königlichen Machtbestrebungen zu behindern suchten, da die steuerliche Belastung durch den mittellosen König zu hoch wurde. So bildete sich im Südwesten des Reichs eine Koalition der Gegner, die im wesentlichen aus dem Kurfürsten von Mainz, dem Markgrafen von Baden, den Grafen von Württemberg und verschiedenen Reichsstädten, darunter vor allem Straßburg, bestand. Darüber hinaus blieb auch die Feindschaft zum Haus Luxemburg erhalten, dessen wichtigste Vertreter, König Wenzel und sein Bruder Sigismund, sich Frankreich angenähert hatten.

In dieser schwierigen Situation starb König Ruprecht I. überraschend am 18. Mai 1410 im Alter von 58 Jahren auf der Burg Landskron, nahe der Stadt Oppenheim. Er wurde zusammen mit seiner Gemahlin Elisabeth, die ihn nur um etwa ein Jahr überlebte, in der Heiliggeistkirche in Heidelberg beigesetzt.

1410–1411 Jobst I.

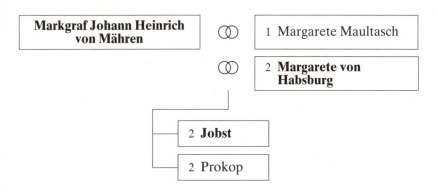

Der unheilvolle Sohn des Markgrafen Johann Heinrich von Mähren und der verwitweten Habsburgerin Margarete, die in erster Ehe die Schwiegertochter der Margarete Maultasch gewesen war, die ihrerseits in erster Ehe mit Johann Heinrich verheiratet war, wurde um 1350 geboren. Zunächst sollte Jobst die Nachfolge Kaiser Karls IV. antreten, doch bekam dieser später noch Nachkommen. Als Neffe des Kaisers erhielt Jobst in Böhmen eine gute Erziehung und Ausbildung, so daß er als gebildeter und wissenschaftlich kenntnisreicher Mann galt. Zusammen mit seinem Bruder Prokop, der 1405 starb, übernahm Jobst 1375 nach dem Tod des Vaters die Regierung der Markgrafenschaft Mähren. Jobst spielte in der Familie der Luxemburger zur Regierungszeit seines Vetters König Wenzel I. eine überaus negative, intrigante Rolle. In Geschäften nicht ungeschickt und dabei ohne jeden Skrupel, kam Jobst früh zu großem Reichtum, den er ungebremst zu seinem Vorteil in politischen Angelegenheiten einsetzte, dabei ließ er jede Rücksicht und familiäre Verbundenheit vermissen. 1383 ernannte Wenzel ihn zum Generalvikar von Italien, und darüber hinaus erhielt er das Stammherzogtum der Luxemburger als Pfand. 1388 mußte sein Vetter Sigismund, der spätere Kaiser Sigismund I., zu diesem Zeitpunkt König von Ungarn und Kurfürst von Brandenburg, sein Kurfürstentum aufgrund finanzieller Verpflichtungen an Jobst ausliefern. In Böhmen versuchte Jobst alles, um die Stellung Wenzels I. zu erschüttern. 1397 mußte Wenzel Jobst als Kurfürst von Brandenburg bestätigen. An der Absetzung König Wenzels als Herrscher des Deutschen Reichs beteiligte sich Jobst jedoch nicht, obwohl er als Kurfürst die Möglichkeit dazu besessen hätte. Allerdings unterstützte Jobst danach die militärischen

Anstrengungen König Ruprechts I., als dieser sich 1401 anschickte, Böhmen zu erobern. Aber die Hoffnungen auf die böhmische Krone erfüllten sich für Jobst von Mähren nicht.

Nach dem Tod König Ruprechts I. wurde Jobst am 1. Oktober 1410 in einer umstrittenen Wahl, aber rechtmäßig, mit Unterstützung Wenzels I. gegen seinen Vetter Sigismund zum König des Deutschen Reichs gewählt. Da König Wenzel I. offiziell nie auf seine Ansprüche verzichtet hatte und am 20. September 1410 Sigismund (unrechtmäßig) zum König gewählt worden war, regierten zu diesem Zeitpunkt neben drei Päpsten auch drei Könige im Deutschen Reich. Doch Jobst verstarb bereits am 18. Januar 1411 ganz plötzlich (vielleicht an Gift), wodurch der Weg für Sigismund frei wurde.

Jobst von Mähren war mit einer namentlich nicht bekannten ungarischen Prinzessin verheiratet, die Ehe blieb kinderlos. Der gewissenlose Pläne – und Ränkeschmied eignete sich kaum für das verantwortungsvolle Amt eines Herrschers. Seine Zeitgenossen fürchteten ihn als bekannten Lügner und Betrüger. Wie kein anderer vor und nach ihm förderte Jobst von Mähren den Machtzerfall der Luxemburger.

Er wurde in der Thomaskirche in Brünn bestattet.

1410–1437 Sigismund I.

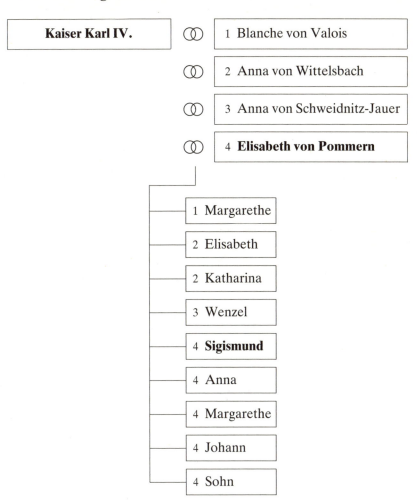

Die nach dem Tod Kaiser Karls IV. im Jahr 1378 regierenden Herrscher des Deutschen Reichs müssen einschließlich Sigismund I., bis zum endgültigen Übergang der Krone an die Habsburger, gemeinsam betrachtet werden. Zu sehr hingen doch die verwandtschaftlichen oder schicksalsbedingten Beziehungen der Familien der Habsburger, Luxemburger und Wittelsbacher voneinander ab. Immerhin mündete die Schwäche Wenzels I. und die Erfolglosigkeit Ruprechts I. in dem zeitweiligen Versuch des vorläufig letzten Luxemburgers auf dem

deutschen Thron, der frühen mittelalterlichen Kaiserherrlichkeit noch einmal zum Durchbruch zu verhelfen.
Sigimsund besaß ganz andere charakterliche Merkmale als sein als römischer König gescheiterter Halbbruder Wenzel. Sigismund wurde am 15. Februar 1368 in Nürnberg geboren. Auch er erhielt eine angemessene Ausbildung und Erziehung. Mit vier Jahren verlobte der Vater Kaiser Karl IV. seinen Sohn mit der ungarischen Prinzessin Maria, einer Tochter König Ludwigs von Ungarn, die nicht nur Erbansprüche auf Ungarn, sondern auch auf Polen besaß, die sich später jedoch zerschlugen. Als Sigismund acht Jahre alt wurde, erhielt er den Titel eines Kurfürsten von Brandenburg: das Land, das er nach den Plänen des Vaters mit Polen und Ungarn zu einem mächtigen Schirm im Osten des Reichs verbinden sollte.
Als 17jähriger trat Sigismund aus dem Schatten seines Bruders Wenzel heraus. Um seine Ansprüche auf Ungarn, durch die geplante Heirat, durchsetzen zu können, mußte er, auf die Hilfe seiner Vettern Jobst und Prokop gestützt, mit einem Heer in Ungarn einmarschieren und militärisch aktiv werden. Im August 1385 eroberte er die ungarische Hauptstadt Ofen und heiratete seine Verlobte Maria von Ungarn, die drei Jahre zuvor zur ungarischen Königin gekrönt worden war. Der Anspruch auf Polen war jedoch an eine Schwester Marias übertragen worden, wodurch die weitreichende Planung Kaiser Karls IV. endgültig scheiterte. Immerhin gelang den Luxemburgern mit der Durchsetzung der Sekundogenitur in Ungarn ein erheblicher Machtzuwachs und eine enorme Vergrößerung des Hausbesitzes. Doch Ungerechtigkeit und Streit im eigenen Haus verhinderten eine Stabilisierung der Macht.
1388 mußte Sigismund sein Stammland, die Mark Brandenburg, an seinen Vetter Jobst von Mähren verpfänden. Neun Jahre später erhielt Jobst die Mark Brandenburg tatsächlich als Lehen zugesprochen. Um den Familienstreit zu beenden und um seinen sinkenden Stern in Böhmen und im Reich zu retten, mußte König Wenzel I. bereits am 17. März 1396 seinen Bruder Sigismund zum Generalvikar des Reiches ernennen und damit dessen Thronanspruch fördern. Doch erlitt der aufstrebende Ungarnkönig am 28. September 1396 eine fürchterliche Niederlage in der Schlacht von Nikopolis gegen die Türken. Sigismund hatte als einer der ganz wenigen Fürsten des Abendlands die Gefahr für Europa erkannt, die durch die türkische Expansion drohte und seinen Einfluß und seine Kräfte mobilisiert, um dieser Gefahr entgegenzutreten. In diese schwere Zeit fiel im Jahre 1400 noch die Abwahl Wen-

zels I. und die Ernennung des Wittelsbachers Ruprecht I. zum deutschen König.
Sigismund suchte die Unterstützung der Habsburger, denen er sich stark verpflichtete. 1402 lieferte er seinen Bruder Wenzel als Geisel aus, und in einem Vertrag wurde festgelegt, daß Ungarn an Herzog Albrecht IV. von Habsburg (!) fallen sollte, wenn dem Luxemburger männliche Nachkommen versagt blieben. Später heiratete der Sohn Herzog Albrechts IV. die Tochter Sigismunds. In der Folgezeit konnte König Sigismund seine Stellung in Ungarn wieder festigen. Als König Ruprecht I. 1410 starb, schien die Neuwahl zunächst nicht notwendig, weil Wenzel I. nie auf die Krone des Deutschen Reichs verzichtet hatte und darüber hinaus sogar von Papst Alexander V. als rechtmäßiger deutscher König bestätigt wurde. Doch die rheinischen Kurfürsten bestanden auf der früheren Abwahl. So kam es im Jahre 1410 zu einer Doppelwahl. Am 20. September 1410 wurde Sigismund von den Kurfürsten Kurpfalz und Trier sowie dem Burggrafen Friedrich VI. von Nürnberg, der von Sigismund (unberechtigt) die Kurstimme von Brandenburg erhalten hatte, gewählt. Am 1. Oktober 1410 wählten Mainz und Köln mit Zustimmung Wenzels I., der die böhmische Kurstimme besaß, den Markgrafen Jobst von Mähren zum neuen deutschen König. Da auch Kursachsen später der letztgenannten Wahl zustimmte, konnte sich Jobst von Mähren als rechtmäßig gewählter König fühlen.
Doch Jobst von Mähren starb unerwartet bereits am 18. Januar 1411 und gab damit den Weg frei für eine allgemeine Anerkennung Sigismunds I. Am 20. September 1411 wurde er in Frankfurt noch einmal bestätigt, obwohl seine Regierungszeit ab dem 20. September 1410 gerechnet wird. Die Amtszeit Sigismunds I. war geprägt von seinen politischen und militärischen Versuchen, die Hausmacht der Luxemburger, vor allem aber Böhmen und Ungarn gegen die vielen Feinde des Hauses abzusichern. Im Norden drängten Polen und Litauer in den Ordensstaat. Der Balkan wurde sowohl aus dem Westen, von Venedig und Neapel, als auch aus dem Osten von den Türken bedroht. Sich gegen diese Gegner von außen, zu denen sich auch noch innere (Habsburg) gesellten, zu behaupten, stellt bereits eine große Leistung dar. Doch der größte Erfolg Sigismunds, die Beendigung der Kirchenspaltung, stellte diese Leistung noch weit in den Schatten.
Um die Lage im Norden zu stabilisieren, belehnte Sigismund am 8. Juli 1411 den Nürnberger Burggrafen Friedrich von Zollern, einen seiner treuesten Anhänger, mit der Mark Brandenburg, die mit dem Tod

Jobsts von Mähren an den König zurückgefallen war, und begründete damit den Aufstieg der Familie der Hohenzollern. Auf dem Konzil von Konstanz (5. November 1414 – 22. April 1418) wurden am 30. April 1415 alle Rechte und Pflichten bezüglich der Mark höchst offiziell auf Friedrich von Zollern übertragen, und am 18. April 1417 erfolgte die feierliche Belehnung mit der Kurwürde. Sigismund wollte nicht nur den verdienten Anhänger belohnen, sondern sich auch einen starken Rückhalt im Norden des Reiches sichern, da seine eigenen Interessen zu dieser Zeit vor allem in Italien lagen.

Im Juni des Jahres 1413 eroberte der neapolitanische König Ladislaus I. Rom und vertrieb Papst Johannes XXIII. Weitere Päpste residierten in Pisa (Papst Gregor XII.) und in Avignon (Papst Benedikt XIII.). Unter geschickter Ausnutzung der Vorgänge in Italien gelang es König Sigismund I., der sich schließlich am 8. November 1414 in Aachen krönen ließ, für den 5. November das Konstanzer Konzil einzuberufen. Am 24. Dezember 1414 traf Sigismund in der Bodenseestadt ein. Dieses Konzil, zu dem Papst Johannes XXIII., die Vertreter der anderen Päpste sowie 29 Kardinäle und weitere zahlreiche geistliche und weltliche Würdenträger anreisten, zeitweise nahmen bis zu 1500 Personen teil, stand von Anfang an unter der persönlichen Leitung des Königs, der in den vier Konzilsjahren Konstanz nur dann verließ, wenn die Verhandlungen des Konzils diese Reisen notwendig machten. Alle Entscheidungen, die das Konzil traf, tragen den persönlichen Stempel des Herrschers. Die Hauptaufgabe der Versammlung war die Wiederherstellung der kirchlichen Einheit, des weiteren sollten aber auch eine Reformation der Kirche und die Diskussion der Lehren des Johannes Hus in Angriff genommen werden.

Papst Johannes XXIII. hatte sich auf dem Konzil eingefunden, um sein Papsttum gegenüber den beiden anderen Päpsten durchzusetzen. Er geriet zunehmend unter den Druck der Versammlung und mußte im Februar 1415 abdanken. Jedoch war es ihm mit diesem Verzicht keineswegs ernst. Bei Nacht und Nebel flüchtete er sich unter den Schutz des Herzogs von Tirol. Dieser lieferte Johannes allerdings auf massiven Druck aller am Konzil beteiligten Mächte aus. In einem förmlichen Prozeß setzte man Johannes XXIII. am 29. Mai 1415 ab und inhaftierte ihn in Mannheim, wo er im Juni 1419 von Papst Martin V. begnadigt wurde.

Am 4. Juli 1415 trat der Pisaner Papst Gregor XII. zurück, nur Benedikt XIII. widersetzte sich den Aufforderungen, ebenfalls abzudanken, um den Weg für die Neuwahl eines Papstes freizumachen. Am 26. Juli 1415 setzte das Konzil auch Benedikt XIII. ab. Zwar hat dieser nie auf seine Ansprüche verzichtet, doch blieb seine Anhängerschaft aufgrund des persönlichen Einsatzes Sigismunds fortan lokal begrenzt. Damit war eines der wichtigen Ziele des Konzils von Konstanz erreicht: die Beendigung des Schismas. Am 11. November 1417 bestimmte die Wahlversammlung Kardinal Otto Colonna als Martin V. zum alleinigen Papst.

In der zweiten brennenden Frage gelangte das Konzil bereits früher zu einer ebenso vordergründigen wie endgültigen Entscheidung. In Prag hatte seit geraumer Zeit der Reformator Johannes Hus seine Lehre verkündet und eine bedeutende Anhängerschaft um sich geschart. Hus traf am 3. November 1414 auf Ladung König Sigismunds in Konstanz ein. Ähnlich wie 100 Jahre später Martin Luther war Hus nicht bereit, seine Thesen zu widerrufen, da sie nicht durch die Bibel zu widerlegen waren. Das Konzil brach über Hus den Stab, am 6. Juli 1415 wurde er als Ketzer in Konstanz öffentlich verbrannt, obwohl man ihm freies Geleit zugesichert hatte. Durch diesen beispiellosen Akt der kirchlich-weltlichen Willkür brachen in Böhmen die Hussitenkriege aus, die König Wenzel von Böhmen in diverse Schwierigkeiten stürzten.

Am schwersten tat sich das Konzil mit der inneren Erneuerung der Kirche. Abgesehen von einigen steuerlichen und verwaltungstechnischen Änderungen ist das Konzil an dieser Frage gescheitert. Der moralisch sittliche Zerfall der kirchlichen Würdenträger vom Haupt bis in die kleinsten Glieder und die weiter fortschreitende Verweltlichung der Kirche und ihrer Repräsentanten war in keiner Weise der überaus notwendige Einhalt geboten worden. Auch die rechtliche Stellung der Konzilien gegenüber den Päpsten konnte nicht als übergeordnet festgelegt werden. Papst Martin V. ließ von vornherein keinen Zweifel daran aufkommen, daß er den unbedingten päpstlichen Primat gegenüber den Konzilien und anderen kirchlichen Institutionen für sich in Anspruch nahm. Am 22. April 1418 schloß das Konzil. In Konstanz zeugt noch heute das »Konzilshaus«, in dem die Teilnehmer der Versammlung untergebracht waren, von dem bedeutsamen Ereignis.

Ähnlich wie bei der Kirchenreform scheiterte Sigismund I. auch bei dem Versuch, das Reich zu reorganisieren. Sigismund wollte sich auf die freien Reichsstädte und die Ritterschaft stützen, um die zentrale Machtstellung des Königs auszubauen. Doch alle guten Absichten kamen nicht an gegen die Unfähigkeit der Bürger, über den niedrigen

Rand der eigenen Interessen hinwegzublicken. So mußte sich der Herrscher im Lauf seiner Regierungszeit allmählich wieder den Reichsfürsten nähern, um nicht abgewählt zu werden. Das einzige Ergebnis seiner Bemühungen ist das Gesetz zum Schutz des Reichsadels, das am 25. März 1431 erlassen wurde.

Die Erfolglosigkeit der Bemühungen um das Reich verstehen sich um so besser, wenn man weiß, daß Sigismund I. durch seine Probleme in den Erbländern der Luxemburger enorm beansprucht worden ist, so daß er zeitweise jahrelang nicht im Reich erscheinen konnte. Zu den äußeren Gefahren in Ungarn durch die Türken und die Polen kamen die Schwierigkeiten, die durch den Tod des Johannes Hus in Böhmen ausgelöst wurden. Am 30. Juli 1419 brach in Prag ein blutiger Aufruhr aus, in dessen Verlauf Sigismunds Bruder Wenzel am 16. August 1419 starb. Sigismund stand damit vor der schwierigen Aufgabe, die katholische Ordnung in Böhmen wieder aufzurichten. Doch nur in den Nebenländern der böhmischen Krone, in Schlesien und in der Lausitz, konnte Sigismund sich behaupten. In Böhmen erlitt er in rascher Folge 1420 und 1421 drei bittere militärische Niederlagen. Am 7. Juli 1421 wurde er auf dem Landtag von Tschaslau durch die Hussiten abgesetzt – bis 1436 blieb der böhmische Königsstuhl verwaist.

In der Folgezeit haben sich die Hussiten in verschiedene Glaubensrichtungen aufgespalten, von denen die radikalsten, die Taboriten, von 1426 bis 1433 nicht nur in Böhmen, sondern auch in den umliegenden Gebieten schreckliche Verwüstungen anrichteten. Am 30. Mai 1434 wurden sie jedoch von einem vereinten Heer aus Calixtinern und Katholiken bei Lipan östlich von Prag vernichtend geschlagen. Bis 1436 stand Sigismund, seit 1433 Kaiser, mit dem Hussiten in Verhandlungen. Am 5. Juli 1436 konnte er einen Friedensvertrag abschließen, in dem er erneut als böhmischer König bestätigt wurde. Als Ergebnis der Hussitenkriege ist ein erheblicher Rückgang der deutschstämmigen Bevölkerung Böhmens sowie ein enormer Aufschwung des tschechischen Nationalbewußtseins zu verzeichnen.

Trotz der Schwierigkeiten in Böhmen und Ungarn hatte Sigismund I. die Reichsinteressen in Italien nie aus den Augen verloren. Ein militärisch organisierter Heerzug kam für den König jedoch nie in Betracht. So blieb ihm nur die Möglichkeit, die Kaiserkrone auf friedlichem Weg zu erobern. Am 25. November 1431 ließ er sich in Mailand zum König der Langobarden krönen. Doch dauerte es noch bis zum 31. Mai 1433, ehe die Kaiserkrönung Sigismunds – letztlich nur aufgrund seines ausgeprägten Verhandlungsgeschicks – endlich stattfinden konnte. Die Beendigung der böhmischen Probleme sind im Zusammenhang mit dem Autoritätsschub zu sehen, der mit der Krönung zum Kaiser verbunden war. Doch der Kaisertitel nutzte wenig, um die bereits in Konstanz geplante Reform der Kirche auf dem Konzil von Basel ab 1431 zum Durchbruch zu verhelfen. Auch das Basler Konzil scheiterte in dieser Frage, und der Kaiser mußte am Ende seines Lebens mitansehen, wie die mühsam von ihm geeinte Kirche wiederum zerbrach. Kaiser Sigismund I. starb am 9. Dezember 1437 in Znaim, er wurde 69 Jahre alt. Seine sterbliche Hülle ruht im Dom der Stadt Großwardein, die heute zu Rumänien gehört.

1438–1439 Albrecht II.

Als Albrecht II. am 18. März 1438 in Frankfurt einstimmig zum Nachfolger seines Schwiegervaters Kaiser Sigismund I. gewählt wurde, waren die Probleme der Luxemburger Hinterlassenschaft so vielfältig, daß sie für mehrere Leben ausgereicht hätten. Daß Albrecht II. unter diesen Umständen nicht im Reich tätig, ja nicht einmal gekrönt wurde, verwundert nicht. Erreicht hat dieser König trotz guter Anlagen, dem allerdings das gewinnbringende Naturell Sigismunds fehlte, aufgrund seiner kurzen Regierungszeit wenig, dem Haus Habsburg aber verschaffte er die Krone des Heiligen Römischen Reiches für Jahrhunderte.

Albrecht II. wurde am 16. August 1397 geboren. Bereits mit 14 Jahren erhielt er den Herzogshut für das Herzogtum Österreich. Am 28. September 1421 heiratete er die einzige Tochter Kaiser Sigismunds, Elisabeth, die Erbin der Königreiche Ungarn und Böhmen. Aus der Ehe sind zwei Töchter hervorgegangen. Mit dieser Heirat eröffnete Albrecht dem Haus Habsburg den erneuten Aufstieg zur überragenden Hausmacht im Deutschen Reich.

Nach dem Tod Kaiser Sigismunds im Dezember 1437 galt es für Albrecht, seine Ansprüche in Böhmen und Ungarn zu sichern. Am 1. Januar 1438 wurde er in Stuhlweißenburg zum ungarischen König gewählt, und am 6. Mai 1438 erhielt er seine Anerkennung als böhmischer König unter der Gewährung weitreichender Zugeständnisse an den Landadel. Am 29. Juni 1438 wurde er in Prag zum böhmischen König gekrönt. Die Schwierigkeiten in diesen Ländern wollten jedoch nicht abreißen. Die Hussiten verbanden sich gegen Albrecht II. mit dem polnischen Gegenkönig Kasimir IV., was zum Krieg in Schlesien führte. Letztlich hat sich König Albrecht II. weder in Böhmen noch in Ungarn durchsetzen können.

Im Reich griff er, gebunden durch die Schwierigkeiten bei der Festigung seiner Hausmacht, kaum ein. An den beiden Reichstagen, die während seiner Regierungszeit stattfanden, nahm er nicht teil. Jedoch versuchte

er, die Politik der Kurfürsten gegenüber der Kurie zu unterstützen. Darüber hinaus wollte er zwischen dem Konzil von Basel und Papst Eugen IV. vermitteln, doch blieben alle Bemühungen Stückwerk.
Die starke Persönlichkeit König Albrechts II. konnte sich aufgrund seines frühen Todes nicht entfalten. Auf der Rückkehr von einem gescheiterten Türkenfeldzug, bei dem ihm auch seine eigenen ungarischen Landeskinder im Stich gelassen hatten, starb König Albrecht II. am 27. Oktober 1439 in Neszmely bei Gran an der Ruhr. Er wurde in der Gruft der ungarischen Könige in Stuhlweißenburg beerdigt.

1440–1493 Friedrich III.

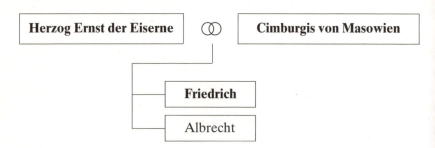

Friedrich III. wurde am 21. September 1415 in Innsbruck geboren. Sein Vater Herzog Ernst der Eiserne von Österreich war ein tatkräftiger und entschlossener Mann, der sich gegen zahlreiche Gegner, vor allem aus der eigenen weitverzweigten Familie der Habsburger, entschieden durchsetzte. Ernst der Eiserne starb 1427, als Friedrich erst zwölf Jahre alt war. Zum Vormund bestimmte man den Onkel Herzog Friedrich IV. von Tirol. Doch nicht nur dieser, sondern auch der eigene Bruder Albrecht versuchte, dem jungen Prinzen das Erbe, Innerösterreich, zu entreißen. Im Leben Friedrichs regelte sich jedoch selbst in schwierigsten Fällen fast alles durch Schicksalsschläge oder Vorkommnisse, zu denen er selbst kaum etwas beitrug. So starb sein Widersacher Herzog Friedrich IV. 1439, im gleichen Jahr, als auch sein Vetter König Albrecht II. nach nur kurzer Regierungszeit als König des Deutschen Reichs verschied. Dessen Sohn Ladislaus kam erst nach dem Tod des Vaters zur Welt und erhielt daher den Beinamen »Postumus«.

Der Tod der beiden genannten Habsburger Fürsten beförderte Friedrich zum Chef dieses Hauses und qualifizierte ihn zum Vormund des Ladislaus Postumus und des Sohnes Friedrichs IV., Sigmund. Gleichzeitig fielen Friedrich durch den Tod König Albrechts II. die Königreiche Böhmen und Ungarn zu. Unter diesen Gesichtspunkten wählten die Kurfürsten des Reichs, in Erwartung eines starken Herrschers, Friedrich im Jahr 1440 zum neuen König. Zwei Umstände lassen Friedrich III. aus der Menge aller Herrscher des Heiligen Römischen Reichs heraustreten, egal ob es sich dabei um bedeutungsvolle oder weniger wichtige Machthaber handelte: Als letzter deutscher König wurde Friedrich III. in Rom zum Kaiser gekrönt, und von allen Kaisern und Königen des Heiligen Römischen Reichs regierte er mit Abstand am längsten. Diese Umstände, aber auch nur diese, geben Friedrich III. in

der Reihe seiner Vorgänger und Nachfolger eine besondere Bedeutung, ansonsten wurde seine systematische Phlegmatie zur Legende. Friedrich III. übernahm das Amt, das das Reich ihm übertragen hatte, in erster Linie, um seine eigenen Interessen wahrzunehmen. Zunächst begann er, die ursprünglich habsburgischen Besitzungen in der Schweiz zurückzuerobern. Als er damit scheiterte, ließ er diese Bemühungen durch angeworbene französische Söldnertruppen (Armagnaken) fortsetzen, die zwar die Schlacht bei St. Jakob an der Birs im Jahre 1444 gewannen, den Erfolg jedoch in der Schweiz letztlich nicht nutzen konnten. Friedrich wollte den französischen Einsatz, an dessen Spitze der französische Kronprinz gestanden hatte, mit Entgegenkommen an der Westgrenze des Reiches (!) abgelten. Dazu ist es zwar nicht gekommen, doch wurde der Westen des Reiches nachhaltig geschwächt. Im gleichen Jahr (1444) unternahm der König den halbherzigen Versuch, auf dem Reichstag von Nürnberg eine Reichsreform einzuleiten. Als auch dieser mißlang, zog sich der König für 27 Jahre völlig aus dem Reichsgeschehen zurück und widmete sich fast ausschließlich der Sicherung und dem Ausbau des Habsburger Hausbesitzes. Hier allerdings bewies er erstaunliche Zähigkeit und Ausdauer. Bevor jedoch über diese Geschehnisse berichtet werden soll, muß noch einiges zum Verhältnis Friedrichs zur Kirche gesagt werden.
Bei Regierungsantritt des Königs tagte noch das Basler Konzil, das von Kaiser Sigismund 1431 einberufen worden war. Dieses Konzil, das zum Zweck einer überaus notwendigen Kirchenreform tagte, scheiterte an dem starrsinnigen Widerstand Papst Eugens IV., der jede Reformbewegung verhinderte und letztlich eine Spaltung des Konzils in Reform- und eigene Anhänger erreichte. Als dies gelungen war, berief er 1438 zunächst ein Konzil nach Ferrara, später (1439) nach Florenz ein, wo nicht über die Kirchenerneuerung, sondern über eine Vereinigung mit der orthodoxen griechischen Kirche verhandelt wurde. Diese Verhandlungen waren möglich geworden, weil inzwischen die Expansion der Türken das byzantinische Reich auf das heftigste bedrohte.
Das Basler Konzil jedoch setzte Papst Eugen IV. erfolglos ab und wählte zum letztenmal in der Geschichte einen Gegenpapst, Felix V. Friedrich III. entschied sich nach langen Verhandlungen, für die Sache des römischen Papstes Eugen IV. einzutreten. Für diese Parteinahme erhielt er von Eugen IV. beachtliche kirchliche Zugeständnisse, unter anderem auch die Zusage der Kaiserkrönung, die jedoch noch bis 1452 aufgeschoben wurde. Bei seiner Kaiserkrönung in Rom ließ sich Fried-

rich gleichzeitig mit Eleonore von Portugal trauen. Mit der Anerkennung Papst Eugens IV. war das Basler Konzil praktisch gescheitert, zumal auch Frankreich, England und weitere europäische Länder auf Eugens Seite standen. Die Entscheidung Friedrichs für Eugen IV. basierte auf dem Ratschlag seiner Mitarbeiter, Kaspar Schlick und Enea Silvio Piccolomini, zweier hochgebildeter Humanisten, der letztgenannte bestieg 1458 als Pius II. den Stuhl Petri. Friedrichs Zusammenarbeit mit den römischen Päpsten seiner Zeit begründete das jahrhundertelange, traditionell gute Verhältnis der Habsburger Kaiser mit der katholischen Kirche, das bis 1918 andauerte. Das Konzil von Basel aber ging 1449 ohne konkrete Ergebnisse auseinander, nachdem der Gegenpapst Felix V. zurückgetreten war.

Wie bereits erwähnt, hatte Friedrich III. nach Albrechts II. Tod das Erbe der Königreiche Böhmen und Ungarn sowie der Gebiete, die heute mit Ober- und Niederösterreich bezeichnet werden, angetreten und die Vormundschaft für Ladislaus übernommen. Ungarn lehnte aber die Krönung des Säuglings Ladislaus zum König ab und hob statt dessen den polnischen König Wladislaw III. auf den Thron. Gegen diese Entwicklung einzuschreiten, entsprach nicht der Mentalität Friedrichs. Wladislaw bemühte sich, den Vormarsch der Türken auf dem Balkan aufzuhalten, fiel aber 1444 in der Schlacht bei Warna gegen den türkischen Sultan Murad. Nach dem Tod König Wladislaws wurde nun doch der vierjährige Ladislaus Postumus zum ungarischen König gewählt; doch bestimmte man gleichzeitig den aus dem walachisch-serbischen Adel stammenden Woiwoden von Siebenbürgen, Johann Hunyadi, zum ungarischen Reichsverweser.

Ebenso wie den Fall der letzten byzantinischen Stadt, Konstantinopel im Jahre 1453, ließ Friedrich auch in Böhmen den Lauf der Ereignisse ohne eigenes Zutun verstreichen. Dort übernahm der führende Kopf der nationaltschechischen Adelspartei, Georg von Podiebrad und Kunstat, die Leitung der politischen Geschäfte, ohne zunächst Ansprüche auf die böhmische Königskrone zu erheben. Immerhin ließ sich Georg Podiebrad 1452 zum Statthalter von Böhmen wählen. Im gleichen Jahr erzwang Johann Hunyadi im Bündnis mit dem österreichischen Adel die Herausgabe des Ladislaus Postumus, so daß dieser pro forma die Regierung von Ungarn und seiner österreichischen Länder antreten konnte; ein Jahr später galt dies auch für Böhmen, in Wirklichkeit aber übten die Statthalter die Herrschaft aus. Noch ehe Ladislaus Postumus regierungsfähig wurde, starb er am 23. November 1457 in

Prag an der Pest. Georg Podiebrad und Matthias Corvinus, der Sohn Johann Hunyadis, ließen sich die Chance, die ihnen der frühe Tod des Ladislaus bescherte, nicht entgehen. Georg Podiebrad wurde Böhmens und Matthias Corvinus Ungarns König, nur die österreichischen Erbteile gingen an Friedrich III.

Auch der österreichische Besitz wurde Friedrich III. von zwei Konkurrenten streitig gemacht: von seinem Bruder Albrecht und von seinem Vetter Herzog Sigmund von Tirol. Während der Kaiser Herzog Sigmund finanziell abfinden konnte, bekam er mit Albrecht ernsthafte Schwierigkeiten, die nach erfolglosen Verhandlungen in einen offenen Kampf der Brüder einmündeten. Zu den militärischen Auseinandersetzungen zwischen den beiden Fürsten gesellte sich ein Aufstand der unzufriedenen Wiener Bürger auf der Seite Albrechts. Der Kaiser wurde mit seiner Familie in der Wiener Hofburg eingeschlossen und belagert, wo er fast drei Monate unter kläglichen Bedingungen ausharren mußte, bis er ausgerechnet von Georg Podiebrad aus seiner mißlichen Lage befreit wurde. Dennoch mußte der Kaiser mit seiner Familie Wien verlassen, wobei der Auszug unter dem Hohn und Spott der Bevölkerung vonstatten ging; er begab sich nach Wiener Neustadt. Albrecht konnte sich seines Erfolgs jedoch nicht lange erfreuen, bereits ein Jahr später starb er, ohne Kinder zu hinterlassen. Die Wiener waren froh, diesen Herrn loszuwerden, da er sich als besonders grausam und streng erwiesen hatte. Der Kaiser kehrte nach Wien zurück. Bis auf Tirol lag nunmehr der gesamte österreichische Habsburger Hausbesitz in seiner Hand.

Nach den Vorgängen in Wien sank König Georg Podiebrads Stern ständig ab. 1460 war noch erwogen worden, den böhmischen König als Statthalter des Deutschen Reichs einzusetzen, doch die Abkehr Podiebrads von der römischen Kirche machte ihm diese zum unversöhnlichen Gegner. 1466 wurde er deshalb zum Ketzer erklärt, und Matthias Corvinus wurde gewonnen, die Absetzung militärisch durchzusetzen. Zwar gelang dies Corvinus zunächst nicht, aber nach dem Tod König Podiebrads einigte sich Matthias Corvinus mit dem Sohn des polnischen Königs Kasimir II., Wladislaw, auf eine Teilung Böhmens, so daß die Krone Böhmens ab 1471 von zwei Herrschern gleichzeitig getragen wurde. Die Untätigkeit Kaiser Friedrichs III. führte schließlich auch dazu, daß sich König Matthias Corvinus gegen die Habsburger Erblande wandte und Niederösterreich, Kärnten und die Steiermark eroberte. Endlich nahm er im Jahre 1485 auch die Stadt Wien in seinen

Besitz und erklärte sie zur Hauptstadt seines ungarischen Großreichs. Wiederum wehrte sich der Kaiser nur schwach und zog die Flucht vor. Möglicherweise verbot er sogar seinem gänzlich anders gearteten Sohn Maximilian, gegen König Matthias Corvinus einzuschreiten. Erst als Corvinus am 6. April 1490 unerwartet früh verstarb, vielleicht ist er durch die eigene Ehefrau vergiftet worden, eroberte Maximilian die besetzten Gebiete Österreichs zurück, konnte aber im Frieden von Preßburg (7. November 1491) nur vage Zusagen für die Königreiche Ungarn und Böhmen für den Fall erhalten, daß der inzwischen für ganz Böhmen und Ungarn gewählte schwache König Wladislaw kinderlos bleiben sollte. Durch den Urenkel Kaiser Friedrichs III., Ferdinand I., erfüllten sich diese Habsburger Hoffnungen. Doch schon 1490 erhielt Maximilian Tirol und Vorderösterreich freiwillig von Herzog Sigmund übereignet, wodurch die Herrschaft über das gesamte Österreich in den unmittelbaren Besitz des Kaiserhauses kam.

Die Aktivitäten des Hauses Habsburg im Reich ruhten auf den Schultern Maximilians, Sohn des Kaisers, vor allem seitdem der Prinz im Jahre 1477 Maria, Tochter Karls des Kühnen und die Erbin Burgunds, geheiratet hatte. Das energische Eingreifen Maximilians zur Sicherung der Erbansprüche seiner Frau verschafften ihm rasch Ansehen und Respekt auch außerhalb des Habsburgers Hausbesitzes. Infolgedessen wurde Maximilian am 16. Februar 1486 in Frankfurt von den Kurfürsten zum König des Heiligen Römischen Reichs gewählt und wenig später, am 9. April 1486, in Aachen gekrönt. Ob Kaiser Friedrich mit dieser Wahl einverstanden war, mag dahingestellt bleiben, jedenfalls hat er seinem Sohn kein Mitspracherecht in Reichsfragen zugestanden. De facto kam die Ernennung Maximilians einer Absetzung seines Vaters gleich.

Wegen seiner abwartenden Passivität wurde Kaiser Friedrich III. von seinen Zeitgenossen mehr als getadelt. Dennoch glaubt man heute, in seinem Verhalten eine auf Frieden gerichtete, konsequente, bewußt gelebte und verantwortete Politik erkennen zu können. Wenn dies tatsächlich so ist, dann kann die Haltung Kaiser Friedrichs nur größte Hochachtung verdienen, zumal er leidvolle Entbehrungen geduldig ertragen hat. Letztlich haben ihm die Erfolge, die ihm ohne großes Zutun zugefallen sind, recht gegeben.

Kaiser Friedrich III. starb am 19. August 1493 nach einer Beinamputation im Alter von 78 Jahren; er wurde in Wien beigesetzt.

1486–1519 Maximilian I., der letzte Ritter

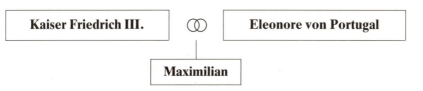

Maximilian wurde am 22. März 1459 als einziger Sohn Eleonores von Portugal und Kaiser Friedrichs III. in Wiener Neustadt geboren. Der Vater, der für seine zögernde und zurückhaltende politische Aktivität geradezu berüchtigt war, bewies mit der ausgewogenen, erstklassigen Erziehung seines Sohns den Weitblick, den moderne Historiker auch in seinem politischen Wirken zu erkennen glauben. Maximilian wurde im Sinne einer besonderen Sendung der Habsburger nach spätmittelalterlichen Gesichtspunkten erzogen, wobei ihm die Inhalte ritterlicher Tugenden ebenso zu eigen wurden wie die neuen wissenschaftlichen Erkenntnisse in der Zeit zwischen Spätgotik und Renaissance und die Glaubensgrundsätze der christlichen Lehre. Der Prinz wuchs in dieser behüteten Umgebung überwiegend in und um Wien auf.

Im Jahr 1473 begleitete er seinen Vater auf einer Reise nach Trier zu Verhandlungen mit dem burgundischen Herzog Karl dem Kühnen, einer der schillerndsten Persönlichkeiten europäischer Geschichte, der vom Kaiser die Erklärung Burgunds zum Königreich erhoffte. Gegenstand der Besprechungen sollte auch eine eventuelle Verlobung des einzigen Kindes Karls des Kühnen, seiner Tochter Maria, mit Maximilian sein. Die kultur- und prunkvolle Hofhaltung des Herzogs sowie dessen kriegerisch-militärische Erscheinung beeindruckten den jungen Prinzen nachhaltig. Maximilian erhielt von Herzog Karl eine burgundische Kriegsordnung geschenkt, die ihn vielleicht zu seinen späteren militärischen Ambitionen animiert hat. Kaiser Friedrich III. brach die Trierer Verhandlungen vorzeitig ohne Ergebnis ab und verließ die Stadt, angeblich ohne seine Rechnungen zu bezahlen. Dennoch kam die geplante Verlobung mit der reichen burgundischen Prinzessin 1475 zustande, obwohl sich ihr Vater durch kriegerische Einfälle in das Reichsgebiet recht unbeliebt gemacht hatte. Kaiser Friedrich störte dies um so weniger, als durch die in Aussicht genommene Heirat seines Sohnes Burgund ohnehin an das Reich fallen würde.

In dieser Lage begann der glanzvolle Stern Karls des Kühnen zu sinken.

Zwei verheerende Niederlagen gegen die Schweizer Eidgenossen brachten den Herzog an den Rand des militärischen Zusammenbruchs. Am 5. Januar 1477 stellte er sich mit seinem letzten Aufgebot vor den Toren der Stadt Nancy zum Kampf. Seine einst für unbezwinglich gehaltenen Söldner wurden zusammengehauen, er selbst fiel im Getümmel der Schlacht. Sein Leichnam wurde erst zwei Tage später fast zur Unkenntlichkeit entstellt aufgefunden. Das burgundische Großreich, das Karl der Kühne und sein Vater Philipp der Gute geschaffen hatten, drohte in der Hand der Tochter zu zerfallen. Sollte das burgundische Erbe für die Habsburger gerettet werden, dann mußte der inzwischen 18jährige Maximilian handeln.

Maria von Burgund empfing die Nachricht vom Tod ihres Vaters in Gent. Umgeben von Verrätern und ohne militärische Unterstützung, mußte sie mitansehen, wie der französische König Ludwig XI. die westlichen Teile der burgundischen Gebiete besetzte. Darüber hinaus übte Ludwig XI. auf Maria Druck aus, um von ihr die Zustimmung zu einer Heirat mit seinem siebenjährigen Sohn (!) zu erhalten. Aber Maria hielt an ihrem Verlöbnis fest und hoffte auf die Hilfe Maximilians. Im Sommer des Jahres 1477 brach der Prinz nach Gent auf und sah seine Verlobte dort erstmalig. Zeitgenossen berichten, daß die beiden sofort »Gefallen aneinander fanden« – am 19. August 1477 fand die Hochzeit statt. Aus der rein politisch gedachten Verbindung wurde eine überaus glückliche, liebevolle Ehe, und dies, obwohl sich die beiden anfänglich kaum verständigen konnten, da Maximilian weder die französische noch die niederländische Sprache beherrschte, Maria dagegen kein Deutsch sprach.

Aus der Ehe sind zwei Kinder hervorgegangen, die beide zu hervorragenden Persönlichkeiten heranreiften. Der Sohn Philipp, den man später »den Schönen« nannte, wurde am 22. Juni 1478 und die Tochter Margarete am 10. Januar 1480 geboren. Philipp brachte den Habsburgern das Königreich Spanien ein, und Margarete erlebte durch mehrere Ehen ein sehr bewegtes und an Abwechslung reiches Leben. Als dreijährige Prinzessin kam sie an den französischen Hof, mit 13 Jahren schickte sie der französische König an Maximilian zurück, obwohl sie inzwischen formell mit dem Kronprinzen verheiratet war. 1498 heiratete sie den Erben des spanischen Throns, Johann, der jedoch im gleichen Jahr starb. Auch mit ihrem dritten Ehemann, Philibert von Savoyen, den sie 1501 heiratete, hatte Margarete kein Glück, er starb bereits 1504. Danach wurde sie von ihrem Vater zur Statthalterin der

Niederlande ernannt, wo sie als hochgebildete und tatkräftige Frau zu hohem Ansehen und bedeutendem Einfluß gelangte. Für ihren Vater wurde sie eine seiner kräftigsten Stützen im Reich, auch die Erziehung ihres Neffen, des späteren Kaisers Karl V., wurde ihr anvertraut.
Maximilians und Marias Glück währte jedoch nicht lange. Maria starb am 27. März 1482 an den Folgen eines Jagdunfalls, bei dem sie höchst unglücklich vom Pferd gestürzt war. Der Tod der Burgunderin beendete nicht nur das familiäre Glück Maximilians, sondern erschütterte auch seine politische Machtstellung erheblich.
Bald nach seiner Hochzeit hatte Maximilian den Kampf gegen Frankreich aufgenommen, der fast 15 Jahre dauern sollte und seinen Ruhm als Soldat und Feldherr begründete. 1479 siegte Maximilian in der Schlacht von Guinegate und zwang Frankreichs König Ludwig XI. zur Herausgabe der besetzten burgundischen Gebiete. Doch nach dem Tod Marias verbündeten sich die Niederländer mit Frankreich, da ihnen der Habsburger als Ausländer zu fremd war, und zwangen Maximilian zur Herausgabe seiner Tochter Margarete an Ludwig XI., um sie, wie erwähnt, zur Gemahlin des französischen Kronprinzen zu erziehen. Gleichzeitig wurde im Frieden von Arras bestimmt, daß Frankreich die burgundischen Gebiete Franche-Compte, Artois und die Bourgogne erhalten sollte. Erst 1485 gelang es Maximilian, die aufständischen Flamen, vor allem aber die mächtigen Städte Brügge und Gent, zu unterwerfen und von ihnen seine Vormundschaft über seinen Sohn Philipp anerkannt zu erhalten.
Inzwischen war die Stimmung im Deutschen Reich wegen der Untätigkeit Kaiser Friedrichs III. so schlecht geworden, daß die Kurfürsten am 16. Februar 1486 Maximilian zum »Römischen König« wählten und ihn sozusagen an die Stelle seines Vaters stellten. Am 9. April 1486 wurde Maximilian im Dom von Aachen feierlich gekrönt. Die Wahl und Krönung Maximilians zum König kam einer Absetzung Kaiser Friedrichs III. gleich, doch hat sich Friedrich in bewährter Manier von den Ereignissen nicht irritieren lassen, immerhin war er seit langer Zeit der erste deutsche Kaiser, der die Wahl des Sohns zum Nachfolger miterleben konnte. Die Fürsten des Deutschen Reiches erhofften sich durch die Wahl Maximilians im Inneren des Landes die Durchsetzung einer höchst notwendigen Reichsreform und außenpolitisch vor allem den militärischen Schutz vor der immer bedrohlicher werdenden türkischen Expansion auf dem Balkan.
Der Popularitätsschub, den sich Maximilian in den Niederlanden von

seiner Königskrönung erhofft hatte, blieb aus. Im Gegenteil, die durch die Kriege mit Fankreich und durch die steuerlichen Lasten ausgelaugten und aufgebrachten Bürger von Brügge lockten Maximilian im Jahre 1488 in die Stadt und nahmen den König kurzerhand gefangen. Erst jetzt glaubte Kaiser Friedrich eingreifen zu müssen. Mit Hilfe der empörten Reichsfürsten gelang es, ein Reichsheer aufzustellen und den König aus seiner schmählichen Gefangenschaft zu befreien, wo er immerhin drei Monate hatte ausharren müssen. Nachdem Albert von Sachsen die Niederländer im Jahr 1489 unterworfen hatte und ein vorläufiger Friede mit Frankreich geschlossen war, kehrte Maximilian ins Reich zurück und wandte sich den Habsburger Problemen im Südosten des Landes zu. Vor allem galt es, den Ansprüchen auf die Kronen von Böhmen und Ungarn zum Durchbruch zu verhelfen, was auch nach dem Tod des ungarischen Königs Matthias Corvinus durch den Frieden von Preßburg (1491) wieder in den Bereich des Möglichen geriet.

Noch wichtiger war aber für Maximilian seine Adoption durch seinen entfernten Verwandten Erzherzog Sigmund von Tirol, der gleichzeitig abdankte, wodurch Maximilian alle Habsburger Stammländer in seiner Hand vereinigen konnte. In dasselbe Jahr fällt auch seine zweite Heirat (1490), als er in einer Art Ferntrauung die Herzogin Anne von Bretagne unbesehen ehelichte. Auch diese Ehe war selbstverständlich eine rein politische Zweckverbindung. Maximilian bezweckte damit die Einkreisung des französischen Nordens und schuf eine ernsthafte Bedrohung für Frankreich. Dieser Gefahr glaubte sich der französische König Karl VIII. nicht aussetzen zu dürfen und drang deshalb militärisch in die Bretagne ein. Das französische Heer eroberte die Stadt Rennes, und der bucklige Karl VIII. zwang Anne von Bretagne, ihn zu heiraten. Gleichzeitig wurde damit sein Verlöbnis mit Maximilians Tochter Margarete gelöst, die sich wie berichtet am französischen Hof aufhielt. Die Vorgänge sind unter der Bezeichnung »der Brautraub von Bretagne« in die Geschichte eingegangen.

Durch diese schwere Brüskierung zutiefst gekränkt, kehrte Maximilian aus Ungarn kommend auf den westlichen Kriegsschauplatz zurück und eröffnete erneut mit wechselndem Kriegsglück die Feindseligkeiten gegen Frankreich. Trotz des Einsatzes aller ihm zur Verfügung stehenden Mittel, wozu auch die Beeinflussung der öffentlichen Meinung durch die eben erfundene Buchdruckerkunst gehörte, blieb die Bereit-

schaft zur Unterstützung durch die Kräfte des Reichs gering, vor allem die Reichsfürsten zeigten nur wenig Interesse an den Vorgängen in Frankreich. Maximilian mußte sich auf eigene Mittel beschränken und konnte schließlich Karl VIII. zu Verhandlungen und am 23. Mai 1493 zum Friedensschluß von Senlis bringen. Dabei erhielt Maximilian den größten Teil der Gebiete, die er Margarete als Mitgift mitgegeben hatte, samt der Tochter zurück. Der Frieden von Senlis beendete den 15jährigen Kampf um das burgundische Erbe.
Maximilian stand zwar nicht als der strahlende Sieger da, wie er es sich erhofft hatte, doch hatte er bewiesen, daß er sich erfolgreich durchzusetzen verstand und sich im In- und Ausland Ansehen und Respekt verschafft. Zu dieser Zeit, knapp drei Monate nach dem Senliser Frieden, starb am 19. August 1493 in Wien Kaiser Friedrich III., Maximilian wurde Alleinherrscher.
Seine ersten Pläne, nachdem er die alleinige Entscheidungsfreiheit besaß, bezogen sich auf einen Kreuzzug gegen die Türken, um die Stadt Konstantinopel für die Christenheit zurückzugewinnen. Hier wird die Verbindung ritterlicher Idealvorstellungen mit aus der Zeit geborenen politischen Notwendigkeiten bei Maximilian deutlich. Um diese Pläne verwirklichen zu können, heiratete er 1494 in Innsbruck zum drittenmal, nunmehr Bianca Maria, die reiche, aber nicht ganz standesgemäße Nichte des Lodovico Sforza, den er mit dem Herzogtum Mailand belehnte, das nominell immer noch zum Deutschen Reich gehörte. Bianca Maria Sforza erhielt eine Mitgift von 300 000 Dukaten, darüber hinaus soll sie eine hübsche Frau gewesen sein, die Liebe Maximilians konnte sie aber nicht erringen.
Durch diese Heirat wurde Maximilian in die Auseinandersetzungen um Italien hineingezogen. Auch in Italien sollte wiederum Frankreich der Gegner sein. König Karl VIII. bemächtigte sich im Sommer des Jahres 1494 des Königreichs Neapel, auf das er durch die ehemalige Verbindung Frankreichs mit dem Hause Aragon Ansprüche erhob. Der Einmarsch der Franzosen verlief unblutig, da sich die meisten italienischen Kleinfürstentümer mit Frankreich einigten. Maximilian sah durch diese Vorgänge eine Chance, den alten Reichsrechten in Italien wieder zum Durchbruch zu verhelfen. Da die mächtigen Stadtstaaten und der Vatikan sich durch die Änderungen des Kräfteverhältnisses im Land bedroht fühlten, schloß man 1495 die »Heilige Liga« gegen Frankreich, der Maximilian, Spanien, Venedig, Mailand und Papst Alexander VI. beitraten. Bevor Maximilian 1496 in Italien erschien,

hatten die Franzosen angesichts der massiven Bedrohung durch die Liga das Land bereits wieder verlassen.

Die Verzögerung des Einmarsches Maximilians entstand durch Verhandlungen, die der König mit den Reichskräften führen mußte: Der Erzbischof von Mainz, Berthold von Henneberg, versuchte 1495 auf dem Reichstag von Worms Zugeständnisse, die auf eine Stärkung der Kurfürsten und eine Entmachtung des Römischen Königs hinausliefen, von Maximilian im Gegenzug für die Beteiligung des Reichs an den Auseinandersetzungen in Italien zu erzwingen. Maximilian konnte diese Absichten zwar verhindern, mußte aber anderen Veränderungen im Sinn einer Reform des Deutschen Reichs zustimmen, so z. B. der Einführung einer Reichssteuer, des »Gemeinen Pfennigs«, der Abhaltung regelmäßiger, jährlich stattfindender Reichstage, der Einrichtung des unabhängigen Reichskammergerichts und der Verkündigung einer Landfriedensordnung.

Die Aktionen Maximilians in Italien aber gingen blamabel zu Ende. Der Geldgeber Venedig verlor sehr bald das Interesse, zumal man die fremden französischen Truppen nicht unbedingt durch die ebenfalls unbeliebten deutschen ersetzt sehen wollte. Letztlich erhielt der König nur noch aus Mailand Unterstützung. Doch dies war zu wenig, um die Söldner bei den Fahnen zu halten. Die Eroberung Livornos, der Versuch, die Toskana erneut dem Reich anzugliedern, mißlang. Maximilian mußte Italien im Dezember 1496 erfolglos und enttäuscht über den verschneiten Brenner verlassen und das Land einem erneuten Zugriff der Franzosen überlassen. Immerhin blieb dem König als vorzeigbarem Erfolg die Annäherung an den spanischen König Ferdinand von Kastilien, mit dem er die für sein Haus so bedeutenden Heiratsvereinbarungen beschloß. Sein Sohn Philipp der Schöne heiratete 1496 die spanische Prinzessin Johanna die Wahnsinnige, und seine Tochter Margarete ehelichte 1498 Prinz Johann, der jedoch noch im gleichen Jahr starb. Damit wurde Philipp durch seine Gemahlin der Erbe Spaniens, womit dem Aufstieg der Habsburger zur Weltmacht der Weg geebnet war.

In Italien aber eroberte sich, nachdem König Karl VIII. 1498 verstarb, König Ludwig XII. die besten Positionen. 1499 unterwarf er Mailand und ganz Oberitalien, und das Königreich Neapel wurde zwischen Spanien und Frankreich aufgeteilt. Zwar konnte sich Ludwig XII. in Neapel nicht lange halten, aber die Einkünfte aus der Lombardei flossen nun nach Paris. Die Stellung Frankreichs schien sich zur absoluten europäischen Führungsposition auszuweiten. Der Papst, die Schweizer Eidgenossen, die ohnehin die Reichsreform nicht anerkannt und sich damit praktisch aus dem Reichsverband gelöst hatten, und sogar Maximilians Sohn Philipp (als Schwiegersohn des spanischen Königs) suchten die Annäherung an Frankreich. In dieser Lage mußte Maximilian 1500 auf dem Reichstag von Augsburg der Einrichtung eines sogenannten »Reichsregiments«, das aus einem Gremium der Reichsstände gebildet wurde und weitgehende Rechte besaß, zustimmen; sogar der Oberbefehl über das Reichsheer sollte Maximilian entzogen werden. Sein Ansehen befand sich auf dem Tiefpunkt. Unter den genannten Bedingungen blieb Maximilian nichts anderes übrig, als dem Rat seines Sohns zu folgen und ebenfalls die Aussöhnung mit Frankreich zu suchen. 1501 kam es zum Friedensschluß von Trient und 1504 zu den Verträgen von Blois, doch sind alle Abmachungen von beiden Seiten wohl lediglich als verbale Absichtserklärungen aufgefaßt worden, ohne den Willen, die Vereinbarungen auch einzuhalten.

Maximilian konzentrierte sich nun mangels ausreichender finanzieller Mittel, um außenpolitisch und militärisch tätig zu werden, auf die Innenpolitik. Durch seine Anstrengungen erreichte er die Auflösung des Reichsregiments, und einige kleinere Reichsgebiete fielen durch Erledigung der Lehen an ihn zurück. Ein geplanter Zug nach Rom zu seiner Kaiserkrönung konnte nicht durchgeführt werden. Aus diesem Grund erklärte er sich mit Zustimmung des Papstes am 4. Februar 1508 im Dom von Trient selbst zum Kaiser des Heiligen Römischen Reiches und nannte sich fortan »Erwählter Römischer Kaiser«.

Weitere Aktivitäten in Italien, die sich nun gegen Venedig richteten, blieben ohne Erfolg. In dieser Zeit faßte Maximilian den abenteuerlichen Plan, sich selbst zum Papst zu krönen. Jedoch verwarf er diese Pläne schließlich und trat dagegen erneut einer Liga gegen Frankreich mit dem Ziel bei, die Franzosen aus Italien zu vertreiben. Fast schienen die Absichten von Erfolg gekrönt, da starb König Ludwig XII. am 1. Januar 1515. Sein Nachfolger Franz I. machte mit seinem jugendlichen Elan alle Aussichten des Kaisers zunichte. Zum letztenmal sah sich Maximilian gezwungen, allein auf sich gestellt, in Italien einzugreifen. Mutlos wagte er nicht mehr den entscheidenden Schlag zu führen, so gingen ihm die Mittel aus, und die Söldner liefen ihm davon. Mit wenigen Getreuen mußte sich der Kaiser nach Tirol retten. Am 1. Dezember 1516 schloß Maximilian mit Franz I. einen Waffenstillstand in Brüssel, der dem Reich einen kleinen Zuwachs in Südtirol brachte, Gewinner aber waren Frankreich und Venedig.

Erfolgreicher als in seinen langen kriegerischen Auseinandersetzungen agierte Maximilian in seiner Familienpolitik. Bereits die Verheiratung seiner Kinder Philipp und Margarete war ein Triumph, wenn auch die Ehen der beiden nicht gerade vom Glück begünstigt wurden. Diese für das Haus Habsburg so vorteilhafte Politik setzte der Kaiser gerade zu dem Zeitpunkt mit seinen Enkeln fort, als seine Italien-Frankreich-Ambitionen unter den genannten blamablen Umständen zusammengebrochen waren. Die bereits 1507 eingefädelte Ehe seines Enkels Ferdinand mit der ungarisch-böhmischen Prinzessin Anna und seiner Enkelin Maria mit dem ungarisch-böhmischen Thronerben Ludwig wurden 1515 im Wiener Stephansdom feierlich geschlossen. Zur angemessen kaiserlichen Prachtentfaltung bei der Doppelhochzeit lieferten die Augsburger Fugger nicht ganz uneigennützig die erforderlichen Geldmittel. Zwar konnte der Kaiser nicht vorhersehen, daß die Habsburger durch den Eintritt des Erbfalls so rasch die beiden Kronen erhalten würden, doch muß seinem Verhandlungsgeschick und seinem dabei bewiesenem Weitblick hohe Achtung gezollt werden. Durch die spanischen und ungarisch-böhmischen Heiraten sind den Habsburgern neben der Krone des Römischen Reiches, die sie bereits besaßen, die von Spanien, Ungarn, Böhmen und Neapel zugefallen, mehr durfte nicht erwartet werden.

Am Ende seines Lebens kamen noch einmal die Pläne des Kaisers zu einem Kreuzzug gegen die Türken ins Gespräch. Doch bevor diese in den Bereich des Möglichen rückten, beendete ein Mönch in Wittenberg alle Gedanken. Es ist nicht sicher, ob der Kaiser die Gefahr der heraufziehenden Reformation noch in ihrem vollen Ausmaß überschaut hat. Er starb am 12. Januar 1519 in Wels in Oberösterreich und wurde in Wiener Neustadt beerdigt. Sein Grabmal, das er in Innsbruck mit großen Anstrengungen, unter Mitwirkung bedeutendster Künstler seiner Zeit, zu einem imposanten Monument der Renaissance errichten ließ, blieb ungenutzt.

Kaiser Maximilian war der letzte Herrscher des Heiligen Römischen Reiches mittelalterlicher Prägung, er war nicht nur »der letzte Ritter«, ein Gentleman und Kavalier im besten Sinne, sondern verkörperte gleichzeitig den Aufbruch in die Neuzeit. Seine Popularität und sein Ansehen in der Bevölkerung erreichten letztmalig die Dimension eines Barbarossa oder eines Otto des Großen, ohne aber auch deren politi-

sche Bedeutung zu erreichen, dazu waren die vielfältigen Widerstände aus den Reihen der Reichsfürsten, der Kirche, der Städte und Stände zu vehement. Maximilian war ein bemerkenswerter Mensch mit einer ausgesprochen vielseitigen Begabung. Sein hervorragendes militärisches Führertalent paarte er mit seiner körperlichen Geschicklichkeit als Krieger und Jäger, der seine Waffen im Kampf, Turnier und auf der Jagd selbst meisterlich zu handhaben wußte. Er schuf den Umbruch vom Ritter- zum Söldnerheer, galt als »Vater der Landsknechte« und entwickelte eine starke österreichische Artillerie. Doch damit erzeugte er die Instrumente, die seine ritterlichen Lebensvorstellungen untergruben. Und dennoch darf er trotz seiner Vorliebe für rustikale robuste Naturen, wie den Ritter Götz von Berlichingen und Georg von Frundsberg, den er adelte, nicht nur als Soldat und Offizier beurteilt werden. Maximilian war auch den Künsten sehr zugeneigt. Hochgebildet, hat er sich selbst mit eigenen Werken dichterisch hervorgetan, so schrieb er unter anderem das selbstbiographische romanhafte Buch »Weißkunig« und ließ eine Deutung seines Wirkens, den »Theuerdank«, unter seiner Aufsicht erstellen.
Maximilian hat durch den Erwerb von Burgund sowie der Erbansprüche auf Spanien und Ungarn-Böhmen die Weltmachtstellung des Hauses Habsburg begründet. Seine wohlgemeinten Versuche, diese Erfolge auch auf eine Neugestaltung des Reiches zu übertragen, blieben jedoch in Anfängen stecken und sind in den Wirren der Reformation gänzlich verlorengegangen.

1519–1558 Karl V.

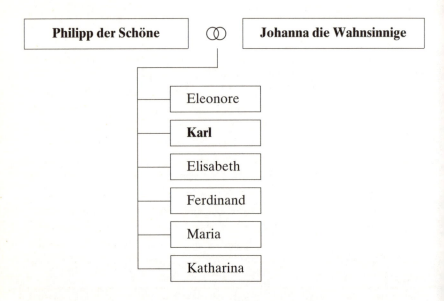

Im Jahr 1496 hatte der Sohn Maximilians I., Philipp »der Schöne«, die spanische Prinzessin Johanna »die Wahnsinnige« geheiratet. In dieser für die Habsburger so bedeutungsvolle Ehe wurde Karl, der spätere Kaiser Karl V., am 24. Februar 1500 in Gent geboren. Philipp der Schöne starb überraschend früh im Alter von nur 28 Jahren am 25. September 1506. Da die Mutter Karls inzwischen geistig erkrankt war, wurde die Tante des Prinzen, Margarete, mit der Erziehung des Kindes beauftragt, gleichzeitig setzte Maximilian I. sie als Generalstatthalterin der ehemals burgundischen Länder für ihren Neffen ein. Margarete hatte, nachdem ihr dritter Mann nach nur dreijähriger Ehe 1504 gestorben war, eine erneute Verheiratung abgelehnt. In ihrer Rolle als Statthalterin arbeitete sie sowohl für ihren Vater als auch für ihren Neffen überaus hilfreich. Vom Volk geliebt und verehrt, bildete sie, als politisch verantwortungsvolle, intelligente, künstlerisch begabte, hochgebildete und friedliebende Frau, eine unverzichtbare Stütze für das Haus Habsburg und damit auch für das Reich. In die Hände dieser bedeutenden Frau wurde das Schicksal des sechsjährigen Prinzen gelegt.

Wegen der politischen Aufgabe Margaretes wuchs Karl also in den Niederlanden, überwiegend am Hof zu Mecheln, auf und wurde in der

Tradition des burgundischen Adels erzogen. Die Geisteswelt und der sprachliche Rahmen, in dem sich der Prinz bewegte, waren französisch geprägt. Seine bedeutendsten Lehrer und Erzieher waren Wilhelm von Croy, der dem Großvater bereits als Rat und Kammerherr gute Dienste geleistet hatte, als Erzbischof der einflußreichste Ratgeber Philipps des Schönen war und schließlich, als Karl großjährig wurde, sein leitender Minister werden sollte (er starb 1521 auf dem Reichstag von Worms), und Adrian von Utrecht, der spätere Papst Hadrian VI., der Professor für Theologie in Löwen, ein Freund Erasmus' von Rotterdam und ein angesehener Gelehrter war. Auch dieser Lehrer Karls folgte ihm 1515 nach Spanien, wo er zunächst Bischof von Tortosa, dann Kardinal und letztlich Inquisitor von Spanien wurde. Im Jahr 1522 wählte man ihn völlig unerwartet zum Nachfolger Papst Leos X., er war der letzte deutsche Vertreter auf dem Stuhl Petri. Beide Lehrer bildeten den jungen Prinzen im Sinne der katholischen Kirche zu einem frommen Christen heran und gaben ihm die Grundlagen seiner späteren politischen Handlungsfähigkeit mit.

Mit 15 Jahren wurde Karl (1515) für volljährig erklärt und begab sich zur Vorbereitung der Regierungsübernahme nach Spanien. Ein Jahr später starb sein Großvater mütterlicherseits, Ferdinand V. von Spanien, König von Aragon und Kastilien, König von Neapel und Sizilien sowie der überseeischen spanischen Territorien. Diese Titel, zusammen mit dem eines Herzogs von Burgund, Flandern und der Niederlande, vereinigte Karl seit diesem Jahr (1516) auf seine Person. Die ersten Jahre seines spanischen Regiments verliefen keineswegs problemlos, zu fremd erschienen dem spanischen Adel und dem Volk die neuen Herren; die Auseinandersetzungen in Spanien, die sich vor allem gegen die landfremden Räte des jungen Königs richteten, dauerten bis 1522 an.

Dennoch fiel in diese Zeit die erste Weltumsegelung durch Magalhães (1518), die Eroberung von Mexiko durch Cortes und von Peru durch Pizarro. Die Errichtung des spanischen Weltreichs geschah zwar durchaus auf Anordnung des Königs, doch verband dieser mit seinen Aufträgen eher die Vorstellung einer weltumspannenden Christianisierung, als daß er an die wirtschaftlichen Auswirkungen durch die Errichtung von Kolonien dachte. Karl konnte das Ende der spanischen Aufstände nicht im Land abwarten; bereits 1519, nachdem ihn die Nachricht vom Tod seines Großvaters, des Kaisers Maximilian I., erreichte, mußte er zur Wahrung seiner Ansprüche nach Deutschland zurückkehren.

Hier stellten sich zwei Bewerber auf den Thron des Deutschen Reiches zur Wahl: Franz I., der ehrgeizige König von Frankreich (!), und König Karl, der Enkel Kaiser Maximilians I. Durch Papst Leo X. war zeitweise auch die Kandidatur des sächsischen Kurfürsten Friedrich des Weisen ins Spiel gebracht worden, doch dieser lehnte das Ansinnen ab. Der französische König nahm die Bewerbung Karls, der zu diesem Zeitpunkt erst 19 Jahre zählte, nicht ernst und rechnete fest mit seiner Wahl zum Kaiser des Heiligen Römischen Reiches. Denn die Denkweise der Kurfürsten, die lieber einen jungen, vermeintlich schwachen Herrscher, der vermutlich in seinen südlichen Ländern genügend Probleme vorfinden würde, auf dem Thron sehen wollten als einen machtvollen, bewährten König in ständiger Nachbarschaft der Fürstentümer, war König Franz I. fremd. Er scheiterte an dieser Haltung der Kurfürsten ebenso wie an den 500 000 Dukaten, die das Handelshaus Fugger aus nationalen Erwägungen dem Wahlkollegium in die Taschen schob. Am 28. Juni 1519 wurde Karl V. durch die Kurfürsten einstimmig zum Kaiser (!) des Heiligen Römischen Reiches gewählt. Vier Monate später, am 22. Oktober 1519, traf Karl in Aachen ein, wo er begeistert und mit großem Prunk empfangen wurde. Als Novum war bei der Wahl beschlossen worden, daß der gewählte Kaiser eine sogenannte Wahlkapitulation zu unterschreiben hatte, in der er sich zur Wahrung der Fürstenrechte und anderer bedeutender Beschränkungen seiner kaiserlichen Gewalt verpflichten mußte. Dieses Dokument unterschrieb Karl noch am Abend seiner Ankunft in Aachen. Am nächsten Tag fand die feierliche Krönung im Aachener Dom statt.
Es stellte sich sehr bald heraus, daß das Regieren aller Länder, die die kaiserliche Krone nunmehr vereint hatte, durch einen Kopf allein nicht möglich war. So fand auf dem Reichstag von Worms im Jahr 1521 nicht nur die Diskussion der neuen protestantischen Lehre und die Vorstellung Martin Luthers mit seiner berühmten Erklärung (»..., Gott helfe mir, Amen!«) statt, sondern es wurden auch eindeutige Vereinbarungen hinsichtlich der Stellvertretung des Kaisers im Reich getroffen. Die Wahl seines Bruders Ferdinand zum »Römischen König« hatte Karl bereits zuvor abgelehnt, so erhielt Ferdinand die österreichischen Besitzungen der Habsburger anvertraut. In den Niederlanden blieb Margarete bis zu ihrem Tod im Jahr 1530 Generalstatthalterin, und für das Reich wurde entgegen den Bestimmungen in der Wahlkapitulation nicht ein Reichsregiment, sondern nur ein sogenannter Statthalter eingesetzt. Erst nach dem Wormser Reichstag von 1521 setzte Karl V.

Ferdinand als Vorsitzenden des Reichsregiments ein und ernannte ihn zu seinem Stellvertreter.

Weitreichender und bedeutungsvoller waren die Entschlüsse, die der Kaiser zur Frage des Protestantismus faßte. Einen Tag nach Luthers Auftritt in Worms verlas Karl V. eine eigenhändig entworfene Erklärung, in der er seinen Standpunkt zu diesem Problem eindeutig darstellte, dabei sollen während des Vortrags etliche Sympathisanten der evangelischen Lehre unter den Reichsfürsten erbleicht sein. Kaiser Karl V. konnte aufgrund seiner Erziehung sowie unter den Gesichtspunkten der Amtsauffassung seines Kaisertums im Sinne der weltlichen Vertretung der römisch-katholischen Christenheit niemals einer Verbreitung der neuen Lehre zustimmen. Kaiser Karl V. hat sich zwar zeitweise aus politischen Erwägungen heraus mit den Protestanten arrangiert, das Ziel einer Beseitigung dieses »Irrglaubens« jedoch zeit seines Lebens nicht aus den Augen verloren. Luther jedenfalls konnte, entsprechend der Zusicherung freien Geleits, den Wormser Reichstag unbehelligt verlassen. Drei Wochen später, als sich der Mönch bereits zu seinem Schutz im Versteck auf der Wartburg befand, erließ der Kaiser das »Wormser Edikt«, in dem er gegen Luther und seine Anhänger die Reichsacht verhängte. Wenn auch das kaiserliche Vorgehen verständlich erscheint, so bedeutete aber diese Entscheidung die Zerstörung der nationalen Einheit, die jedoch aus anderer Sicht seit den Tagen der Sachsenkaiser und der Salier längst schon nicht mehr vorhanden gewesen war.

Bevor sich der Kaiser den inneren Problemen des Reichs zuwenden konnte, mußte er den Angriff Frankreichs abwehren, das sich durch die habsburgische Expansion umklammert fühlte, nachdem nun auch der Versuch, die Kaiserkrone nach Frankreich zu bringen, gescheitert war. König Franz I. ließ französische Truppen in Nordspanien in der Hoffnung einmarschieren, daß man wegen der dort andauernden Aufstände auf wenig Widerstand treffen würde. König Franz, der seit dem Scheitern Kaiser Maximilians I. das reiche Oberitalien zu seinem Besitz zählte, träumte von der Wiedererrichtung des Reichs Karls des Großen. Karl V. eilte zunächst nach Spanien, um sowohl die dortigen Aufstände zu befrieden als auch die in Navarra eingedrungenen Franzosen aus dem Land zu werfen.

Als dies gelungen war, konzentrierten sich die Anstrengungen des Kaisers auf Italien. In diesen Absichten wurde der Kaiser vor allem durch seinen Großkanzler Mercurino Gattinara bestärkt, obwohl im

Reich im gleichen Zeitraum der Ritteraufstand sowie der große Bauernaufstand tobten, die jedoch durch die unmittelbar betroffenen Fürsten niedergeschlagen wurden. Besonders die Bauern mußten ihre Erhebung mit Tausenden Toten und einer Verschärfung der ohnehin schon harten Lebensbedingungen bitter bezahlen. Im Bunde mit England und dem Papst gelang den kaiserlichen Truppen die Rückgewinnung Mailands und Genuas, doch schien Oberitalien nach diesen anfänglichen Erfolgen erneut an Frankreich zurückzufallen, als sich das Kriegsglück zur anderen Seite neigte.

In dieser für den Kaiser bedrohlichen Lage hatte sich 1525 das kaiserliche Heer in den Schutz der Mauern von Pavia geflüchtet, das nun von König Franz I. belagert wurde. Beim Eintreffen eines Entsatzheeres unter bewährter Leitung des deutschen Landsknechtsführers Georg von Frundsberg und des Vizekönigs von Neapel, Karl von Lannoy, gerieten die Franzosen durch Unvorsichtigkeit zwischen die Fronten der vereinten Kräfte und wurden vernichtend geschlagen. König Franz I. geriet in Gefangenschaft. Georg von Frundsberg erwarb durch diesen Sieg unsterblichen Ruhm, doch bereits ein Jahr später ließ ihn der Kaiser im Stich, als er den Sold seiner Soldaten nicht auszahlen konnte, worauf es zur Meuterei kam. Georg von Frundsberg starb am 20. August 1528 verarmt und verbittert. Der französische König wurde nach Spanien gebracht, wo es 1526 zum aufgezwungenen Frieden von Madrid kam, in dem Franz I. zu deprimierenden Bedingungen gepreßt wurde. Der Kaiser fühlte sich auf dem Höhepunkt seines Lebens und krönte ihn durch seine Hochzeit mit Isabella von Portugal.

Doch König Franz I. gelang es nur wenige Monate nach seiner Freilassung, eine Koalition europäischer Mächte gegen den Kaiser zusammenzubringen. Viele der italienischen Staaten, darunter auch der Vatikan, traten an die Seite Frankreichs, weil ihnen die Macht Habsburgs zu groß geworden war, und auch England wandte sich plötzlich Frankreich zu. Darüber hinaus fiel in der Schlacht von Mohacs gegen die Türken (1526) Karls Schwager, König Ludwig II. von Ungarn, wodurch die Habsburger Kernländer unmittelbar bedroht waren. Insgeheim hatte sich Franz I. unter Zurückstellung religiöser Vorbehalte mit den Türken verbündet, um den Kaiser seinerseits in die Zange zu nehmen. Dieses französisch-türkische Bündnis verhinderte nicht nur eine erneute Niederlage Frankreichs, sondern ermöglichte auch die Verbreitung der evangelischen Lehre in Europa.

Ferdinand, der Bruder Karls V., der inzwischen zum König von

Böhmen und Ungarn gewählt worden war, sandte wiederum ein Reichsheer unter Georg von Frundsberg nach Italien. Als der Landsknechtsführer bei der bereits erwähnten Meuterei seiner Soldaten einen Schlaganfall erlitt, gerieten die Truppen außer Kontrolle, zogen plündernd und mordend durch die Toskana, eroberten Rom und richteten, von der Rache gegen den Papst und den Katholizismus getrieben, ein fürchterliches Blutbad in der Stadt an (»Sacco di Roma«). Der Glanz, den die Renaissance in Rom verbreitet hatte, ist mit den Plünderungen und Zerstörungen im Mai des Jahres 1527 ein für allemal erloschen.

Die Greueltaten der deutschen Söldner in Rom lieferten Frankreich und England den willkommenen Anlaß, dem Kaiser den Krieg zu erklären. Wieder einmal schien die Situation für den Kaiser bedrohlich. Neapel wurde von Franzosen im Bündnis mit Genua belagert. Doch gelang es Karl, den Genueser Flottenchef Andrea Doria auf seine Seite zu ziehen, womit sich das Kriegsglück zugunsten des Kaisers wendete. Andrea Doria wurde zum Admiral der kaiserlichen Flotte ernannt; er baute die maritimen Kräfte Karls V. im Bereich des Mittelmeers zu einem schlagkräftigen Instrument auf. Auch der Papst konnte aus der Alliance der Gegner gelöst werden.

Schließlich gelang es zwei Frauen, den Frieden unter den christlichen europäischen Völkern wiederherzustellen. Margarete, die Tante Kaiser Karls V., erreichte durch Verhandlungen mit ihrer Jugendfreundin Luise von Savoyen, der Mutter des französischen Königs Franz I., den sogenannten »Damenfrieden von Cambray«. Der Kaiser bekam nun nach fast zehn Jahren endlich Handlungsfreiheit, um sich der inneren Probleme des Reichs anzunehmen. 1530 reiste er über Italien, wo er in Bologna von Papst Clemens VII. als letzter deutscher Herrscher zum Kaiser gekrönt wurde, nach Deutschland. Dort war Wien inzwischen von den Türken belagert worden.

Im Reich verschärften sich die Gegensätze zwischen Katholiken und Protestanten, nachdem auf dem Reichstag von Speyer 1529 eine härtere Gangart gegen die evangelische Lehre beziehungsweise die Durchsetzung des Wormser Edikts beschlossen worden war. Einer Klärung der Spannungen durch den Kaiser sah man nun erwartungsvoll entgegen. Karl V. ließ den Reichstag 1530 nach Augsburg einberufen. Die Protestanten überreichten dem Kaiser das »Augsburger Bekenntnis«, eine Schrift, in der der Reformator Philipp Melanchthon in Abstimmung mit Martin Luther die Glaubensgrundsätze der evangelischen Lehre darlegte. Obwohl beide Seiten eher auf einen Kompromiß bedacht waren, kam es zu keiner Einigung. Ohne für den Protestantismus Verständnis zu entwickeln, beschloß der Kaiser, gewaltsam gegen die Protestanten vorzugehen. Dazu setzte er zunächst die Wahl seines Bruders Ferdinand zum »Römischen König« durch, was er zehn Jahre früher selbst verhindert hatte. Unter diesen Aspekten vereinbarten die evangelischen Fürsten, sich gegen den Kaiser militärisch zu schützen. Dabei ging es nicht nur um die freie Religionsausübung, sondern viel mehr noch um die Bewahrung fürstlicher Freiheiten gegenüber dem Ausbau der kaiserlichen Zentralmacht. Dieser Bund gegen den Kaiser, dem auch das katholische Bayern beitrat, wurde am 27. Februar 1531 in dem kleinen Ort Schmalkalden am Thüringer Wald beschlossen, man nennt ihn deshalb den »Schmalkaldischen Bund«. Erst im Jahre 1538 reagierten die katholischen Kräfte mit der Gründung der »Liga«. Doch bevor der Kaiser gegen die evangelische Koalition vorgehen konnte, zwangen ihn äußere Umstände zum (momentanen) Einlenken.

Wegen der akuten Gefahr eines neuen Angriffs der Türken auf das Reich kam es im Sommer 1532 zum sogenannten »Nürnberger Anstand«, in dem den evangelischen Ständen die freie Religionsausübung zugesichert wurde. Die Einigung war mehr als dringend, denn die Türken standen mit einem riesigen Heer bereits wieder in der Nähe von Wien. Mit Anstrengung aller gemeinsamer Kräfte unter der Mitwirkung von Polen gelang es, eine große Armee aufzustellen. Die Türken zogen sich nach Belgrad zurück, ohne daß es zu einer entscheidenden Schlacht gekommen wäre.

Der Kaiser begab sich jetzt nach Spanien zurück, um sich der dortigen Probleme anzunehmen. Diese lagen vor allem in der Unsicherheit des Mittelmeerraums, der von dem nordafrikanischen Seeräuber Chairedin Barbarossa verunsichert wurde. 1535 eroberte Andrea Doria Tunis und zerstörte nahezu die gesamte Flotte Chairedins, der jedoch nach Algier entkam.

Franz I. schloß sich nun offen sowohl mit dem Seeräuber Chairedin als auch mit dem türkischen Sultan zusammen. Wieder drangen französische Truppen in Oberitalien ein. Gleichzeitig eroberte Chairedin Neapel und andere kaiserlich beherrschte Orte im gesamten Bereich des westlichen Mittelmeers. Darüber hinaus erlitt Ferdinand eine Niederlage gegen die Türken in der Schlacht bei Esseg an der Drau. Der Kaiser ließ die Hauptmacht seiner Truppen in die Picardie und in die Provence einfallen.

Die Last der ständigen Kriege schien ohne Ende. Doch wieder waren es zwei Frauen, die in dieser Lage die Friedensinitiative ergriffen. Diesmal waren es die beiden Schwestern des Kaisers, Maria, die der Tante als Statthalterin der Niederlande gefolgt war, und Eleonore, die König Franz I. im Frieden von Madrid als Ehefrau aufgezwungen worden war. Die Verhandlungen, die die beiden insgeheim geführt hatten, führten zum Frieden von Nizza, der dem Kaiser eine neue Atempause verschaffte. In dieser Zeit erlitt Karl V. durch den Verlust seiner Frau Isabella, die am 1. Mai 1539 starb, einen persönlichen Schicksalsschlag, der ihn so sehr traf, daß er sich zeitweise in ein Kloster zurückzog. Erst die Nachricht vom Aufstand der Stadt Gent brachte ihn auf die politische Bühne zurück. Die Erhebung der Genter Bürger wurde blutig niedergeworfen, die Anführer hingerichtet und ein Stadtteil eingerissen, um Platz zur Errichtung eines kaiserlichen Palasts zu schaffen.

Wegen der ungeklärten Lage im südeuropäischen Raum, der Gefahr durch die Türken und der nordafrikanischen Seeräuber bekräftigte der Kaiser 1541 in Regensburg noch einmal den »Nürnberger Anstand«. Diese Entscheidung war um so dringlicher, als der Kaiser durch eine Niederlage seines Bruders Ferdinand bei Budapest sowie einer weiteren persönlichen Schlappe bei Algier erneut in Verlegenheit geraten war. Wieder erschien dem französischen König die Gelegenheit günstig, und er erklärte Karl V. erneut den Krieg, es war der vierte. Auch dieser Krieg schleppte sich mühsam dahin, bis der Kaiser die protestantischen Reichsfürsten zum Eintritt in das Kriegsgeschehen bewegen konnte. Unter diesen Bedingungen sah König Franz I. keine Chancen mehr und gab auf. Zum letztenmal schloß er mit dem Reich am 18. September 1544 Frieden, die Unterzeichnung des Vertrags erfolgte im kleinen Ort Crépy in der Nähe von Laon. Wenige Jahre später (1547) starb König Franz I. Kaiser Karl V. befand sich nun auf dem Höhepunkt seiner Macht. In diese Zeit fällt auch seine illegitime Verbindung mit der Augsburger Bürgertochter Barbara Blomberg, mit der er einen Sohn, Johann von Österreich, zeugte.

Nun wollte er das Problem der Ketzer auf seine (militärische) Weise lösen. Obwohl der Kaiser den Protestanten auf den Reichstagen von Regensburg (1541) und Speyer (1544) weitgehende Zugeständnisse hinsichtlich der Religionsausübung zugesagt hatte, holte er ab 1544 heimlich ausländische Truppen in das Reich, um den Krieg gegen den Schmalkaldischen Bund vorzubereiten. Gleichzeitig gelang es Karl, Bayern und Sachsen aus dem evangelischen Bündnis herauszulösen.

Darüber hinaus starb am 18. Februar 1546 der Reformator Martin Luther, der nun als einigende Persönlichkeit der protestantischen Sache schmerzlich fehlte. So erklärte Karl V. im Sommer 1546 den evangelischen Reichsfürsten den Krieg, indem er über sie die Reichsacht verhängte.
Durch die engstirnige, angstvolle Haltung der Schmalkaldener, die sich für eine zögerliche Kriegsführung entschieden, gelang es dem Kaiser schnell, mit Hilfe seiner spanisch-niederländischen Truppen alle evangelischen Gebiete Süddeutschlands zu erobern. Durch die raschen Erfolge beflügelt, wandte sich das kaiserliche Heer nun nach Norden, wo sich die an Zahl weit überlegene Schmalkaldische Armee versammelte. Am 24. April 1547 gelang es den Habsburger Kräften bei Mühlberg an der Elbe die Protestanten zu überraschen und ihnen eine vernichtende Niederlage zuzufügen. Kurfürst Johann von Sachsen und Landgraf Philipp von Hessen gerieten in Gefangenschaft.
Kaiser Karl V. durfte nun darauf hoffen, die Glaubenseinheit im Reich wiederherstellen zu können, doch sowohl in dieser Absicht als auch in der Hoffnung, die Kaiserkrone für seinen Sohn Philipp zu erhalten, ist er gescheitert. Zunächst konnte er noch als strahlender Sieger im September 1547 auf dem Reichstag von Augsburg das sogenannte »Augsburger Interim« verkünden, in dem den evangelischen Fürsten mit Gewährung einiger kleinerer Zugeständnisse die Rückkehr zum katholischen Glauben befohlen wurde, doch bei der Durchsetzung seiner Beschlüsse stieß der Kaiser sehr bald auf unüberwindbare Grenzen. Der Papst verweigerte sich den Absichten des Kaisers, der ein Konzil nach Trient einberufen hatte, das die evangelische Frage endgültig lösen sollte. Ferdinand widersetzte sich den dynastischen Plänen seines Bruders hinsichtlich der Vererbung der kaiserlichen Krone, und den Reichsfürsten, egal welcher Glaubensrichtung sie angehörten, wurde die Machtfülle des Kaisers zu bedrohlich. Die geheimen Kontakte und Verhandlungen der evangelischen Fürsten blieben dem Kaiser verborgen. Erst als Moritz von Sachsen sich mit der »aufständischen« Stadt Magdeburg verbündete, wurde dessen Doppelspiel offenkundig. Die Truppen der evangelischen Fürsten eroberten daraufhin sehr schnell ganz Süddeutschland, und der Kaiser mußte nach Villach fliehen.
Von nun an lag die Handlungsfreiheit in der Hand Ferdinands, des Bruders Kaiser Karls V. Dieser schloß 1552 den sogenannten »Passauer Vertrag«, durch den das »Interim« aufgehoben, ein evangelisches

Bündnis mit Frankreich beendet und die noch in der kaiserlichen Gefangenschaft befindlichen Protestanten freigelassen wurden. Der Kaiser mußte sich, nachdem sein Versuch, noch einmal militärisch gegen Frankreich vorzugehen, gescheitert war, in die Niederlande zurückziehen, wo er im Oktober 1555 die Regierung an seinen Sohn Philipp abgab. Nur drei Monate später, im Januar 1556, überließ er diesem auch Spanien, und im September verzichtete er auf die Kaiserkrone. Danach zog er sich in eine Villa nahe dem Kloster San Yuste in Spanien zurück, wo er verbittert am 21. September 1558 an der Malaria gestorben ist. Beerdigt wurde Karl V. als einziger Herrscher des Heiligen Römischen Reiches in Spanien, er ruht im Escorial in Madrid. Während sich der Kaiser im Jahr 1555 aus dem aktiven Mitwirken an politischen Entscheidungen verabschiedete, vollzog sich in Augsburg mit dem nach dieser Stadt benannten »Religionsfrieden« unter der Regie König Ferdinands genau die Einigung zwischen der römischen und der evangelischen Kirche, die der Kaiser seit seiner Regierungsübernahme zu verhindern versucht hatte. Das Erbe des Kaisers wurde zwischen seinem Bruder Ferdinand und seinem Sohn Philipp aufgeteilt. Ferdinand erhielt Böhmen und die oberösterreichischen Stammlande der Habsburger, Philipp Spanien, die Niederlande, Neapel, Sizilien, Sardinien, Mailand, die Freigrafschaft Burgund und die spanischen Kolonien in Übersee. Von diesem Zeitpunkt an teilte sich das Haus Habsburg in die spanische und die österreichische Linie.
Karl V. war ein selbstbewußter, von seiner göttlichen Sendung überzeugter Herrscher, der seine ganze Kraft für die Einheit der Christenheit und für die Erhaltung der römischen Kaiseridee als weltliches Oberhaupt der westlichen Christen eingesetzt hat. Wenn er auch letztlich an der Durchsetzung seiner Ideen gescheitert ist, so darf dennoch nicht übersehen werden, daß er der Ausbreitung des Islams durch die Türken entschieden entgegentrat und die Erneuerung der katholischen Kirche durch das Trienter Konzil, das von ihm initiiert wurde, ermöglichte. Vor allem aber schuf Karl V. den spanischen Nationalstaat und das spanische Weltreich und begründete damit die spanische Vorherrschaft, auch in der kulturellen Entwicklung, in Europa für das nachfolgende Jahrhundert.

1558–1564 Ferdinand I.

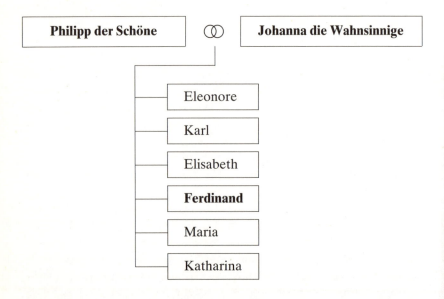

Ferdinand I. wurde am 10. März 1503 in Spanien geboren und nach seinem Großvater, Ferdinand von Kastilien, benannt. Von diesem sollte er das Königreich Spanien erben und wurde deshalb im Land erzogen und unterrichtet. Ferdinand besaß eine kleine, eher zarte Statur, wirkte aber lebendig und aufgeschlossen. In seinen späteren Jahren bevorzugte er eine schlichte Lebenshaltung und überwand das strenge spanische Hofzeremoniell. Ferdinand stand von seiner Geburt an im Schatten seines um drei Jahre älteren Bruders, dessen Intelligenz und geistige Kraft er nicht besaß, dafür machten ihn seine Milde, Friedliebe und Ausgewogenheit sympathisch. Seinem Bruder war er stets ein zuverlässiger Gehilfe, bis es gegen Ende der Regierungszeit Karls V. zeitweise zu einem Zerwürfnis zwischen den Brüdern kam. Dennoch muß das Leben und Wirken des späteren Kaisers Ferdinand I. im engen Zusammenhang mit dem des Bruders betrachtet werden. Wie Karl V. stand auch Ferdinand fest auf dem Boden der katholischen Kirche. Ohne der leidenschaftlichen Ablehnung des Luthertums seines Bruders zu folgen, bemühte sich Ferdinand die längste Zeit seines Lebens um den Ausgleich zwischen Katholiken und Protestanten.
Nachdem Karl V. die Regierungsgeschäfte in Spanien übernommen hatte, für die er eigentlich nicht vorgesehen war, ging Ferdinand 1517

zur Unterstützung der Statthalterin Margarete, die als Tochter Kaiser Maximilians I. eine Tante Karls und Ferdinands war, in die Niederlande. Das Jahr 1521 wurde für Ferdinand ein besonders wichtiges Jahr. Anläßlich des Wormser Reichstags erkannte Kaiser Karl V., daß er sein riesiges Reich unter dem Druck der anstehenden Probleme – Ausbreitung des Protestantismus, drohende Auseinandersetzungen mit Frankreich, Aufstände in Spanien, Gefahr eines Kriegs mit den Türken, Unzufriedenheit der Ritter und Bauern im deutschen Reich und die Verunsicherung des Mittelmeerbereichs durch Piraten – nicht allein regieren konnte. Er überließ daher seinem Bruder die österreichischen Stammländer der Habsburger und setzte ihn für seine Abwesenheit im Reich als Stellvertreter und Leiter des Reichsregiments ein, wodurch dieses Organ, das von den Reichsfürsten zur Durchsetzung ihrer Partikularvorstellungen gefordert worden war, seine Bedeutung für die Fürsten verlor.

Zur Ernennung des Bruders zum »Römischen König« konnte sich Karl V. jedoch noch nicht durchringen.

Ebenfalls 1521 heiratete Ferdinand die Prinzessin Anna von Böhmen-Ungarn, eine Ehe, die vom Großvater eingefädelt worden war. Diese Hochzeit bescherte den Habsburgern schon bald die Kronen von Böhmen und Ungarn und außerdem die böhmische Kurstimme, die aber, nachdem das Kaisertum Habsburger Gewohnheitsrecht wurde, zur Bedeutungslosigkeit herabsank. Mit der Erweiterung des Herrschaftsbereichs nach Osten holten sich die Habsburger aber nicht nur die beiden Kronen ins Haus, sondern handelten sich gleichzeitig den Konflikt mit der türkischen Expansion auf dem Balkan ein: für die nächsten 200 Jahre eine ständige Bedrohung, bis durch Prinz Eugen von Savoyen und die allgemeine Schwächung des osmanischen Reichs der allmähliche Rückzug der Türken auf dem Balkan begann.

1526 starb in der Schlacht von Mohacs König Ludwig II. von Böhmen und Ungarn, ohne Kinder zu hinterlassen. Damit trat für Ferdinand nach fünfjähriger Ehe der Erbfall ein. Während die böhmischen Stände Ferdinand auch formell zum König wählten, trat in Ungarn der von den Türken gestützte Woiwode von Siebenbürgen, Johann Szápolyai, vom ungarischen Adel gewählt, die Nachfolge Ludwigs II. an. Mit diesem Vorgang begann der Kampf der Habsburger gegen das osmanische Reich. Der österreichische Oberste Feldhauptmann, Niklas Reichsgraf von Salm, schlug Szápolyai 1527/28 und ermöglichte die Krönung Ferdinands zum ungarischen König, doch 1529 ging der Erfolg nach der

Schlacht von Pest und Ofen gegen die Türken weitgehend verloren. Die Türken erschienen gar vor Wien und belagerten die Stadt (27. September bis 15. Oktober 1529), konnten aber durch die Anstrengungen der Verteidiger unter der Führung von Salms abgewehrt werden. Doch bereits 1532 standen die Türken schon wieder in der Nähe von Wien. Nachdem das Reich mit Unterstützung der Lutheraner und befreundeter europäischer Länder, darunter vor allem auch Polen, ein großes Heer aufgeboten hatte, zogen sich die Türken nach Belgrad zurück. 1536 erlitt Ferdinand aber eine empfindliche Niederlage gegen die Osmanen in der Schlacht bei Esseg an der Drau. Auch 1541 bedrohten die Türken erneut die Habsburger Stammlande.

Seit dem »Wormser Edikt« leitete Ferdinand im Reich wegen des anhaltenden Engagements des Kaisers in Spanien und den immer wieder aufflammenden Konflikten mit Frankreich die politischen Geschäfte des Hauses Habsburg. Wegen seiner treuen, streng kaiserlich ausgerichteten Politik »belohnte« der Kaiser ihn, indem er auf dem Reichstag von Augsburg 1530 die Wahl Ferdinands zum »Römischen König« durchsetzte, die 1531 vollzogen wurde. Danach hat Ferdinand I. für seinen Bruder, bis zu dessen Abdankung, mit wenigen Ausnahmen die meisten Reichstage geführt und sich dabei klug um den Ausgleich zwischen den katholischen und evangelischen Mächten im Reich bemüht. Nach dem Schmalkaldischen Krieg von 1546 konnte Ferdinand im folgenden Jahr einen Aufstand seiner böhmischen Untertanen niederwerfen und seine Stellung als böhmischer König festigen.

Der Reichstag von Augsburg von 1547 endete nicht nur für die evangelischen Fürsten zur Unzufriedenheit. Der Kaiser hatte, nachdem er bei Mühlberg den Sieg gegen den Schmalkaldischen Bund davontrug, im Gefühl des überlegenen Siegers seinen Gegnern harte Bedingungen auferlegt: das sogenannte »Augsburger Interim«, das so lange Bestand haben sollte, bis ein Konzil die protestantische Frage endgültig lösen würde. Aber auch Ferdinand wurde mit der Entscheidung überrascht, daß nicht sein Sohn Maximilian, sondern Karls ältester Sohn Philipp die Nachfolge als Römischer König im Reich antreten sollte. Ferdinand schied als heimlicher Gegner des Kaisers von diesem Reichstag.

Kaiser Karl V. hatte durch seine kompromißlose und wenig moderate Haltung den Gegenschlag der evangelischen Fürsten provoziert. Die Verhandlungen nach den protestantischen militärischen Erfolgen der Jahre 1551 und 1552 führte Ferdinand, ohne sich mit seinem Bruder abzustimmen. Ergebnis dieser Besprechungen war der »Passauer Ver-

trag«, der neben weiteren wichtigen Entscheidungen vor allem das »Augsburger Interim« aufhob und damit den Protestantismus erstmalig legalisierte. Drei Jahre später kam wiederum unter der Leitung Ferdinands der »Augsburger Religionsfrieden« zustande, der den endgültigen Sieg der Reichsfürsten über die kaiserliche Zentralmacht darstellt. Die Formel, auf die man sich hinsichtlich der Religionsfreiheit einigte, gab den Landesherrn alle Freiheiten, nach der sich die Untertanen auszurichten hatten. Damit war der Frieden zwar momentan geschlossen, doch trug der Beschluß den Konfliktstoff für kommende Auseinandersetzungen bereits in sich.
Der Kaiser war durch die Vorgänge, die ihn, durch seine starre Haltung selbst verschuldet, von den Entscheidungen im Reich ausschlossen, schwer getroffen. Gescheitert, verbittert, gekränkt und enttäuscht zog er sich 1553 aus dem Reich und ab 1555 auch aus der aktiven Politik zurück und machte dadurch den Weg frei für eine Wahl Ferdinands I. zum Kaiser des Deutschen Reiches; Wahl und feierliche Krönung fanden 1558 in Frankfurt statt. Mit der Ernennung Ferdinands I. zum Kaiser wurde die Teilung des Hauses Habsburg in die spanische und österreichische Linie endgültig perfekt. Damit war zwar der Streit der Habsburger über die Nachfolge im Reich beendet, doch waren die Machtverhältnisse in Deutschland längst zugunsten der Fürsten verlagert. Darüber hinaus gab es für Ferdinand I. Schwierigkeiten nicht nur im Reich, in seinen österreichischen Erbländern hinsichtlich der Verbreitung der evangelischen Lehre und in Böhmen und Ungarn mit dem selbstbewußten Adel, sondern auch im eigenen Haus mit seinem Sohn Maximilian, der zum Luthertum neigte. Als überzeugter Katholik förderte Ferdinand natürlich die römische Kirche in seinen Erbländern, versuchte aber dennoch, für seine protestantischen Untertanen auf dem Trienter Konzil einige Sonderrechte zu erwirken; seinen Sohn zwang er zum Bekenntnis des katholischen Glaubens, bevor er dessen Wahl zum römischen König (1562) und damit zu seinem Nachfolger zustimmte.
Ferdinand I. hat die Bedeutung seines Bruders nie erreichen können, doch muß man ihm zugestehen, daß er sich nach Kräften um Frieden und Ausgleich zwischen den im Glauben verfeindeten Kräften im Reich bemüht und durch seine flexible Haltung den Zusammenhalt der österreichisch-ungarischen Doppelmonarchie möglich gemacht hat. Kaiser Ferdinand I. starb am 25. Juli 1564. Er wurde im St.-Veitsdom in Prag beerdigt.

1564–1576 Maximilian II.

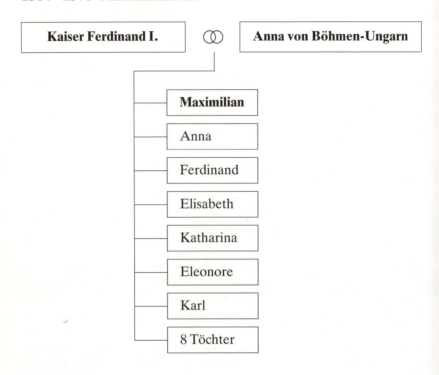

Maximilian II. wurde am 31. Juli 1527 in Wien geboren und ist dort und in Innsbruck aufgewachsen. Früh geriet er unter den Einfluß evangelischer Erzieher, so daß er sich dieser Lehre nicht mehr entziehen konnte. Innerlich war Maximilian II. Protestant, doch hat er den Schritt, sich dazu öffentlich zu bekennen und dadurch möglicherweise auf die Krone verzichten zu müssen, nicht gewagt bzw. aus Gründen der Familienräson nicht unternommen. Wohl unter anderem auch deshalb schickte ihn der Vater 1547 an den streng katholischen Hof Kaiser Karls V., und dieser setzte ihn 1548 als Vizekönig von Spanien ein. Doch blieb er seinen religiösen Ansichten und seiner deutsch geprägten Haltung auch am spanischen Hof stets treu.

Maximilian nahm von dort Verbindungen zu den deutschen evangelischen Fürsten auf, besonders zu Moritz und August von Sachsen und Christoph von Württemberg. An die Beziehungen zu Moritz und Joachim II. von Brandenburg knüpfte er später an, als Kaiser Karl V. den Plan aufgriff, seinen Sohn Philipp zum Nachfolger im Reich zu nominieren. Ebenfalls 1548 übertrug ihm der Vater, trotz der immer heftiger werdenden Spannungen zwischen den beiden, die Königskrone Böhmens. Im gleichen Jahr heiratete er seine Cousine Maria, eine Tochter Karls V. und Isabellas von Portugal. Maximilian II. und Maria von Spanien haben eine sehr glückliche Ehe geführt, aus der fünf Kinder hervorgegangen sind.

Nachdem 1556 Philipp, der Sohn Kaiser Karls V., die Regentschaft in Spanien übernommen hatte, kehrte Maximilian nach Deutschland zurück. Hier spitzten sich die Gegensätze zwischen ihm und seinem Vater dramatisch zu. 1560 führten Überlegungen des inzwischen zum Kaiser gekrönten Ferdinands, seinen Sohn von allen Thronansprüchen auszuschließen, dazu, daß Maximilian sich an die deutschen evangelischen Fürsten wandte und sie fragen ließ, ob sie ihm im Falle seines Übertritts zum evangelischen Glauben ihre Unterstützung zusagten. In diesem außerordentlichen Vorgang von weitreichender Bedeutung erhielt Maximilian nur von Friedrich III. von der Pfalz eine eindeutig positive Antwort. Enttäuscht unterwarf sich Maximilian daraufhin dem väterlichen Willen. Er stimmte zu, daß seine Söhne Rudolf und Matthias in Spanien zum Katholizismus erzogen wurden und versprach fest, nicht zum Luthertum zu konvertieren. Daraufhin wurde Maximilian 1562 zum Römischen König gewählt. Ein Jahr später erhielt er auch die Krone Ungarns.

Wenn auch die Versuche Kaiser Ferdinands I., das Römische Kaiserreich in eine Erbmonarchie umzuwandeln, scheiterten, so sind doch mit einer kurzen Unterbrechung von 1740 bis 1745 nur noch Habsburger auf dem Kaiserthron gefolgt, da die Wahl des jeweiligen Nachfolgers stets zu Lebzeiten des Vorgängers durchgeführt worden ist. Weil die Krönung durch die Päpste nicht mehr vorgesehen war, nannten sich diese Herrscher »Erwählter Kaiser des Heiligen Römischen Reiches Deutscher Nation«, wodurch auch das Herrschaftsgebiet, der deutsche Sprachraum, angedeutet wurde –, der Jahrhunderte währende Streit um die italienischen Besitzungen des Reiches war damit beendet.

Am 25. Juli 1564 starb Kaiser Ferdinand I., und Maximilian II. konnte nach seiner Wahl zum »Römischen Kaiser« die Nachfolge antreten. Allerdings hatte der alte Kaiser durch testamentarische Verfügung den Hausbesitz auf seine drei Söhne aufgeteilt. Maximilian II. erhielt Böhmen, Ungarn, Ober- und Niederösterreich, sein Bruder Ferdinand bekam Tirol und Vorderösterreich, also die oberrheinischen Stammländer der Habsburger, und Karl erbte Innerösterreich, bestehend aus den Herzogtümern Steiermark, Kärnten und Krain. Mit dieser Erbteilung wurde die ohnehin schon schwache Position des Kaisers weiter untergraben. Maximilian II. hat aus dieser Erkenntnis heraus weitere Erbteilungen im Bereich der Habsburger Länder unterbunden, so daß sich die Zersplitterungen in der zweiten Generation nach Maximilian II. auf natürlichem Weg von selbst wieder rückgängig machten.

Auch für Maximilian II. stellte die Türkengefahr, neben den Glaubensfragen, das zentrale Problem seiner Regierungszeit dar. Zwar hatte Ferdinand I. 1562 noch einen Frieden mit den Türken schließen können, jedoch nur unter der beschämenden Bedingung jährlicher Tributzahlungen. Immerhin erhielt Kaiser Ferdinand I. dafür von den Türken die Anerkennung seiner Herrschaft als ungarischer König. Doch bereits 1566 bedrohten die Türken erneut die Habsburger Länder. Nach dem Tod des türkischen Sultans Suleimann II. konnte Maximilian einen achtjährigen Waffenstillstand aushandeln, der aber nie konsequent eingehalten worden ist. Während der gesamten Regierungszeit Maximilians und der seiner Nachfolger ist es an der Grenze zum türkischen Machtbereich auf dem Balkan nicht zur Ruhe gekommen. Die Bemühungen des Kaisers, eine Reichsheeresreform durchzusetzen, um der latenten Gefahr eines türkischen Einfalls von Südosten in das Reich die notwendige militärische Kraft entgegensetzen zu können, scheiterte am Widerstand der Fürsten auf dem Reichstag von 1570. Als sich Maximilian danach zur Verbesserung seiner Position auf dem Balkan um die Krone Polens bewarb, konnte er sich – nur auf die polnische protestantische Minderheit gestützt – nicht durchsetzen.

In der Reichspolitik blieb Maximilian alles in allem erfolglos. Obwohl in seinem Wesen Protestant, hielt er an den Beschlüssen der Augsburger Konfession fest, weil er durch die schon früh einsetzende Zersplitterung der evangelischen Kirchen eine Gefahr für den Reichsfrieden heraufziehen sah. In Böhmen und Ungarn gewährte er den Lutheranern Zug um Zug Religionsfreiheit, ließ aber gleichzeitig den Betreibern der Gegenreformation, den Jesuiten, freie Hand. Seine Anstrengungen um einen Vergleich zwischen der katholischen und den evangelischen Kirchen unterdrückte der Katholizismus durch das Trienter Konzil.

Als sich die Niederländer gegen den König der spanischen Habsburger Linie Philipp II. erhoben, dessen Generalkapitän Herzog Alba mit außerordentlicher Härte in den niederländischen Besitzungen der Habsburger regierte, griff Maximilian II. nicht ein, weil er einen baldigen Erbfall erhoffte. Seine Untätigkeit kostete ihn jedoch nicht

nur die Freundschaft protestantischer Fürsten, besonders die des August von Sachsen, sondern leistete den separatistischen Bewegungen in den Niederlanden Vorschub, die letztlich zur Abspaltung der Niederlande vom Reich (1648) führten. Erst nachdem August von Sachsen die Gefahren einer Reichsspaltung erkannte, die von dem Geist des protestantischen, vor allem des calvinistischen Gedankenguts ausgingen, wandte er sich wieder dem Kaiser zu. Mit sächsischer und bayrischer Hilfe gelang es Maximilian II. 1575, seinen Sohn Rudolf zum »Römischen König«, also zu seinem Nachfolger, wählen zu lassen.
Maximilian II. wird in seinem politischen Wirken von den Historikern ganz unterschiedlich beurteilt. Letztlich scheint es doch so zu sein, daß der Kaiser in seinen Handlungsweisen vom Willen zum Ausgleich unter den gegensätzlichen Kräften im Reich geprägt war. Maximilian II. starb am 12. Oktober 1576 in Regensburg. Er wurde im Prager Veitsdom beerdigt.

1576–1612 Rudolf II.

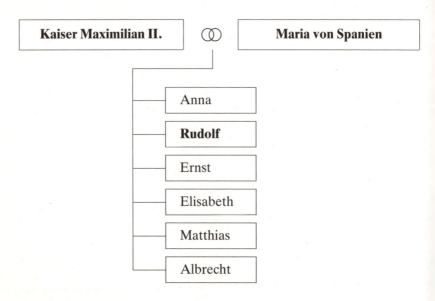

Der älteste Sohn Kaiser Maximilians II. und Marias von Spanien wurde am 18. Juli 1552 in Spanien geboren. Dorthin, an den Hof zu Madrid, kehrte der elfjährige Prinz auch zurück, um seine Erziehung zu vollenden. Dieser Entschluß war vom Großvater, Kaiser Ferdinand I., erzwungen worden, um dem Enkel eine katholisch geprägte Bildung zukommen zu lassen. Nur durch die Erfüllung dieser Bedingung war der Vater zum Nachfolger Ferdinands I. erklärt worden. Erst kurz vor dem Tod seines Vaters kehrte Rudolf nach Deutschland zurück, um im Jahre 1575 zum Römischen König und damit zum Nachfolger Kaiser Maximilians II. gewählt zu werden. Zu diesem Zeitpunkt war Rudolf II. bereits ein hochgebildeter junger Mann, der mehrere Sprachen beherrschte und bestens auf seine späteren Ämter vorbereitet war.

Als Rudolf II. bereits im Jahr 1576 seinem Vater auf den kaiserlichen Thron des Reichs gefolgt war, bewegte sich die Konfrontation zwischen Protestantismus und Katholizismus immer heftiger auf einen baldigen Höhepunkt zu, ein Ausgleich erschien immer unwahrscheinlicher. Zug um Zug ließ Rudolf II. alle protestantischen Reichsräte vom Hof verbannen und durch katholische ersetzen. Der mühsam von Ferdinand I. und Maximilian II. bewahrte Gleichstand der Kräfte zwischen den Parteien bedurfte in seiner Labilität nun nur noch eines geringen

Zutuns, um das wankende Reich zum Sturz zu bringen. Bereits der im Jahr 1570 auf dem Reichstag von Speyer gescheiterte Versuch Maximilians II., das Reichsheer zu reformieren und allein dem Kaiser zu unterstellen, deutete daraufhin, daß ein weiterer rapider Verfall der Reichsautorität bevorstand.

In einer Kettenreaktion schwand dann in der Regierungszeit Rudolf II. die Reichsrechtsprechung von 1582 bis 1601 dahin. Gleichzeitig setzte auch die allmähliche Entmachtung der letzten Kammer des Reichs, des Reichstags, ein. In der unübersehbaren Vielzahl aller Probleme stand der Kaiser meist hilflos ohne Unterstützung da. Trotzdem versuchte Rudolf II. hartnäckig, die Position des Kaisertums zu stärken oder wenigstens zu erhalten.

Die katholische Prägung der Krone wurde wiederhergestellt und die Gegenreformation vor allem in den österreichischen Erbländern erneut belebt. Dennoch mußte der Kaiser im »Majestätsbrief« von 1609 Böhmen und Ungarn freie Religionsausübung zusichern. Doch sollte durch die Förderung der Kunst, der Naturwissenschaften und der Astronomie das mittelalterliche katholische Weltbild erneuert werden. Im Reich respektierte Rudolf II. das Luthertum im Rahmen des »Augsburger Religionsfriedens« von 1555, dagegen lehnte er die Anerkennung des Calvinismus ab.

Durch diese Haltung, aber auch durch die einseitige Förderung des Katholizismus schuf sich der Kaiser immer mehr Gegner, die sich 1591 im Torgauer Bund zusammenschlossen. Zwar löste sich das Bündnis rasch wieder auf, doch die Calvinisten, vor allem die pfälzischen Wittelsbacher, blockierten allmählich sowohl das Reichskammergericht als auch den Reichstag. Wegen der Nichtbewilligung von Geldern zur Bekämpfung der Türken auf dem Balkan kam es 1607 praktisch zur Auflösung des Reichstags, als die Calvinisten sich verweigerten. Ein Jahr später gründeten die evangelischen Fürsten am 14. Mai 1608 in Auhausen bei Dinkelsbühl die »Union«, der auf Initiative Maximilians I. von Bayern am 18. Juli 1608 die katholische »Liga« folgte.

Die Gegensätze zwischen den Konfessionen boten immer mehr Anlaß zu kleineren und größeren Auseinandersetzungen, einige sollen hier nur stichwortartig genannt werden: Die »Grumbachschen Händel« (1557–1567 der Kleinkrieg des Ritters v. Grumbach vornehmlich gegen den Bischof von Würzburg), der »Vier-Klösterstreit« (1598–1601 gerichtlich ausgeführter Streit um die Herausgabe katholischer Klöster, die sich evangelische Landesfürsten angeeignet hatten), der »Klosterkonflikt von Fulda« (1571–1602 der letztlich gescheiterte Versuch, das Kloster Fulda zu säkularisieren), der »Kölner Krieg« (1582–1584 der Versuch des Kölner Erzbischofs Gebhard Truchseß von Waldburg, das geistige Kurfürstentum Köln zu verweltlichen) und der »Jülich-Klevesche Erbfolgestreit« (1609–1614 Erbstreit um das Herzogtum Jülich-Kleve, das letztlich geteilt wurde, Jülich-Berg wurde katholisch und Kleve und die Grafschaften Mark und Ravensburg wurden calvinistisch). Der 30jährige Krieg schickte seine Vorboten aus.

In all diesen Auseinandersetzungen, die zum Teil bereits blutig ausgetragen wurden, ließ sich das Reich und damit der Kaiser in eine untergeordnete Rolle drängen, und auch das Ausland, vor allem Frankreich, mischte sich in das innerdeutsche Geschehen ein, ohne daß Einhalt geboten werden konnte. Nur bei der Bekämpfung des Türkenproblems waren dem Kaiser zeitweise kleinere Erfolge beschieden, die jedoch durch seine starre und wenig flexible Haltung bald wieder zunichte gemacht wurden.

Seit 1582 lebte Kaiser Rudolf II. zurückgezogen auf dem Hradschin in Prag. Seine Lebenshaltung, sein Charakter und seine Aktivitäten machten ihn zum merkwürdigsten Kaiser der Reichsgeschichte und stempelten ihn zu einem absoluten Sonderling ab. Der ursprünglich lebenslustige Rudolf, der den Freuden des Daseins mit Tanz, ritterlichen Turnieren, glänzenden Festen und der Jagd recht zugetan war, verfiel aufgrund einer allmählich fortschreitenden Geisteserkrankung in immer heftiger werdende Depressionen und geistige Verwirrungen, wodurch seine sehr guten geistigen Anlagen und sein gesundes politisches Empfinden stark beeinträchtigt waren.

Der hochgebildete Fürst (er sprach fließend Spanisch, Italienisch, Französisch, Deutsch, Latein und hinlänglich Tschechisch) war in seinen lichten Momenten Künstler und Wissenschaftler, aber auch ein großzügiger Mäzen (Tycho von Brahe und Kepler weilten zeitweise an seinem Hof). Darüber hinaus förderte Rudolf II. die Entwicklung der böhmischen Glasindustrie. Er arbeitete lieber in seiner Bibliothek, im Laboratorium und in seiner Sternwarte oder widmete sich der Kunst und dem Kunsthandwerk – schnitzte, malte oder versuchte sich mit erstaunlichem Erfolg im Goldschmiedehandwerk, als daß er sich um die Regierungsgeschäfte kümmerte.

Doch mehr und mehr überschattete die Krankheit das Leben des Kaisers. Um ihn herum mußte absolute Stille herrschen. Sein Verfolgungswahn ging so weit, daß sich ihm nur wenige vertraute Personen nähern durften, alle Speisen mußten vorgekostet werden. Rudolf II. wagte sich nur in Verkleidungen in die Öffentlichkeit, die Fenster, die Einblick in seinen Lebensbereich gewährten, ließ er zumauern.

Seit 1594 erschien der Kaiser nicht mehr auf dem Reichstag. Zwölf Jahre später beschloß der Habsburger Familienrat, Rudolf als Oberhaupt der Familie abzulösen und ihn durch seinen Bruder Matthias zu ersetzen. Im Vertrag von Lieben (1607) mußte Rudolf II. auf seine Erbländer Österreich, Ungarn und Mähren zugunsten seines Bruders Matthias verzichten. Den Majestätsbrief von 1609 gewährte der Kaiser als Resultat der Familienauseinandersetzungen zwischen den feindlichen Brüdern, um die kaiserliche Stellung wenigstens in Böhmen noch zu sichern. Die immer verworreneren Entscheidungen Rudolfs zwangen Matthias schließlich, Prag zu besetzen. Am 11. August 1611 ließ er sich auch Böhmen, die Lausitz und Schlesien überschreiben, was der Absetzung gleichkam. Rudolf II. wurde mit einer Rente abgefunden. Doch nur kurze Zeit später, am 20. Januar 1612, starb der Kaiser. Er wurde im Prager Veitsdom beigesetzt.

1612–1619 Matthias I.

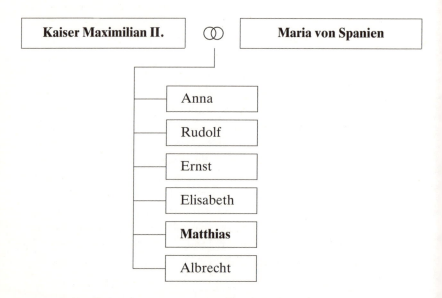

Matthias wurde am 24. Februar 1557 geboren und zusammen mit seinem älteren Bruder Rudolf am spanischen Hof in Madrid erzogen. Mit diesem kehrte er als liberaler Bekenner des katholischen Glaubens, als gemäßigter Anhänger der Gegenreformation und als überzeugter Deutscher in das Reich zurück. Matthias stand von Jugend an im Schatten seines intelligenten und als Kronprinz bevorzugten Bruders. Er suchte daher nach Möglichkeiten, sich profilieren zu können. Diese Chance erhielt er im Niederländischen Aufstand, an dem er ab 1577 für die Adelspartei teilnahm. Hier stand er in Konkurrenz zu seinem spanischen entfernten Vetter Juan d'Austria, einem unehelichen Sohn Kaiser Karls V., der von seinem Halbbruder, dem spanischen König Philipp II., mit der Statthalterschaft der Niederlande beauftragt worden war. Doch nach dem Tode Juan d'Austrias, der 1578 an der Pest gestorben war, wurde nicht Matthias, sondern der enge Vertraute Juan d'Austrias, Alessandro Farnese, mit der Statthalterschaft in den Niederlanden betraut.

Die Sympathien, mit denen Matthias 1578 von der Bevölkerung in Brüssel begrüßt worden war, verlor er durch seine undiplomatische und wenig aktive politische Haltung. Sehr bald geriet er immer mehr, auch aus Mangel an eigenen Machtmitteln, in die Abhängigkeit Wilhelms

von Oranien, dessen geheimes Ziel die Errichtung einer selbständigen Monarchie in den Niederlanden war, was jedoch letztlich nicht gelungen ist. In der Rolle des Vermittlers völlig gescheitert, mußte Matthias im Jahre 1581 nach Österreich zurückkehren, wo er in Linz als Erzherzog ein unbedeutendes Leben führte.
Erst 1593 trat Matthias wieder in Erscheinung, als sein Bruder ihn mit der Statthalterschaft für Nieder- und Oberösterreich beauftragte. Hier führte er mit Hilfe des Bischofs Melchior Khlesl die Gegenreformation durch. Khlesl wurde im Verlauf der Zeit zu Matthias' engstem Vertrauten und hat dessen politische Entscheidungen weitgehend initiiert.
Ebenfalls ab 1593 wurde Matthias in die Aktionen gegen die Türken auf dem Balkan involviert, die er 1606 gegen die Absichten des Kaisers, zusammen mit den Türken und dem Führer der ungarischen Calvinisten Bocskay, in den Friedensschlüssen von Wien und Zvitvatorok beendete. Es folgte ein 57jähriger Waffenstillstand zwischen dem Türkischen und dem Deutschen Reich.
Auf Betreiben Khlesls ließ sich Matthias ebenfalls im Jahre 1606 durch einen Habsburger Familienrat zum Oberhaupt des Hauses wählen, was einer Entmachtung Kaiser Rudolfs II. schon recht nahekam. Überhaupt nahmen die Spannungen zwischen den Brüdern im Lauf der Zeit immer mehr zu, vor allem auch deshalb, weil Rudolf den Aktivitäten des evangelischen Adels in den Habsburger Erbländern nahezu tatenlos zusah. Als 1608 die Absetzung Rudolfs mit der gleichzeitigen Wahl eines evangelischen Fürsten zu befürchten war, griff Matthias ein und zwang seinen Bruder im Vertrag von Lieben, ihm Österreich, Ungarn und Mähren abzutreten. Kaiser Rudolf II. blieben als Hausmacht daher nur noch Böhmen, Schlesien und die Lausitz, eine viel zu geringe Basis, um erfolgreich Reichs- bzw. Außenpolitik betreiben zu können. Matthias sicherte sich die Unterstützung des österreichischen Adels und der dem Landesherrn unterstellten Städte durch Gewährung von Religionsfreiheit, die er in der »Kapitulationsresolution« von 1609 bekanntmachen ließ. Diese Entscheidung wollte Kaiser Rudolf II. keinesfalls mittragen, und er beabsichtigte, Matthias von der Nachfolge in der kaiserlichen Herrschaft auszuschließen. Zu diesem Zeitpunkt war die geistige Erkrankung des Kaisers bereits so weit fortgeschritten, daß ein notweniger baldiger Wechsel im Amt voraussehbar erschien.
In dieser Situation faßte Matthias den folgenschweren Entschluß, die Stadt Prag zu besetzen und seinen Bruder praktisch zur Abdankung zu zwingen. Am 11. August 1611 ließ Matthias sich daher auch Böhmen,

Schlesien und die Lausitz überschreiben und war damit im gesamten Besitz der Habsburger Primogenitur. Kaiser Rudolf II. hat den Beschluß seines Bruders nur kurze Zeit erdulden müssen, er starb am 20. Januar 1612 in Prag. Als ausersehener Nachfolger wurde Matthias am 13. Juni 1612 einstimmig zum Kaiser des Deutschen Reichs gewählt. Unterstützung im Reich gegen die immer heftiger werdende protestantische Opposition in den Habsburger Ländern und die Verhandlungen, die Melchior Khlesl als Führer der kaiserlichen Regierung mit dem Ziel konfessioneller Vereinigung im Reich führte, förderte der Kaiser mit der Gewährung religiöser Freiheiten. Trotz dieser gemäßigten und toleranten Haltung des Kaisers gelang es nicht, die Gegensätze sowohl in den Habsburger als auch in den Ländern des Reiches zu überwinden. Auch die Auflösung der militanten Bündnisse »Liga« und »Union« im Jahr 1617 besänftigte nicht die auf eine Konfrontation hinstrebenden Kräfte im Reich. Die milde Ausgeglichenheit Kaiser Matthias I. war nicht mehr gefragt, Deutschland steuerte auf die Katastrophe zu.
1611 hatte Matthias seine Cousine Anna von Tirol geheiratet. Da die Ehe kinderlos blieb, wurde die Position des potentiellen Nachfolgers des Kaisers, seines Cousins, des Erzherzogs Ferdinand von Innerösterreich, immer stärker. Dieser war zusammen mit seinem Vetter Maximilian I. von Bayern von Jesuiten in Ingolstadt zu einem glühenden Vertreter der Gegenreformation erzogen worden. Nach dem Tod seines Vaters Karl II. von Innerösterreich hatte Ferdinand die Gegenreformation in seinen Ländern Steiermark, Kärnten und Krain kompromißlos durchgesetzt. Im Streit der Brüder Rudolf und Matthias konnte Ferdinand eine bedeutende Rolle im Familienverbund der Habsburger erringen, ohne daß er sich selbst zu irgendwelchen Zugeständnissen gezwungen sah. Die Bemühungen Kaiser Matthias um die Erhaltung des Friedens unterstützte Ferdinand nicht. Trotz dieser starren Haltung übertrug ihm der Kaiser im Jahr 1617 das Königtum Böhmen und ein Jahr später auch noch Ungarn. Ebenfalls 1618 ließ Ferdinand die Stütze der kaiserlichen Friedenspolitik, den inzwischen zum Kardinal ernannten Khlesl, verhaften.
Dieser dramatische Vorgang bedeutete das Ende der Bemühungen um Frieden und Ausgleich im Reich. Die starke Persönlichkeit, deren es in dem heraufziehenden Unheil bedurft hätte, um den drohenden Krieg im Reich zu verhindern, war Kaiser Matthias I. nicht, so nahm die Katastrophe ihren Lauf. Der Versuch Ferdinands, die Gegenreformation in Böhmen einzuleiten, endete mit dem Prager Fenstersturz, dem

Beginn des 30jährigen Kriegs. Mitten in dem nun ausbrechenden Chaos durch den protestantischen Aufstand in Böhmen starb Kaiser Matthias I. am 20. März 1619 in Wien. Als erster Kaiser des Heiligen Römischen Reiches Deutscher Nation wurde er in der Wiener Kapuzinergruft beigesetzt.

1619–1637 Ferdinand II.

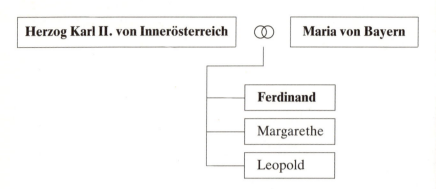

Als Sohn des Erzherzogs Karl II. von Innerösterreich und Marias von Bayern, also einer Wittelsbacherin, wurde Ferdinand am 9. Juli 1578 in Graz geboren. Bis zum Tod des Vaters im Jahr 1619 blieb Ferdinand in der Obhut der Familie in Graz bzw. in deren Ländern Steiermark, Kärnten und Krain (Slowenien). Wegen der ständigen Gefahr eines türkischen Einmarschs in die erzherzoglichen Länder mußte Karl II. seinen Untertanen, vor allem der protestantischen Minderheit, religiöse Freiheit gewähren, um sich ihrer Hilfe im Kriegsfall zu versichern. Das bedeutete, bis zu seinem zwölften Lebensjahr wuchs Ferdinand in einem toleranten Klima auf. Dies änderte sich, als der Prinz 1590 nach Ingolstadt kam, wo er mit seinem Wittelsbacher Verwandten, Maximilian von Bayern, durch Jesuiten eine streng katholische Bildung erhielt, die den Prinzen zum überzeugten Anhänger der Gegenreformation heranbildete. Darüber hinaus war der eher gutmütige Prinz ein nur mittelmäßig begabter Schüler, der zur strikten Beachtung von Rechtsnormen und zur Liebe zur Kunst erzogen wurde.

Als Ferdinand 1596 sein Erbe, die Regierung der Herzogtümer Steiermark, Kärnten und Krain, verantwortlich übernahm, führte er mit der Hilfe der Bischöfe von Gurk, Lavant und Seckau sofort (obwohl er 1592 Religionsfreiheit zugesichert hatte) die Gegenreformation durch, wodurch er viele seiner Untertanen veranlaßte, die Länder zu verlassen und die Wirtschafts- und Finanzkraft seiner Herzogtümer schwer geschädigt wurde. Dennoch oder gerade deswegen schuf er sich mit seiner Konsequenz die verläßlichen Partner, auf die er sich später stützen konnte. Im Jahr 1600 heiratete Ferdinand die Schwester seines Wittelsbacher Jugendfreundes Maximilian, Maria Anna von Bayern, mit der er vier Kinder zeugte. Maria Anna starb nach 16 Ehejahren. Sechs Jahre später (1622) heiratete Ferdinand Eleonore Gonzaga, Tochter Vinzenz I., Herzog von Mantua. Diese zweite Ehe des Kaisers blieb kinderlos. Zweifellos zielte diese Ehe auf eine Festigung des Habsburger Einflusses in Oberitalien.

Um den Zugang der Habsburger Länder zur Adria zu sichern, führte Ferdinand in der Zeit zwischen 1615 und 1618 den sogenannten Friauler Krieg gegen Venedig, der ohne konkrete Ergebnisse blieb. Darüber hinaus baute er die militärischen Stellungen an der Grenze zu den von den Türken beherrschten Balkangebieten stark aus. Mit Hilfe seines engsten Vertrauten Eggenberg, dem Ferdinand weitgehend die Führung seiner politischen Geschäfte überließ, gelang es, sehr geschickt die Interessen des Erzherzogs im Bruderstreit zwischen Kaiser Rudolf II. und Matthias I. zu wahren, den Berater Kaiser Matthias I., Khesl, zu stürzen und Ferdinands Wahl zum Kaiser des Deutschen Reichs am 28. August 1619 durchzusetzen. Bereits zuvor war Ferdinand 1617 zum König von Böhmen und 1618 zum König von Ungarn ernannt worden. Mit dem Tod seines Vorgängers Kaiser Matthias I. waren alle österreichischen Erbländer der Habsburger mit Böhmen und Ungarn wieder in einer Hand vereinigt.

Ab 1618 tat Ferdinand nichts, um die zunehmende Konfrontation zwischen den protestantischen und katholischen Ständen in Böhmen abzubauen, was letztlich zum Prager Fenstersturz der (katholischen) kaiserlichen Kommissare Slawata und Martinez und deren Sekretär Fabricius führte und mit dem Beginn des böhmischen Aufstandes den 30jährigen Krieg auslöste. Ferdinand eilte dem protestantischen Heer unter der Führung von Graf Matthias Thurn mit schwachen militärischen Kräften entgegen, konnte diesen nicht aufhalten und zog sich zur Verteidigung von Wien zurück. Die böhmischen evangelischen Stände wählten nun den calvinistischen Kurfürsten Friedrich V. von der Pfalz zum neuen böhmischen König, wodurch eine protestantische Mehrheit im Kurfürstenkollegium möglich wurde.

In dieser für den Kaiser denkbar schlechten Situation verband sich Ferdinand II. mit Maximilian von Bayern, dem er die Kurfürstenwürde zusagte. Maximilian von Bayern stellte dem Kaiser sein Heer unter dem erfahrenen General Graf von Tilly zur Verfügung. Gleichzeitig ließ der spanische Verwandte Ferdinands, Philipp III., Truppen in die Rheinpfalz einfallen. Das protestantische Sachsen schlug sich auf die kaiserliche Seite, und mit den so zusammengefaßten Kräften wurde der böhmische Aufstand 1620 in der Schlacht am Weißen Berg in der Nähe von Prag beendet. Friedrich V. von der Pfalz mußte flüchten und seinen gesamten Besitz aufgeben.

Der Kaiser hatte die erste Partie des Kriegs gewonnen. Doch anstatt gnädig zu walten, wurde der Sieg maßlos ausgeschlachtet. Die Führer des Aufstands, so man ihrer habhaft werden konnte, wurden hingerichtet, der gesamte Besitz der protestantischen Aufständischen (nahezu der gesamte niedere Adel Böhmens) wurde eingezogen und neu verteilt. In dieser Phase des Kriegs schuf sich Wallenstein die Grundlagen für sein späteres Vermögen. Die Absicht des Kaisers, den im Augsburger Religionsfrieden von 1555 nicht anerkannten Calvinismus zu vernichten und die Gegenreformation auf das gesamte Reichsgebiet auszudehnen, kam nun immer deutlicher zum Ausdruck.

Seine Versuche, den Krieg als innerdeutsche Angelegenheit zu begrenzen, blieben sowohl durch seine kaiserliche als auch durch die protestantische Bündnispolitik erfolglos. In dem von Tilly siegreich geführten Kampf gegen die immer schwächer werdende protestantische Gegenwehr griff ab 1624 auf evangelischer Seite König Christian von Dänemark ein. Zusammen mit ihm schufen die protestantischen Kräfte der »Union« ein militärisches Konzept, in dem neben dem dänischen König auch Christian von Braunschweig, Ernst von Mansfeld und der Siebenbürger Fürst Bethlen Gabor verschiedene Rollen übernehmen sollten. Aber auch der Kaiser hatte seine Position ganz wesentlich verstärkt, indem er Wallensteins Angebot annahm, ein kaiserliches Heer aufzustellen, das Ferdinand II. von der »Liga« und von Maximilian von Bayern unabhängiger machte.

1625 ernannte der Kaiser Wallenstein zum Generalissimus aller kaiserlichen Truppen. Ein Jahr später besiegte Tilly Christian von Dänemark bei Lutter am Barenberge, und Wallenstein bezwang Ernst von Mansfeld an der Dessauer Elbebrücke. Damit war Gesamtnorddeutschland in der Hand des Kaisers. Aus Dankbarkeit belehnte Ferdinand II. Wallenstein mit dem Herzogtum Mecklenburg und überhäufte ihn mit weiteren Ehrungen und Rechten. Doch Wallenstein konnte die weitreichenden Pläne des Kaisers nicht durchsetzen, weil er weder die wichtige Hafenstadt Stralsund einnehmen konnte, noch über eine ausreichende Seemacht zur Sicherung der Ostseehandelswege verfügte. 1629 kam es zum Lübecker Frieden, in dem Christian von Dänemark zum Verzicht auf eine weitere Einmischung in die Reichsangelegenheiten gezwungen wurde.

Die Machtfülle, über die Kaiser Ferdinand II. in den Jahren 1629 bis 1631 verfügte, hatte seit dem Mittelalter keiner seiner Vorgänger innegehabt. Doch statt diese einmalige Chance zur Erneuerung des Deutschen Reichs auszunutzen und das Land unter seinem Szepter zu befrieden und zu vereinen, verspielte Ferdinand II., unfähig, die Lage richtig einzuschätzen, diese unwiderbringliche Gelegenheit. Statt Mäßigung zu üben und um einen möglichen Ausgleich bemüht zu sein, ließ er auf Drängen Bayerns und seines Beichtvaters Lamormain das »Restitutionsedikt« verkünden, das die Besitzverhältnisse in ganz Norddeutschland verändert und das Ende der Reformation bedeutet hätte. Darüber hinaus machte sich Ferdinand auch Sachsen und Hessen-Darmstadt zum Gegner, die vorher noch auf seiner Seite gestanden hatten, und zersplitterte seine Kräfte durch den Beginn des zwecklosen Mantuanischen Erbfolgekriegs.

Seine Differenzen mit Wallenstein, dessen religiös indifferente, zentralistische Staatsauffassung er nicht nachvollziehen konnte, machten es dem Kaiser leicht, 1630 auf dem Reichstag von Regensburg Wallenstein auf Drängen der Reichsfürsten zu entlassen. Ohne aber dafür als Gegenleistung die Ernennung seines Sohnes Ferdinand III. zum »Römischen König« zu erhalten. Doch zwangen Ferdinand II. die Niederlagen Tillys gegen den nun in den Kampf eingreifenden König Gustav II. Adolf von Schweden, Wallenstein erneut in seinen Dienst zu berufen. 1632 erzielte Wallenstein einige größere Erfolge gegen die Schweden, doch blieb er ab 1633 unverständlicherweise nahezu tatenlos, ohne die Angebote eines gemeinsamen Vorgehens mit den bayerischen und spanischen Heeren anzunehmen. Kaiser Ferdinand II. hielt noch eine Weile an Wallenstein fest, aber aus Gründen der staatlichen Ohnmacht blieb letztlich nur noch die Beseitigung des Generalissimus. Wallenstein, der nie an die Absetzung des Kaisers oder an seine eigene Erhebung gedacht hatte (was man ihm vorgeworfen hat), wurde am 24. Januar 1634 in Eger von einigen Soldaten mit Billigung des Kaisers ermordet. Den Einzug der Wallensteinschen Besitztümer versäumte der Kaiser zugunsten der Verräter unter Wallensteins Offizieren. Aber auch die Tage Kaiser Ferdinands II. waren gezählt.

Zwar gelang es dem Kaiser noch, seinen Sohn zu seinem Nachfolger wählen zu lassen und nach der Schlacht von Nördlingen 1634 und der Eroberung von Württemberg in den Abmachungen des Prager Friedens von 1635 die Stellung des Katholizismus und des Habsburger Kaisertums noch einmal zu stärken. Aber den Frieden, den er selbst zu zerstören mitgeholfen hatte, erlebte Kaiser Ferdinand II. nicht mehr. Er starb am 12. Februar 1637 und wurde in Graz beigesetzt.

1637–1657 Ferdinand III.

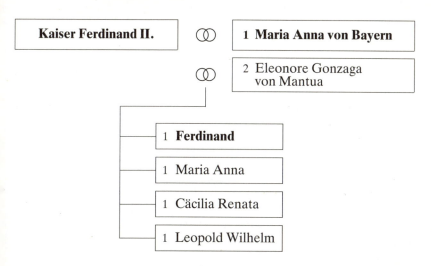

Kein Leben eines deutschen Herrschers ist so vom Krieg geprägt worden wie das Ferdinands III. Am 13. Juli 1608 in Graz geboren, als der Vater noch Erzherzog von Steiermark, Kärnten und Krain war, zählte er bei Ausbruch des 30jährigen Kriegs zehn Jahre. Ein Jahr später erlebte er die Krönung seines Vaters zum Kaiser des Deutschen Reichs. Als Kind war Ferdinand III. besonders zart und anfällig, er wuchs deshalb besonders geschützt und behütet auf. Er erhielt eine auserwählte musische, sprachliche und naturwissenschaftliche Bildung. Selbstverständlich wurde der Knabe im Sinn des Vaters fest im römisch-katholischen Glauben erzogen. Bereits mit 17 Jahren (1625) wurde Ferdinand mit der ungarischen Krone und zwei Jahre später auch mit der Böhmens gekrönt.
1631 heiratete der Prinz seine Cousine Maria Anna von Spanien, eine intelligente und politisch begabte Frau, auf deren Rat sich Ferdinand stets stützen konnte. Die Verwandtenehen waren im Haus der Habsburger eine vielgeübte Praxis, die wie z. B. im Fall Kaiser Rudolfs II. zu schwerwiegenden, erblich bedingten gesundheitlichen Folgen führen konnten. In zweiter Ehe heiratete Ferdinand III. 1648 die 16jährige Marie Leopoldine von Tirol und nach deren frühem Tod (1649) seine dritte Ehefrau, Eleonore Gonzaga, die Tochter Herzog Karls II. von Rethel.
1634 bekam Ferdinand nominell den Oberbefehl über die kaiserlichen

Truppen, doch hat er in diesem Amt mit Bescheidenheit, Taktgefühl und Einfühlungsvermögen den Fachleuten unter den Militärs Mitspracherechte eingeräumt. An der Schlacht von Nördlingen war der Prinz aktiv beteiligt. Aus dieser Zeit stammt das unverständliche Wohlwollen, das Ferdinand III. für eine der gewissenlosesten Kreaturen des Kriegs hegte – Gallas, ein Mensch ohne Bildung und Intelligenz, aber mit einer besonderen Gabe zum Blenden und zur Intrige ausgestattet. Anders als sein Vater, der kompromißlos die Sache der Gegenreformation betrieben hatte, pflegte Ferdinand III. einen auf interkonfessionellen Ausgleich abzielenden Friedenskurs. Er wurde dabei von seinen Räten Liechtenstein und Trauttmannsdorff in hervorragender Weise unterstützt. Besonders Trauttmannsdorff hat großen Anteil am Zustandekommen des Prager und des Westfälischen Friedens. Erst im letzten Jahr vor seinem Tod gelang es Kaiser Ferdinand II., die Nachfolge seines Sohns auf den kaiserlichen Herrscherstuhl durch seine Ernennung zum Römischen König zu sichern. 1637 wurde Ferdinand III. nach dem Tod seines Vaters zum Kaiser gewählt.

Es gehörte zu den ersten Maßnahmen des neuen Herrschers, die Entmachtung des Jesuiten Lamormain durchzuführen, des unversöhnlichen Protestantenhassers, dem der Vater nahezu hörig gewesen war. Damit war ein deutliches Zeichen für die in der »Union« kämpfenden Parteien gesetzt. Neben seinen bereits erwähnten Räten bestärkten ihn auch der spanische Beichtvater seiner Gemahlin, Quiroga, und sein eigener versöhnlicher religiöser Betreuer Gans in der eingeschlagenen politischen Richtung zur Beendigung des Kriegs. Dazu versuchte er zunächst, in den Habsburger Erbländern die Herrschaft zu sichern, indem er ein neues bürgerliches Beamtentum schuf, den Katholizismus zur staatstragenden Religion aufbaute und die Naturwissenschaften und die Kunst im Sinne eines in die entstehende Aufklärung einsteuernden Nationalstaats förderte. Allerdings kollidierten seine wohlmeinenden Absichten mit den bestehenden Vorschriften der katholischen Kirche. Den Landesadel versuchte Ferdinand III. in den durch die gestraffte Verwaltung dynamisierten Staat einzubinden.

Die langatmigen und mühsamen Verhandlungen mit Frankreich, Spanien, Schweden und den innerdeutschen Kriegsparteien, die auf eine Beendigung des 30jährigen Kriegs abzielten, führten erst 1648 mit Hilfe Kaiser Ferdinands III. im Westfälischen Frieden von Münster und Osnabrück zum Erfolg. Nach der Schlacht von Nördlingen, der letzten größeren geschlossenen Auseinandersetzung des Kriegs, schleppte sich der Kampf noch um 14 (!) Jahre hin, wobei die Truppenbewegungen häufig nur noch verständlich werden, wenn man die jeweilige Versorgungslage kennt. Habsburg hielt sich an der Seite seines spanischen Verbündeten nur mühsam gegenüber den Schweden und den anderen protestantischen Kräften. Frühere mögliche Friedenseinigungen wurden meistens durch Maximilian von Bayern unterlaufen, der seine Kurwürde abgesichert sehen wollte. So kämpfte jeder eigentlich nur noch um der besseren Verhandlungsposition willen, wobei die kaiserlichen Kräfte gegenüber den militärischen Glanzzeiten in den Jahren 1629 bis 1631 immer schwächer wurden.

Aus dem Friedensschluß gingen vornehmlich die europäischen Nachbarstaaten als Sieger hervor. Frankreich erhielt Elsaß-Lothringen, das danach nur noch in der Zeit von 1871 bis 1918 zu Deutschland gehört hat. Dänemark bekam fast ganz Schleswig-Holstein, Spanien sicherte sich die südlichen Niederlande (im wesentlichen das heutige Belgien). Schweden hielt sich an mehreren größeren Gebieten in Norddeutschland schadlos. Die Schweiz und die nördlichen Niederlande lösten sich aus dem Reichsverband und wurden selbständig. Bayern bekam die Kurwürde, und der Sohn des »Winterkönigs« Friedrich von der Pfalz erhielt den Kurfürstentitel und die Rheinpfalz zurück. Immerhin sicherte der Friedensschluß die Anerkennung der religiösen Konfessionen, doch war man von der Ausübung der Religionsfreiheit auch nach dem Krieg in fast allen deutschen Ländern noch weit entfernt. Das Reich war wirtschaftlich und infrastrukturell zerstört und auf ca. 25 % der Bevölkerungsstärke vor dem Beginn des Kriegs zusammengeschmolzen. Trotz aller Richtigstellungen lokaler und zeitgenössischer Berichte und fehlender Statistiken sind die Auswirkungen des 30jährigen Krieges in der deutschen Geschichte nur noch mit denen des Zweiten Weltkriegs vergleichbar.

Seit dem Friedensschluß von Münster und Osnabrück bemühte sich Ferdinand III., neben den Aufbauarbeiten nach dem Krieg, um die Wiederherstellung der kaiserlichen Reichsmacht, die er von den Kurfürsten stützen lassen wollte. Doch diese Versuche blieben weitgehend erfolglos, ebenso wie die Absicht, auf dem Reichstag von Regensburg 1653/54 durch die bindende Einführung der Reichssteuer zu einem nutzbaren Finanzmittel für den Staat zu gelangen. Der Partikularismus der Reichsstände, die nicht in der Lage waren, über den Rand des eigenen Tellers zu blicken, verhinderte jegliche Einflußnahme in die durch den Westfälischen Frieden festgeschriebene deutsche Kleinstaaterei, und dies, obwohl Ferdinand durchaus weitsichtig die Gefahr erkannte, die dem Reich, besonders durch den französischen Expansionsdrang, drohte. Auch eine Reichsheeresreform sowie Reformen der Reichsverfassung und des Reichskammergerichts waren nicht durchzusetzen. Mehr Erfolg war ihm in der Frage seiner Nachfolgeschaft beschieden. Sein Sohn Ferdinand IV. wurde 1653 zum Römischen König gewählt, doch starb er bereits ein Jahr später. So sehr die Mißerfolge seiner Reichspolitik auch schmerzten, für Österreich begründete der Kaiser die Voraussetzungen für den späteren Aufstieg, ähnlich wie dies dem Großen Kurfürsten in Preußen gelang.

Kaiser Ferdinand III. ließ sich trotz aller Mißerfolge in seiner Reichspolitik nie entmutigen und kämpfte zäh für die Erhaltung des Kaisertums im Deutschen Reich. Seine Bestrebungen um Frieden und ein friedliches Nebeneinander der Glaubensrichtungen kommen auch durch seine politischen Annäherungsversuche an Preußen und Sachsen nach dem 30jährigen Krieg zum Ausdruck. Im Schwedisch-Polnischen Krieg unterstützte er erfolgreich Polen, auch hier hatte er das Reichsinteresse berücksichtigt. Kaiser Ferdinand III. starb am 2. April 1657 im Alter von erst 48 Jahren in Wien und wurde in der Kapuzinergruft beerdigt.

1658–1705 Leopold I.

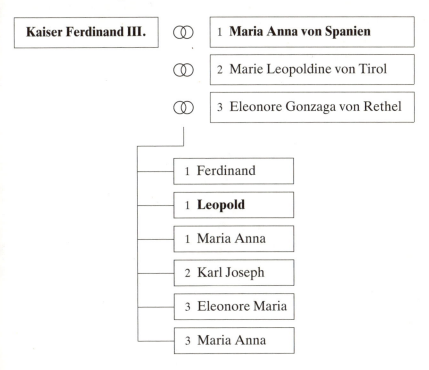

Von seiner Geburt (am 9. Juni 1640 in Wien) an wurde Leopold I. dem geistlichen Beruf geweiht. Sein älterer Bruder Ferdinand war als Thronfolger vorgesehen. Der Prinz wurde zuerst durch seine Stiefmutter Eleonore Gonzaga, später durch den Jesuitenpater Müller und Graf Portia erzogen. Die Bildung Leopolds war exzellent und umfaßte neben der Unterrichtung in der italienischen, spanischen und deutschen Sprache die Ausbildung in Theologie, Philosophie, Jura, Geschichte, Literatur, in den Naturwissenschaften, in Musik und Astronomie. Selbstverständlich war im Haus der Habsburger die feste Verankerung im katholischen Glauben.
Als Leopold 14 Jahre alt war, starb unerwartet sein Bruder Ferdinand. Daraufhin wurde Leopold 1655 zum König von Ungarn und ein Jahr später auch zum König von Böhmen gekrönt. Beim Tod seines Vaters Kaiser Ferdinand III. war Leopold I. erst 16 Jahre alt und seine Nachfolge auf dem Kaiserthron nicht abgesichert. Dennoch gelang es ihm mit der Hilfe seines Onkels Leopold Wilhelm von Österreich, nach

einem schwierigen Wahlkampf die Wahl zum Kaiser des Deutschen Reichs am 18. Juli 1658 durchzusetzen. Kaiser Leopold I. nutzte seine verhältnismäßig lange Regierungszeit, um Österreich-Habsburg zu einer europäischen Spitzenmacht aufzubauen, und er verhalf dem Zeitalter des Barock aus kultureller Sicht zu einem Höhepunkt; zahlreiche Künstler der Musik, des Theaters, der Dichtkunst, der Architektur und der Malerei machten Wien (neben Paris) zum künstlerischen Mittelpunkt in Europa und zur Hauptstadt der italienischen Musik, die die kulturelle Entwicklung ganz Deutschlands maßgeblich gefördert hat. Politisch gesehen war Leopold I. eher unscheinbar, man sagte ihm Unschlüssigkeit und mangelhafte Entscheidungsfreudigkeit nach. Zu diesen Eigenschaften paßt der bürgerferne Rückzug hinter das konsequent durchgeführte spanische Hofzeremoniell.

1666 heiratete Leopold die 15jährige Tochter König Philipps IV. von Spanien, Margareta, die nur 23 Jahre alt wurde. Aus dieser Ehe stammt die Tochter Maria Antonia, die 1683 den Kurfürsten Maximilian II. Emanuel von Bayern ehelichte. Durch seine zweite Ehe mit Claudia Felicitas von Tirol (1673) kamen Tirol und Vorderösterreich wieder in den Besitz der kaiserlichen Hausmacht zurück; es handelte sich um die Gebiete, die ehemals der Bruder Kaiser Ferdinands II., Leopold, von Kaiser Rudolf II. erhalten hatte. Bald nach dem Tod Claudia Felicitas (1676) heiratete Leopold I. die Tochter Herzog Philipp Wilhelms von Zweibrücken-Neuburg, Eleonore Magdalena. Aus dieser glücklichen Ehe sind 15 Kinder hervorgegangen, darunter auch die späteren Kaiser Joseph I. und Karl VI. Kaiser Leopold I. war von der göttlichen Sendung der Habsburger als universales übergeordnetes Herrscherhaus über die gesamte Christenheit, was den Papst und die östlichen orthodoxen Kirchen mit einschloß, im frühmittelalterlichen Sinn zutiefst überzeugt. Aus diesem Grund nahm er in seinen österreichischen Stammländern, aber auch im Reich Einfluß in alle Bereiche der (katholischen) Kirche und bestimmte somit das religiöse Leben, dabei verband sich diese Praxis mit seiner eigenen Frömmigkeit und Glaubensstärke. Mit seiner Haltung stand der Kaiser jedoch in eklatantem Gegensatz zu den realen politischen Möglichkeiten im Reich. Die Förderung einer Zentralmacht in der durch den Absolutismus geprägten Zeit blieb selbst in Österreich illusorisch. Hinzu kam, daß es Leopold I. während seiner Regierungszeit nie geschafft hat, die Staatsfinanzen zu ordnen.

Nach dem 30jährigen Krieg lag das Deutsche Reich am Boden, die

Bevölkerung war dezimiert, das Wirtschaftsleben unterbrochen, die Städte waren zerstört und dem Willen der Fürsten ausgeliefert, das Land öffnete sich schutzlos allen Gefahren von außen. Während in Deutschland alle partikularen Kräfte auf Freiheit und Festigung der eigenen Teilgewalt hinarbeiteten und diese möglichst noch auszubauen suchten, entstanden ringsumher in Europa zentralgeführte starke Nachbarstaaten, die das Reich in seinem Bestand ernsthaft bedrohten. Eine dieser starken Mächte war Frankreich unter König Ludwig XIV. Bereits in der Frage der Nachfolge Kaiser Ferdinands III. hatte der französische Kardinal Mazarin versucht, seinen Kandidaten, den Wittelsbacher Ferdinand Maria von Bayern, auf dem Thron des Deutschen Reichs durchzusetzen. Darüber hinaus verlangte Frankreich von Kaiser Leopold I. die Zusicherung, das habsburgische Spanien niemals mit den übrigen Habsburger Ländern zu vereinigen. Gleichzeitig stärkte Frankreich seinen Einfluß im Reich, indem es dem Rheinbund beitrat, einer Allianz kleinerer deutscher Länder im Rheinland. Das politische Machtstreben Ludwigs XIV. hatte das Ziel, letztlich die Kaiserkrone zu gewinnen. In dieser Absicht profitierte Frankreich nicht nur von der deutschen Zerrissenheit, sondern auch von der Bedrohung durch die Türken im Südosten. So ließ König Ludwig XIV. den türkischen Sultan durch Geld und die Entsendung von Militärberatern unterstützen, beteiligte sich aber gleichzeitig im Türkenkrieg von 1663/64 auf der kaiserlichen Seite.
1667 marschierten die französischen Truppen nach dem Tod König Philipps IV. von Spanien in die Spanisch-Habsburger Niederlande ein. Leopold I. war zu schwach, um gegen diesen Affront einzuschreiten. Der Frieden von Aachen (1668), der einige flandrische Festungen in französischer Hand beließ, kam nur auf Druck Englands, Schwedens und Hollands zustande. Trotz des Aachener Friedens verstärkten sich die Spannungen in Europa erneut. 1670 überfiel Ludwig XIV. das Herzogtum Lothringen und annektierte es, ohne daß der Kaiser dagegen vorgehen konnte. 1672 eröffnete Frankreich seinen zweiten Raubzug gegen die Niederlande. Nur zögerlich konnte sich der Kaiser entschließen, sich dem Brandenburger Kurfürsten Friedrich Wilhelm, einigen Reichsfürsten und Wilhelm III. von Oranien anschließen, um den französischen Vormarsch zu beenden. Im Frieden von Nimwegen (1679) mußten weitere spanische Festungen in den Niederlanden an Frankreich abgegeben werden, weiterhin gingen an Frankreich die Freigrafschaft Burgund und das rechtsrheinische Gebiet um Freiburg,

außerdem wurde der Besitz von Lothringen noch einmal bestätigt. Brandenburg mußte seine in der Schlacht von Fehrbellin von Schweden zurückgewonnenen pommerschen Besitzungen wieder herausgeben.
Unter der Bezeichnung »Reunion« (Wiedervereinigung) gingen Frankreichs Eroberungen auf dem Reichsgebiet weiter. Tatenlos sah man in Deutschland zu, wie Ludwig XIV. Teile des Elsaß, der Pfalz, Gebiete um Trier und die freie Reichsstadt Straßburg wegnahm. Endlich brachte Kaiser Leopold I. eine Koalition gegen Frankreich zusammen, der unter anderen Holland, Schweden und Spanien angehörten. Doch da erschienen 1683 die Türken vor Wien (auch hier hat Ludwig XIV. mitgespielt), die Verteidigung der Stadt wurde durch den Reichsgrafen Ernst Rüdiger von Starhemberg hervorragend organisiert und mit großer Tapferkeit durchgeführt. Erst 1699 endete dieser Krieg gegen die Türken vorläufig nach der Rückgewinnung ganz Ungarns und Siebenbürgens durch den Frieden von Carlowitz.
1689 besetzten französische Truppen in einer völlig überraschenden Aktion das gesamte linksrheinische deutsche Reichsgebiet bis Köln. Darüber hinaus drang eine französische Armee auch in Württemberg ein und richtete dort großen Schaden an. Gegen diese Eroberungsabsichten gelang es Leopold I., eine starke Allianz aufzustellen. Frankreich mußte dem Druck aus dem Reich weichen. Was jedoch nun folgte, gehört zu den schlimmsten Kapiteln deutsch-französischer Geschichte. In der Enttäuschung über die entgangene Beute befahl der französische Kriegsminister Louvois beim Rückzug der Truppen die Verwüstung des Landes. Besonders die Pfalz erlitt die totale Zerstörung, Städte wie Heidelberg, Worms, Mannheim, Speyer und viele andere gingen in Flammen auf. Der französische General Melac erwarb sich in dieser Angelegenheit traurigen Ruhm. Trotz des gemeinsamen Einsatzes der Reichskräfte zog sich dieser Kampf hin, bis es 1697 zum Frieden von Ryswijk kam, durch den Frankreich erstmals zu Zugeständnissen gezwungen wurde und die rechtsrheinischen Gebiete zurückgeben mußte. Durch den Friedensschluß von Carlowitz erhielt der Kaiser mehr Handlungsfreiheit, um verstärkt in den Kampf um Mitteleuropa und um das dortige Habsburger Erbe einzutreten.
1701 entbrannte der Spanische Erbfolgekrieg, der bis 1714 andauern sollte, durch den Tod des kinderlosen spanischen Königs Karl II. Außer Bayern und Köln, die sich Frankreich anschlossen, standen alle Reichsfürsten an der Seite des Kaisers, und auch England trat gegen Frankreich in den Krieg ein. Zur Wahrung der Habsburger Interessen

entsandte Leopold I. seinen Sohn Karl nach Spanien und ließ ihn dort als Karl III. zum König ausrufen. Trotz aller Anstrengungen schien der Erfolg doch noch einmal fraglich, als der Siebenbürger Fürst Rákóczi Österreich von Osten her bedrohte. Den zaudernden Kaiser stellen nun dessen Sohn Joseph, Prinz Eugen von Savoyen, Graf Wratislaw und Graf Starhemberg (die »Kriegspartei«) politisch kalt und übernahmen praktisch die Landesmacht. Auf allen Kriegsschauplätzen, in Italien durch Prinz Eugen von Savoyen, in Spanien durch Karl III. und im Reich durch Markgraf Ludwig von Baden sowie den Herzog von Marlborough, die die Franzosen 1704 bei Hochstädt besiegten, gewannen die kaiserlichen Kräfte die Oberhand.

Das Ende des Kriegs hat Kaiser Leopold I. nicht mehr erlebt. Er starb am 5. Mai 1705 unter den Klängen seiner Hofmusik in Wien und wurde wie seine Vorgänger in der Kapuzinergruft beigesetzt.

1705–1711 Joseph I.

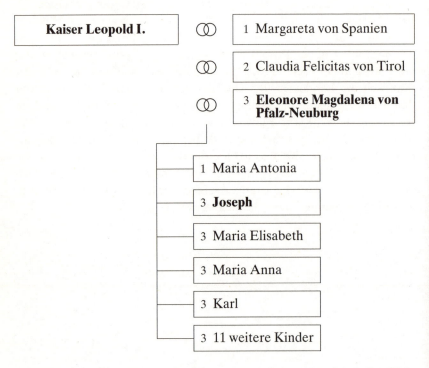

Der älteste Sohn Kaiser Leopolds I., Joseph, wurde am 16. Juli 1678 in Wien geboren. Der Prinz wuchs im Kreis der vielköpfigen Familie unter den Bedingungen des spanischen Hofzeremoniells auf. Joseph war ein temperamentvolles Kind, dessen Naturell mehr die lebendigen Eigenschaften der Mutter als die Schwerfälligkeit der Habsburger ererbt hatte. Bereits am 24. Januar 1690 wurde der Prinz in Augsburg zum Römischen König gewählt, um die Nachfolge Kaiser Leopolds I. zu sichern. Mit dem Fürsten Salm und Wagner von Wagenfels erhielt Joseph ausgezeichnete Lehrer, die ihn in seiner Entwicklung stark förderten.

Besonders Wagner von Wagenfels begründete im Thronfolger ein stark ausgeprägtes deutsches Nationalgefühl, verbunden mit dem festen Glauben an die Würde des Kaisertums und des Herrschaftsanspruchs des Reiches über Italien sowie die Ablehnung der Gegenreformation, was den Jesuitenorden mit einschloß. Dennoch stand auch Joseph fest im katholischen Glauben, jedoch in einer dem Mittelalter verpflichteten staatstragenden Auffassung. Joseph beschäftigte sich schon früh mit Gedanken zur Schaffung einer nationalen Staatskirche und bewies dabei durchaus Verständnis und Toleranz gegenüber dem Luthertum und dem Calvinismus. In seinen künstlerischen Ambitionen führte er das Mäzenatentum seines Vaters fort und hing dabei einem klassizistisch-barocken Stil an. Viele neue Bauwerke sind in der Regierungszeit Josephs I. entstanden, vor allem aber förderte er als musikbegeisterter Fürst die Wiener Oper und ließ das größte europäische Opernhaus errichten.

1699 heiratete Joseph Wilhelmine Amalie von Braunschweig. Aus dieser Ehe gingen drei Kinder hervor, Maria Josepha, die den Sohn Augusts des Starken, Friedrich August II. von Sachsen, heiratete, der ersehnte Thronfolger Leopold Joseph, der jedoch sein erstes Lebensjahr nicht überlebte, und Maria Amalia, die spätere Ehefrau des Habsburger Widersachers Karl Albrecht von Bayern. Durch das Ausbleiben männlicher Erben bereitete Joseph I. als Kaiser die »Pragmatische Sanktion« vor, die sein Bruder Karl später mit Vehemenz weiterbetrieb. Die »Pragmatische Sanktion« sollte die kaiserliche Herrschaft der Habsburger als erblich festschreiben und sich auch auf die weiblichen Nachkommen erstrecken.

Die Ablehnung, die Joseph gegenüber Frankreich empfand, veranlaßte ihn bei den Besprechungen, die im Vorfeld des Spanischen Erbfolgekriegs in Wien stattfanden, die verstärkte Aufrüstung Österreichs zu fordern. Seine Einflußnahme führte dazu, daß 1701 österreichische Truppen unter Prinz Eugen von Savoyen in Italien einmarschierten, um die dortigen Habsburger Besitzansprüche vor dem Zugriff der Franzosen zu schützen. Im Verlauf des Spanischen Erbfolgekriegs hat Joseph als Prinz aktiv an der Eroberung von Landau teilgenommen. 1703 entschlossen sich Joseph, Prinz Eugen und die Grafen Wratislaw und Starhemberg zu einer aktiveren Kriegspolitik, sie entmachteten Kaiser Leopold I. weitgehend. Joseph übernahm in Vertretung Prinz Eugens die Leitung aller Kriegsangelegenheiten in Wien, und Graf Starhemberg wurde Vorsitzender der Geheimen Konferenz des höchsten österreichischen Staatsgremiums. Bereits in der Zeit von 1703 bis 1705 gelang es Joseph, eine Reform der österreichischen Staatsverwaltung einzuleiten. Am 5. Mai 1705 starb Kaiser Leopold I., und Joseph I. übernahm als 26jähriger die kaiserlichen Regierungsgeschäfte.

Beim Amtsantritt Kaiser Josephs I. war der Spanische Erbfolgekrieg nahezu gänzlich zugunsten Habsburgs entschieden. 1704 hatten die

Reichstruppen mit ihren Verbündeten unter Markgraf Ludwig von Baden und dem Herzog von Marlborough die Franzosen bei Hochstädt geschlagen. Prinz Eugen war in Italien erfolgreich gewesen, und der Bruder Josephs, Karl, schien sich als König in Spanien durchzusetzen. Kaiser Joseph I. ließ Maximilian II. von Bayern und das Erzbistum Köln als einzige deutsche Parteigänger Frankreichs mit der Reichsacht belegen. Bayern wurde der kaiserlichen Verwaltung durch Graf Löwenstein, einem ausgezeichneten Politiker und Diplomaten, der den Habsburgern treue Dienste erwiesen hat, unterstellt und geschickt für einen Kampf gegen Frankreich motiviert. Die besonderen Anstrengungen des Kaisers hinsichtlich der Wiederherstellung der Reichsherrschaft in Italien führten zum Gewinn der alten Reichslehen Parma, Comacchio, Piacenza und Toskana sowie der Besetzung von Neapel-Sizilien. Auch die Bedrohung Österreichs durch den Aufstand des Siebenbürger Fürsten Rákóczis überstand der Kaiser durch die militärischen Erfolge der Grafen Heisters und Palffys in Ungarn. 1711 schloß Joseph I. den Frieden von Szathmár, der die ungarischen Unruhen beendete, die seit langem latent geschwelt hatten.

Die Friedensverhandlungen, die nach der für Frankreich verlorenen blutigen Schlacht von Malplaquet 1709 in Utrecht begannen, führten trotz der Gunst der Stunde nicht zu einem befriedigenden Ergebnis, so ging der Kampf weiter. Da veränderte sich am 17. April 1711 die politische Lage auf dramatische Weise: Überraschend starb Kaiser Joseph I. an diesem Tag, noch nicht einmal 33 Jahre alt, an den Blattern. Er hinterließ keine männlichen Nachkommen. Als Nachfolger kam nur König Karl III. von Spanien, der Bruder des Kaisers in Betracht, der noch im gleichen Jahr zum Kaiser gewählt wurde. Durch die Verbindung der beiden Kronen war das gesamte Weltreich der Habsburger ganz plötzlich wieder vereint, so wie es unter Kaiser Karl V. schon einmal gewesen war. Dies aber lief den Interessen der Habsburger Verbündeten England und Holland entgegen, und sie scherten aus der Allianz aus. Unter Kaiser Karl VI. wurde das Reich schließlich um die Früchte seiner militärischen Anstrengungen und Erfolge gegen Frankreich gebracht.

Kaiser Joseph I., der mit seiner kraftvollen politischen Handlungsweise zu den größten Hoffnungen hinsichtlich einer Wiedererstarkung des Deutschen Reichs Anlaß gegeben hatte, ruht neben seinen Vorfahren in der Wiener Kapuzinergruft.

1711–1740 Karl VI.

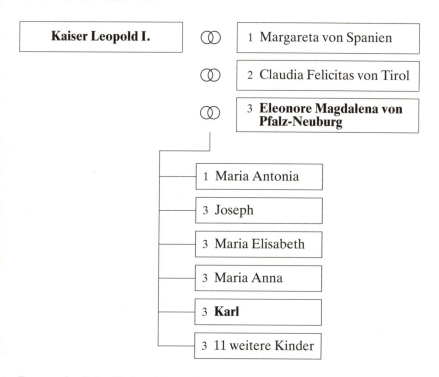

Der zweite Sohn Kaiser Leopolds I. und der Wittelsbacherin Eleonore von Pfalz-Neuburg wurde am 1. Oktober 1685 in Wien geboren und im Rahmen seiner individuellen Möglichkeiten zu einem frommen Christen und würdigen Vertreter des Hauses Habsburg erzogen. Er erhielt zwar eine weitgestreute Bildung, kam jedoch nie an die intellektuellen Fähigkeiten seines Bruders heran. Das Naturell des Prinzen wies eher eine gewisse Bedächtigkeit auf, die in seinen schwerfälligen Reaktionen zum Ausdruck kam. Dennoch war aber auch Karl VI. vielseitig interessiert und als Kenner der Kunst und der europäischen Geschichte bekannt. Auch im Bereich der Rechtswissenschaften verfügte Karl über außergewöhnlich gute Kenntnisse.

Im Bereich seiner künstlerischen Interessen behielt Karl VI. während seiner Regierungszeit die großzügige Förderung, die den Vater ausgezeichnet und die Joseph I., der ältere Bruder Karls, fortgesetzt hatte, bei. Diese Unterstützung galt besonders für den Bereich der Musik, des Theaters und der Literatur. Seine Auffassung eines nationaldeutschen

Kaisertums, bei dem er die Ideenwelt seines Bruders kopierte, gaben die Anreize für den von ihm bevorzugten Baustil in einer Mischung aus italienischem Barock und französischem Klassizismus. Diese beiden Stilrichtungen entwickelten sich in Wien zu einer speziell deutsch geprägten Variante beider Baustile, die jedoch den Mut zu neuen Ideen vermissen ließ (was auch für die Politik Karls VI. gilt). In seiner Amtszeit entstanden eindrucksvolle Neubauten in Wien wie die Karlskirche und der Neubau der Reichskanzlei, sowie weitere Gebäude in Schönbrunn und Klosterneuburg. Die Absicht seiner Vorgänger, Wien zum kulturellen Mittelpunkt Europas auszubauen, hat Karl nachdrücklich fortgeführt.

1708 heiratete Karl die 17jährige Tochter des Herzogs Ludwig Rudolf von Braunschweig-Wolfenbüttel, Elisabeth Christine, eine politisch begabte Frau, mit der ihn tiefe Zuneigung verband. Aus der Ehe sind vier Kinder hervorgegangen, der einzige Sohn Leopold überlebte jedoch sein erstes Lebensjahr nicht.

Im Jahr 1700 starb der spanische König Karl II., ohne einen Erben zu hinterlassen. Die spanische Linie der Habsburger war damit erloschen. Testamentarisch hatte Karl II. den Enkel des französischen Königs Ludwig XIV. zu seinem Nachfolger bestimmt. Durch die Verschmelzung Spaniens mit Frankreich hätte sich eine erhebliche Machtballung im südwesteuropäischen Raum und in den überseeischen Kolonialgebieten ergeben. Darüber hinaus wären auch die spanischen Niederlande möglicherweise in den Besitz Frankreichs gelangt. Diese Entwicklung wollte England nicht zulassen. Kaiser Leopold I. betrachtete sich als rechtmäßiger Erbe habsburgisch-spanischer Länder, und so kam es in einer Interessengemeinschaft zwischen Österreich und England zum Ausbruch des Spanischen Erbfolgekriegs gegen Frankreich. Prinz Karl wurde zum Nachfolger König Karls II. auf dem spanischen Thron vorgesehen und 1703 von England aus über Portugal nach Spanien gebracht und dort als Karl III. zum König ausgerufen. Karl konnte sich als Spanischer König nie vollends durchsetzen. Trotz zweimaliger Einnahme Madrids (1706 und 1710) schlossen sich nur Katalonien und Tarragona dem neuen habsburgischen König an, dem es nicht gelang, die österreichischen, spanischen und englischen Interessen zur geschlossenen Anstrengung im politischen und militärischen Vorgehen zu vereinen. So war die Entscheidung in Spanien noch offen, als am 17. April 1711 Kaiser Joseph I. völlig überraschend im Alter von nur 32 Jahren in Wien starb.

Karl mußte seine Mission in Spanien abbrechen, die Regierungsgeschäfte seiner Ehefrau als Regentin überlassen und nach Deutschland eilen, wo er am 12. Oktober 1711 einstimmig zum Kaiser gewählt und am 22. Dezember gekrönt wurde. Karl verließ Spanien nur widerstrebend, der Gedanke an ein Herrschertum über das spanische Weltreich hatte auf ihn einen sehr großen Reiz ausgeübt. Kaiser Karl VI. trat also die Regentschaft im Deutschen Reich nicht mit freudiger Erwartung an, sondern in Pflichttreue und tief empfundenem Verantwortungsgefühl für das Haus der Habsburger.

In der Hoffnung, die beiden Reiche vielleicht eines Tages vereinen zu können, umgab sich Karl VI. mit spanischen Ratgebern, die weder die Verhältnisse in Österreich noch im Deutschen Reich hinlänglich kannten. Darüber hinaus forderte der Kaiser mit diesem Verhalten Neid und die Intrigen der deutschstämmigen Hofbeamten geradezu heraus. Selbst empfänglich gegenüber Schmeichlern und Blendern, war er nicht in der Lage, diesem Treiben zu begegnen – dabei störte ihn auch seine eigene Unentschlossenheit.

Häufig ließ er sich zu naiver Begeisterung anstacheln, um schon bald wieder jegliches Interesse zu verlieren, dies galt besonders für die Neuerungen, die man ihm zur Förderung der Landwirtschaft unterbreitete. Zu den negativen Charakterzügen des Kaisers gehörte auch sein übersteigertes Mißtrauen, seine oft starrsinnige Haltung und seine nur schwach ausgeprägte Standfestigkeit. Daß er auch zu verbissener Energieleistung fähig war, zeigt sein Kampf um die Anerkennung der »Pragmatischen Sanktion«. Doch verlor er in dieser Anstrengung jegliches Augenmaß für andere Notwendigkeiten seines politischen Wirkens.

Als Kaiser Karl VI. sein Amt antrat, hatte sich der Spanische Erbfolgekrieg fast an allen Fronten zum Vorteil des Deutschen Reichs und des Hauses Habsburg entwickelt. Die Franzosen hatten 1709 in der Schlacht von Malplaquet (an der u. a. auch der preußische Kronprinz Friedrich Wilhelm, der spätere »Soldatenkönig«, teilnahm) eine vernichtende Niederlage erlitten. Doch war es in dieser günstigen Situation versäumt worden, den Krieg mit den Friedensverhandlungen von Utrecht zum Wohl des Deutschen Reichs zu beenden. Dieses Versäumnis rächte sich nun bitter. Als die Verbündeten Kaiser Josephs I., England und Holland, vom Tod des jungen Kaisers erfuhren und dessen Bruder Karl die Regierung in Deutschland antrat, brachen beide Länder aus der Koalition aus, weil ihnen Deutschland und das spanische Weltreich in der Hand eines einzigen Herrschers zu mächtig erschien.

Karl VI. bestätigte großzügig den Frieden von Szathmár mit dem ungarischen Adel, um im Osten Ruhe zu haben. Doch konnte er trotz aller Bemühungen die Herrschaft über Spanien nicht erhalten. Im April 1713 schlossen Frankreich, England, Holland, Savoyen, Portugal und Preußen den Frieden von Utrecht, dem der Kaiser wegen der Spanienfrage (Spanien sollte an Frankreich gehen) nicht beitrat. Der Krieg sollte nun militärisch beendet werden, jedoch von allen Verbündeten verlassen, konnte der Kampf nicht mehr gewonnen werden. Im März 1714 kam es zum Frieden von Rastatt. Gewinner des Spanischen Erbfolgekriegs war vor allem England, das seine überseeischen Besitzungen erheblich erweitern konnte. Das Haus Habsburg erhielt im wesentlichen Sardinien und das Königreich Neapel, mußte aber den Verzicht auf Spanien hinnehmen, und auch die französischen Gebietserweiterungen auf Kosten des Deutschen Reichs wurden weitgehend anerkannt.

Nach dem Rastatter Frieden wandte sich der Kaiser den östlichen Problemen Österreichs, der Türkengefahr, zu. Die Türken hatten 1683 während der Regierungszeit Kaiser Leopolds I. Wien belagert und waren danach bis 1699 (im Friedensschluß von Karlowitz) Zug um Zug aus Ungarn bzw. dem nördlichen Teil der Balkanhalbinsel zurückgedrängt worden. Hier hatte sich Prinz Eugen von Savoyen als hervorragender Heerführer und kluger Taktiker profiliert – die Erfolge der Österreicher waren überwiegend das Verdienst Prinz Eugens, des »edlen Ritters«. 1715 erhielt er wieder den Oberbefehl, besiegte die Türken bei Peterwardein und belagerte erfolgreich die Festung Temesvár. Schließlich eroberte der Prinz im Jahr 1717, in einer der spektakulärsten Aktionen der Militärgeschichte, die Festung und Stadt Belgrad. Damit war der türkische Widerstand auf dem Balkan gebrochen. Der Abschluß des Friedensvertrags von Passarowitz am 21. Juni 1718, in dem Prinz Eugen durch seine geschickte Verhandlungsführung dem Haus Habsburg zu enormem Zuwachs an Landbesitz auf dem Balkan verhalf, brachte Österreich die größte Ausdehnung des Landes im Verlauf der Geschichte. Durch seine unübersehbar großen Erfolge gewann Prinz Eugen mehr Einfluß auf Kaiser Karl VI., so daß sich dieser allmählich von seinen spanischen Ratgebern löste und sich mehr den deutschen Problemen widmete. Die Besiedlung der östlichen österreichischen Länder durch deutsche Kolonisten wurde eingeleitet.

Die Auseinandersetzungen mit den Türken waren zwar mit dem Frieden von Passarowitz noch nicht ganz abgeschlossen (1739 mußte Österreich im Frieden von Belgrad zum letztenmal einige Randgebiete an die Türkei abtreten), doch war 1718 das »Zeitalter der Türkenkriege« im wesentlichen beendet.

Im nordöstlichen Europa hatte in der Zeit des Spanischen Erbfolgekriegs und der Kämpfe gegen die Türken der Nordische Krieg (1700–1721) um die Vorherrschaft im Ostseeraum getobt. Der Kaiser hatte sich herausgehalten, beteiligt waren Schweden, Rußland, Polen, Hannover, Preußen und Sachsen. Letztlich wurde Schweden als nördliche Großmacht durch die Friedensschlüsse von Stockholm (1719), Friedrichsburg (1720) und Nystad (1721) von Rußland abgelöst. Allerdings konnten die Schweden auch nahezu gänzlich aus dem Gebiet des Deutschen Reichs verdrängt werden.

Nach all diesen Auseinandersetzungen im Nachgang des 30jährigen Kriegs kehrte nun eine Zeit allgemeiner Ruhe und Friedens im Reich ein. Preußen hatte sich durch die Beteiligung am Nordischen Krieg erweitern können und erlebte durch seinen strengen König Friedrich Wilhelm I. und dessen konsequente Innenpolitik einen weiteren Aufstieg, der unter dem Großen Kurfürsten bereits eingeleitet worden war. Kaiser Karl VI. mühte sich um die innere Festigung des Reichs und um eine Mehrung seines Einflusses. Er stützte sich dabei nun fast gänzlich auf den Rat Prinz Eugens, dem daran lag, das deutsche Kaisertum zu stärken und das Reich durch eine Anlehnung an Rußland gegen Frankreich zu schützen. Dazu diente auch das gute Einvernehmen, das der Kaiser im Reich mit den wichtigen Ländern (Hannover, Preußen, Sachsen usw.) anstrebte. Gegen die außereuropäischen Ambitionen des Kaisers (Gründung bzw. Erweiterung der Ostindischen Kompanie) und den damit verbundenen Zusammenschluß mit Spanien zu einer Allianz, machte England durch den Herrenhausener Vertrag von 1725 mit Hannover und Preußen mobil. Erst nach 1731 verzichtete der Kaiser endgültig auf seine spanischen Pläne und löste seine Ostindische Kompanie auf.

Aufgrund der Politik des Kaisers büßte das Haus Habsburg in der Zeit zwischen 1720 bis 1730 erheblich an Prestige im Reich ein. Auch die Reduzierung seiner Truppen, deren Aufstockung Prinz Eugen immer wieder gefordert hatte, machte sich bald unangenehm bemerkbar, als Frankreich 1733 den Polnischen Thronfolgekrieg auslöste und der greise Feldherr Prinz Eugen noch einmal in den Krieg ziehen mußte (hier lernte er noch den preußischen Thronfolger Friedrich II. kennen). Wegen der österreichischen Schwäche riet Prinz Eugen zum baldigen Friedensschluß. Am 21. April 1736 starb Prinz Eugen im Alter von 72 Jahren in Wien. Er hinterließ für Kaiser Karl VI. eine Lücke, die nicht zu schließen war.

Für den Kaiser hatte sich in diesen Jahren immer dringlicher die Frage seiner Nachfolge gestellt. Da der einzige Sohn Leopold bereits 1716 gestorben war, bemühte sich Karl um die Anerkennung der »Pragmatischen Sanktion«, um das Erbe der kaiserlichen Krone auf seine älteste Tochter Maria Theresia übertragen zu können. Trotz verbissener Anstrengungen gelang es ihm jedoch nicht, eine allgemeine Zustimmung zur »Pragmatischen Sanktion« im Reich zu erzielen.

Die Außenpolitik des Kaisers wurde nach dem Tod Prinz Eugens immer konfuser und richtungsloser. Die mangelhafte und unrealistische Politik Karls VI. wird deutlich an dem verlustreichen Ausgang des Polnischen Thronfolgekriegs, den unbefriedigenden Ergebnissen des Türkenkriegs von 1737 bis 1739 und der Vermählung seiner Tochter Maria Theresia in einer Liebesheirat mit Franz von Lothringen – anstatt dem Vorschlag Prinz Eugens einer Verbindung mit dem Haus Wittelsbach zu folgen. So wurden die Schwierigkeiten vorprogrammiert, die für Maria Theresia als Kaiserin heraufzogen.

Kaiser Karl VI. wurde nur 55 Jahre alt. Er starb am 20. Oktober 1740 in Wien, wo er wie seine Vorgänger in der Kapuzinergruft beerdigt wurde.

1740–1745 Karl VII., Albrecht

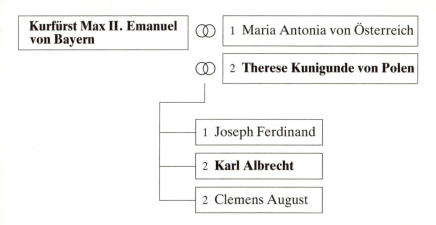

Karl Albrecht wurde als Sohn des Wittelsbacher Kurfürsten Max II. Emanuel von Bayern und der Tochter des polnischen Königs Johann III. Sobieski, Therese Kunigunde, am 6. August 1697 in Brüssel geboren. Durch den frühen Tod seines Halbbruders Joseph Ferdinand (1698) rückte er in der Wittelsbacher Erbfolge auf die erste Stelle.
Bis zu seinem neunten Lebensjahr erhielt der Prinz am Hof seines Vaters eine angemessene Ausbildung. Im Verlauf des Spanischen Erbfolgekriegs, bei dem Bayern auf der Seite Frankreichs stand, geriet er durch die österreichische Eroberung Bayerns (1706) in Habsburger Gefangenschaft und wurde nun bis zum Frieden von Rastatt (1715) unter habsburgischer Obhut in Graz und Klagenfurt als »Graf von Wittelsbach« erzogen. Bis zu seinem Regierungsantritt im Jahr 1726 erlebte Karl Albrecht als Prinz die Bemühungen seines Vaters um die Erweiterung der wittelsbachischen Machtbasis, besonders aber auch die Bestrebungen, die auf die Erlangung der Kaiserkrone abzielten. Zeitweise mit den Habsburgern verbündet, überzeugte Kurfürst Max II. Emanuel Prinz Eugen von Savoyen von der Notwendigkeit einer Habsburg-Wittelsbach-Verbindung. 1722 heiratete Karl die Tochter Kaiser Josephs I., Maria Amalia, die jedoch vorab auf alle Habsburger Erbansprüche verzichten und die »Pragmatische Sanktion« anerkennen mußte. Dennoch setzte Karl als Kurfürst von Bayern die Politik seines Vaters mit aller Kraft fort.
Bereits ein Jahr nach seiner Amtsübernahme schloß er mit Frankreich ein Bündnis, das ihm die französische Unterstützung zum Erwerb der

Kaiserkrone sicherte. Später bemühte er sich um eine eheliche Verbindung seines Sohns mit der ältesten Tochter Kaiser Karls VI., Maria Theresia, die jedoch nicht zustandekam. Auch diese Angelegenheit fand die (erfolglose) Unterstützung Prinz Eugens.
Karl war im Grunde ein gutmütiger und verträglicher Mensch, der im Gegensatz zu seinem Vater einen ausgeprägten Familiensinn besaß. In der Frage seiner vermeintlichen Erbansprüche auf Habsburger Gebiete und seiner angeblichen, juristisch völlig unhaltbaren Rechte auf den Besitz der römischen Kaiserkrone blieb er ohne jedes Maß, engstirnig und unbelehrbar. So vernachlässigte er seine Pflichten als Landesvater, um seinen Ehrgeiz zu befriedigen und entwickelte eine Prachtentfaltung, die seiner Stellung nicht entsprach und sein Land finanziell ruinierte.
1729 verhielt sich Karl aufgrund seiner vertraglichen Verpflichtungen bei den deutsch-französischen Auseinandersetzungen neutral. Auch im polnischen Thronfolgestreit behielt er diese Haltung bei, schwenkte dann wieder auf die Seite Habsburgs und unterstützte Österreich im Kampf gegen die Türken. 1738 erneuerte Karl überraschend das bayrisch-französische Bündnis und trat nach dem Tod Kaiser Karls VI. beispiellos unvorbereitet und militärisch völlig ungerüstet in die Auseinandersetzungen um das Erbe Karls VI. ein. Der sich aus den politischen Aktivitäten entwickelnde Erbfolgekrieg wurde allerdings durch den jungen preußischen König Friedrich II. mit seinem überfallartigen Einmarsch in das österreichische Schlesien ausgelöst. Aber auch Karl glaubte in dieser Situation an seine Chance. 1741 schloß er Verträge mit Spanien (28. Mai 1741), Frankreich, Preußen (Breslau 5. Juni 1741) und Sachsen (Frankfurt 19. September 1741), die ihn auf den Kaiserthron hoben und gleichzeitig auf die Zerstörung des Habsburger Imperiums abzielten. Am 19. Dezember 1741 ließ sich Karl zum böhmischen König ausrufen und am 24. Januar 1742 in Frankfurt als Karl VII. zum deutschen Kaiser wählen. Doch schon im gleichen Jahr verlor er Böhmen und sein Erbland Bayern militärisch an Österreich. Zwar konnte er in den darauffolgenden Jahren jeweils für kurze Zeit in seine Münchener Residenz zurückkehren, doch dauerten diese kurzen Aufenthalte gerade so lange, wie die preußische Rückendeckung anhielt.
In dieser für ihn so schmachvollen Situation starb Karl VII. am 20. Januar 1745 als Kaiser völlig gescheitert in München. Dort wurde er in der Theatiner-Kirche bestattet.

1745–1780 Maria Theresia

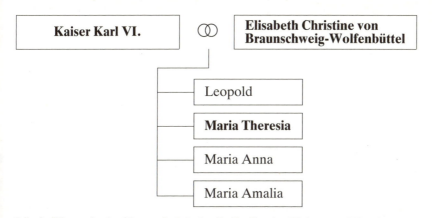

Maria Theresia darf formal nicht in die Reihe der Kaiser und Könige des Deutschen Reichs eingegliedert werden, da die »Pragmatische Sanktion«, mit der Kaiser Karl VI. die weibliche Thronfolge durchzusetzen suchte, zunächst nicht im gesamten Reich anerkannt worden ist bzw., als sie dann endlich auch von Preußen und Bayern akzeptiert war, der Kaiserin ihr Ehemann als Regent beigegeben wurde. Dennoch ist Maria Theresia als eine bedeutende Herrscherin und Persönlichkeit in die Geschichte eingegangen, so daß sie auch heute noch ganz selbstverständlich nicht nur als Königin der Habsburger Erbländer, sondern auch als eine der Kaiserinnen des Deutschen Reichs empfunden wird. Maria Theresia wurde am 13. Mai 1717 in Wien geboren. Aufgrund der Hoffnung des Vaters, daß ihm noch ein männlicher Erbe beschieden sein würde (der einzige Sohn Kaisers Karl VI. überlebte sein erstes Lebensjahr nicht), wurde es versäumt, Maria Theresia auf ihr späteres Amt vorzubereiten. Immerhin erhielt die Prinzessin, gemessen an der Praxis in den Fürstenhäusern der damaligen Zeit, eine ausgezeichnete Bildung, die auch die Beherrschung mehrerer Sprachen (Französisch, Italienisch, Lateinisch und Spanisch) einschloß. Die bevorzugte Sprache Maria Theresias war aber Deutsch, das sie zeitlebens im Wiener Dialekt sprach.

Die Jugend der Prinzessin verlief völlig entgegengesetzt zu der ihres großen Gegenspielers Friedrich II. Während der Preuße in seinem puritanischen Elternhaus mit erbarmungsloser Strenge behandelt wurde, wuchs die Habsburger Prinzessin behütet und beschützt in liebevoller Umgebung heran. Der beliebte Vergleich zwischen Friedrich II. und Maria Theresia, der, was die menschliche Wärme und Herzlichkeit betrifft, stets zugunsten der Kaiserin ausfällt, bringt bei aller Gegensätzlichkeit der Charaktere doch eine meist unbeachtete Parallelität: Beide Herrscher waren überaus fleißige, verantwortungs-, aufopferungsvolle, selbstbewußte und charakterfeste Regenten, die ihre ganze Kraft in die Regierungsgeschäfte einfließen ließen und ihre Ämter eher als Verpflichtung zum Dienen denn als gottgewolltes Herrschertum auffaßten.

In ihrer Jugend war Maria Theresia ein hübsches, liebenswürdiges Mädchen, später – nach ihren zahlreichen Schwangerschaften – strahlte sie mit ihrer stattlichen Figur immer noch mütterlichen Charme aus. Ihre katholische Erziehung gab ihr eine tiefe Frömmigkeit und gemessen an den Moralauffassungen ihrer Zeit eine erstaunliche Tugendhaftigkeit, mit der sie ihre Untertanen allerdings eher nervte als positiv beeinflußte. Am Wiener Hof pflegte man das steife spanische Zeremoniell, das Maria Theresia nach ihrem Regierungsantritt bald lockerte. Überhaupt war die Kaiserin eine lebhafte, lebensfrohe und aufgeschlossene Frau, die die italienische Musik und das Theater liebte und den Strömungen der Mode und der Kunst des Rokokozeitalters folgte. Darüber hinaus war sie auch eine hervorragende Reiterin, die das Reiten im Herrensitz bevorzugte.

Die Prinzessin erlebte ihre Kindheit und Jugendzeit überwiegend in der Wiener Hofburg und im Lustschloß ihrer Eltern »La Favorita« in der Nähe von Wien. Mit großer Energie setzte sie ihre eigene Entscheidung in der Wahl ihres Ehemanns durch. Der Erwählte war der um neun Jahre ältere Franz Stephan von Lothringen, den sie seit ihren Kindheitstagen kannte. 1736, als Maria Theresia 19 Jahre zählte, fand zunächst die Verlobung der beiden und dann die Hochzeit in Wien statt. Die äußerst glücklich geführte Ehe bescherte den beiden insgesamt 16 Kinder, von denen allerdings sechs früh verstarben. Das harmonische Familienleben des Ehepaars wurde selbst durch die zahlreichen Seitensprünge Franz Stephans niemals so sehr belastet, daß eine Entfremdung eingetreten wäre. Maria Theresia ignorierte dieses Verhalten ihres Mannes. Auch ein anderer Umstand, die offensichtliche politische und militärische Unfähigkeit Franz Stephans, beeinflußte das glückliche eheliche Verhältnis zwischen den beiden Partnern nicht.

Als 1740 der Vater Maria Theresias überraschend im Alter von nur 55 Jahren starb, waren die Voraussetzungen für eine erfolgreiche Regierungstätigkeit denkbar schlecht. Karl VI. hatte versucht, seine

Politik auf der Basis rechtlicher Verträge und Abmachungen abzusichern und es aus Mangel an nüchternem Realismus unterlassen, Habsburg finanziell und militärisch zu stützen. Diese gefährliche Politik war um so fleißiger betrieben worden, nachdem Prinz Eugen von Savoyen, der lange Zeit die Richtlinien österreichischer Politik mitbestimmt und eine Ehe Maria Theresias mit Maximilian III. von Bayern favorisiert hatte, am 21. April 1736 gestorben war.
Maria Theresias Schwierigkeiten begannen außenpolitisch mit dem Einmarsch preußischer Truppen in Schlesien und innenpolitisch damit, daß man der jungen Fürstin nur das Königtum über Ungarn zugestehen wollte. Darüber hinaus beanspruchte (rechtlich unhaltbar) der bayrische Kurfürst Karl Albrecht die Kaiserkrone des Deutschen Reichs für sich. Im Verein mit Preußen, Sachsen und Frankreich entwickelte sich daraus der Habsburger Erbfolgekrieg als Nebenschauplatz der österreichisch-preußischen Auseinandersetzungen. Als sich der 1. Schlesische Krieg zuungunsten Österreichs entwickelte, betrieben Preußen, Sachsen, Frankreich und Bayern durch die Verträge von Breslau am 5. Juni 1741 und Frankfurt am 19. September 1741 die Aufteilung der Habsburger Monarchie, wobei Karl Albrecht am 19. Dezember 1741 zunächst die Königskrone von Böhmen und am 24. Januar 1742 den Kaisertitel des Deutschen Reichs in Frankfurt erhielt. Durch die militärischen Anstrengungen Österreichs, und da Preußen durch eine Geheimkonvention aus den Reihen der Gegner ausschied, konnte der Bayer seine Erfolge nicht auskosten, zumal seine eigenen militärischen Kräfte völlig unzureichend waren. Bereits 1742 eroberten die Österreicher unter Khevenhüller Böhmen zurück und besetzten darüber hinaus Bayern. Maria Theresia hatte in einem anscheinend hoffnungslosen Kampf durch ihr ganz persönliches Engagement die österreichischen Kräfte geweckt und angespornt und innerhalb von nur zwei Jahren, abgesehen von dem Verlust Schlesiens, in ganz Süddeutschland den Sieg davongetragen.
Als sich Maria Theresias Truppen 1744 anschickten, auch Elsaß-Lothringen zu erobern, um den Verlust Schlesiens sozusagen auszugleichen, griff Friedrich II. von Preußen durch einen erneuten Angriff auf Böhmen wieder in das militärische Geschehen ein, um der erstarkten Habsburger Macht Einhalt zu gebieten und um die eigenen Interessen zu wahren. Zwar gelang es den Österreichern unter Traun, die Preußen aus Böhmen zu vertreiben, doch mußte Maria Theresia im Frieden von Dresden 1745 erneut auf Schlesien verzichten. Immerhin erkannte

Friedrich II. die Pragmatische Sanktion an, so daß der Ehemann Maria Theresias, Franz I. Stephan von Lothringen, am 13. September 1745 in Frankfurt zum deutschen Kaiser gewählt werden konnte. Karl VII. Albrecht war inzwischen gestorben und Maria Theresia hatte Bayern an den Sohn Karl zurückgegeben (allerdings ohne das Innviertel, das auch heute noch zu Österreich gehört). Der Erbfolgekrieg zog sich noch bis zum Frieden von Aachen am 23. Oktober 1748 hin, doch Maria Theresia hatte ihre Probe siegreich bestanden, niemand in Europa zweifelte mehr an der Kraft ihrer Persönlichkeit.

Nach dem Frieden von Aachen mußte es für die Kaiserin am dringlichsten sein, den Frieden zu sichern und sich auf einen eventuellen neuen Angriff Preußens vorzubereiten. Zu diesem Zweck mußte die Verwaltung Österreichs reorganisiert werden, das katholisch geprägte starre System der hergebrachten Ständeordnung wich allmählich einer modernen, von der Aufklärung beeinflußten Staatsauffassung, das dem Bürger- und Bauerntum größere Entfaltungsmöglichkeiten einräumte und den Einfluß des Adels und der Kirche zurückdrängte. Neue Männer im Umfeld der Kaiserin förderten diese Ideen, so z. B. ihr Leibarzt Professor van Swieten und ab 1753 dessen Freund Kaunitz, dem als Leiter der Auswärtigen Angelegenheiten die Bündnisse Österreichs mit Frankreich und Rußland gelangen und der über einen langen Zeitraum bis 1793 die Außenpolitik Österreichs führte. Die Staatseinnahmen vermehrte eine auf freiheitlichen Grundsätzen basierende Wirtschaftspolitik, die den Handel und das Gewerbe förderte.

Österreich blühte unter der Regierung der Kaiserin auf. Die Steigerung der Wirtschaftskraft in vielfältiger Weise, auch durch den Einbezug des Hochadels mittels Animation zur Investitionstätigkeit und durch die Besiedlung menschenleerer Landstriche in Ungarn gestützt, war ein besonderes Anliegen der Kaiserin. Ebenso erfolgreich arbeitete sie an der Integration Ungarns in den deutsch geprägten Habsburger Gesamtstaat. In vielen Entscheidungen der Kaiserin spiegeln sich auch die preußischen Reformen wider, doch blieb Preußen der Vorreiter freiheitlicher Ordnungen im Deutschen Reich.

Die segensreiche Politik Maria Theresias, die ihr die Zuneigung der Bevölkerung gewann, wurde durch den Ausbruch des Siebenjährigen Kriegs unterbrochen. Wieder verlangte der Krieg eine immense Anstrengung des österreichischen Staates. Diesesmal war das Militär ordentlich vorbereitet. Der militärische Berater der Kaiserin, Feldmarschall Graf von Daun, hatte bereits nach Beendigung des Österreichi-

schen Erbfolgekriegs mit der Reorganisation des österreichischen Heeres begonnen und das Offizierkorps durch den Aufbau einer Militärakademie sowie der Wiener Ingenieurakademie entscheidend gestärkt. Durch seine Ehe mit der Freundin Maria Theresias, Gräfin Fuchs, gelangte von Daun in den engsten Kreis der die Kaiserin umgebenden Menschen. Von Daun war ein hochgebildeter und taktisch sehr vorsichtiger Soldat, dessen überlegte, auf Schonung bedachte Militärführung zu Unrecht nicht immer die gebührende Anerkennung gefunden hat.
Die preußischen Truppen marschierten 1756 unbehelligt in Sachsen und zu Beginn des Jahres 1757 wieder in Böhmen ein und erzielten zunächst bei Prag einen Erfolg, ohne die Stadt selbst einnehmen zu können. Kurze Zeit später erschien Feldmarschall von Daun vor Prag und besiegte die Truppen Friedrichs II. erstmals in der Schlacht von Kolin. Preußen mußte sein Heer unter schweren Verlusten aus Böhmen zurückziehen und konnte dennoch das mit französischen Truppen vereinigte Reichsheer bei Roßbach schlagen. Österreich hatte inzwischen mit der Rückgewinnung Schlesiens begonnen. Einen Monat nach dem preußischen Sieg von Roßbach am 5. Dezember 1757 kam es bei Leuthen zum erneuten Aufeinandertreffen der österreichischen und preußischen Truppen. Die überragende taktische Leistung Friedrichs II. sicherte den Preußen ihren Erfolg. Dennoch setzte sich im Verlauf des Kriegs allmählich die zahlenmäßige und finanzielle Überlegenheit der verbündeten Kräfte Österreich, Frankreich und Rußland durch. In der Schlacht bei Kunersdorf am 12. August 1759 erlebte Friedrich II. seine bitterste Niederlage gegen die vereinten österreichischen und russischen Truppen. Nur der Tod der Zarin Elisabeth I. und der danach erfolgte Bündniswechsel Rußlands rettete Preußen vor der Kapitulation. Österreich wurde nun auch von seinem anderen Verbündeten, Frankreich, im Stich gelassen und sah sich allein nicht mehr imstande, dem Krieg eine entscheidende Wende zu geben.
Der Frieden von Hubertusburg am 15. Februar 1763 in der Nähe von Leipzig beendete den Krieg. Maria Theresia mußte endgültig auf Schlesien verzichten. Die Tatkraft der Kaiserin und ihre Motivationsgabe hatten die österreichische Armee und die Verwaltung zur größten Leistung angespornt. Im Sieg und in der Niederlage war Maria Theresia in ihrer Menschlichkeit der Größe ihres Gegners, Friedrich II., absolut ebenbürtig. Ihr Einsatz hatte jedoch trotz ihrer enormen Bemühungen nicht die Vorherrschaft in Deutschland erringen können. Obzwar auch vor dem Siebenjährigen Krieg nicht von Einheit in Deutschland gespro-

chen werden konnte, so hat dieser Krieg über die vorhandene Uneinigkeit hinaus noch eine Zweiteilung des Reichs durch die Spaltung der Interessensphären zwischen Österreich und Preußen bewirkt.

Nach dem Siebenjährigen Krieg ging Maria Theresia ebenso wie der preußische Kontrahent an die Behebung der Kriegsfolgen. Ihre Schaffenskraft erlosch auch nicht, als 1765 ihr geliebter Ehemann Kaiser Franz I. starb und ihr Sohn Joseph II. zum Mitregenten bestimmt wurde. Zäh und energisch focht sie ihre Reformen durch, die ihrem Sohn meist nicht weit genug gingen; sie befreite weitgehend die Bauern von der Leibeigenschaft, ließ die Gesetzgebung überarbeiten, errichtete ein völlig neues Schulwesen und führte mit dem Kantons- und Konskriptionssystem praktisch die allgemeine Wehrpflicht in den Erbländern mit Ausnahme von Tirol ein. Dennoch wollte Maria Theresia keinen Gebrauch mehr von der Militärmacht Österreichs machen und fügte sich nur mit Widerwillen in den Bayrischen Erbfolgekrieg von 1778/79, den sie jedoch durch direkt mit Friedrich dem Großen geführte Verhandlungen ohne größeres Blutvergießen beendete, wobei sie die Absichten ihrer Ratgeber durchkreuzte. Das höchste Ziel der Kaiserin war die Erhaltung des Friedens geworden. Auch in die 1. Polnische Teilung (1772), die Österreich u. a. Galizien einbrachte, hatte Maria Theresia nur ungern eingewilligt. Außerdem hatte Österreich bereits 1769 Zips und schließlich 1774 die Bukowina erworben.

In allen Gebieten führte die Kaiserin nach der Eingliederung Maßnahmen durch, die dem Stand der kulturellen, sozialen und gesellschaftlichen Entwicklung Österreichs entsprachen. Auch hier mußte sie die Reformen gegen den Widerstand des Adels durchsetzen. Teil der Friedenspolitik Maria Theresias war auch die Heiratspolitik, die sie mit den Hochzeiten ihrer Kinder verfolgte. Diese Verbindungen – Marie Antoinette mit Ludwig XVI. von Frankreich, Marie Caroline mit Ferdinand IV. von Neapel-Sizilien, Leopold mit Marie Luise von Spanien, Ferdinand mit Beatrix von Modena – überzogen in einem Netz das westliche Europa. Darüber hinaus sollte der Habsburger Einfluß im Reich durch die Ernennung ihres Sohnes Maximilian Franz zum Hoch- und Deutschmeister des Deutschen Ritterordens gestärkt werden. Insgesamt geschen blieb die Einwirkung der Kaiserin in das Reichsgeschehen jedoch gering.

Obwohl fest eingebunden in die Habsburger Dynastie- und Führungsleitideen, entwickelte Kaiserin Maria Theresia während ihrer Regierungszeit eine erstaunliche Dynamik und verbunden mit zäher Durchsetzungskraft einen neuen eigenständigen Führungsstil. Die Vehemenz, mit der sie für das Wohl ihrer Kinder und damit für das Wohl der Habsburger Familie sorgte, übertrug sie als generelles Handlungsprinzip in ihre Amtsführung. Vorsichtig öffnete sie ihre Erbländer den Gedanken eines neuen Zeitalters. Dabei faßte sie ihr Amt, ihre persönliche Macht viel mehr als ihre Pflicht und ihre Verantwortung auf, als es ihre Vorgänger getan hatten. Mit dieser Einstellung zu einem modernen Herrschertum schuf Maria Theresia einen neuen Nationalstaat: Österreich. Die Reformen der Landesverwaltung, der Armee, des Erziehungswesens, der Gerichtsbarkeit, die Umwandlungen in den sozialen Strukturen des Landes und die vielfältigen Veränderungen des Wirtschaftslebens sind allesamt durch ihre feinfühlige Art beeinflußt und betrieben worden, ja sind zuerst ihr Verdienst. Daß sie diese Erfolge als Kaiserin des Deutschen Reichs nicht auf ganz Deutschland übertragen konnte, ist nicht ihr Verschulden, zumal sie 1763 versuchte, dem Kaisertum zu neuer Machtentfaltung zu verhelfen.

Die ganze Kraft ihrer Persönlichkeit wird deutlich, wenn man die Überwindung der einzelnen Widerstände betrachtet, die bei den Umwandlungen des Staates notwendig waren. Die glückliche Verbindung ihres realen Sachverstands und ihrer Denkweise schuf im Zusammenhang mit ihrer weiblichen Überzeugungskraft, ihrer Mütterlichkeit und ihrem tief ausgeprägten Taktgefühl die Brücken zu den Herzen ihrer Untertanen, und sie gab ihnen damit die Möglichkeiten zur freien Entfaltung und Entwicklung. In der Förderung der Kunst verhielt sich Maria Theresia gemäß den Habsburger Traditionen aufgeschlossen und zugänglich, aber mit einer Neigung zum Konventionellen. Zahlreiche eindrucksvolle Bauten wurden in ihrer Regierungszeit vollendet. Selbst von tiefer Frömmigkeit in reiner katholischer Prägung erfüllt, konnte oder wollte sie der allmählichen Verweltlichung des katholischen Lebens nicht Einhalt gebieten.

Die Regierungsjahre der Kaiserin seit 1765 wurden durch die häufigen Zerwürfnisse mit ihrem designierten Nachfolger, ihrem Sohn Joseph, überschattet. Vielleicht sind es diese Streitigkeiten und die daraus abzuleitenden seelischen Verstimmungen der Kaiserin, die sie am Ende starr und unbeweglich erscheinen ließen, so daß man, wie bei ihrem Gegner Friedrich dem Großen, nach ihrem Tod aufatmen zu können glaubte. Die unvergleichliche Frau echter Fürstlichkeit, Kaiserin Maria Theresia, starb am 29. November 1780 in Wien, dort wurde sie in der Kapuzinergruft beigesetzt.

1745–1765 Franz I.

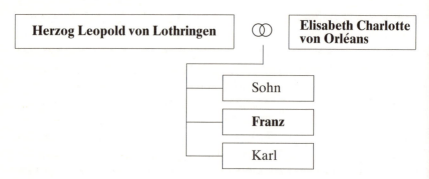

Franz Stephan von Lothringen wurde am 8. Dezember 1708 in Nancy geboren. Seine Mutter war eine Tochter der bekannten Liselotte von der Pfalz, die mit dem Bruder Ludwigs XIV., Herzog Philipp von Orléans, in unglücklicher Ehe vermählt und aufgrund ihrer moralisch einwandfreien, schlichten und bescheidenen Art am französischen Hof eine auffällig positive Erscheinung gewesen war. Der Prinz wurde im Sinne französischer Kultur zu einem Reichsfürsten des Deutschen Reichs erzogen. Im Alter von 14 Jahren kam Franz für seinen verstorbenen älteren Burder, der für eine Vermählung mit einer Habsburger Prinzessin vorgesehen war, nach Wien an den kaiserlichen Hof. Seitdem stand der Prinz im Habsburger Dienst. Als sein Vater 1729 starb, übernahm er das Herzogtum Lothringen und erhielt ein Jahr später noch Bar als französisches Lehen. 1732 wurde Franz von Lothringen durch Karl VI. zum Statthalter von Ungarn ernannt und wohnte nach einem Aufenthalt in den Generalstaaten 1733 auf Wunsch des Kaisers der Hochzeit des preußischen Kronprinzen Friedrich mit Elisabeth Christine von Braunschweig-Bevern bei, um bei dieser Gelegenheit möglichst die Freundschaft des Kronprinzen zu erwerben.

Herzog Franz war ein liebenswürdiger, aufgeschlossener und galanter Mann. Durch seine sympathische Art gelang es ihm, viele Kontakte zu knüpfen und für das Haus Habsburg zu werben. Allerdings waren seine intellektuellen Fähigkeiten eher nur mittelmäßig.

Im Polnischen Thronfolgekrieg gehörte Franz zu den besonderen Verlierern, da er zugunsten des polnischen Königs Stanislaus Lezczjnski auf sein Stammland Lothringen verzichten mußte, wofür er 1737 mit dem Großherzogtum Toskana entschädigt wurde. Im Reich behielt Franz nur die Reichsgrafschaft Falkenstein. Die von Franz von

Lothringen erhoffte Vermählung mit Maria Theresia, der Tochter Kaiser Karls VI., fand am 12. Februar 1736 statt. Karl VI. hatte sich bereits seit geraumer Zeit um die Anerkennung seiner Tochter als Erbin der kaiserlichen Krone durch die sogenannte »Pragmatische Sanktion« bemüht, wobei ihm jedoch kein durchgreifender Erfolg beschieden war. Die Eheschließung der beiden erfolgte nach Neigung und war von Maria Theresia vom Vater erkämpft worden. Es sollte trotz mancher Unzulänglichkeit des Herzogs eine glückliche Ehe werden, die 16 Kinder hervorbrachte und einen neuen Zweig der Habsburger Dynastie begründete.
Im Türkenkrieg von 1737 bis 1739, an dem Franz freiwillig teilnahm, führte er nominell den Oberbefehl, bis er 1738 schwer erkrankte. 1739 besuchte er sein neues Stammland, die Toskana. Ein Jahr später ernannte ihn seine Frau nach ihrer Thronbesteigung zum Mitregenten. Aber sowohl in der Politik als auch bei seinen Einsätzen im Krieg erwies sich Franz als weitgehend unfähig, so daß ihn Maria Theresia im Verlauf des Österreichischen Erbfolgekriegs gegen Bayern bzw. im Verlauf des 1. Schlesischen Kriegs gegen Preußen 1742 aus der Militärführung zurückberief. Trotzdem setzte Maria Theresia die Wahl ihres Mannes zum Deutschen Kaiser nach dem 2. Schlesischen Krieg 1745 durch. Allerdings hat Kaiser Franz I. die Regierungsgeschäfte nie selbst übernommen, vielmehr wurde er immer mehr von allen Staatsgeschäften ferngehalten, so daß er sich seinen geliebten naturwissenschaftlichen Studien widmen konnte. Während des Siebenjährigen Krieges erwarb Franz I. ein riesiges Vermögen durch den Verkauf von Proviant und Kriegsmaterial, das er u. a. auch an den Gegner, Preußen (!), lieferte. Aufgrund dieser Talente ernannte ihn Maria Theresia 1763 zum Obersten Leiter der Finanzen und des Staatsschuldenwesens. Doch starb Kaiser Franz I. bereits zwei Jahre später, am 8. August 1765, dem Hochzeitstag seines Sohnes Leopold in Innsbruck.
Kaiser Franz I. war ein gutmütiger und bescheidener Mensch. Seine Verbindung mit Maria Theresia gehört aus politischer Sicht zu den ungeschicktesten Aktionen des Hauses Habsburg. Auch er ruht in der Wiener Kapuzinergruft.

1765–1790 Joseph II.

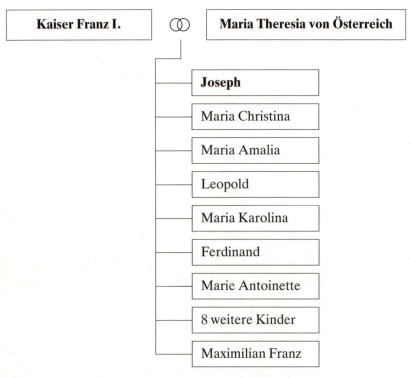

Ein Jahr nach ihrem Regierungsantritt, während des 1. Schlesischen Kriegs, gebar Maria Theresia am 13. März 1741 in Wien ihren ersten Sohn, Joseph. Es ist selbstverständlich, daß die Kaiserin mit ihrer mütterlichen Fürsorge und ihrem realen Weitblick dem Kind die bestmögliche Erziehung und Ausbildung zukommen ließ. Die frühe Betreuung des Prinzen übernahmen die Jesuiten Frantz und Veger sowie der Feldmarschall Batthyány als militärischer Berater. Ab 1751 übte der Reichsfreiherr Bartenstein durch seinen ausgezeichneten Unterricht (Reichs- u. österreichische Geschichte) einen wesentlichen Einfluß auf den heranwachsenden Kronprinzen aus. Der Reichsfreiherr zählte zu den bedeutendsten Ratgebern Maria Theresias.
Bartenstein prägte mit Sicherheit die Auffassung Josephs hinsichtlich eines umfassenden deutschen Kaisertums, basierend auf einer eigenen starken Hausmacht nach frühmittelalterlichem Vorbild. Seine Lehrer Beck und Martini brachten in diese Vorstellungen eines Kaiserbilds die

Verbindung mit der katholischen Kirche ein, gleichzeitig sorgten diese Herren aber auch für das Interesse an den modernen Ideen der damals einsetzenden katholisch geprägten Aufklärung nach den Vorstellungen van Swietens.
Am Ende seiner Ausbildung war aus dem Prinzen ein intelligenter, hochgebildeter, aufgeklärter und gerechtigkeitsliebender junger Mann geworden, der fest im katholischen Glauben stand und darüber hinaus auch zu einem besonders liebesfähigen und menschenfreundlichen Fürsten erzogen worden war. Zu seinen Vorbildern erkor der Kronprinz wegen ihrer aufopferungsvollen Hingabe an das Amt die Mutter Maria Theresia und noch mehr (trotz der Feindschaft zu Österreich) Friedrich den Großen.
1760 heiratete Joseph die Tochter Herzog Philipps von Parma, Maria Isabella, die er bis zu ihrem sehr frühen Tod (1763) innig geliebt hat. Aus politischen Gründen heiratete er ohne Neigung 1765 die Tochter Kaiser Karls VII., Maria Josepha, also eine Wittelsbacherin, die aber auch früh im Jahr 1767 verstarb. Aus beiden Verbindungen gingen keine Kinder hervor. In seinem privaten Leben ist Joseph nach dem Tod seiner zweiten Frau, die ihm nichts bedeutet hatte, mit seinen damals erst 26 Jahren früh vereinsamt.
Am 27. März 1764 wurde Joseph zum Römischen König gewählt, also zum Nachfolger seines Vaters Kaiser Franz I. ernannt. Bereits ein Jahr später, nach dem Tod des Vaters, erhielt Joseph den Kaisertitel, obwohl seine Mutter im Amt blieb. Maria Theresia erachtete es wohl als erforderlich, den begabten und zu Taten drängenden Sohn an der Regierung zu beteiligen, weshalb sie ihn zu ihrem Mitregenten ernannte und ihm das Kriegswesen (Kriegsministerium) anvertraute.
Schon bald nach dieser Ernennung traten die durch die Erziehung und Ausbildung des Prinzen herangebildeten Unterschiede hinsichtlich der Amtsführung und Staatsgrundlagen gegenüber Maria Theresia deutlich zutage. Es kam zu ernsten Differenzen zwischen Mutter und Sohn, obwohl Joseph die Kaiserin sehr verehrte. Unter diesen Auseinandersetzungen haben beide sehr gelitten. Maria Theresia erging es mit zunehmendem Alter ähnlich wie dem »Alten Fritz«, sie wurde starrsinnig und unduldsam, so daß sie den modernen Ansichten des Sohns nicht mehr folgen konnte oder wollte. Joseph entzog sich den Konfrontationen mit der Kaiserin durch ausgedehnte Reisen durch die österreichischen Provinzen oder in das Ausland. Auf diesen Fahrten durchs Land, die er meist inkognito als Graf von Falkenstein absolvierte, erlernte er

die Zusammenhänge des Staatsaufbaus, des Beamtenapparats und des Wirtschaftslebens einzuschätzen und zu durchschauen. Begegnungen mit den großen Führern seiner Zeit, aber auch die Erkenntnisse, die er über Land und Leute sammelte, schärften seinen Blick für das Wesentliche der Staatsaufgaben. Dabei gewann er immer mehr den Eindruck, daß Österreich die Führungsrolle gegenüber den Nachbarstaaten einzunehmen hätte. In dieser Haltung wurde der Kaiser von Kaunitz unterstützt, wobei die Außenpolitik allmählich der unbeweglichen Maria Theresia entglitt.

Im August 1772 erreichte Österreich bei der »Polnischen Teilung« mit den Königreichen Galizien und Lodomerien sowie den Herzogtümern Zator und Auschwitz großen Landzuwachs an der Peripherie des österreichisch-ungarischen Großstaates; während Friedrich II. mit Westpreußen die Verbindung Ostpreußens zu seinen preußischen Kernländern schuf. 1774 kam mit der Bukowina weiterer Landgewinn an Österreich. 1778 löste der Kaiser gegen den Willen Maria Theresias mit der überraschenden Besetzung Bayerns den »Bayrischen Erbfolgekrieg« aus, der Österreich nach der preußischen Intervention lediglich das Innviertel einbrachte. Joseph II. verfolgte mit seiner Expansionspolitik in Süddeutschland den Plan, seine Stellung als Kaiser des Deutschen Reichs durch die Vermehrung seiner Hausmacht zu stärken, womit er allerdings nur wenig Erfolg zu verzeichnen hatte. Auch dringende innenpolitische Reformen setzte Joseph II. gegen den Willen seiner Mutter durch, so die Neuorganisation des Staatsrats (1774), die Beschränkung der bäuerlichen Fronarbeiten als Reaktion auf die Bauernaufstände von 1765 bis 1776, die Abschaffung der Folter, die Beschränkung der Todesstrafe auf bestimmte schwerwiegende Fälle und die Gewährung von Glaubensfreiheit für die österreichischen Protestanten.

Als Maria Theresia am 29. November 1780 starb, bekam der Kaiser freie Hand für seine eigene unbeeinflußte Politik. Bei der Übernahme seiner uneingeschränkten Regierung verhielt er sich ähnlich wie die beiden großen Preußen Friedrich Wilhelm I. und Friedrich II. bei ihrem Regierungsantritt. Rigoros schränkte er seine eigene Hofhaltung durch Entlassung nahezu des gesamten Hofstaats ein, die Apanagen seiner Familienmitglieder kürzte er drastisch, und die Einmischung seiner Brüder und anderer Familienmitglieder in die Politik ließ er unterbinden. Ziel seines politischen Wirkens sollte ein Nationalstaat Österreich mit einer einheitlichen (deutschen) Verwaltungssprache und einem deutsch geprägten Beatemtum nach preußischem Muster werden. Das Feudalsystem, wie es seine Mutter noch gepflegt hatte, sollte durch die Förderung des bürgerlichen Mittelstands zum nüchternen, bürgerfreundlichen Einheitsstaat entwickelt werden, in dem die buntgemischten Völker der habsburgischen Länder zum deutschen Gesamtstaat zusammenwachsen sollten. In diesem Zusammenhang sah der Kaiser auch die Entwicklung von Industrie, Handel und Gewerbe sowie die endgültige Befreiung der Bauern von allen mittelalterlichen Belastungen.

Diese Neuerungen gingen natürlich mit der Einschränkung traditioneller Rechte des Adels einher. Mit der Einrichtung eines deutschen Nationaltheaters lenkte der Kaiser auch die kulturelle Entwicklung in eine deutsch-nationale Richtung und wirkte mit seiner Kunstförderung in Wien bis in die heutige Zeit. In seinem privaten Leben fand die Kunst jedoch keinen Platz, zu sehr war der Monarch vernunft- und sachbezogen, ein nüchterner Arbeitsmensch und Diener seines Staats. Des weiteren reformierte er das Universitäts- und Schulwesen Österreichs, womit die Erziehung der Jugend zum Staatsbürger erreicht werden sollte.

Religiöse Orden löste er auf und unterstellte die katholische Kirche seiner Länder dem Staat, indem er aus dem Verkauf von Klöstern und deren Werten die finanziellen Grundlagen für eine katholische Staatskirche schuf, in der die Pfarrer wie Beamte besoldet wurden. Dennoch verscherzte sich Joseph II. gerade mit diesen Maßnahmen die Sympathien der geistlichen Reichsfürsten. So konnte sein Plan, eine gesamtdeutsche nationale Reichskirche zu gründen, nicht verwirklicht werden, zumal auch Preußen sich dagegen wehrte. Gegen die Pläne des Kaisers im Reich hinsichtlich einer Verbesserung der kaiserlichen Machtstellung hatte sich ohnehin schon früh eine Opposition der Klein- und Mittelstaaten des Reichs gebildet.

1787 mußte der Kaiser, obwohl er weder die Neigung noch eine besondere militärische Begabung besaß, aufgrund von vertraglichen Verpflichtungen Rußland im Krieg gegen die Türkei beistehen. Dabei verliefen die militärischen Aktionen zunächst recht unglücklich, und Joseph II. mußte den Feldmarschall Lacy, der ihm geistig eng verbunden war, wegen seiner offenkundigen Unfähigkeit durch den Feldmarschall Laudon ersetzen. Erst danach stellten sich Erfolge auf der österreichischen Seite ein. Während des Kriegs erkrankte der Kaiser schwer an einer Lungentuberkulose, die ihn zur Rückkehr nach Wien zwang und von der er sich nicht mehr erholte. Die Anfänge der Französischen Revolution erlebte Joseph II. noch mit, doch konnte er sich nicht entschließen, seiner Schwester Marie Antoinette, die mit dem französischen König Ludwig XVI. verheiratet war, zu helfen. Den eigenen Tod vor Augen, neigte er möglicherweise im Innersten selbst den revolutionären Ideen zu, zumindest war er jedoch davon überzeugt, daß sich die französische Form der Monarchie überlebt hatte. Am 20. Februar 1790 starb der Kaiser in völliger Einsamkeit in Wien.

Kaiser Joseph II. wurde nur 38 Jahre alt. Mit ihm schied in der deutschen Geschichte wieder ein Herrscher dahin, der die besten Absichten verfolgt hatte, aber während seiner kurzen Regierungszeit an den Widerständen im Reich gescheitert ist. Wie seine Vorgänger ruht er in der Wiener Kapuzinergruft.

1790–1792 Leopold II.

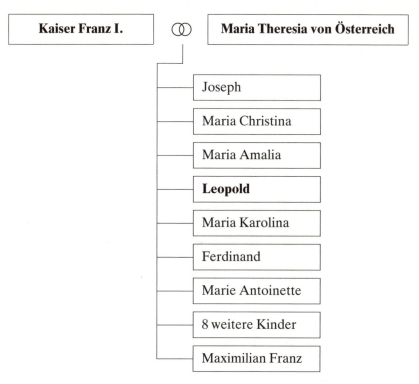

Der zweite Sohn der Kaiserin Maria Theresia mußte die Nachfolge seines Bruders Joseph II. antreten, da dessen beide Ehen kinderlos geblieben waren. Der am 5. Mai 1747 in Wien geborene Leopold hatte wie sein Bruder eine hervorragende Ausbildung und Erziehung genossen, die besonders durch den Professor von Martini, der während Leopolds Regierungszeit mit verantwortungsvollen Aufgaben bei Rechts- und Studienreformen betraut wurde, und den Mitbegründer der katholischen Aufklärung, Professor von Riegger, geprägt worden ist. 1765 übernahm Leopold als Großherzog das Erbe seines Vaters, die Toskana, die dieser 1737 als Ersatz für sein Stammland Lothringen erhalten und die seither unter österreichischer Verwaltung gestanden hatte. Im gleichen Jahr heiratete Leopold Maria Luise von Spanien, die ihm 16 Kinder gebar.

Als Großherzog der Toskana konnte Leopold seine Version eines Staatsverständnisses verwirklichen, wobei er die Grundzüge einer konstitutionellen Monarchie schuf und die zerspaltene Stadtstaatenstruktur zu einem funktionstüchtigen Gemeinwesen umwandelte. Gleichzeitig zeigte er sich für seine Zeit außergewöhnlich friedliebend, indem er aus grundsätzlichen Erwägungen auf ein stehendes Heer und eine Flotte verzichtete, Angriffskriege ablehnte und eine reine Neutralitätspolitik betrieb. Seine Versuche, auch die katholische Kirche umzugestalten, schlugen jedoch fehl und gipfelten in Volkserhebungen, die mühsam durch österreichisches Militär unterdrückt werden mußten. Trotz dieses Fehlschlags hat Leopold außerordentlich segensreich in der Toskana gewirkt und dem Land langfristig seinen von der Aufklärung geprägten Stempel aufgedrückt.

Nach dem Tod seines Bruders, des Kaisers Joseph II., am 20. Februar 1790 mußte Leopold die Toskana verlassen und die Regierung der Habsburger Länder (und des Deutschen Reichs) übernehmen. Am 30. September 1790 wurde er zum Deutschen Kaiser gwählt und neun Tage später als Leopold II. feierlich gekrönt. Die von Joseph II. eingeleiteten Reformen revidierte er teilweise zugunsten des Adels. Ansonsten behielt er weitgehend den Kurs des aufgeklärten Herrschers bei, den er in der Toskana gepflegt und den in ähnlicher Weise auch sein Bruder ausgeübt hatte. Mit Preußen strebte er einen Ausgleich an, der mit dem Abschluß eines Bündnisses am 25. Juli 1791 in Wien zum Erfolg kam. Durch dieses Bündnis sahen sich die Türken zum Frieden von Sistowa gezwungen, womit der seit 1787 andauernde österreichisch-türkische Krieg zu einem Ende kam. In der Frage einer möglichen österreichischen Einmischung in die Vorgänge der Französischen Revolution verhielt sich der Kaiser ebenso abwartend, wie es sein Bruder getan hatte. Erst als seine Schwester Marie Antoinette samt ihrem Ehemann (König Ludwig XVI.) ins Gefängnis gesteckt wurde, protestierte der Kaiser schwach. Nach dem Einmarsch von Revolutionstruppen ins Elsaß sah sich Leopold aber doch veranlaßt, eine scharfe Protestnote an die französische Nationalversammlung zu senden.

In dieser ungeklärten Situation starb Kaiser Leopold II. nach längerer Krankkeit, erst 44 Jahre alt, am 1. März 1792 in Wien. Sein Sarkophag steht in der dortigen Kapuzinergruft.

1792–1806 Franz II.

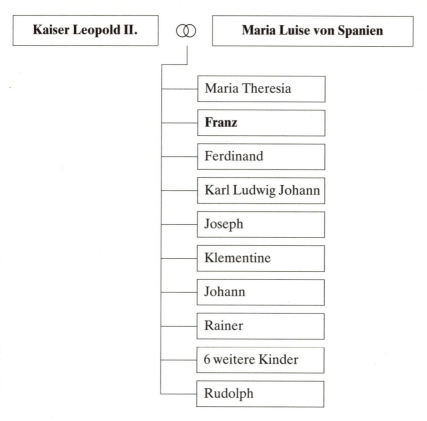

Franz II. wurde am 12. Februar 1768 in Florenz geboren. Zu diesem Zeitpunkt regierte sein Vater Leopold II. als Großherzog die Toskana. Die Erziehung des Prinzen ließ der Vater vor allem durch den Major Manfredini besonders streng und beengend vornehmen, so daß Franz zu Unselbständigkeit und Handlungsschwäche erzogen wurde, darüber hinaus war der Prinz von Natur aus nur mäßig begabt. Wegen der harten Erziehungsmethoden fühlte sich Franz zu dem weichen und ebenfalls nur mittelmäßigen Reichsgrafen Colloredo hingezogen, der als Oberhofmeister am Hof Leopolds seinen Dienst versah. Colloredo blieb bei ihm, als Franz 1784 zur Vollendung seiner Erziehung an den Hof seines Onkels, Kaiser Josephs II., kam.

Der Kaiser hat auf seinen Neffen einen erheblichen Einfluß ausgeübt. In vielen seiner späteren Entscheidungen und Handlungen lebte und

wirkte das Gedankengut Josephs II. bei Franz II. weiter fort, jedoch in einer kleinlichen und eingeschränkten Abwandlung, die seinen intellektuellen Fähigkeiten entsprach. So ist es nicht verwunderlich, daß Franz der letzte Kaiser des Heiligen Römischen Reichs wurde, des Reichs, das in der Praxis bereits seit dem Westfälischen Frieden nicht mehr existierte; dennoch haftet dem Verzicht Franz II. die ganze Kläglichkeit, Kleinmütigkeit, Unfähigkeit und Zerrissenheit Deutschlands an.
1789 wurde Franz nominell zum Oberbefehlshaber der österreichischen Truppen im Krieg gegen die Türkei ernannt, doch übte in Wahrheit der alte Feldmarschall Laudon die Befehlsgewalt aus. Unter diesem hat Franz an der Belagerung und der Einnahme von Belgrad am 8. Oktober 1789 teilgenommen. Nach dem Tod Kaiser Josephs II. (1790) mußte der Vater des Prinzen die Regierung der Habsburger Länder übernehmen. Franz stieg damit zum Kronprinzen auf. Leopold II. hat seinen Sohn von vornherein zu den Versammlungen des Staatsrats hinzugezogen, vielleicht weil es um die Gesundheit des Kaisers nicht sehr gut bestellt war.
1792 mußte der 24jährige die Regierung antreten, nachdem er in Frankfurt a.M. zum Kaiser des Deutschen Reichs gewählt worden war. Franz II., »der gute Kaiser Franz«, gab sich gerne leutselig und bürgernah, ohne es im Inneren tatsächlich zu sein. Zwar halfen ihm sein Wiener Dialekt, den er wie seine Großmutter Maria Theresia zeitlebens pflegte und sein Humor, doch wirkliche Herzlichkeit konnte er gegenüber seinen Untertanen nicht entwickeln. Statt dessen prägten ihn andere Eigenschaften: Er war unentschlossen, förmlich, kleinlich, pedantisch und von ständiger Furcht erfüllt, hintergangen zu werden. Diese Angst richtete sich selbst gegen seine Brüder, die die besseren geistigen Gaben besaßen.
Kaiser Franz II. war ein besonders sinnlich veranlagter Mensch, der nie lange allein sein konnte. Viermal war er verheiratet: In erster Ehe (1788) mit Elisabeth von Württemberg, der Tochter Herzog Friedrichs von Württemberg; in zweiter Ehe (1790) mit Maria Therese von Neapel-Sizilien, die ihm zwölf Kinder gebar, in dritter Ehe (1808) mit Marie Ludowika von Österreich-Este und in vierter Ehe (1816) mit der geschiedenen (!) Frau des späteren König Wilhelms I. von Württemberg, Karolina Augusta von Bayern. Alle vier Frauen haben Kaiser Franz II. in seinen Handlungen mehr oder weniger stark beeinflußt und direkt in seine politischen Entscheidungen hineingewirkt.

Als 1789 in Frankreich die Revolution ausbrach, verlor Österreich überraschend seinen langjährigen Bündnispartner und mußte daher die im Reich ohnehin schon kraftlose kaiserliche Stellung zugunsten Preußens weiterhin schwächen. Erst 1791 fanden sich Österreich und Preußen zu gemeinsamem Handeln gegenüber der französischen Revolutionsexpansion bereit. Am 20. April 1792 erklärte Frankreich Österreich den Krieg mit der gleichzeitigen Forderung, seine Grenzen bis an den Rhein vorschieben zu können. Doch trotz schlechter französischer Kriegsvorbereitung erlitten Österreich und Preußen, nachdem die deutschen Truppen nur kurzzeitig auf französischen Boden vorgedrungen waren, Niederlage um Niederlage, und bald schon hatten die Revolutionsgarden die gesamten linksrheinischen Gebiete des Deutschen Reichs und darüber hinaus Städte wie Frankfurt a.M. besetzt. Besonders in der Schlacht von Valmy (Kanonade von Valmy) am 20. September 1792 hatten sich die Soldaten der fürstlichen Koalition maßlos vor der zerlumpten Revolutionsarmee blamiert und waren vom Schlachtfeld bis nach Mainz geflüchtet. Am 5. April 1795 kam es zum Frieden von Basel, in dem sich Preußen schamlos aus dem Kampf um das Deutsche Reich verabschiedete, sich mit Gebietserweiterungen aus der Zweiten und Dritten Polnischen Teilung sowie mit rechtsrheinischen Landstücken abfand und Österreich im Stich ließ. Österreich konnte auf sich allein gestellt noch bis 1797 weiterkämpfen, mußte aber dann im Frieden von Campo Formio schändliche Bedingungen akzeptieren: Die österreichischen Niederlande und Venetien gingen an Frankreich, und der Kaiser mußte nun auch die Abtretung der linksrheinischen Gebiete an Frankreich bestätigen.
Im zweiten Koalitionskrieg (1799–1802), in dem sich Österreich mit England und Rußland (Preußen blieb dieser Koalition aus eigensüchtigen Gründen fern) gegen Frankreich verbündete, gelangen den vereinigten Kräften zunächst etliche militärische Erfolge. Doch als Napoleon aus Ägypten zurückkehrte, ging auch dieser Krieg aus deutscher Sicht verloren. Der Kaiser mußte 1801 in Lunéville die Ergebnisse des Friedens von Campo Formio bestätigen und nunmehr den Rhein als Westgrenze des Deutschen Reichs anerkennen. Dies bedeutete die größte Änderung des Reichsgebiets seit dem 30jährigen Krieg. Darüber hinaus war Kaiser Franz II. in der Zeit der Koalitionskriege von starren und kurzsichtigen Ratgebern umgeben, die ihn in seiner unrealistischen Politik bestärkten. Als sich 1804 Napoleon zum Kaiser der Franzosen

krönte, ernannte sich Kaiser Franz II. zum Römisch-Österreichischen Kaiser Franz I.

Im Jahr 1805 kam die Koalition zwischen Österreich, England und Rußland erneut zustande. Doch auch der dritte Koalitionskrieg ging rasch und unrühmlich für den Kaiser zu Ende. Am 17. Oktober 1805 erlitt die österreichische Armee bei Ulm eine katastrophale Niederlage. Das geschlagene österreichische Heer mußte sich nur wenige Wochen später am 2. Dezember 1805 bei Austerlitz in der »Dreikaiserschlacht« (Zar Alexander von Rußland, Kaiser Franz II. (I.) und Kaiser Napoleon I.) erneut dem Feind stellen. Wenn auch durch russische Truppen unterstützt und trotz tapferer Gegenwehr konnten die Truppen der fürstlichen Koalition dem Elan der französischen Soldaten nicht standhalten. Napoleon errang bei Austerlitz den glänzendsten Sieg seiner militärischen Laufbahn. Mehr oder weniger von Napoleon gezwungen, mußte Kaiser Franz II. am 6. August 1806 auf die Krone des Deutschen Reichs verzichten. Das Heilige Römische Reich der Deutschen hatte endgültig aufgehört zu existieren.

Franz II. blieb als österreichischer Kaiser Franz I. im Amt. Er arrangierte sich mit Napoleon und gab diesem sogar seine Tochter Marie Luise zur Frau, die den Franzosen nach dessen Scheitern fallenließ. Nach dem endgültigen Fall des Korsen erlebte der Kaiser auch die Restauration mit, doch zu einer Erneuerung des Reichs fehlte ihm die Kraft. Kaiser Franz II. (I.) starb am 2. März 1835 in Wien, wo er in der Kapuzinergruft beigesetzt wurde.

Teil II

Die preußischen Könige und Kaiser des zweiten Deutschen Reichs 1701–1918

Einleitung zu Teil II

Noch als König des Heiligen Römischen Reichs der Deutschen belehnte der spätere Kaiser Sigismund I. am 8. Juli 1411 den Nürnberger Burggrafen Friedrich von Zollern mit der Mark Brandenburg. Sechs Jahre später erfolgte die feierliche Ernennung zum Kurfürsten des Deutschen Reichs. Mit dieser Aktion begründete Sigismund I. den Aufstieg der Familie der Hohenzollern. Zähigkeit, Tatkraft, Mut und Entschlossenheit über Generationen festigten, sicherten und vergrößerten den Familienbesitz.

Anders als die meisten deutschen Fürstentümer ging die Mark Brandenburg-Preußen selbst aus dem 30jährigen Krieg noch deutlich vergrößert und damit gestärkt hervor. Der Große Kurfürst führte das Land zu einer hervorragenden Stellung im Reich, Friedrich I. (III.) errang den Königstitel für den Landesteil Preußen (Ostpreußen) und durfte sich König »in« Preußen nennen, Friedrich Wilhelm I. erarbeitete die Voraussetzungen zum endgültigen Aufstieg Preußens zur europäischen Macht, und Friedrich der Große vollendete, wozu sein Vater die Vorbedingungen erfüllt hatte.

Nach dem Zerfall des Heiligen Römischen Reichs und der Herrschaft

Regierungszt.	Name	Kaiser/Jahr	Herkunft
1701–1713	Friedrich I.	–	Hohenzollern
1713–1740	Friedrich Wilhelm I.	–	"
1740–1786	Friedrich II.	–	"
1786–1797	Friedrich Wilhelm II.	–	"
1797–1840	Friedrich Wilhelm III.	–	"
1840–1861	Friedrich Wilhelm IV.	–	"
1861–1888	Wilhelm I.	ab 1871	"
1888	Friedrich III.	Kaiser	"
1888–1918	Wilhelm II.	Kaiser	"

Napoleons I. wurde Preußen deutsche Führungsmacht und brachte durch Bismarck die Vereinigung zum Nationalstaat nach dem Krieg von 1870/71 zustande. Gleichzeitig krönte man aus diesem Anlaß Wilhelm I. in Versailles (!) zum Kaiser des neuen Deutschen Reichs, bei dem auf die Mitgliedschaft der österreichischen Länder verzichtet wurde. Eine Tatsache, die Wilhelm I. zögern ließ, diese Krone anzunehmen.
Mit dem Namen Preußen verbindet sich der negative Ruf als Verkörperung des Militärstaates, des spießigen Beamten-, Kleinbürgertums und der puritanischen Kleinkariertheit schlechthin. Doch welch Widerspruch: Preußen schaffte als erster deutscher Staat die Leibeigenschaft ab, gab unzähligen Verfolgten eine neue Heimat, ließ seinen Bürgern Glaubens- und andere Freiheiten, emanzipierte seine Juden und entwickelte eine für jedermann gültige Rechtsordnung. Ich glaube, daß es falsch ist, dem preußisch geprägten Offizierskorps der ehemaligen deutschen Wehrmacht die Schuld an den Entwicklungen zu geben, die zum Zweiten Weltkrieg führten. Soldaten dienen ihrem Land, sie sollen dabei in jedem Fall unpolitisch an die Regierung gebunden sein, deren Organ sie darstellen. Man muß sich also von dem Gedanken lösen, daß die Tugenden oder Untugenden der »preußischen Art« zur Katastrophe der Naziherrschaft und zum Zweiten Weltkrieg geführt haben. Allerdings verhinderte das »preußische« Offizierskorps diese Vorgänge auch

vor Regierungsantritt	Bemerkungen
Kurfürst	König »in« Preußen
Kronprinz	der »Soldatenkönig«
Kronprinz	König »von« Preußen, der »Große«, der »Alte Fritz«
Kronprinz	der »dicke Wilhelm«
Kronprinz	–
Kronprinz	–
Prinz	seit 1858 Regent
Kronprinz	regierte 99 Tage
Kronprinz	letzter dt. Kaiser

nicht bzw. kam der Versuch, im letzten Moment noch etwas zu retten, viel zu spät. Ähnliches gilt für die preußisch geprägte Beamtenschaft. Preußen war innerhalb Deutschlands zu dominierend, als daß man es geliebt, und außerhalb Deutschlands zu gefürchtet, als daß man es anerkannt hätte.

So starb Preußen, ohne daß Tränen am Grab flossen.

1701–1713 Friedrich I.

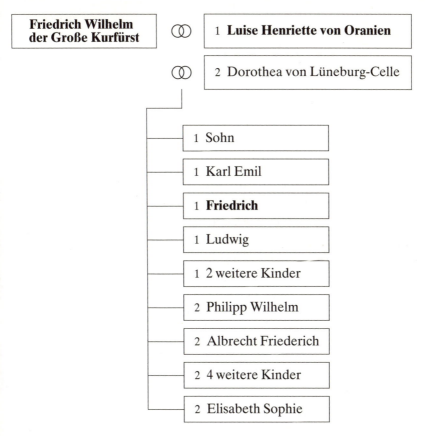

Friedrich III. (als König Friedrich I.) kam am 11. Juli 1657 in Königsberg zur Welt. Seine Eltern waren durch die Auseinandersetzungen zwischen Schweden und Polen an diesen Ort verschlagen worden. Von der Geburt her war Friedrich III. nicht als der Nachfolger seines Vaters, des Großen Kurfürsten, vorgesehen. Sein Bruder Karl Emil sollte die Nachfolge antreten und wurde dementsprechend ausgebildet. Doch Karl Emil, mit glänzenden Anlagen ausgestattet, starb unerwartet im Jahr 1674. So rückte Friedrich in den Rang des Kurprinzen nach, obgleich von der Natur viel bescheidener bedacht.

Seit frühester Jugend ging der Prinz, wahrscheinlich aufgrund eines Unfalls, den er als Kleinstkind erlitt, »schief«. Die Folge dieser Verletzung führte zu einer buckelartigen Veränderung der Wirbelsäule.

Offenbar führte dieser körperliche Defekt zu einem Minderwertigkeitskomplex, den Friedrich III. (I.), ähnlich wie sein Nachfahre, der letzte deutsche Kaiser, durch die Betonung von Äußerlichkeiten zu kompensieren trachtete. Neben dem Tod des älteren Bruders, den Friedrich sehr geliebt hatte, prägte auch der frühe Tod der Mutter (1667), die eine besondere Ausstrahlung besaß und in ihrer Art an die spätere Königin Luise erinnert, das Leben des Prinzen in eindringlicher Art.

Die zweite Frau des Großen Kurfürsten, Dorothea von Lüneburg-Celle, setzte ihren ganzen Einfluß daran, ihren eigenen Kindern das Erbe Brandenburg-Preußens zu sichern (was ihr nicht gelang!), entsprechend schlecht wurden die Kinder aus erster Ehe behandelt. Wegen der instabilen Gesundheit des Prinzen unterbrachen zahlreiche Kuraufenthalte die Erziehung und Ausbildung. Der Prinz war also ein schwacher Stubenhocker, unmilitärisch und kränkelnd, mit geringer Energie und Tatkraft. Großen Einfluß auf die erzieherische Bildung des Prinzen nahm Eberhard Danckelmann, der als Lehrer durch den Großen Kurfürsten bestimmt worden war. Danckelmann verstand es, sich die Zuneigung und Hochachtung des Prinzen zu sichern, wodurch er bis zu seinem späteren Fall in höchste Regierungsämter aufstieg.

Als Friedrich III. 1688 das Erbe seines Vaters antrat, herrschte er u. a. über das Kurfürstentum Mark Brandenburg und über das Herzogtum Preußen (Ostpreußen), das aus dem Ordensstaat des Ritterordens hervorgegangen und dessen polnische Oberhoheit durch den Großen Kurfürsten abgestreift worden war. Diese beiden und einige weitere, kleinere Landesteile unter der einigenden Kraft einer übergeordneten Krone zu einem Staat zusammenzuformen, stellte das größte Ziel Friedrichs III. dar. Die Krone, die dazu notwendig schien, sollte die eines Königs sein. Daß Friedrich III. dieses Ziel erreichte, gibt Anlaß genug, ihm einen Platz in den Geschichtsbüchern zu sichern, wenn er auch sonst stark kritisiert wurde und als ein prunkliebender Verschwender galt. Immerhin aber ein Verschwender, der die Kultur Preußen-Berlins schuf, der das Berliner Schloß, das Zeughaus und das Charlottenburger Schloß erbauen ließ, die Akademien der Künste und der Wissenschaften begründete und bedeutenden Wissenschaftlern und Künstlern Brot und Arbeit gab.

In erster Ehe war Friedrich als Kurprinz mit seiner Cousine Henriette von Hessen-Kassel verheiratet; Henriette kannte er seit seinen frühen Kindertagen, und die beiden verband eine echte Zuneigung. Als Henriette 1683 starb, war dies ein schwerer Verlust für den Kurprinzen.

Doch schon ein Jahr später verband sich Friedrich mit der Prinzessin Sophie Charlotte von Braunschweig-Lüneburg, einer ebenso schönen wie geistvollen Frau, die jedoch die rein politische Verbindung nie in eine echte eheliche Gemeinschaft umsetzen konnte. Immerhin gebar sie drei Söhne, von denen allerdings die zwei ersten früh verstarben. Sophie Charlotte wurde nur 37 Jahre alt und starb 1705. Auch die dritte Ehe Friedrichs mit Sophie Luise von Mecklenburg-Schwerin, die er im Jahr 1708 einging, endete nach kurzer Dauer unglücklich, da Sophie Luise dem Wahnsinn verfiel.

Vor der Übernahme der Regierung durch Friedrich III. geschahen noch zwei Dinge, die den Weg Preußens wesentlich beeinflußten. Zunächst ließ der Große Kurfürst gegen Ende seines Lebens (1685) die französischen Protestanten (Hugenotten), die aus Frankreich vertrieben worden waren, als Siedler in das Land und befruchtete damit die preußische Kultur und die Wirtschaft auf hervorragende Weise, wenn auch die Neusiedler nicht überall mit offenen Armen empfangen wurden, besonders als sie auch noch eine Reihe von Sonderrechten und Bevorzugungen gegenüber der alteingesessenen Bevölkerung erhielten.

Der andere Vorgang muß wohl wesentlich kritischer betrachtet werden, denn der Kurprinz Friedrich schloß vor dem Ableben des Vaters einen geheimen Vertrag, das Testament des Großen Kurfürsten betreffend, in dem er Gebietsabtretungen an das Haus Habsburg für die Verwerfung des Testaments durch den Kaiser versprach. Die Abmachungen sind nach dem Tod Friedrich Wilhelms tatsächlich eingehalten worden. Sehen wir von der Durchsetzung seiner »Beförderung« zum König in Preußen ab, so blieben die außenpolitischen Bemühungen Friedrichs erfolglos. Aus der Teilnahme am Pfälzer Erbfolgekrieg ging Preußen mit leeren Händen hervor, insbesondere weil die preußischen Truppen unter fremde Kommandogewalt gestellt worden waren, da die aufwendige Berliner Hofhaltung dringend Geld benötigte. Auch die vom Großen Kurfürsten begründete Kolonialpolitik wurde aus den gleichen Gründen fast aufgegeben.

Um den Königstitel zu erhalten, genügte es Friedrich III. nicht, sich selbst die Krone aufzusetzen, er benötigte die Zustimmung des Kaisers. Doch dieser sah keine Veranlassung zu einem solchen Zugeständnis, zumal Brandenburg-Preußen bereits eine kräftige Position im Reich besaß. Hilfe in dieser Frage kam dem Kurfürsten von einer Seite, die er selbst nicht erwartet hatte, nämlich von der katholischen Kirche, die bestimmte Hoffnungen mit einer solchen Förderung des Kurfürsten verband. In den zu erwartenden Auseinandersetzungen, die im Spanischen Erbfolgekrieg zum Ausbruch kamen, suchte das Haus Habsburg fieberhaft nach Bündnispartnern, diese Chance hat Friedrich letztlich zu seiner Königskrone verholfen. Für die Zusicherung militärischer Unterstützung mit 8000 Soldaten erhielt Friedrich die Zustimmung Kaiser Leopolds I. zur Krönung zum König des Landesteils Preußen (Ostpreußen), das nicht zum Gebiet des Deutschen Reichs zählte. Die Krönung fand am 18. Januar 1701 mit außerordentlichem Pomp in Königsberg statt.

Friedrich nannte sich von da an Friedrich I., König in Preußen. Um den kleinen Schönheitsfehler, der mit »in« Preußen verbunden war, zu überspielen, findet man in den zeitgenössischen Schriften öfters diesen Titel umgehende Bezeichnungen wie »Rex Borussiae« oder »Rex Borussorum«. Nach der Königskrönung kehrte Friedrich I. erst im Mai des Jahres 1701 aus Ostpreußen nach Berlin zurück. Er wollte nun, als sein größtes Ziel erreicht war, etwas mehr Ruhe genießen und gab daher das Amt des Premierministers, das er seit dem Sturz Danckelmanns selbst innegehabt hatte, an den Grafen Wartenberg ab, eine sehr zweifelhafte Persönlichkeit, die den König in seiner verschwenderischen Haltung eher unterstützte, als zu bremsen suchte. Wartenberg schaffte es trotz seiner intrigenreichen Amtsführung bis zum Jahre 1711 im Amt zu bleiben, und erhielt, trotz seiner skandalumwitterten Machenschaften, einen ehrenhaften Abgang mit einer ansehnlichen Pension, während der ehrliche Danckelmann, der es lediglich gewagt hatte, gegen die Königskrönung zu opponieren, noch in Festungshaft saß.

Im letzten Abschnitt von Friedrichs I. Regierungstätigkeit lag außenpolitisch die Teilnahme am Spanischen Erbfolgekrieg, also die Einlösung der Bündnisversprechungen, die zur Königskrönung geführt hatten. Politisch klüger wäre für Brandenburg-Preußen sicherlich die Hinwendung nach Osten, z. B. die Teilnahme am Nordischen Krieg gegen den schwedischen König Karl XII., gewesen. Doch Friedrich I. hatte gerade für Karl XII. eine Schwäche, so ging die Chance einer möglichen Gebietserweiterung im Osten ungenutzt verloren.

Friedrich I. (III.) wurde durch manchen Schicksalsschlag im Bereich seiner Familie am Ende seines Lebens zum unduldsamen Zänker. Die ersten Söhne des Kronprinzen Friedrich Wilhelm starben kurz nach der Geburt, und seine dritte Ehe, die er mit Sophie Luise von Mecklenburg-Schwerin einging, endete nach kurzer Zeit damit, daß die Gemahlin in einen irreparablen Wahn verfiel. Nur die Geburt des anscheinend gesunden Enkels Friedrich, den man später den »Großen« nennen sollte, hat den König nochmals erfreut (er hängte dem Neugeborenen am 24. Januar 1712 spontan den Schwarzen Adlerorden um). Bereits ein Jahr später, am 25. Februar 1713 starb König Friedrich I. im Alter von 55 Jahren und überließ seinem Sohn die Aufgabe, den zerrütteten Staat neu zu ordnen und zu stabilisieren.

1713–1740 Friedrich Wilhelm I.

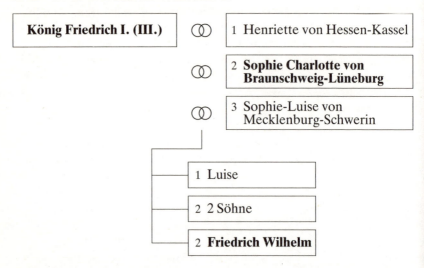

Die unzweifelhafte Bedeutung des zweiten preußischen Königs verschwand allzu oft hinter den charakterlichen Merkmalen dieser Persönlichkeit, die wahrhaftig merkwürdig genug waren. Die Geschichtsschreibung zeichnete oft ein negatives Bild von Friedrich Wilhelm, was er ob seiner Regierungstätigkeit zum Wohl seines Landes nicht verdient hat. Wohl bemerkt, hier soll keine unberechtigte Glorifizierung vorgenommen werden, doch König Friedrich Wilhelm I. muß unter Preußens Herrschern neben seinem Sohn an erster Stelle genannt werden, wenn über die Leistungen der Hohenzollern gesprochen wird. Sieht man auf seine innenpolitische Wirkung, so übertrifft er Friedrich den Großen sogar um einiges. Friedrich Wilhelm I. darf als der wahre Begründer »Preußens« gelten, er hat all das geschaffen, was mit diesem Namen verbunden ist: den unbestechlichen preußischen Beamten, das preußische Militär, den preußischen Merkantilismus, die preußische Ordnung, die preußische Sparsamkeit und die preußisch-protestantische Ehrlichkeit. Zwar entstanden nach der Installation Preußens später auch die negativen Attribute, die mit den genannten Begriffen in Beziehung gebracht werden; aber Friedrich Wilhelm I. ist nicht daran zu messen, was aus seiner Leistung nach ihm gemacht worden ist, sondern daran, wie seine Maßnahmen die Geschicke des Landes zu seiner Zeit positiv beeinflußt und befruchtet haben.
Friedrich Wilhelm I. wurde am 14. August 1688 geboren. Die ersten

Lebensjahre verbrachte der Prinz unter der Obhut von Hofdamen, die es bewerkstelligten, daß das Kind zu einem Kleintyrannen verzogen wurde. Mit sieben Jahren übernahm auf Betreiben der Mutter Alexander Graf Dohna mit den besten Absichten die Erziehung Friedrich Wilhelms; doch setzte der Premierminister (!) Danckelmann einen Lehrer seiner Wahl durch, der das Kind völlig überforderte und, als er seinen Mißerfolg erkannte, in Resignation verfiel. So kam es vor, daß man während des Unterrichts Lehrer und Schüler einträchtig in den Schlaf versunken vorfand. Nach dem Sturz Danckelmanns übernahm ein Hugenotte, Jean Philippe Rebeur, die weitere Unterrichtung. Dieser hat zumindest auf die geistige Bildung des Prinzen großen Einfluß genommen, wenn auch die Mängel des elementaren Wissens nicht behoben wurden.

Zum Ärger der weltoffenen und gebildeten Mutter entwickelte sich Friedrich Wilhelm zu einem strengen, finsteren und gottesfürchtigen jungen Mann, der sein überaus schwieriges Temperament nur mühsam zu zügeln wußte. Friedrich Wilhelm wurde kein intellektueller, kultivierter Mensch. Die Freuden einer höheren, geistigen Bildung blieben ihm verschlossen und waren ihm deshalb auch zuwider. Vorliebe entwickelte er für alles Soldatische, für praktische Handlungsabläufe und für die Schulung seiner hochentwickelten Beobachtungsgabe, die ihn zu distanzierten Standpunkten und Meinungen führte, was sich später in der Beurteilung von Menschen als eine seiner größten Stärken erwies. Schon als Jugendlicher lehnte er Zeremonien, Galanterien, Ästhetik, Kultur, Gelehrsamkeit und Schulwissen ab. Das höfische, gesellschaftliche Leben im Haus seiner Mutter, dem Charlottenburger Schloß, das damals noch Lietzenburg hieß, war ihm abgrundtief verhaßt.

Frühzeitig bezog der Vater Friedrich I. (III.) seinen Sohn in die Staatsgeschäfte ein. Mit zwölf Jahren unternahm der Prinz in Begleitung von Dohna und Rebeur eine Reise durch Holland, die ihn stark beeindruckte. Auch an den Krönungsfeierlichkeiten seines Vaters zum König Preußens in Königsberg (1701) nahm Friedrich Wilhelm teil. Im gleichen Jahr erhielt der 13jährige die Führung einer Kadettenkompanie. Mit 14 erfolgte die Einführung in den Geheimen Staatsrat, ein Jahr später erhielt er auch einen Sitz und das Stimmrecht im Geheimen Kriegsrat. Da der Kronprinz stets an den Sitzungen dieser wichtigen Gremien partizipierte, erlangte er früh eine enorme Kenntnis aller politischen Vorgänge im Land.

Sein privates Leben spielte sich in dieser Zeit in den für ihn eingerichteten Räumen des Berliner Stadtschlosses ab. Am liebsten aber hielt er sich in seinem Jagdschloß in Wusterhausen auf, das ihm bereits 1698 übereignet worden war. Die Vorliebe Wilhelms für das Militär kam 1706 und 1709 durch seinen Wunsch zum Ausdruck, dem Feldlager der Verbündeten Preußens im Spanischen Erbfolgekrieg Besuche abstatten zu dürfen. Dabei lernte er die Feldherren Prinz Eugen von Savoyen und den Herzog von Marlborough persönlich kennen; dort erlebte er im Jahr 1709 auch die berühmte Schlacht von Malplaquet unmittelbar mit. Die Erfahrungen, die er dort sammelte, versuchte er auf seiner eigenen Domäne in Wusterhausen durch die Aufstellung einer eigenen kleinen Truppe besonders großer und fürchterlich aussehender Männer umzusetzen. Hier wurde die spätere Leibgarde der »Langen Kerle« geboren, eine seiner Schwächen, die in ganz Europa belächelt wurde. Aber da er die »Langen Kerle« nur durch seine Einkünfte aus Wusterhausen unterhalten konnte, erlernte er nun alle Voraussetzungen für eine erfolgreiche Wirtschaftspolitik.

Als Friedrich Wilhelm 18 Jahre alt wurde, drängte der Vater auf eine baldige Heirat, da er die Nachfolge gesichert sehen wollte. Friedrich Wilhelm bestand darauf, seine ihm seit den Kindertagen vertraute Cousine Sophie Dorothea von Hannover zu heiraten. Die Hochzeit fand 1706 statt. Die Ehe der beiden kam zwar nicht durch eine tief empfundene Liebe zustande, doch blieb die Verbindung nicht ohne gegenseitige Zuneigung. Friedrich Wilhelm hat seiner Frau stets die Treue gehalten, was an den Fürstenhäusern seiner Zeit ganz ungewöhnlich war. Sophie Dorothea gebar insgesamt 14 (!) Kinder, von denen allerdings vier bereits kurz nach der Geburt starben. Die Aufzeichnungen der ältesten Tochter Wilhelmine, die ein sehr schlechtes Bild der Ehe aufzeigen, wurden von der modernen Geschichtsschreibung als Verzerrung der Tatsachen erkannt. Mit anderen Worten, die Ehe zwischen Friedrich Wilhelm I. und Sophie Dorothea von Hannover war besser als ihr Ruf, ohne in himmlischem Glück zu versinken.

König Friedrich I. (III.) starb am 25. Februar 1713, Friedrich Wilhelm, erst 24 Jahre alt, bestieg den preußischen Thron, von der Umgebung angstvoll erwartet. Die Beisetzungsfeierlichkeiten für den Vater ließ er noch mit dessen gewohntem Prunk durchführen, dann aber war damit Schluß. Zunächst strich er die Anzahl der Pferde der Hofhaltung drastisch zusammen, dann zog er sich zu Überlegungen seiner nächsten Regierungsschritte nach Wusterhausen zurück. Die Ergebnisse seiner

Gedanken übertrafen weitaus die schlimmsten Erwartungen der Untertanen. Um die immensen Geldmittel für sein pompöses Leben aufzubringen, war die preußische Bevölkerung von Friedrich I. ausgelaugt worden. Aus diesen Gründen verlieh man Preußens Soldaten auf alle europäischen Kriegsschauplätze, ließ man einen italienischen Goldmacher kommen und versuchte man, die Lubensche Landreform durchzuführen. Die Anstrengungen, die Einkünfte des Landes aufzubessern, scheiterten sowohl an der Verschwendungssucht des Königs als auch an der Geldgier des Premierministers Wartenberg und dessen Kreaturen.
Doch die Verschwendung und auch die Unkenntnis des Königs über die politischen, vor allem aber die finanziellen Vorgänge im Land war nun zu Ende. Von nun an hieß es gehorchen und den Gürtel enger schnallen. Der Etat des Hofs wurde rigoros von 276 000 Talern auf 55 000 Taler zusammengestrichen, die Gehälter der Offiziere und Beamten um die Hälfte oder mehr gekürzt. Die überzählige Dienerschaft bekam Uniformen und fand sich in der Armee wieder. Zahlreiche Schlösser der Krone wurden verkauft und verpachtet. Die Parks und Gärten der bei der Krone verbliebenen Schlösser ließ Friedrich Wilhelm zu Exerzierplätzen oder zu Gemüsegärten umfunktionieren. Die bewegliche Habe der meisten Schlösser wurde verkauft. Das reichlich vorhandene Gold- und Silbergeschirr ohne Beachtung des künstlerischen Werts ließ der König einschmelzen und zu Münzen prägen. Doch im Gegensatz zu seinem Vater zahlte er alle Gehälter pünktlich und ließ alle Gläubiger abfinden.
Seine eigene Hofhaltung war sparsam, spartanisch – doch ausreichend. Er bevorzugte einfache Hausmannskost und kontrollierte selbst den Küchenzettel. Schlimm erging es den Künstlern und Wissenschaftlern; Friedrich Wilhelm betrachtete jede Tätigkeit ausschließlich unter dem Gesichtspunkt des finanziellen Gewinns, so mußte jede Kultur verkümmern. Die Folge der Sparpolitik war eine enorme Rezession. Diese Rezession zu bekämpfen, bildete eine der Herausforderungen des Königs.
Es gehört zu den Stärken Friedrich Wilhelms, zu erkennen, daß die Vermehrung der Staatseinnahmen letztlich nur durch die Anhebung des allgemeinen Wohlstands möglich sei. Dazu führte er die Straffung der Landesverwaltung ein, eine seiner größten Leistungen. Mit dieser Maßnahme wurde der pflichttreue, unbestechliche, preußische Beamtenapparat geschaffen, jenes berühmte Instrument, das Preußen

zusammen mit dem Militär zu seinem Aufstieg verhalf. Weitere Maßnahmen, vor allem aber auch der Auf- und Ausbau des Militärs förderten die Entfaltung des Wirtschaftslebens. Preußen blühte auf, überschaubare Ordnung, Ruhe und bescheidener Wohlstand kehrten ein. Dies galt auch für Ostpreußen, das Land, das während der Regierungszeit Friedrichs I. besonders gelitten hatte. Dort siedelte Friedrich Wilhelm I. die Salzburger Protestanten an, die wegen ihres Glaubens Österreich hatten verlassen müssen.

Die größte Leidenschaft Friedrich Wilhelms war jedoch neben der Jagd sein Militär. Bereits im Jahr seines Regierungsantritts stockte er die Armee um 10 000 Soldaten auf und ließ das Heer während seiner Regierungszeit auf 76 000 Mann anwachsen – eine enorme Armee, gemessen an der Größe des Landes und der Zahl der Bevölkerung. Gleichzeitig mit dem Ausbau des Militärs ging auch eine gewollte Überbetonung der gesellschaftlichen Stellung der Militärs einher, der Kommandant einer Garnison hatte z. B. mehr zu sagen als der Bürgermeister der Garnisonsstadt. Am deutlichsten aber wird die Vorliebe des Königs für das Militär durch den einzigen Luxus, den er sich gönnte, die Leibgarde seiner »Langen Kerle«; um einen besonders großen Soldaten für diese Truppe zu erhalten, war ihm nichts zu teuer.

Friedrich Wilhelm I. wirkte nach innen, seine kostspieligen Soldaten auf dem Schlachtfeld zu opfern, wäre ihm nicht in den Sinn gekommen. Er wollte, daß gearbeitet und geschaffen wurde und stellte in diesem Sinn das beste Beispiel dar. Er konnte niemals verstehen, daß seine Lebens- und Arbeitsauffassung nicht von jedermann geteilt wurde und versuchte daher, seine Vorstellung mit Gewalt brutal durchzusetzen. In diesem Zusammenhang muß auch das Zerwürfnis Friedrich Wilhelms mit seinem Sohn, dem Kronprinzen Friedrich, gesehen werden. Unfähig, sich in die Gedankenwelt des Prinzen hineinzudenken, kam es beinahe zu einer Katastrophe (siehe: 1740–1786 Friedrich II.).

Es ist dieser Kampf des Königs, der ihm die Sympathien gekostet hat, der Kampf, seine eigene Vorstellungswelt jedermann zu oktroyieren und die Unfähigkeit, Verständnis für eine pluralistische Gesellschaft zu entwickeln. Ein großer Teil der Widersprüchlichkeit seiner Persönlichkeit scheint in dieser Unfähigkeit begründet zu sein. Seine Angst, betrogen zu werden, ließ ihn geradezu ängstlich und zögerlich nach außen reagieren, anstatt außenpolitisch zu handeln. Die Diplomatie war ohnehin nicht sein Geschäft. Nein, er war bieder und hausbacken, doch in der Rolle des Hausherrn als Landesvater unübertrefflich:

sicher, selbstbewußt, streng, fleißig, ordentlich, geschäftig, tüchtig und gottesfürchtig, aber wegen dieser Eigenschaften und wegen seines Jähzorns gefürchtet.

König Wilhelm I. maß nur 1,60 Meter. Bereits seit seiner Kronprinzenzeit konnte sein Übergewicht, seine Korpulenz nicht übersehen werden. Die falsche Ernährung führte zu einer schweren Beeinträchtigung seiner Gesundheit, der König litt an Gicht, eine Erkrankung, die ihn zuletzt auf den Rollstuhl zwang. Am 30. Mai 1740 ließ er seine Lieblinge, die »Langen Kerle«, zum Abschied an seinem Krankenbett vorbeidefilieren, einen Tag später starb er. Er wurde in der Potsdamer Garnisonkirche beigesetzt.

1740–1786 Friedrich II., der Große

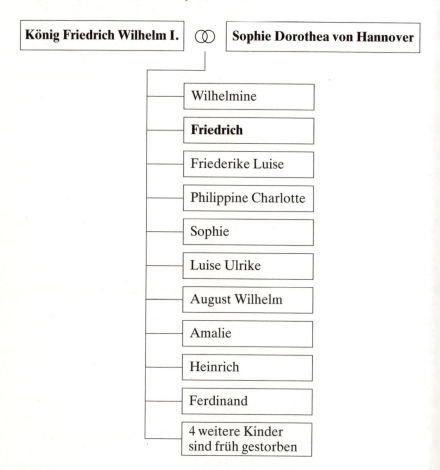

Sophie Dorothea, die Gattin König Friedrich Wilhelms I., gebar ihren ersten lebensfähigen Sohn am 24. Januar 1712 in Berlin. Das Kind nannte man nach dem Großvater Friedrich. Selten gab es innerhalb eines Herrscherhauses in vier aufeinanderfolgenden Generationen der Thronfolger größere Unterschiede hinsichtlich der Amtsauffassung, Amtsführung und auch der charakterlichen Merkmale als im Kurfürstentum Brandenburg im Hause der Hohenzollern. Dem Großen Kurfürsten, der klugen, weisen und weltoffenen Herrscherpersönlichkeit, folgte Friedrich III., der sich nach seiner Königskrönung Friedrich I. nannte und sein Land mit seiner Prunk- und Verschwendungssucht in den Bankrott trieb. Ganz anders dessen Sohn Friedrich Wilhelm I., bekannt als »Soldatenkönig«, der sparsam bis zum Geiz, hart gegen sich und seine Umgebung, als Herrscher oftmals ebenso ungünstig beurteilt wurde, wenn auch aus ganz anderen Gründen. Diese Kritik bezog sich überwiegend auf Friedrich Wilhelms I. drastische Sparpolitik, seine Unbeugsamkeit, seine cholerischen Anfälle, verbunden mit brutalster Härte selbst gegenüber seinen eigenen Familienmitgliedern und auf seine Vorliebe für große Soldaten, den einzigen Luxus, den er sich gönnte. Dabei vergißt man schnell, daß er aufgrund seiner Militär-, Spar- und Verwaltungspolitik die Voraussetzungen für den Aufstieg Preußens und für die späteren Erfolge seines Sohns geschaffen hat. In dieses, gemessen an den Haushalten der benachbarten Fürstenhäuser, geradezu spartanische Elternhaus wurde Friedrich II. geboren. Ein schwächliches, empfindliches und kränkelndes Kind.

Mit sechs Jahren begann die geistige Erziehung, vom Vater bis ins letzte Detail festgelegt. Vor allem sollte Friedrich in Religion, Lesen, Schreiben, Mathematik, neuerer Geschichte und in der französischen Sprache unterrichtet werden. Friedrich tat sich als Schüler recht schwer. Eine humanistische Bildung blieb ihm versagt. Es steht jedoch fest, daß einige seiner Lehrer sich insgeheim über die Reglementierung des Unterrichts hinweggesetzt haben, was gelegentlich zu furchtbaren Auftritten mit dem König führte. Nach heutigen Maßstäben verliefen die Jugendjahre des Kronprinzen überaus hart, um es noch deutlicher zu sagen: Friedrich II. erlitt eine brutale Erziehung. Er sollte im Sinn des Vaters zum gottesfürchtigen Herrscher und guten Soldaten herangebildet werden. Um dieses Ziel zu erreichen, schlug, prügelte und demütigte der König seinen Sohn in einer Art, die manch anderen für das Leben zerbrochen hätte, und manche Eigenart in Friedrichs Charakterzügen in späterer Zeit zeugt von der grausamen Behandlung, die er als Kind zu erleiden hatte. Infolge dieser Methode haßte der Kronprinz seinen Vater und ging ihm aus dem Weg, wann immer es nur möglich war.

Der einzige Mensch, dem Friedrich liebevoll verbunden war, war seine ältere Schwester Wilhelmine. Mit ihr musizierte er heimlich in seiner Freizeit, und gemeinsam machten sie sich über die meist rauhen Tischgenossen ihres Vaters lustig, natürlich zu dessen Ärger. Die königliche Familie hielt sich überwiegend in den damals existierenden Schlössern in Berlin oder im ungemütlichen, kargen Jagdschloß in Wusterhausen auf.

Im Alter von 16 Jahren begleitete Friedrich seinen Vater erstmals zu einem Staatsbesuch. Dieser führte zum Nachbarn in Sachsen, August dem Starken. Über diesen Besuch kursiert ein Gerücht, wonach sich der Kronprinz in Dresden eine Geschlechtskrankheit zuzog, deren medizinische Behandlung angeblich eine spätere Impotenz hervorgerufen haben soll. Doch führte der Kronprinz in seiner Rheinsberger Zeit ein völlig normales Eheleben, so daß dieses Gerücht als Hofklatsch abgetan werden kann. Dagegen fand der derbe Scherz, den sich August der Starke mit seinem königlichen, puritanischen und sittenstrengen Gast erlaubte, tatsächlich statt. Der Sachsenkönig führte Friedrich Wilhelm I. und den Kronprinzen in ein Zimmer, in dem auf einem Bett ein unbekleidetes Mädchen lag. Der erschrockene Friedrich Wilhelm (im Gegensatz zu seinem Gastgeber ein treuer Ehemann) hielt dem Kronprinzen die Augen zu und verließ eiligst den Raum. Friedrich zeigte in diesem Lebensabschnitt normales Halbstarkenverhalten, gepaart mit standesgemäßen Jetsetambitionen. Mit Hilfe seines Lehrers legte er sich heimlich eine Bibliothek vornehmlich französischer Autoren an, machte ansehnliche Schulden und lief den Mädchen nach. Das Verhältnis zu seinem Vater verschlechterte sich zusehends. Schließlich sank es auf den absoluten Tiefpunkt, als Friedrich anläßlich einer Reise durch mehrere deutsche Fürstentümer seine Flucht vorbereitete. Dabei plante und führte er so dilettantisch aus, daß seine Absichten leicht zu durchschauen waren und die Ausführung des Plans im Ansatz steckenblieb. Der König aber reagierte furchtbar. Da er die Planung der Flucht als Vorbereitung zur Fahnenflucht auffaßte, übergab er den Fall einem Kriegsgericht. Zwar wurde die Reise planmäßig zu Ende geführt, doch unmittelbar bei Betreten preußischen Bodens ließ er Friedrich festnehmen, wobei es in Wesel zu einem berühmten Auftritt kam. Der König wollte sich bei der ersten Vernehmung des Kronprinzen mit gezogenem Degen auf ihn stürzen, der Festungskommandant, von der Mosel, sprang jedoch dazwischen und verhinderte eine Bluttat.

Friedrich wurde in der Festung Küstrin inhaftiert. Diplomatisch erklärte sich das Kriegsgericht im Fall des Kronprinzen für nicht zuständig und gab die Angelegenheit in die Hände des Königs zurück. Dagegen wurde gegen den an den Fluchtvorbereitungen beteiligten Freund Friedrichs, den Leutnant von Katte, lebenslängliche Festungshaft verhängt. Friedrich Wilhelm I. genügte dieses Urteil nicht, und er wandelte die Strafe in ein Todesurteil um, die Vollstreckung durch das

Schwert ließ er vor den Augen des Kronprinzen vollziehen. Die beiden Offiziere, die Friedrich gewaltsam an das Fenster führen mußten, um der Exekution beizuwohnen, haben unter anderem folgendes berichtet: **Zunächst bat Friedrich seinen Freund um Verzeihung, worauf dieser antwortete:»Mein Prinz, ich sterbe mit tausend Freuden für Sie!« Bei der Enthauptung des Freundes ist Friedrich dann in Ohnmacht gefallen.** Der König hatte die Gnadensuche abgelehnt und zeitweise auch die Hinrichtung seines Sohnes erwogen. Allerdings regte sich gegen diese Absicht vielfältiger Widerstand, sowohl im eigenen Land als auch aus anderen Fürstentümern, sogar der Kaiser in Wien intervenierte. Nachdem der größte Zorn Friedrich Wilhelms abgeklungen war, erleichterte man nach und nach die Haftbedingungen des Kronprinzen, die zunächst außerordentlich hart erlassen worden waren. Schließlich erhielt Friedrich in Küstrin eine Wohnung und mußte als einfacher Verwaltungsbeamter in der Landesverwaltung von Küstrin arbeiten. In dieser etwa zwei Jahre umfassenden Zeit erlernte der junge Prinz die grundlegenden Kenntnisse in der Länderverwaltung, die ihm später sehr von Nutzen waren. Darüber hinaus unterstützten den Häftling mehrere Persönlichkeiten in seiner unmittelbaren Umgebung einfühlsam und nach bestem Wissen, wohl auch in der Gewißheit, daß hier der künftige König heranreifte. Zu diesen Menschen gehörte in erster Linie der Landamtmann von Münchow.

Inzwischen dachte man in Berlin über eine standesgemäße Heirat des Kronprinzen nach. Die Königin strebte eine Verbindung mit dem englischen Königshaus an (Georg II., König von England, war gleichzeitig Fürst im Haus Hannover). Die Verbindung kam jedoch nicht zustande, auch nicht die mit dem Hause Habsburg (welche Vorstellung: Friedrich II. mit Maria Theresia verheiratet!). Der König entschied sich letztlich für die Prinzessin Elisabeth Christine von Braunschweig-Bevern. Man hatte Friedrich zwar versprochen, zwischen drei Damen wählen zu dürfen, im Grunde aber blieb ihm keine Chance zu einer eigenständigen Entscheidung. Außerdem verband er mit seiner Heirat die Hoffnung, dem Küstriner Gefängnis entkommen zu können. Von vornherein stand für den Kronprinzen fest, daß es nach seiner Thronbesteigung, so wörtlich, **eine unglückliche Prinzessin mehr in deutschen Fürstenhäusern geben werde**. Der König belohnte den Gehorsam seines Sohns, indem er ihn zum Oberst ernannte und ihm den Posten eines Regimentskommandeurs des Grenadierregiments in Ruppin übertrug. Nach kurzer Verlobungszeit wurde die Ehe zwischen Friedrich und Elisabeth Christine von Braunschweig-Bevern am 12. Juni 1733 in Salzdahlum bei Wolfenbüttel geschlossen.

Zur Freude seines Vaters vervollkommnete der Kronprinz seine militärische Ausbildung in Ruppin. 1734 schickte Friedrich Wilhelm ihn als Beobachter zu den militärischen Auseinandersetzungen zwischen Österreich und Frankreich in die Rheinebene. Dort lernte Friedrich den alten Feldherrn Prinz Eugen von Savoyen persönlich kennen, ohne von dessen früherem Schneid noch etwas vorzufinden. Prinz Eugen schätzte den heranreifenden Kronprinzen wohl als einzige Persönlichkeit in Habsburger Diensten richtig ein. Dies war um so schwieriger, da Friedrich sich aufgrund der Zerwürfnisse mit seinem Vater und seiner damit verbundenen Lebensumstände zum Meister der Verstellungskunst entwickelt hatte.

Bereits bei dieser Kommandierung hatte sich Friedrich die Achtung und das Vertrauen des Vaters soweit zurückerworben, daß er hinsichtlich seiner Lebenshaltung größere Freiheiten eingeräumt bekam. Diese Veränderungen in ihren Beziehungen veranlaßten den König schließlich im Jahr 1736 dazu, dem Kronprinzenpaar das Schloß Rheinsberg zu übergeben, das Friedrich durch den Baumeister Knobelsdorf nach seinen Wünschen umbauen und renovieren ließ. Es folgten vier Jahre, die Friedrich als die glücklichsten seines Lebens bezeichnet hat. Nun konnte er endlich seine Frau zu sich kommen lassen (es blieben die einzigen Jahre, die er mit ihr gemeinsam verbrachte) und seine Freunde um sich versammeln. Zusammen führte man ein relativ sorgenfreies Leben, in dem sich Friedrich vor allem französischer Lektüre, der Musik, seiner Frau, den Aufgaben der Regimentsführung sowie geistvollen Gesprächen und Diskussionen im Kreis seiner Freunde widmete. Hier knüpfte er die Beziehung zu Voltaire an, die trotz aller Problematik bis zu Voltaires Tod im Jahr 1778 andauerte. Gelegentlich führte Friedrich für seinen Vater auch kleinere Aufträge wie etwa Inspektionsreisen durch. Dies unbeschwerte Leben endete abrupt mit dem Tod Friedrich Wilhelms I. am 31. Mai 1740.

Der Kronprinz hatte nach seinem folgenschweren erfolglosen Fluchtversuch 1730 vor allem in Küstrin Zeit und Gelegenheit, über sich und seine Zukunft nachzudenken. Zweifellos sind ihm dort die Ansprüche und die Pflichten der Krone klargeworden. Er wollte die Königskrone nun mit allen Mitteln. Die gespielte Unterwürfigkeit gegenüber seinem Vater zeigt die Absicht deutlich (der alte König hatte zeitweise auch erwogen, Friedrich zum Thronverzicht zu zwingen!). Gleichzeitig bereitete sich Friedrich als Kronprinz ab seiner Küstriner Zeit gewissenhaft auf sein späteres Amt vor, soweit dies unter den gegebenen Umständen möglich war. Friedrich hatte jedenfalls am Ende seiner Kronprinzenzeit eine klare Vorstellung über seine zukünftige Amtsführung.

Friedrich II. führte sich als König ein, wie es niemand von ihm erwartet hatte. Seine Freunde aus kronprinzlichen Tagen, die sich von seiner Thronbesteigung Ämter und Ehren erhofft hatten, wurden allesamt bitter enttäuscht. In der von seinem Vater straff geführten Verwaltung und in der Militärorganisation blieben die ersehnten Lockerungen aus. Bevorzugung und Sonderrechte versagte er selbst seinen allernächsten Begleitern aus der Rheinsberger Zeit. Der Generalität und den führenden Beamten machte Friedrich unmißverständlich klar, welche Schwächen zu beheben waren. Seine Inspektionsreisen gestaltete er so gründlich und scharf, daß sich alsbald eine allgemeine Verbitterung einstellte, dies gilt sowohl für das Militär als auch für den zivilen Verwaltungsapparat. Den Getreuen aus den unglücklichen Tagen seiner Flucht und der Küstriner Gefangenschaft gehörte allerdings seine Dankbarkeit. Sein Lehrer Duhan de Jandun, der in einem Nest im Harz eine miserable Stelle als Bibliothekar innehatte, erhielt einen Posten im Auswärtigen Amt. Peter Keith, seinen Mitverschworenen, dem in letzter Minute die Flucht nach England gelungen war, beförderte er zum Oberstleutnant. Dem Vater seines Freundes Katte verlieh er den Grafentitel und ernannte ihn zum Feldmarschall (was mit einer ansehnlichen Pension verbunden war), und sein Verwaltungslehrer von Münchow in Küstrin erhielt großzügige Geschenke.

Friedrich arbeitete unermüdlich. Seine ersten Reformen, die er durch Kabinettsorder verkünden ließ, machten Furore. Ausdrücklich bestätigte er die Religionsfreiheit, die an sich bereits von seinem Urgroßvater, dem Großen Kurfürsten, in Brandenburg-Preußen erlassen worden war. Die Folter wurde abgeschafft. Die Berliner Akademie der Wissenschaften wurde umstrukturiert und in den entscheidenden Posten neu besetzt. Sein Baumeister Knobelsdorff errichtete ein neues Opernhaus in Berlin. Schauspieler und andere Künstler wurden angeworben. Weitere Reformen bezogen sich auf die Armeeführung, insbesondere auf die Behandlung von Untergebenen. Hoffnungen auf den Abbau der Armee wandelten sich aber in das Gegenteil. 16 Infanteriebataillone, fünf Husarenschwadronen und eine Schwadron schwere Kavallerie wurden neu aufgestellt. Allerdings löste er das Garderegiment der »Langen Kerle« auf. Die Staatskassen waren gefüllt, die Armee in ordentlichem Zustand.

Friedrich II. wartete auf eine Chance. In dieser Situation starb am 26. Oktober 1740 Kaiser Karl VI., ohne einen männlichen Erben zu hinterlassen. Durch die »Pragmatische Sanktion« hatte sich Karl VI. zwar das Recht für eine immerwährende Thronfolge des Hauses Habsburg im Deutschen Reich durch die Reichsfürsten sowie Frankreich und England (!) zusichern lassen, jedoch zählten zu diesen Zeiten Fürstenworte nicht sehr viel. Friedrich II. glaubte mit einer Frau, Maria Theresia, leichtes Spiel zu haben und marschierte ohne zu zögern in Schlesien ein. Damit löste er den Ersten Schlesischen Krieg aus. Das Herzogtum gehörte als geschlossene Provinz, sozusagen als Kronjuwel, zur Hausmacht der Habsburger.

Der Überfall, anders kann man es nicht ausdrücken, entbehrte jeder rechtlichen Grundlage und konnte auch im nachhinein auf keine juristisch unbedenkliche Basis gestellt werden. Friedrich handelte nach dem Recht des vermeintlich Stärkeren im ehrgeizigen Willen, für sich unsterblichen Ruhm und für sein Land Größe zu erwerben. Die Besetzung Schlesiens erfolgte nahezu kampflos. Da man damals im Winter keine Kriege führte, warteten die Truppen in den Winterquartieren auf die österreichische Reaktion im Frühjahr 1741. Bereits im März marschierten die österrreichischen Truppen in Schlesien ein, und am 10. April 1741 stellte sich Friedrich II. in der Nähe des kleinen Ortes Mollwitz zur Schlacht.

Die Österreicher setzten zu Beginn der Schlacht ihre Kavallerie ein, dies geschah allerdings mehr zufällig als gewollt, weil den Reitern unter dem Beschuß der preußischen Kanonen die Pferde durchgingen. Dennoch gewannen sie sehr rasch die Oberhand über die preußische Reiterei. Es kam zu einem furchtbaren Reitergemetzel, und der König glaubte die Schlacht bereits verloren. Unter diesem Aspekt flüchtete er auf den Rat des Generals von Schwerin vom Schlachtfeld. Schwerin hatte sich aber nur des jungen Königs entledigen wollen, um seinerseits freie Hand als Befehlshaber zu bekommen. Über die toten Reiter und Pferde hinweg ließ er die preußische Infanterie angreifen, die dies in einer nie gesehenen Exaktheit und Akkuratesse tat. General von Schwerin entschied damit die Schlacht. Friedrich verzieh dem General die Schmach seiner Flucht niemals. Er, der über alles, was ihn bewegte, Schriftstücke verfertigte, verlor über die Schlacht von Mollwitz kein Wort. Mit dieser Schlacht hatte sich im Grunde noch nichts

entschieden. Beide Seiten trugen in etwa die gleichen Verluste davon. Auf die Idee, die österreichischen Truppen zu verfolgen, kam man nicht. Dies gehörte nicht zu den taktischen Überlegungen und wäre wegen der Schwerfälligkeit des Heerestrosses auf große Schwierigkeiten gestoßen.
Preußen blieb politisch nicht untätig. Bereits vor Beginn der Kriegshandlungen hatte man sich mit Frankreich und Bayern verbündet. Der Kurfürst von Bayern beanspruchte für sich die vakante Kaiserkrone des Deutschen Reichs. Ein gemischt französisch-bayrisches Heer zog in Niederösterreich ein. Anstatt jedoch sofort auf Wien zu ziehen, eroberte man zunächst Prag. Friedrich bekam dadurch in Schlesien zwar etwas Spielraum, allerdings währte dieser Vorteil nicht lange, da die verbündeten Franzosen und Bayern immer mehr unter starken österreichischen Druck gerieten. Durch den Eingriff der Verbündeten weiteten sich die Kampfhandlungen zum **Habsburger** bzw. **Österreichischen Erbfolgekrieg** aus. Während die Österreicher Bayern besetzten, ließ sich der bayrische Kurfürst in Frankfurt zum Kaiser krönen und wurde als Kaiser Karl VII. ein Fürst ohne eigene Hausmacht.
Friedrich II. sah sich durch die Niederlagen seiner Verbündeten gezwungen, wieder aktiv zu werden. Er suchte die Entscheidungsschlacht. Diese Gelegenheit bot sich ihm am 17. Mai 1742 in Böhmen in der Nähe des Ortes Chotusitz. Wie in Mollwitz waren die Gegner etwa gleich stark, jedoch besaßen die Österreicher ein leichtes Übergewicht bei der Kavallerie. Dennoch gelang den preußischen Reitertruppen eine glänzende Rehabilitierung. Allerdings konnten sich die preußischen Reiterscharen nach dem ersten erfolgreichen Stoßangriff nicht rechtzeitig zu einem entscheidenden Sieg sammeln, so blieb es wiederum der Infanterie vorbehalten, letztlich die Schlacht zu gewinnen. Friedrich erkämpfte einen teuren Sieg, da auch die preußischen Verluste sehr hoch waren. In Breslau schloß er einen Separatfrieden mit Maria Theresia, also unter Ausschluß seiner Verbündeten Frankreich und Bayern, der ihm den Besitz Schlesiens vorläufig sicherte.
Aufgrund des Breslauer Friedens bekam Preußen zwei Jahre lang Ruhe. Inzwischen gewann Österreich jedoch auf allen Kriegsschauplätzen des Habsburger Erbfolgekriegs die besten Positionen. Bayern war längst besetzt, die Franzosen aus allen Ländern Süddeutschlands vertrieben, und man schickte sich an, Lothringen zurückzuerobern, das früher ebenfalls zum Haus Habsburg gehört hatte. Diese Situation erschien Friedrich zu gefährlich. Wohlwissend, daß Maria Theresia sich

mit dem Verlust Schlesiens nicht abfinden konnte, marschierte er 1744 erneut in Böhmen ein.

Die nun folgenden Kampfhandlungen nennt man den **Zweiten Schlesischen Krieg**. Der junge Preußenkönig beging mit seinem Einmarsch in das Gebiet Habsburgs jedoch einen schwerwiegenden taktischen Fehler. Österreich stellte sich in Böhmen nicht zur Schlacht, wie es Friedrich erhofft hatte, sondern führte einen erfolgreichen Guerillakrieg, durch den sämtliche Nachschubwege der preußischen Armee abgeschnitten wurden. Fluchtartig mußten die preußischen Truppen unter großen Verlusten Böhmen verlassen und sich nach Schlesien zurückziehen. Österreich glaubte Friedrich am Ende seiner Kräfte und rückte mit einer großen Übermacht nach. Jetzt zeigte sich das Feldherrntalent des Preußenkönigs in voller Entfaltung.

Die österreichisch-sächsischen Truppen hatten bei Hohenfriedberg Lager bezogen. In der Nacht zum 4. Juni 1745 näherten sich die Preußen in einem unbemerkten Marsch dem feindlichen Lager und überraschten den Gegner im Morgengrauen. Bereits um acht Uhr morgens war die Schlacht entschieden. Die Österreicher erlitten eine katastrophale Niederlage, insgesamt waren 16 000 Tote, Verwundete und Gefangene zu beklagen. Während sich die preußischen Verluste mit 900 Toten und 4700 Verwundeten in Grenzen hielten. Eine Verfolgung der fliehenden österreichischen Truppen unterblieb aber auch hier. Friedrich rückte vorsichtig in Böhmen ein. Bei der Ortschaft Soor kam es erneut zur Schlacht. Diesmal lag die Initiative auf der Seite der Österreicher. Durch unverständliche Sorglosigkeit und nahezu sträflichen Leichtsinn hätte es beinahe eine preußische Niederlage gegeben. Das preußische Heer hatte in einem Tal gelagert und die umliegenden Höhen unbesetzt gelassen. Die Österreicher nahmen diese Höhen ein und konnten aus dieser günstigen Position das Lager attackieren. Nur durch verlustreiche Angriffe blieb den Preußen der Sieg. Dabei wurden sie begünstigt durch das Verhalten der österreichischen Husaren, die statt anzugreifen das preußische Lager plünderten. So ging unter anderem der gesamte Besitz des Königs, den er im Troß mitführte, verloren, und sein Sekretär Eichel geriet in Gefangenschaft. Glücklicherweise gelang es diesem wenigstens, die im königlichen Zelt befindlichen Geheimpapiere zu vernichten. Die Niederlage von Soor brach den Kampfwillen der österreichischen Truppen.

Nun bedrohte nur noch ein sächsisches Heer die Mark Brandenburg. Preußen hatte im Verlauf der schlesischen Kriege die Neutralität

Sachsens immer wieder verletzt. Infolgedessen verbündete sich Sachsen mit Habsburg. Vor dem heranrückenden preußischen Heer unter dem General Leopold von Dessau, besser bekannt unter dem Namen der **Alte Dessauer**, der damals bereits über 70 Jahre zählte, zogen sich die Sachsen in ein befestigtes Lager bei Kesselsdorf zurück. Friedrich hatte den Alten Dessauer wegen seines vorsichtig zögernden Vormarsches bereits getadelt. Endlich kam es zur Schlacht. Vor dem Gefecht betete Leopold von Dessau vor seinen angetretenen Soldaten: »**Lieber Gott, stehe mir heute gnädig bei, oder willst Du nicht, so hilf wenigstens die Schurken, die Feinde nicht, sondern sieh' zu, wie es kommt! Amen!**« Das herzhafte Gebet muß wohl erhört worden sein, denn die Preußen besiegten die Sachsen vernichtend.

Am Weihnachtstag 1745 schloß man in Dresden Frieden. Sachsen leistete eine Million Taler Kontributionen, eine sehr milde Forderung. Österreich bestätigte Preußen erneut den Besitz Schlesiens. Als Gegenleistung gab Friedrich II. nachträglich seine Kurstimme zur Kaiserwahl Franz I., des Ehemanns Maria Theresias. Friedrich zog als strahlender Sieger in Berlin ein, von der Bevölkerung mit riesigem Jubel begrüßt. Man nannte ihn jetzt **Friedrich den Großen**. Friedrich genoß seine Popularität. Die Volkswirtschaft wurde angekurbelt, von Münchow setzte er als Verwaltungspräsidenten in Schlesien ein, und die Schäden, die die kriegerischen Auseinandersetzungen gebracht hatten, wurden beseitigt.

Knobelsdorff errichtete im preußischen Rokokostil das als Sommerresidenz gedachte Schlößchen Sanssouci in Potsdam. Friedrich hatte den Entwurf eigenhändig skizziert, es wurde sein liebster Aufenthaltsort. Im Winter zog er um in das Potsdamer Stadtschloß. Später entstanden in dem weitläufigen Parkgebäude um Sanssouci noch das Chinesische Teehaus, die Neuen Kammern als Gästehaus, die große Bildgalerie, ein antikem Vorbild nachempfundener Tempel, die große Fontäne (die zu Friedrichs Ärger zu seinen Lebzeiten nie funktioniert hat), die Orangerie und nach dem Siebenjährigen Krieg das Neue Palais, ein großes prunkvolles Schloß. Sanssouci wurde auf einem Hügel erbaut, der nach Süden hin terrassenförmig als Weinberg abgestuft ist. Die Weinstöcke hielt man unter Glas. Während das Potsdamer Stadtschloß bis auf den Marstall im Zweiten Weltkrieg völlig zerstört wurde, befinden sich die anderen Einrichtungen und Gebäude heute in einem verhältnismäßig guten Zustand.

Der König holte seine Freunde in Potsdam zusammen. Die Gespräche

an seinen Tafelrunden sprühten vom Witz und Geist des Hausherrn. Er befand sich in diesen Jahren auf dem Höhepunkt seiner Schaffenskraft. Sein Arbeitspensum war phänomenal. Da er sich selbst um die geringsten Kleinigkeiten kümmerte, er war der Meinung, **daß der Fürst seine Geschäfte selbst betreiben müsse**, konnte er seine Arbeitslast nur durch einen langen, bis ins kleinste geregelten Tagesablauf bewältigen. Im Sommer stand er um vier Uhr auf, im Winter um fünf. Seine berühmten, gefürchteten Randbemerkungen schrieb er in Deutsch, auch Eingaben, Bittschriften usw. wurden deutsch beantwortet, allerdings mit einer geradezu abenteuerlichen Rechtschreibung. Die Sprache, in der er dachte, seine Abhandlungen, Bücher und Gedichte schrieb, war aber das Französische. Überhaupt bevorzugte Friedrich die französische Kultur – ja, er lebte kulturell französisch. Zeitgenössische Dichter und Musiker, Männer wie Lessing, Goethe und Bach fanden bei ihm nur geringe oder gar keine Beachtung.
Bereits 1740 hatte der König den französischen Philosophen und Dichter Voltaire kennengelernt, der bei seinem Besuch an Preußens Hof im französischen Auftrag auskundschaften sollte, wohin die kriegerischen Absichten Friedrichs II. zielten. Da Friedrich von dem Spionageauftrag wußte, verlief die Begegnung der beiden damals recht kühl. 1750 kam Voltaire dann in die Dienste des Königs, wo er als Gast des Königs zunächst im Schloß Sanssouci wohnte. Der Dichter hatte im wesentlichen den Auftrag, Friedrichs zahlreiche französische Schriften und Dichtungen zu überarbeiten. Darüber hinaus kümmerte er sich um die Berliner Theater. Voltaire belebte also die Kulturszene in der preußischen Hauptstadt.
Sehr bald fand Friedrich jedoch heraus, daß zwischen den ethischen Ansprüchen, Ansichten und Grundsätzen der Voltairschen Schriften (der Dichter gilt als geistiger Vater der Aufklärung) und den charakterlichen Eigenschaften des Menschen Voltaire ein tiefer Gegensatz klaffte. Voltaire verwickelte sich in Betrugsaffären, geriet aus niederen Eifersüchteleien in einen beschämenden Streit mit dem Leiter der Akademie der Wissenschaften, dem Mathematiker Maupertuis, und verlangte übermäßig hohe Geldbeträge vom König. Schließlich wurde aus den genannten Gründen die Anwesenheit Voltaires in Berlin unerträglich, so daß sich Friedrich genötigt sah, seinen Günstling nach Frankreich zurückzuschicken. Dabei kam es in Frankfurt a.M. zu einem peinlichen Zwischenfall. Man beauftragte den preußischen Gesandten in Frankfurt, Voltaire ein Schriftstück abzunehmen, das Friedrich II.

verfaßt hatte. Da der Beamte diese Papiere nicht bei dem Dichter fand, setzte er ihn kurzerhand ins Gefängnis, bis nach drei Wochen endlich eine nachgesandte Kiste eintraf, die das gesuchte Schreiben enthielt. Voltaire rächte sich in Paris, indem er Artikel verbreitete, in denen über Friedrichs angebliche Homosexualität berichtet wurde. Trotz dieser unerfreulichen Begebenheiten ist die Verbindung der beiden ungleichen Männer niemals ganz abgebrochen und hat bis zum Tod Voltaires im Jahre 1778 angedauert.

Erholung von den Anstrengungen des täglichen Dienstes suchte der König in der Musik. Er spielte leidenschaftlich gern Flöte und beherrschte dieses Instrument meisterlich. Meistens spielte er eigene Kompositionen oder die seines Musikmeisters Quantz. Seine persönliche Haushaltung war verglichen mit anderen Fürstenhäusern spartanisch. Vor allem trennte er seine Privatkasse völlig vom Staatshaushalt, dem er für seine persönlichen Bedürfnisse keinen Pfennig entnahm. Zu seiner Bedienung reichten ihm einige Husaren, die zu ihm abkommandiert waren. Frauen, auch seine eigene Ehefrau, waren in seinen Häusern in Potsdam meistens unerwünscht.

Einen großen Teil seiner privaten (gelegentlich aber auch politischen) Angelegenheiten regelte sein Kammerherr Fredersdorf, der dadurch zu einer Machtstellung gelangte, die dem verhältnismäßig niederen Rang Fredersdorfs völlig widersprach. Er genoß das uneingeschränkte Vertrauen des Königs, das beiderseitig nie enttäuscht wurde. Zwischen dem König und Fredersdorf gab es einen regen Schriftverkehr, der der Nachwelt glücklicherweise ziemlich vollständig erhalten blieb. Diese Briefe gewähren einen tiefen Einblick in die Seele Friedrichs des Großen. Der als Spötter und Zyniker gefürchtete König zeigte sich »seinem« Fredersdorf gegenüber als väterlich herzlicher und fürsorglicher Freund. Dies wird besonders durch die Anteilnahme des Königs bei Fredersdorfs zahlreichen Erkrankungen deutlich, hier ging die Fürsorge bis in kleinste Therapieanweisungen.

Friedrichs berühmte und gefürchtete Randbemerkungen zeigen von seinem scharfen Verstand und seinem Humor. Sie dokumentieren seine Arbeitsweise: kurz, knapp, treffend, präzise und rationell. Sein Schreibstil hob sich wohltuend vom geschnörkelten, mit Fremdwörtern gespickten Beamtendeutsch ab. Von seinem geliebten Potsdam aus war seine Art des Regierens nicht zu bewerkstelligen. Er mußte selbst kontrollieren und leibhaftig vor seinen Provinzbeamten erscheinen. Während der Fahrt unterrichtete er sich über die Orte und Personen, zu denen seine Reisen führten. Er wußte also stets bis ins Detail über die Beamten, die Einkünfte der Manufakturen, der Steuern usw. Bescheid.

Für langatmige Zeremonien hatte er keine Zeit. Glockenläuten, Salutschießen und Straßenschmuck usw. zum Zweck seiner Begrüßung verbot er. Die gedrechselten Anreden pflegte er schroff zu unterbrechen. Seine Fragen kamen sachkundig, gezielt und schnell. Hin und wieder wiederholte er sie, um zu prüfen, ob die gleiche Antwort kam. Zu einem geflügelten Wort wurde seine Frage: **»Hat er Crayon?** (Hat er einen Bleistift?) **Notiere er!«** Und dann kamen seine Anweisungen wie aus der Pistole geschossen und wehe, bei seinem nächsten Besuch fand er diese nicht ausgeführt. Über seine Inspektionen sind uns anschauliche Berichte der Betroffenen erhalten. Im Volksmund hießen diese Überprüfungen »Das Heilige Gericht«. Aber auch Lob gab es und manchmal sogar spontane Beförderungen, wenn auch viel seltener als Tadel.

Zu seinen bemerkenswerten Leistungen gehörte in der Zeit zwischen den Kriegen die innere Kolonisation: Weite Landesteile, z.B. den Oderbruch, ließ er trockenlegen und durch nichtpreußische Siedler kultivieren. Diesen Menschen gewährte er über bestimmte Zeiträume Steuerfreiheit und andere Privilegien. Die Leibeigenschaft und die damit verbundenen Frondienste der Bauern schaffte er in den königlichen Domänen ab. Im gesamten Land konnte er dieses Ziel seiner aufgeklärten Staatsführung jedoch nicht durchsetzen. Der Widerstand des preußischen Landadels erlaubte damals eine so durchgreifende Änderung der Agrarstrukturen nicht.

Dagegen gelang ihm die Reform der Rechtspflege, mit der der Großkanzler Samuel Freiherr von Cocceji beauftragt worden war. Im Prinzip schaffte der König mit dieser Reform eine unabhängige Richterschaft (also eine Gewaltenteilung) und die Beschleunigung von Prozeßverfahren, wobei er seine eigene Entscheidungsfreiheit einengte. In der Praxis hat sich der König jedoch in Einzelfällen über die von ihm geschaffene Rechtsordnung hinweggesetzt, wie z.B. im Prozeß des Müllers Arnold im Jahr 1779. In diesem Prozeß glaubte Friedrich das Gesetz zugunsten der Mächtigen und zum Nachteil des kleinen Mannes gebeugt, allerdings zu Unrecht, wie sich später herausstellte. Überhaupt gehörte es zu den Eigenarten des Königs, die Probleme seiner geringsten Untertanen anzuhören. Jedermann hatte das Recht, persönlich bei seinem Herrscher vorzusprechen. In Sanssouci standen tagsüber nur zwei Wachposten vor dem Eingangsportal, ansonsten war das gesamte Gelände um das Schloß unbewacht. Jedermann konnte unbehelligt eintreten, zum Sekretär Eichel gelangen und wurde von dort nach der Vorprüfung des Problems durch den Sekretär ohne Umschweife vor seinen König geführt. Eine Praxis, die an allen anderen Fürstenhöfen Europas undenkbar war. Auf solcher Volkstümlichkeit gründete seine außerordentliche Popularität und rankten sich die Anekdoten um die Gestalt des Königs, wobei nicht untersucht werden soll, was Dichtung und Wahrheit ist.

Die außenpolitische Situation Preußens änderte sich nach dem 2. Schlesischen Krieg unablässig zuungunsten des Landes. Der Habsburger Erbfolgekrieg war 1748 beendet worden. Österreich erhielt als Entschädigung für Lothringen einige Gebiete Oberitaliens und außerdem die Niederlande zurück. Die Besetzung Bayerns wurde aufgegeben. Den Besitz Schlesiens sicherte man nochmals Preußen zu. Das Bündnis zwischen Frankreich und Preußen hatte immer noch Bestand. 1754 kam es zwischen Frankreich und England zu Interessenkonflikten in den überseeischen Kolonien. Da England um seinen deutschen Besitz, das Fürstentum Hannover, fürchtete, schloß es mit Preußen einen Bündnisvertrag, der den Bruch mit Frankreich geradezu heraufbeschwören mußte. Gleichzeitig brachte Österreich Rußland auf seine Seite. Durch die Enttäuschung, die Friedrich II. Frankreich bereitet hatte, gelang es dem österreichischen Kanzler von Kaunitz letztlich, Frankreich, Rußland und Österreich zu einer Koalition gegen Preußen zusammenzuschweißen. Friedrich fühlte sich umzingelt und wagte gegen den Rat seiner Generäle und Berater die Flucht nach vorne.

Wiederum marschierte er überfallartig Ende 1756 in Sachsen ein, um sich für das folgende Frühjahr eine gute Ausgangsbasis für eine militärische Offensive gegen Österreich zu verschaffen, ehe Frankreich und Rußland in der Lage gewesen wären, in den Krieg einzugreifen. Im Frühjahr 1757 drangen die Heere Friedrichs wieder in Böhmen ein und schlugen die Österreicher bei Prag, ohne jedoch die Stadt selbst einnehmen zu können. Nur kurze Zeit später näherte sich der österreichische Feldherr Graf von Daun mit einem Entsatzheer. Die Preußen mußten die Belagerung von Prag aufgeben, und bei Kollin kam es erneut zur Schlacht. Friedrich erlitt seine erste schwere Niederlage. Wie im Jahr 1744 mußten sich die preußischen Truppen unter großen Verlusten aus Böhmen zurückziehen.

Inzwischen besetzten die Russen Ostpreußen, die Schweden standen in Pommern, die Franzosen hatten zusammen mit einem deutschen Reichsheer Hannover besetzt, und die Österreicher drangen in Schlesien ein. Eine für Preußen schier aussichtslose Situation. In dieser Bedrängnis wandte sich Friedrich II. zunächst gegen den Gegner, der ihn am unmittelbarsten bedrohte: das deutsch-französische Heer, das sich anschickte, in die Mark Brandenburg vorzurücken. Bei Roßbach holte sich der König den glänzendsten Sieg seiner militärischen Laufbahn. Obwohl das französische und das Reichsheer zusammen mehr als doppelt so stark waren, fegte die preußische Kavallerie unter dem General von Seydlitz in weniger als eineinhalb Stunden Franzosen und Reichsdeutsche vom Schlachtfeld. Die Niederlage war so vollkommen, daß die geschlagenen Truppen erst nach etwa 100 Kilometern am Harz aufgehalten werden konnten. Die Befehlshaber der französischen und deutschen Armeeteile stritten sich später, wer schneller gelaufen war.

Nicht nur in Preußen, sondern in ganz Deutschland feierte man Friedrichs Sieg gegen die Franzosen als »nationales« Ereignis, wobei man völlig übersah, daß Friedrich der Große als deutscher Reichsfürst, sozusagen als Rebell, auch die Reichsarmee (genannt **»Reißausarmee«**) schwer gedemütigt hatte.

Der König gönnte sich keine Pause und marschierte mit seinen Truppen nach Schlesien. Genau einen Monat nach Roßbach kam es zum Treffen mit den Österreichern bei Leuthen in Schlesien. Wiederum war der Gegner Friedrichs an Zahl weit überlegen. Während der König bei Roßbach seinen spektakulärsten Sieg errang, wurde der Sieg bei Leuthen sein bedeutendster aus militärtaktischer Sicht. England ließ die Hilfsgelder nun reichlicher fließen, und in Westdeutschland vertrieb Prinz Ferdinand von Braunschweig die letzten Franzosen aus den linksrheinischen preußischen Besitzungen. Doch trotz aller Erfolge erfüllten sich Friedrichs Hoffnungen auf Frieden nicht.

Im Frühjahr 1758 machten sich die Russen aus Ostpreußen auf, schossen Küstrin in Brand und zogen oderaufwärts, eine breite Spur der Zerstörung hinterlassend. Friedrich mußte die Vereinigung der russischen und österreichischen Truppen unbedingt verhindern. Bei Zorndorf stellte er die Russen zum Kampf. Der König hatte den Mut und die Einsatzbereitschaft russischer Soldaten bei weitem unterschätzt. Zorndorf zählt zu den blutigsten Schlachten des Siebenjährigen Krieges. Wieder entschied der General von Seydlitz mit seiner Kavallerie das

Gefecht, jedoch mit fürchterlichen Verlusten auf beiden Seiten. Aus preußischer Sicht kann Zorndorf nur insofern als Sieg angesehen werden, als die Vereinigung der gegnerischen Heere verhindert werden konnte und man das Schlachtfeld behauptete. Das russische Heer zog sich nach Nordosten zurück. Preußen verlor bei Zorndorf etwa 12 000 Mann, die Verluste auf russischer Seite waren etwa gleich hoch. Nach Zorndorf, dem halben Sieg, folgte Hochkirch, die totale Niederlage. Ähnlich wie bei Soor hatte der Preußenkönig eine denkbar ungünstige Position als Lagerplatz gewählt. Feldmarschall Daun, gedrängt von General Laudon, wagte den Überfall und errang einen kompletten Sieg. Nur das Zaudern Dauns und die obligatorische Winterpause retteten Preußen vor der endgültigen Niederlage.
Friedrich war auch körperlich ein gezeichneter Mann. Früh gealtert, quälte er sich mit zahlreichen Krankheiten im schlesischen Winterquartier. Dann kam im Sommer 1759, was kommen mußte. Bei Kunersdorf hatten sich die Russen und Österreicher vereinigt, ohne daß man es hätte verhindern können, und Preußen erlitt die schwerste Niederlage des Kriegs überhaupt. Nur die Uneinigkeit der russischen und österreichischen Befehlshaber verhinderte das absolute »Aus« der preußischen Kräfte. Friedrich war äußerlich und innerlich ein geschlagener Mann. Wahrscheinlich bewahrte ihn nur ein schockartiger Zustand vor dem Selbstmord. Den körperlichen und seelischen Zustand des Königs in dieser für ihn so qualvollen Zeit hat Friedrichs Vorleser, der Schweizer Henry de Catt, eindrucksvoll geschildert, seine Aufzeichnungen sind erhalten geblieben.
Preußen konnte nun nicht mehr offensiv werden und beschränkte sich darauf, mit den verbliebenen Truppen, die zum Teil von 14jährigen Kadetten geführt werden mußten, zwischen Sachsen und Böhmen hin- und herzupendeln. Nur im Herbst 1760 kam es noch einmal zu zwei Begegnungen. Bei Liegnitz besiegten die preußischen Truppen ein österreichisches Heer, das dreimal stärker war, und auch bei Torgau entschied der Reitergeneral von Ziethen die letzte größere Schlacht des Kriegs zugunsten der Preußen.
Allerdings brachten auch diese Erfolge nicht den ersehnten Frieden. Österreicher und Russen besetzten Berlin, plünderten die Zeughäuser, jagten die Pulvermühlen und die Geschützgießereien in die Luft und preßten den Bürgern Kontributionen in Höhe von 1,7 Millionen Talern ab. Allein das Gerücht, Friedrich II. würde sich nähern, bewog die Eroberer zum Rückzug aus Berlin. Aber die Reserven des Königs

waren erschöpft, das Land verwüstet und seine Truppen nur noch ein Schatten der einstigen Stärke.

In dieser allergrößten Not trat ein Ereignis ein, das Friedrich II. selbst als das Wunder des Hauses Brandenburg-Preußen bezeichnet hat: 1762 starb die Zarin Elisabeth I., eine erbitterte Gegnerin Preußens. Ihr Nachfolger wurde Zar Peter III., ein glühender Verehrer Friedrichs des Großen. Rußland stellte sofort alle Kampfhandlungen ein, schloß mit Preußen einen Separatfrieden und räumte Ostpreußen. Nicht nur das, Zar Peter III. schickte zudem ein russisches Hilfskorps von 20 000 Mann zur Unterstützung Preußens nach Schlesien, wo es bei Burkersdorf den Österreichern eine empfindliche Schlappe beibrachte. Aber die aktive Unterstützung währte nicht lange. Zar Peter III. wurde mit Billigung seiner Ehefrau Katharina ermordet. Rußland zog sich nun ganz aus dem Krieg zurück und blieb bis zum Ende, zum Glück Preußens, neutral.

Mit Schweden hatte Friedrich bereits zuvor Frieden geschlossen, und Frankreich und England einigten sich über die Umverteilung ihrer überseeischen Besitzungen. Österreich sah sich isoliert und gab nach der letzten Schlacht des sieben Jahre währenden Krieges, die der Bruder Friedrichs bei Freiberg gewann, alle Hoffnungen auf einen militärischen Erfolg auf. Im Schluß Hubertusburg bei Leipzig wurde am 15. Februar 1763 der Frieden zwischen Österreich und Preußen geschlossen. Man einigte sich auf den »Status quo ante«, d.h. auf den Zustand, wie er vor Beginn des Kriegs gewesen war. Sieben Jahre Krieg hatten weite Gebiete Preußens verwüstet und die Armee ausgeblutet. Friedrich kehrte diesmal nicht als der strahlende Sieger aus dem Feld zurück. Beim Einzug in Berlin zog er es vor, die aufgestellten Spaliere der Berliner Bürger über Seitenstraßen zu umgehen. Erst am nächsten Tag zeigte er sich in der Öffentlichkeit, nun jedoch spontan von den Passanten umjubelt.

Der Siebenjährige Krieg war kein Geplänkel europäischer Fürstenhäuser. Preußen hatte insgesamt 180 000 Tote zu beklagen. Nicht nur in Deutschland, sondern auch in Nord-, Mittelamerika und in Asien war in den französischen und englischen Kolonien gekämpft worden. Der große Gewinner war nicht Preußen, sondern England. Es hatte die Herrschaft über die Weltmeere gewonnen und durch seine Besitzungen in allen Erdteilen in Folge unermeßliche Reichtümer erlangt. Unter diesen Aspekten kann der Siebenjährige Krieg nicht als ein Regionalkrieg angesehen werden, folgerichtig wird er deshalb von vielen Histori-

kern als der »Erste Weltkrieg« bezeichnet. Zwar hatte Preußen Schlesien behalten, aber neben den Verlusten an Menschen und den Verwüstungen stand man auch wirtschaftlich vor dem Bankrott. Bereits im Krieg hatte Friedrich durch die Verschlechterung der Münzqualität eine Inflation provoziert. Und noch ein Ergebnis hatte der Krieg mit sich gebracht: Aus dem strahlenden Preußenkönig war der »**Alte Fritz**« geworden.
Friedrich der Große hatte sich im Verlauf des Siebenjährigen Krieges körperlich verbraucht. Von zahlreichen Krankheiten, die der König, der ohnehin nicht über die beste Gesundheit verfügte, zu erdulden hatte, gezeichnet, kehrte er als gebrochener Mann in seine Potsdamer Schlösser zurück. Seine engsten Freunde und Mitarbeiter waren frühzeitig gestorben, unter anderen sein geliebter Fredersdorf und alle Freunde aus der Rheinsberger Zeit. Auch von den hohen Offizieren, die ihm nahestanden, hatten nur wenige den Krieg überlebt. Nicht mehr fähig, neue Freundschaften anzuknöpfen, vereinsamte der König in seiner Umgebung mehr und mehr. Trotz seiner körperlichen Gebrechen arbeitete er aber wie eh und je.
Zunächst galt es, die Kriegsschäden zu beseitigen. Bei der Audienz der Landräte der Kurmark im Berliner Schloß unterbrach der König den Sprecher, der gerade mit der Aufzählung der Kriegsschäden beginnen wollte: »**Hat er Crayon? Nun, schreibe er auf: Die Herren sollen aufsetzen, wieviel Roggen zu Brot, wieviel Sommersaat, wieviel Pferde, Ochsen und Kühe ihre Kreise höchst nötig brauchen. Überlegen Sie das recht und kommen Sie übermorgen wieder zu mir. Sie müssen aber alles so genau und sparsam als möglich einrichten; denn ich kann nicht viel geben.**« Es ist erstaunlich, wie schnell sich Preußen von den Kriegsschäden erholte. Bald hatte Friedrich mit seiner schäbigen Kutsche im abgetragenen Militärrock (seine Untertanen sollten ihn »**wie auf dem Schlachtfeld**« sehen) alle Provinzen, bis auf Ostpreußen, bereist. Überall nahm er persönlich Bestand auf und notierte, wie zu helfen sei. Die Unterstützungsgesuche liefen so zahlreich ein, daß der Sekretär Eichel kaum noch selbst Platz in seinem Büro fand.
Friedrich verringerte zunächst den Personalstand des Militärs, um Arbeitskräfte freizubekommen. Außerdem mußte die Kavallerie eine Menge Pferde für den Arbeitseinsatz abgeben. Insgesamt betrug die finanzielle Soforthilfe für Landwirtschaft, Fabriken und Städte mehr als sechs Millionen Taler. Betroffene Bauern bekamen Baumaterial frei Haus, 50 Taler, Saatgetreide und Steuernachlässe. Seinem Lieb-

lingsprojekt, der Urbanisierung von Einöden und Sümpfen, widmete er seine besondere Aufmerksamkeit. Bis zu seinem Tod 1786 verschaffte er 300 000 Siedlern eine neue Heimat in Preußen. Andererseits schuf er aber auch durch seine Reform der Steuereintreibung Verbitterung und Empörung in der Bevölkerung. Er erkannte seine Fehler jedoch und schaffte Abhilfe, wenn es möglich war. Das »schlechte« Geld wurde aus dem Verkehr gezogen.

Die Wirtschaftspolitik des Königs galt als veraltet und forderte herbe Kritik heraus. Nur vergaß man bei aller Berechtigung zu dieser Kritik, daß er unter der ständigen Angst einer erneuten militärischen Auseinandersetzung lebte. Unter diesem Aspekt müssen seine Vorsicht und vor allem auch der Ausbau und die Verbesserung seiner militärischen Kräfte gesehen werden. Für ein großzügig angelegtes wirtschaftliches Förderprojekt war unter diesen Gesichtspunkten einfach nicht genügend Geld vorhanden.

Außenpolitisch strebte Friedrich der Große nach dem Siebenjährigen Krieg danach, den Frieden zu erhalten. Er hat dies mit erstaunlicher Geschicklichkeit auch geschafft. Nur noch einmal in seinem Leben, 1778, kam es zu militärischen Aktionen gegen Österreich, als der Sohn Maria Theresias, Joseph II., Bayern besetzte. Zu Schlachten ist es aber nicht mehr gekommen, die Helden Laudon und Lacy auf der einen und Friedrich auf der anderen Seite waren müde geworden. So verlief die Operation im Sande, und Österreich zog sich aus Bayern zurück, allerdings behielt es das Innviertel, das heute noch zu Österreich gehört. Friedrich versuchte Rußland als Bündnispartner zu gewinnen, die ehrgeizige Katharina. Durch verschiedene Verwicklungen Rußlands mit den Türken und mit Österreich kam es 1772, sozusagen, um die Gemüter aller zu besänftigen, zur Ersten Polnischen Teilung. Dabei erhielt Rußland die Ukraine, Österreich Galizien und Preußen das Ermland und Westpreußen, natürlich auf Kosten des Schwächsten, Polens. Friedrich hatte für sich den besten Teil gewonnen, nämlich die Verbindung zwischen Pommern und Ostpreußen.

Wie schon erwähnt, vereinsamte Friedrich der Große in seinen letzten Jahren völlig. Er duldete nur noch seine beiden Leibhusaren um sich. Voltaire war 1778 gestorben, und auch die beiden letzten Kameraden aus dem Krieg, Seydlitz und Ziethen, hatten das Zeitliche vor ihm gesegnet. Dennoch wurde ihm von seiner Bevölkerung Respekt und Ehrfurcht auch im Alter zuteil, was aus dem natürlich empfundenen Gefühl für die Bedeutung dieses Menschen entsprang. Fuhr er mit der

Kutsche vorüber, dann blieben die Passanten mit gezogenem Hut stehen und verharrten, bis er den Blicken entschwand. Sie taten dies nicht etwa, weil es so üblich war, Friedrich liebte Zeremonien überhaupt nicht, sondern im spontanen innerlichen Zwang und seelischen Bedürfnis, den tiefen Dank und die vollendete Hochachtung vor dem Menschen Friedrich, den sie den »Großen« nannten, auch äußerlich zum Ausdruck zu bringen.

In Friedrich aber flammte das alte Feuer seines Geistes und seines Humors nur noch dann gelegentlich auf, wenn ihn Menschen besuchten, denen der Respekt vor dem König nicht den Mund verschloß. Friedrich wurde unduldsam, grob, zänkisch und sarkastisch. Hier schließt sich der Kreis seiner leidvollen Jugendzeit, die in ihren Auswirkungen beim »Alten Fritz« ganz deutlich sichtbar wird. So liegt denn auch das »Große« im Menschen Friedrich nicht allein in seinen militärischen Leistungen, die er auf den Schlachtfeldern gezeigt hat; vielmehr ruht die Größe Friedrichs in der Hingabe seines eigenen Lebens an sein Volk und den Staat, als dessen erster Diener er sich betrachtete, im Verzicht auf ein Privatleben zugunsten seiner Lebensaufgabe, ein König zu sein, dessen Untertanen leben sollten, während er sein ganzes Leben der Aufgabe widmete. Den Tod fürchtete er nie, wohl aber das Gefühl, unverrichtete Arbeit zu hinterlassen. Dazu verwirklichte er sein Verständnis einer aufgeklärten Staatsführung im Sinne der führenden Philosophen seiner Zeit: Er opferte einen Teil seiner Macht und hob den Geist auf den Thron. Den Anforderungen, die ihm sein Amt stellte, unterwarf er sich in absoluter Konsequenz und richtete sein Leben ausschließlich darauf ein. Auf diesem Altar, so glaube ich, opferte er auch seine Ehe, die in der Kronprinzenzeit in Rheinsberg so glücklich gewesen war. Diese totale Bereitschaft, in der Verantwortlichkeit des höchsten Staatsamts zu dienen, wurde von den Menschen seiner Zeit bis hin zum kleinsten Bürger erkannt und respektiert. Erst im nachhinein haben Neider, Kleinlichkeitskrämer und Geschichtsverdreher versucht, das wahre Bild seiner Persönlichkeit zu zerstören.

Friedrich der Große starb am 17. August 1786 im Schloß Sanssouci in den Armen seines Leibhusaren Strützky. Er wurde in Potsdam beigesetzt. Den Sarkophag rettete man in den letzten Kriegstagen des Zweiten Weltkriegs zunächst nach Marburg, und von dort gelangte er später auf die Burg Hohenzollern. Im August 1991 kehrten die sterblichen Reste des Königs nach Potsdam zurück. Nun ruht er an der von ihm gewünschten Stelle, in einer Gruft nahe des Schlosses Sanssouci.

1786–1797 Friedrich Wilhelm II.

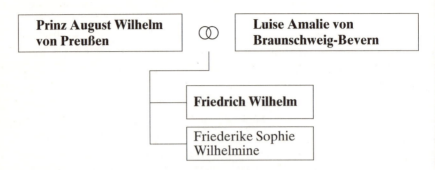

Die bösen Vorahnungen, die Friedrich der Große in bezug auf die Leistungsfähigkeit und den Charakter seines Nachfolgers mit Sorge erfüllten, bestätigten sich weit über das erwartete Maß hinaus. Kein anderer preußischer Herrscher legte eine derartige hemmungslose Unmoral an den Tag wie Friedrich Wilhelm II. Und so wandelten sich die Beinamen, die die Berliner diesem König anhefteten, vom »Vielgeliebten« über den »dicken Wilhelm« zum »dicken Lüderjahn«, womit der Verfall des Ansehens mit dem der Persönlichkeit des Königs konform verlief. Doch obwohl der Onkel und selbst der eigene Sohn mit Friedrich Wilhelm hart ins Gericht gingen, kann er dennoch nicht nur negativ beurteilt werden.

Friedrich Wilhelm II. wurde am 25. September 1744 in Berlin geboren. Sein Vater war der Lieblingssohn des Soldatenkönigs Friedrich Wilhelm I., August Wilhelm, den der Vater viel lieber als seinen Nachfolger gesehen hätte als den unbequemen Friedrich. Die Mutter Luise Amalie stammte aus dem Haus Braunschweig-Bevern und war eine Schwester der Gemahlin Friedrich des Großen. Vielleicht zog Friedrich Wilhelm I. seinen Lieblingssohn August Wilhelm gerade wegen der Probleme vor, die er mit seinem Ältesten hatte. Die augenfällige Bevorzugung des Jüngeren tat diesem aber keineswegs gut.

Nach der Niederlage in der Schlacht von Kollin fiel August Wilhelm bei seinem Bruder in Ungnade. Ohne mit größeren Aufgaben betraut zu sein, ließ sich August Wilhelm zu zahlreichen Frauengeschichten hinreißen und bildete über längere Zeiträume das Berliner Stadtgespräch. August Wilhelm starb jedoch im Alter von nur 36 Jahren 1758, und so wurde Friedrich Wilhelm der rechtmäßige Thronfolger des großen Preußen Friedrich II. Doch Friedrich Wilhelm mußte 42 Jahre alt werden, um seinem Onkel auf dem Thron folgen zu können. Bis dahin bot er seinem besorgten Vorgänger vielfältig Anlaß zu größter Sorge. Bis zu seines Vaters Tod, der den jungen Prinzen so überraschend zum Kronprinzen aufsteigen ließ, erlebte Friedrich Wilhelm II. eine recht unbeschwerte Jugend. Dies änderte sich abrupt mit seiner Designation zum Nachfolger Friedrichs des Großen. Von nun an involvierte Friedrich II. seinen Neffen in die Staatsgeschäfte, besonders aber bei seinen Besuchen beim Militär. Friedrich Wilhelm wurde zum Offizier ausgebildet und zeigte als Militärführer gute Anlagen, so daß sein Onkel zunächst mit ihm zufrieden war.

Am 17. Juli 1765 mußte der Kronprinz auf Verlangen des Königs seine Cousine Elisabeth von Braunschweig-Wolfenbüttel heiraten. Diese erste Ehe Friedrich Wilhelms verlief unglücklich und war nur von kurzer Dauer. Die außergewöhnlich zahlreichen Liebschaften des Kronprinzen belasteten die Ehe enorm, vor allem aber sein Verhältnis mit Wilhelmine Encke, Tochter eines Waldhornisten, die sich ständig (auch in der Öffentlichkeit) in der Begleitung des Kronprinzen befand. Wilhelmine Encke wurde 1752 geboren. Als Friedrich Wilhelm sie kennenlernte, zählte sie etwa 15 Jahre. Die Encke wurde systematisch zur Mätresse aufgebaut. Das Verhältnis überdauerte nicht nur die erste Ehe Friedrich Wilhelms, sondern hat auch in der zweiten Ehe weiterbestanden. Wilhelmine Encke gebar sechs Kinder. Fünf dieser Sprößlinge erkannte Friedrich Wilhelm als von ihm stammend an, allerdings starben drei dieser Kinder früh. Die beiden verbliebenen, Alexander und Marianne von der Mark, wurden von Friedrich dem Großen kurz vor seinem Tod 1786 in den Grafenstand erhoben. Das letzte der Encke-Kinder, Wilhelm, fand keine Anerkennung durch Friedrich Wilhelm. Vielmehr schrieb er es dem Kammerherrn Rietz zu, mit dem Wilhelmine Encke auf Befehl Friedrichs des Großen eine Scheinehe eingehen mußte. Später ernannte Friedrich Wilhelm seine Mätresse zur Gräfin Lichtenau.

Die erste Ehe Friedrich Wilhelms wurde 1769 geschieden. Die Kronprinzessin ging nach Stettin, wo sie im Jahr 1834 starb. Bereits im Jahr der Scheidung, am 14. Juli 1769, ging Friedrich Wilhelm seine zweite Ehe ein. Er heiratete Friederike von Hessen-Darmstadt, eine unscheinbare, unattraktive Frau, mit der er dennoch sechs Kinder zeugte, vor allem den ersehnten Thronfolger, den späteren Friedrich Wilhelm III. Das Unfaßbare im Leben Friedrich Wilhelms II. aber bleibt die Entscheidung der höchsten Berliner Kirchenleitung, zweimal die Sanktion

zur Bigamie zu erteilen, und dies, obwohl in Preußen Bigamie mit hohen Strafen belegt war. Im ersten Fall heiratete Friedrich Wilhelm Julie von Voß, eine Nichte der Oberhofmeisterin Gräfin von Voß, »zur linken Hand«, wie man es nannte, obwohl seine Ehe mit Friederike von Hessen-Darmstadt andauerte. Julie von Voß wurde zur Gräfin Ingesheim erhoben, gebar einen Sohn, starb jedoch schon bald, am 25. März 1789, an Lungentuberkulose. Die zweite bigamistische Verbindung ging Friedrich Wilhelm als König mit der Gräfin Dönhoff, einer Hofdame der Königin, ein. Auch sie wurde offiziell Friedrich Wilhelm II. angetraut und erhielt den Titel Gräfin von Brandenburg. Aus dieser Verbindung gingen zwei Kinder hervor, ein Sohn, der später preußischer Ministerpräsident wurde, und eine Tochter. Gräfin Dönhoff fiel beim König in Ungnade, als sie begann, sich in die Staatsgeschäfte einzumischen. Völlig brach Friedrich Wilhelm mit ihr nach einem höchst unerfreulichen Auftritt, als die Gräfin unangemeldet in das Marmorpalais in Potsdam eingetreten war, wo gerade unter Beteiligung des Königs ein Konzert stattfand. Die Gräfin begleitete ihren spektakulären Auftritt mit den Worten: »Sire, hiermit gebe ich Ihnen Ihr Eigentum zurück!« Und legte ihre beiden Kinder zu Füßen des Königs ab. Die Erwähnung der genannten Verbindungen soll genügen, doch kann nicht verschwiegen werden, daß noch sehr viel mehr Damen im Leben des Königs eine Rolle gespielt haben, mit Abstand die größte jedoch Wilhelmine Encke, die Gräfin Lichtenau.
Aufgrund der Fehler, die in der Erziehung Friedrich Wilhelms gemacht worden waren, war er in seinen Entscheidungen unschlüssig, widersprüchlich und unsicher. Darüber hinaus wählte er seine Ratgeber nach unerklärlichen Gesichtspunkten aus. So kam es, daß er sich schon in seiner Kronprinzenzeit mit höchst eigenartigen Kreaturen umgab, die nicht die besten Einflüsse auf ihn ausübten. Dazu gehörten die Minister Bischoffwerder und Wöllner, wobei Bischoffwerder noch den besseren Charakter hatte. Jedenfalls haben beide Herren den König dahingehend beeinflußt, daß er dem sogenannten »Rosenkreuzerorden« beitrat, einem Mysterienbund für ausschließlich männliche Mitglieder, der sich zur Aufgabe gemacht hatte, die Auswirkungen der Aufklärung zu verhindern. Des weiteren bemühten sich die Rosenkreuzer ebenso redlich wie erfolglos, den Einfluß der Damen, besonders den der schönen Wilhelmine, der Madame Rietz bzw. der Gräfin Lichtenau, auf den König zu unterbinden.
1792 marschierten preußische Truppen in Frankreich ein, um zusam-

men mit den Österreichern die Französische Revolution niederzuschlagen. Zwar konnte man die Stadt Verdun erobern, doch Unstimmigkeiten mit den österreichischen Verbündeten und die eigene Schwerfälligkeit verhinderten den weiteren Vormarsch. So wurden Ludwig XVI. und seine Gemahlin, ohne daß Preußen es verhindern konnte, am 21. Januar 1793 in Paris hingerichtet. 1793 kam es zur Zweiten Polnischen Teilung, bei der Preußen Danzig, Kalisch, Posen und Thorn erhielt. Für diese Gebiete mußte sich Preußen gegenüber Rußland verpflichten, den Krieg gegen Frankreich fortzusetzen. Zu diesem Zweck forderte Friedrich Wilhelm II. hohe Subsidien von England, da seine eigenen Staatsfinanzen verbraucht, England aber an einer Schwächung Frankreichs interessiert war. Diese Gelder flossen erst, als Friedrich Wilhelm mit dem Rückzug seiner Truppen aus französischem Gebiet begonnen hatte. Preußen trat nun abermals gegen Frankreich an, doch kam es bald auch mit den englischen Geldgebern zu Streitigkeiten. Im Mai des Jahres 1794 siegte der preußische Generalfeldmarschall von Möllendorf in der Schlacht von Kaiserslautern gegen die Franzosen. Im Oktober 1794 stellte England die Subsidienzahlungen ein, worauf Friedrich Wilhelm II. auch prompt die Kampfhandlungen stoppte und einen Teil der Armee aus dem Westen nach Polen verlegte, wo ein Volksaufstand ausgebrochen war, der zur dritten, nunmehr völligen Aufteilung Polens führte. Schließlich erkrankte Friedrich Wilhelm, und sowohl die restlose Erschöpfung aller Geldmittel als auch die Vernunft der führenden preußischen Köpfe, zu denen auch der greise Bruder des großen Friedrich, Prinz Heinrich, gehörte, forderten den Frieden. Am 5. April 1795 wurde er in Basel geschlossen. Preußen war glimpflich davongekommen und hatte sich im Osten vergrößern können.

In seinen letzten Regierungsjahren widmete Friedrich Wilhelm seine Kraft der Gesundung der Staatsfinanzen, dem Auf- und Ausbau der neu erworbenen Ostgebiete sowie seinen künstlerischen Ambitionen. Friedrich Wilhelm II. war ein hervorragender Cellospieler und hat viel für die Entwicklung der Künste in Preußen getan. Mozart und Beethoven spielten dem König vor, und viele bildende Künstler erhielten lukrative Aufträge. Bedeutende Wissenschaftler wurden in die Akademie der Wissenschaften verpflichtet. Bereits zu Anfang seiner Regierungszeit ließ der König durch den Baumeister Carl Gotthard Langhans das Brandenburger Tor als Friedenssymbol erbauen. In Charlottenburg errichtete Langhans das preußische Hoftheater, in Potsdam die Veterinärakademie und zusammen mit Carl von Gontard das Marmorpalais. Ein weiterer bedeutender Baumeister der Zeit Friedrich Wilhelms II. war Erdmannsdorf, der u. a. Sanssouci und das Berliner Stadtschloß umbaute.

In der Frage der Religionsfreiheit versuchte Friedrich Wilhelm II. ähnlich wie sein großer Vorgänger, Toleranz zu üben. Dies gelang aufgrund seiner Beziehung zu seinem Ratgeber Wöllner nicht immer so souverän wie bei Friedrich II. Aber mit der Einführung des Preußischen Landrechts und den darin verbrieften Grundrechten für alle Bürger des Lands erwarb sich der König Verdienste, dies gilt auch für die Erneuerungen im Schulwesen, u. a. die Einführung des Abiturs.

Im Sommer 1797 stand es mit der Gesundheit des Königs nicht gut, so daß er eine Kur in Bad Pyrmont antrat. Im Herbst verschlechterte sich sein Zustand plötzlich, und am 16. November starb der »Vielgeliebte«, von allen Verwandten verlassen, nach nur elf Regierungsjahren, in Potsdam. Er wurde im Berliner Dom beigesetzt.

1797–1840 Friedrich Wilhelm III.

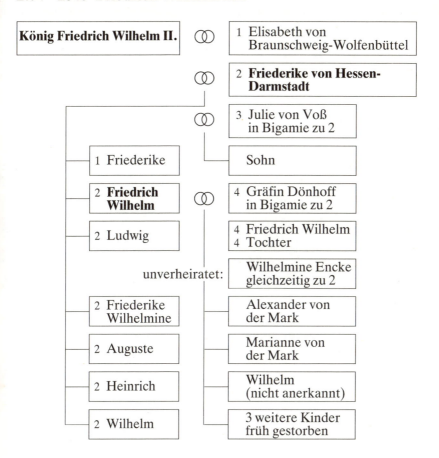

Wiederum in der preußischen Geschichte überraschten die Hohenzollern mit Gegensätzlichkeit. Während der unmäßige Friedrich Wilhelm II. für immer die Augen schloß, marschierten bereits die Soldaten auf, die den Überresten der Sittenlosigkeit kurzen Prozeß machten. Gänzlich unverständlich aber wird bei oberflächlicher Betrachtung, wie sich König Friedrich Wilhelm III. in einer Umgebung der Unmoral und Lasterhaftigkeit zu der Persönlichkeit entwickeln konnte, die er war: ein untadeliger, liebevoller Familienvater, ein treuer, zärtlicher Ehemann und ein frommer und verantwortungsbewußter Fürst und Landesherr.
Friedrich Wilhelm III. wurde am 3. August 1770 geboren. Von frühe-

ster Jugend an entzog Friedrich der Große seinen Großneffen dem Einfluß des Vaters und sorgte für eine planmäßige Erziehung und Vorbereitung auf das spätere Amt. Friedrich der Große hatte längst die Hoffnungen begraben, die er mit seinem Nachfolger Friedrich Wilhelm II. verbunden hatte. Um so mehr konzentrierte er seine Kräfte und sein Interesse auf die Ausbildung Friedrich Wilhelms III., von dem er die Fortsetzung seines politischen Wirkens erhoffte: »Der wird mich von vorn anfangen«, womit er sowohl seiner Hoffnung als gleichzeitig auch der Sorge wegen der zu erwartenden Schwäche seines unmittelbaren Nachfolgers Ausdruck verlieh.

Sorgfältig wählte der Große Friedrich die Erzieher und Lehrer seines Hoffnungsträgers aus und legte fest, was zu vermitteln war. Im Gegensatz zu seiner persönlichen Auffassung, legte er Wert auf die Religionstreue der Lehrer des kleinen Friedrich Wilhelm. Für den Unterricht erteilte der alte König, ähnlich wie einst sein despotischer Vater, genaue Anweisungen, doch steckte er dafür mit größter Einfühlsamkeit den richtigen Rahmen. Sogar um charakterbildende Maßnahmen bemühte er sich, was eine genaue Kenntnis der Anlagen seines Großneffen voraussetzte – mit dem größten Erfolg, wie sich später herausstellte. In einer Eigenart des Kindes blieb der Änderungsversuch allerdings fruchtlos: in einer merkwürdigen Wortkargheit, die auch die Anwendung des Subjekts (ich, wir) wenn möglich vermied und den Infinitiv bevorzugte. Eine Redeweise, die später vom Offizierkorps der preußischen Armee kopiert wurde.

Mit 14 begann auf Weisung Friedrichs II. die militärische Erziehung des jungen Prinzen. Als Leutnant wurde er in die Armee eingereiht, als Hauptmann erhielt er eine Kompanie, die er hervorragend zu leiten wußte. Überhaupt galt Friedrich Wilhelm III. als guter Soldat, der in späteren Kriegen mehrfach Unerschrockenheit und persönlichen Mut bewies. Zusammen mit seinem Vater nahm der Kronprinz an dem Krieg von 1792/93 gegen das französische Revolutionsheer teil und erlebte den Zusammenbruch des preußischen Heeres, das für unbesiegbar gehalten worden war. Für Friedrich Wilhelm III. aber brachte die Reise in den Westen die entscheidende Wende seines Lebens.

Im Herbst des Jahres 1793 lernte der Kronprinz in Frankfurt die 17jährige Prinzessin Luise von Mecklenburg-Strelitz kennen. Bereits am Heiligen Abend des gleichen Jahres fand die Vermählung in Berlin statt. Das Schicksal, das das Paar zusammengebracht hat, meinte es besonders gut, denn die beiden ergänzten sich in überaus harmonischer

Weise. Luise von Mecklenburg-Strelitz strahlte gleichsam von innen heraus mit warmherziger Milde, hoher Intelligenz und natürlicher menschlicher Würde auf ihre Umgebung, wobei die Natur ihre positiven Charaktereigenschaften mit anmutiger äußerlicher Schönheit gepaart hatte. Die bescheidene, zurückhaltende und wortkarge Art ihres Mannes glich sie durch Temperament, Lebendigkeit und Verbindlichkeit aus. 1795 gebar sie den Thronfolger, acht weitere Kinder folgten.

Die für eine Fürstenehe der Zeit außergewöhnliche Harmonie und das familiäre Glück erlebte das Kronprinzenpaar als einfache Gutsbesitzer auf dem Gut Paretz nahe bei Potsdam. Aber auch nachdem Friedrich Wilhelm III. am 16. November 1797 den Thron bestiegen hatte und die Familie das Kronprinzenpalais in Berlin bezog, blieb die Ehe vorbildlich. Darüber hinaus wurde der Hof sparsam eingerichtet, auf königliche Prachtentfaltung verzichtete der Herrscher weitestgehend. Selbst die Tafel blieb, wie sie in der Kronprinzenzeit in Paretz gewesen war; nicht ohne Humor stellte der König fest, »daß er seit seiner Thronbesteigung keinesfalls einen größeren Appetit entwickelt habe.« Zur Freude und zum Erstaunen der Bevölkerung bewegte sich das königliche Paar Arm in Arm völlig frei auf den Straßen Berlins.

Nicht nur die Ablehnung der Prunkentfaltung und die damit verbundene Sparsamkeit erinnerten an den »Alten Fritz«, sondern auch die Art und Weise, mit der Friedrich Wilhelm III. seine Regierungsgeschäfte ausübte. Wilhelmine Encke, die Gräfin Lichtenau, wurde verhaftet und verurteilt, später jedoch begnadigt. Bischoffwerder und Wöllner wurden ohne Pension entlassen. Das Religionsedikt, das Wöllner veranlaßt hatte, ließ der König streichen. Friedrich Wilhelm III. wollte ein Friedensherrscher sein. Reformen der Staatsverwaltung und des Beamtenapparats wurden eingeleitet. 1804 verkündete der König die Pressefreiheit, 1810 schaffte er die Leibeigenschaft der Bauern ab und 1812 emanzipierte er die Juden, alles in allem Vorgänge, die außerhalb Preußens ohne Beispiel waren.

Mit seiner Friedenspolitik, die sich auf strikte Einhaltung der Neutralität Preußens stützte, kam Friedrich Wilhelm III. jedoch in den unruhigen Zeiten der napoleonischen Eroberungen nicht zurecht. Im Jahr 1805 überschritten französische Truppen preußische Grenzen. Empört verbündete sich Friedrich Wilhelm III. mit Rußland und Österreich. Anstatt jedoch unverzüglich gegen die französische Armee vorzugehen, verlegte sich der König auf Verhandlungen und versäumte damit die besten Gelegenheiten zum militärischen Einsatz. Am 2. Dezember 1805 siegte Napoleon in der Schlacht von Austerlitz und stieg damit zum Beherrscher Europas auf. Preußen mußte sich im Schönbrunner Vertrag zu einem Bündnis mit Frankreich bequemen und bekam zwischenzeitlich sogar das Kurfürstentum Hannover geschenkt. Die vertane Chance, zusammen mit den Verbündeten den Korsen 1805 zu besiegen, rächte sich nun bitter. Im Sommer 1806 wurde klar, daß Preußen auf sich allein gestellt den Krieg wagen mußte, um der Besetzung zu entgehen. Am 14. Oktober, 20 Jahre nach dem Tod Friedrichs II., verlor Preußen aufgrund desolater militärischer Führung und Planung die Doppelschlacht von Jena und Auerstedt und mußte hilflos die französischen Truppen in das Land lassen, wobei das hochgerühmte preußische Offizierkorps ehrlos und blamabel kapitulierte.

Friedrich Wilhelm hatte persönlich an der Schlacht teilgenommen und bei mehreren Feindberührungen persönlichen Mut bewiesen. Nach der verlorenen Schlacht flüchtete er zunächst nach Küstrin, wohin die Königin mit der Familie vorausgeeilt war, von dort ging es in einer dramatischen Flucht über Graudenz und Königsberg nach Memel, wo die königliche Familie im Januar 1807 eintraf. In dieser Notzeit in Memel bewies die Königin erst ihre ganze Stärke, unermüdlich unterstützte sie ihren Gemahl vor allem moralisch und bewahrte ihn vor der Gefahr, zum Erfüllungsgehilfen napoleonischer Politik zu werden. Im Vertrag von Tilsit, der unter demütigenden Begleitumständen für Friedrich Wilhelm III. zustande kam (er wurde zu den Verhandlungen nicht einmal hinzugezogen), verlor Preußen alle Gebiete, die links der Elbe gelegen waren, und mußte sich weiterer harter Friedensbedingungen unterwerfen. Auch der Versuch der Königin, Napoleon in einem persönlichen Gespräch umzustimmen, schlug fehl. Immerhin konnte das Königspaar am 23. Dezember 1809 nach mehr als dreijähriger Abwesenheit nach Berlin zurückkehren. Doch die Tage der Königin waren gezählt, ihre Gesundheit bereits durch die Flucht angegriffen. Am 19. Juli 1810 starb Königin Luise im Alter von 34 Jahren im Beisein ihres Mannes und der beiden ältesten Söhne. Friedrich Wilhelm III. hat den Tod seiner Frau niemals überwunden.

Inzwischen waren, geformt und gefördert durch die Minister Freiherr vom Stein und Hardenberg, die bereits erwähnten Neuerungen in der preußischen Gesellschaft eingeführt worden, die vom König mit aller Kraft getragen wurden. Alle Bürger Preußens wurden vor dem Gesetz gleich, Leibeigenschaft und Frondienst waren beseitigt, es herrschte

Gewerbefreiheit und das Recht der freien Berufswahl. Die Voraussetzungen einer preußischen Erneuerung waren damit geschaffen. Wenn der König auch unmittelbar am Entwurf der neuen Gesetze nicht beteiligt war, so hat er doch ganz persönlich an der Reform des geschlagenen preußischen Heeres seinen Anteil, eine Reform, die auf die allgemeine Wehrpflicht abzielte. Mit der Durchführung dieser Armeereform wurde Scharnhorst beauftragt.

In dieser Aufbruchstimmung wuchs der preußische Widerstand gegen die französische Besatzung. Hin- und hergerissen zwischen seinem Pflicht- und Ehrgefühl und der Angst vor einem erneuten Zusammenbruch, unterstützte Friedrich Wilhelm III. die Aktivitäten zur Befreiung Preußens. Aus dem Zwiespalt seiner Gefühle löste er sich erst durch den Sieg in der Völkerschlacht von Leipzig vom 16. bis 19. Oktober 1813. Von dort an blieb er bei seinen Truppen, bis man gemeinsam in Paris einzog. Noch einmal war auch Preußen aufgerufen, gegen Napoleon anzutreten. Am 18. Juni 1815 wurde der Kaiser in der Schlacht von Waterloo zum letzenmal besiegt.

Im Wiener Kongreß von 1815 vertrat Hardenberg die preußischen Interessen. Vom König alleingelassen, der ohnehin bescheiden und zurückhaltend agierte, blieb auch Preußen auf sich allein gestellt und ging bei den Verhandlungen nahezu leer aus, obwohl es doch sehr großen Anteil an der Last der Befreiungskriege getragen hatte. Gewinner wurde vor allem Österreich, dank des Verhandlungsgeschicks Metternichs. Immerhin wurde Preußen in den Grenzen von 1806 vollständig wiederhergestellt.

In das Erwachen der nationalen Bewegungen und des deutschen Einigungsgedankens nach den Befreiungskämpfen trat Friedrich Wilhelm III. mit der Ankündigung, eine Volksvertretung zuzulassen. Doch in den Wirren, die durch die Aufbruchstimmung entstanden, fiel der König in die ihm eigene Unschlüssigkeit zurück und ließ die Chance, Preußen zu einem modernen Staatswesen zu entwickeln, ungenutzt verstreichen. Der Verlust der Königin, die den König zweifellos in die richtige Richtung beraten hätte, machte sich jetzt um so schmerzlicher bemerkbar. Dies änderte sich auch nicht, als er nach Rücksprache mit seinen Söhnen im Jahr 1824 eine unstandesgemäße Ehe mit der Gräfin Auguste Harrach einging.

Während des letzten Abschnitts seiner Regierungszeit widmete sich König Friedrich Wilhelm III. vor allem dem Auf- und Ausbau des Schul- und Erziehungswesens und der Entwicklung der Wissenschaften in Preußen. 1809 gründete er die Universität Berlin. Zwei Jahre später ließ er die Universität Frankfurt/Oder nach Breslau verlegen, wo erstmals eine evangelische und katholische theologische Fakultät nebeneinander installiert wurden. Neben der Königsberger existierten damit drei Universitäten in Preußen, die vierte folgte 1818 in Bonn, und 1822 gründete der König die Kunstakademie in Düsseldorf. Des weiteren erwarb sich Friedrich Wilhelm III. große Verdienste beim Aufbau berufsbildender Schulen unter anderem für die Landwirtschaft und für Handel und Gewerbe. Darüber hinaus kümmerte er sich intensiv um die Vereinheitlichung der preußischen evangelischen Landeskirche.

Friedrich Wilhelm III. war kein strahlender Held, aber ein durch und durch ehrlicher, biederer und verantwortungsvoller Herrscher, der sich keine Entscheidung leichtgemacht hat. Seine besten Absichten und sein Pflichtgefühl gegenüber seinen Untertanen sind über jeden Zweifel erhaben. Seine Arbeits- und Schaffenskraft, die von seinen Bemühungen um ein friedvolles Miteinander geprägt war, begleiteten bedeutende Persönlichkeiten, die ihm zum notwendigen Antrieb verhalfen. Dies gilt vor allem für die unvergleichliche Königin Luise, die er über alles geliebt hat.

König Friedrich Wilhelm III. starb im Beisein der königlichen Familie am 7. Juni 1740 im Berliner Kronprinzenpalais, nachdem er am Fenster im Lehnstuhl noch die feierliche Grundsteinlegung des Denkmals Friedrichs des Großen, das er sich immer gewünscht hatte, miterleben durfte.

1840–1861 Friedrich Wilhelm IV.

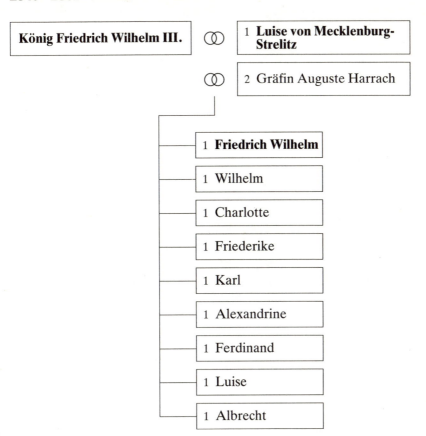

Der Liebling seiner Mutter Königin Luise wurde am 15. Oktober 1795 geboren. Obwohl Friedrich Wilhelm IV. in manchen Charaktereigenschaften seinem Vater ähnelte, unterschied er sich andererseits erheblich von ihm. Im Gegensatz zum Vater trug er eine gewisse Unruhe in sich, die bereits in frühen Klagen seiner Lehrer über die Sprunghaftigkeit sowie den Mangel an Konzentrationsfähigkeit des Kronprinzen zum Ausdruck kam.

Die Flucht nach Memel im Winter 1806/07 und der Verlust der Mutter, als er 14 Jahre alt war, prägten den Prinzen nachhaltig. Ähnlich wie der Vater erhielt auch Friedrich Wilhelm IV. eine sehr gute Erziehung und Ausbildung. Mehrere Fremdsprachen beherrschte er fließend, doch scheint es, daß er durch den Theologen Ancillon zu übermäßiger

Frömmigkeit angehalten wurde, die schließlich in seiner Regierungszeit zeitweilig seltsame Blüten hervorbrachte.

Fest steht, daß Friedrich Wilhelm IV. ein hochintelligenter und begabter Mensch war, dem es lediglich an der für Politiker notwendigen Entschlußkraft fehlte. Voller Milde, Güte und bestem Willen, reagierte er beinahe erschreckt zornig, wenn seine gutgemeinten Absichten mit Undank oder Unverständnis belohnt wurden. So betrachtet, darf Friedrich Wilhelm IV. als der tragischste preußische König angesehen werden; dies gilt natürlich auch, wenn man auf das Ende seines Lebens sieht.

Als Friedrich Wilhelm IV. im Sommer des Jahres 1840 den preußischen Thron bestieg, hoffte die Bevölkerung auf eine den Strömungen der Zeit angepaßten Liberalisierung. Erste Entscheidungen des Königs schienen diese Hoffnungen auch zu erfüllen, doch berief er gleichzeitig als reaktionär bekannte Persönlichkeiten in hohe Staatsämter. König Friedrich Wilhelm IV. wurde weder den deutschen Einigungs- noch den Demokratiebestrebungen gerecht, vielmehr hat er durch seine Amtsauffassung, die ihn mit aller Ernsthaftigkeit an seinen göttlichen Auftrag, an sein Gottesgnadentum glauben ließ, nicht nur indirekt zum Ausbruch der bald folgenden Unruhen beigetragen, sondern sie in der politischen Bedeutung völlig falsch verstanden. Er glaubte, daß der Volksaufstand von 1848 eine gegen ihn gerichtete Gottesstrafe sei und verhielt sich deshalb total passiv.

Seit der Französischen Revolution fand Europa keine Ruhe. Die Flamme des Aufstands gegen reaktionäre Unterdrückung nach der Befreiung von der napoleonischen Herrschaft und speziell in deutschen Ländern für die nationale Vereinigung erreichte selbst Preußen. Hinzu kamen die fürchterlichen sozialen Mißstände in der Bevölkerung, so schwappte im März 1848 die Erregung über, und Berlin revolutionierte. Friedrich Wilhelm ließ das Militär eingreifen und auf die aufständische Bevölkerung schießen, 190 tote Zivilisten und 20 tote Soldaten kostete der Befehl. Doch der König wurde gedemütigt: Mit schwarzrotgoldener Schärpe ritt er durch die Stadt, ließ den Aufruf »An meine lieben Berliner« verkünden und mußte den Toten des Aufstands seine Reverenz erweisen. Es dauerte den ganzen Sommer, bis Friedrich Wilhelm IV. das Heft wieder fest in der Hand hatte. Am 5. Dezember 1848 zwang er der Bevölkerung eine Verfassung auf (die bis 1918 gültig blieb), die die liberalen Forderungen der Zeit beinhaltete. Aber die Verfassung sollte nicht *vom* Volk, sondern, »wie es sich gehörte«, durch den König *für* das Volk erlassen werden. Sie ging als oktroyierte Verfassung in die Geschichtsschreibung ein.

Nach der Auflösung der Frankfurter Nationalversammlung 1849 beteiligten sich preußische Truppen überall im Reich an der Niederwerfung der nationalen Erhebungen. Preußen ging gestärkt aus den Volksaufständen hervor. Wohl oder übel mußten sich 28 deutsche Landesfürsten dem preußischen Anspruch auf eine Vormachtstellung im Reich beugen, als im Sommer 1849 die »Deutsche Union« gegründet wurde. Die Kaiserkrone, die die Nationalversammlung in der Frankfurter Paulskirche Friedrich Wilhelm IV. angetragen hatte, hatte er ausgeschlagen, weil sich der nationale Volksstaat, der sich dort abzeichnete, nicht mit seinen Auffassungen deckte. Allerdings strebte auch der König eine deutsche Vereinigung an, jedoch unter ganz anderen Bedingungen.

In dieser Lage meldete sich Österreich 1850 in die innerdeutsche Politszene zurück. Preußen wurde durch den Vertrag von Olmütz (der den ersten Deutsch-Dänischen Krieg beendete) unter dem Druck Rußlands und Österreichs zur Aufgabe aller Vormachtpositionen gezwungen und mußte seine Truppen hinter die eigenen Grenzen verlegen. Als Friedrich Wilhelm IV. als Antwort auf diese Demütigung zum Krieg gegen Rußland und Österreich aufgefordert wurde, sagte er nur: »Ich bin kein Friedrich der Große«.

Ebenfalls im Jahr 1850 gründete Friedrich Wilhelm IV. den Evangelischen Oberkirchenrat in Berlin, eine Institution, die die Monarchie bis auf den heutigen Tag überdauerte, die jedoch das Ziel, die Rückgewinnung der Massen für die Religion in der evangelischen Kirche, nicht erreichte. Zu dem Mißerfolg trug möglicherweise Friedrich Wilhelm selbst durch seine übersteigerten christlichen Ansichten bei, wodurch er die Opposition provozierte. Die moralische Haltung des Königs wird auch durch seine strikte Neutralitätspolitik im Krimkrieg von 1853 deutlich. Obwohl seine Handlungsweise nicht verstanden wurde, blieb er standhaft. Er sicherte Preußen damit das Wohlwollen Rußlands, was Bismarck spätere Bündnispolitik begünstigte.

Im Juli 1857, auf der Rückreise von einem Besuch bei Kaiser Franz Joseph, traf den König ein erster Schlaganfall, dem weitere folgten. Es waren die Folgen dieser Erkrankungen, die Friedrich Wilhelm an der Fortführung der Regierungsgeschäfte hinderte (sein Bruder Wilhelm übernahm die Stellvertretung und schließlich auch die Regentschaft), nicht, wie andernorts behauptet wurde, der Fall in den Wahnsinn.

Am 2. Januar 1861 starb König Friedrich Wilhelm IV. in Sanssouci. Die Ehe Friedrich Wilhelms IV. mit Elisabeth von Bayern war kinderlos geblieben. Die Krone ging daher an seinen Bruder Wilhelm, den späteren Kaiser des Deutschen Reichs.

1861–1888 Wilhelm I.

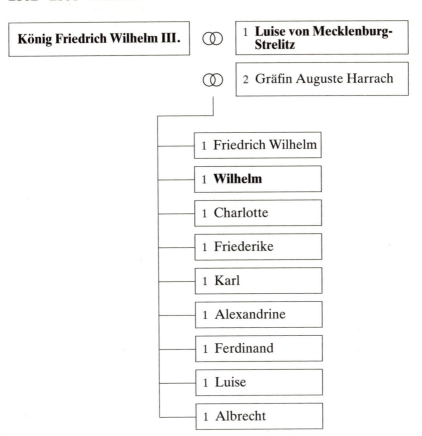

Obwohl nach eigener Erkenntnis kein genialer Herrscher, stach Wilhelm I. durch drei Merkmale hervor: Er erreichte mit Abstand das höchste Lebensalter aller Herrscher aus dem Haus der Hohenzollern, mit nicht meßbarem, aber ähnlichem Abstand erzielte er den höchsten Grad der Beliebtheit bei der Bevölkerung, was nicht nur für Preußen, sondern für ganz Deutschland galt, und er trug als erster Vertreter der Hohenzollern den Kaisertitel. Wenn man die Vereinigung Deutschlands nach dem Krieg von 1870/71 auch in erster Linie seinem Kanzler Otto von Bismarck als Verdienst anrechnen muß, so hat doch Wilhelm I. in ausgezeichneter Weise dazu beigetragen, daß diese Vereinigung zustande kam. Wilhelm I. wurde am 22. März 1797 als zweiter Sohn des späteren Königs Friedrich Wilhelm III. und seiner Gemahlin

Luise geboren. Die Jugendzeit des Prinzen verlief nicht problemlos. Nach der verlorenen Schlacht von Jena und Auerstedt erlebte er als Neunjähriger die Flucht nach Königsberg und Memel. Bereits als Zehnjähriger kam der Prinz in das Gardebataillon, von da an dachte und empfand Wilhelm I. als Soldat, und die Uniform wurde für ihn eine zweite Haut.

1810 mußte auch er den schmerzlichen Verlust der überaus geliebten Mutter hinnehmen, deren Tod er an der Seite des Vaters und älteren Bruders unmittelbar miterlebte.

Zusammen mit seinem Vater nahm Prinz Wilhelm 1814 und 1815 an den Feldzügen gegen Napoleon teil, dabei erhielt er für einen Adjutantenritt 1814 das Eiserne Kreuz. In der Schlacht von Bar sur Aube erlebte Wilhelm den Krieg in seiner ganzen Härte. Auch den Einmarsch der alliierten Truppen in Paris machte der Prinz mit. Die Zeit von 1806 bis 1815 sind die entscheidenden Jahre, die Wilhelm I. geprägt haben. Alle späteren Handlungen und Handlungsweisen müssen unter den Aspekten der Geschehnisse in dieser Zeit gesehen werden. Dazu gehört auch die stete Furcht vor einem erneuten französischen Expansionsversuch und einem damit verbundenen Kampf um die Existenz Preußens. Nach den Befreiungskriegen behielt Prinz Wilhelm seine Aufgabe im Militär, für das er erzogen und ausgebildet worden war und wo er rasch Karriere machte. 1820 lernte er die Prinzessin Elisa von Radziwill kennen, in die er sich stürmisch verliebte. Zwei Jahre später verlobte er sich mit ihr, aber die eheliche Verbindung kam nicht zustande. Der Vater, König Friedrich Wilhelm III., willigte in die seiner Meinung nach unstandesgemäße Ehe nicht ein. Die unglückliche Liebesgeschichte erschütterte Wilhelm I. zutiefst. Schweren Herzens verzichtete Wilhelm auf die Prinzessin; in diesem Verzicht werden Charakterzüge des Prinzen deutlich, indem er sich letztlich der Entscheidung des Vaters unterwarf. Drei Jahre später heiratete er Prinzessin Augusta von Sachsen-Weimar-Eisenach, die 14 Jahre jünger als Wilhelm war. Aus der Ehe gingen zwei Kinder hervor: Friedrich Wilhelm, der spätere Kaiser Friedrich III., und Luise, die den Großherzog Friedrich I. von Baden heiratete. Die Ehe Wilhelms I. mit Prinzessin Augusta war aus rein dynastischen Gründen geschlossen worden. Eine glückliche Entwicklung der Beziehung konnte daher nicht erwartet werden, obwohl es anfänglich nicht am guten Willen gemangelt hat. Das Paar einigte sich darauf, die Verbindung nach außen aufrechtzuerhalten, doch sind einige galante Abenteuer Prinz Wilhelms verbürgt. Augusta mischte sich offen oder versteckt in die Aufgaben ihres Mannes ein und sorgte durch ihre Intrigen für manche Schwierigkeit am preußischen Hof, vor allem aber war sie eine erbitterte Feindin Bismarcks.

Obwohl im Innersten durch und durch konservativ, öffnete sich Prinz Wilhelm den Strömungen der Zeit, ohne jedoch die liberale Gesinnung seines Bruders Friedrich Wilhelm, des späteren Königs Friedrich Wilhelm IV., zu erreichen. Dennoch überraschte Wilhelm seinen Vater in den Jahren 1833/34 mit Initiativen zur Installation einer preußischen Verfassung, die allerdings keine Verwirklichung fanden. 1840 starb der verehrte König Friedrich Wilhelm III., und da die Ehe Friedrich Wilhelms IV. kinderlos blieb, rückte Prinz Wilhelm in der Thronfolge hinter seinen Bruder an die nächste Stelle und erhielt nun den Titel »Prinz von Preußen«. Tatsächlich rechnete er damals nicht mit einer Thronbesteigung, sondern sah sich eher in der Rolle des Interessenwahrers für seinen Sohn.

Bei den Auseinandersetzungen der Berliner Revolutionstage im Jahr 1848 erlitt das Ansehen Wilhelms Schaden: Obwohl an den Schüssen gegen die Zivilbevölkerung unschuldig, apostrophierte man ihn als den »Kartätschenprinzen« und schob ihm die Schuld an dem Berliner Massaker zu. Um seinen Bruder zu entlasten, floh Wilhelm bei Nacht und Nebel nach England und hielt sich dort zwei Monate lang in der preußischen Botschaft in London auf. Von 1849 bis 1857 residierte der Prinz von Preußen als Generalgouverneur für die Rheinprovinz und für Westfalen im Koblenzer Schloß. Von hier aus nahm er an der Niederwerfung des badischen Aufstands teil.

Als sein Bruder Friedrich Wilhelm IV. 1857 schwer erkrankte, kehrte Wilhelm I. nach Berlin zurück, um die Stellvertretung zu übernehmen. Ein Jahr später wurde klar, daß mit der Gesundung Friedrich Wilhelms IV. nicht mehr zu rechnen war, und am 7. Oktober 1858 wurde Wilhelm I. daher offiziell zum Regenten erklärt. Bei der Berufung in das königliche Amt war Wilhelm I. bereits 61 Jahre alt! Nach dem Tod des Bruders fanden am 2. Januar 1861 in Königsberg die Krönungsfeierlichkeiten zum König von Preußen statt.

1859 erwog Preußen die Teilnahme am italienischen Einigungskrieg an der Seite Österreichs, in diesem Krieg siegte Frankreich gegen Österreich. Doch ehe Preußen eingreifen konnte, schlossen die Kaiser Napoleon III. und Franz Joseph den Frieden von Zürich.

Bis 1862 führte Wilhelm I. selbst die Regierungsgeschäfte. An der

Heeresreform, die 1859 entworfen worden war, arbeitete er entscheidend mit. Um sie durchzusetzen, ersetzte der König das liberale Kabinett der Neuen Ära durch ein konservatives Beamtenkabinett, dem schließlich Otto von Bismarck folgte. Selbstkritisch genug, verspürte er wohl, daß er kein politischer Fachmann war. Wilhelm I. und Bismarck ergänzten sich in ihrer politischen Arbeit und in ihrem Führungsstil außerordentlich fruchtbar.

Die ersten Regierungsjahre König Wilhelms I. prägte die zunehmende Spannung zwischen Österreich und Preußen. In der Frage der Befreiung Polens von der russischen Unterdrückung 1863 schlug sich Preußen auf die Seite Rußlands, wodurch sich in erster Linie Bismarck, aber auch Preußen insgesamt als Staat in der deutschen Öffentlichkeit viele Feinde machten. Dies war der Preis, den Bismarck für das Ziel, einen Keil zwischen die russisch-französischen Alliancebestrebungen zu treiben, zahlen mußte.

1864 scheiterte der österreichische Plan einer mitteleuropäischen Zoll- und Wirtschaftsunion, weil Preußen die süddeutschen Länder zum Beitritt in den preußisch-französischen Handelsvertrag drängte. Dennoch kamen Österreich und Preußen im gleichen Jahr zu einer gemeinsamen militärischen Aktion gegen Dänemark im zweiten Deutsch-Dänischen Krieg zusammen. König Wilhelm I. nahm an den Kämpfen in Schleswig-Holstein nicht persönlich teil, freute sich aber über die Siege, die die reformierten preußischen Truppen errangen. Der drohende Zwiespalt zwischen Österreich und Preußen konnte durch die Aufteilung der nördlichsten deutschen Herzogtümer, Lauenburg und Schleswig an Preußen, Holstein an Österreich, nach dem gemeinsam erfolgreich abgeschlossenen Krieg noch einmal abgewendet werden.

1866 war es damit jedoch vorbei. Durch die Heeresreform, die Wilhelm I. gegen alle Widerstände erfolgreich durchgesetzt hatte, befanden sich die preußischen Truppen im besten Zustand und besaßen darüber hinaus im Grafen von Moltke einen überragenden Militärführer. So war der preußische Sieg von Königgrätz am 3. Juli 1866, der die Frage der Vormachtstellung in Deutschland endgültig für Preußen entschied, kein Wunder. Wilhelm I. erlebte die Schlacht von Königgrätz unmittelbar selbst mit. Nach dem Sieg wünschte der König ein hartes Vorgehen gegen die unterlegenen Länder, vor allem aber gegen Österreich. Bismarck konnte Wilhelm I. nur mit Hilfe der Vermittlung des Kronprinzen umstimmen. Preußen erhielt im Prager Frieden das Königreich Hannover, Kurhessen, Nassau, Schleswig-Holstein und die ehemals freie Reichsstadt Frankfurt. Damit entwickelte sich Preußen zum geschlossenen Flächenstaat. Alle norddeutschen Länder vereinigten sich zum Norddeutschen Bund.

Das maßvolle Verhalten Bismarcks gegen Preußens Hauptgegner im Deutsch-Deutschen Krieg von 1866, Österreich, erleichterte das spätere gemeinsame Vorgehen gegen Frankreich. Die Annektionen der deutschen Fürstentümer und die damit verbundenen Absetzungen regierender Fürsten gingen König Wilhelm I. gegen seine innere Überzeugung, auch wenn ihm die Bevölkerung in den neuen preußischen Ländern zujubelte.

1869 kam es über die Kandidatur des Erbprinzen Leopold von Hohenzollern-Sigmaringen für den spanischen Königsthron zum Konflikt mit Frankreich. Napoleon III. hatte die preußische Expansion stets mit Mißtrauen beobachtet und suchte nach einer Gelegenheit, sie zu beenden. Die berühmte »Emser Depesche«, die Wilhelm I., der sich gerade zur Kur in Bad Ems aufhielt, nach Berlin sandte, und die Bismarck gekürzt und somit im Ton verschärft veröffentlichen ließ, so daß ein Schrei der Empörung durch ganz Deutschland schallte, sorgte für den Fehdehandschuh, den Frankreich eigentlich selbst werfen wollte. Wilhelm I. zog zum fünftenmal in einen Krieg. Sein Anteil an dem Sieg über Frankreich übersteigt mit Sicherheit manche Vorstellungen. Sein sachkundiges Verantwortungsgefühl und seine enorme militärische Erfahrung fanden ihn im gesamten Kriegsgeschehen stets bestens informiert. Seine Entscheidungen unterstützten hilfreich dort, wo Zweifel und Unentschlossenheit ausgeräumt werden mußten und wo Zuspruch und Bestärkung erforderlich waren.

Nach der Schlacht von Sedan, als Napoleon III. kapituliert hatte und alle den Krieg für beendet hielten, beurteilte der König die Lage völlig richtig. Viel ist über die Haltung Wilhelms I. zu seiner Ernennung zum Deutschen Kaiser geschrieben worden. Dabei wurden vor allem seine Vorbehalte reichlich herausgestellt. Häufig vergaß man, daß Wilhelm I. tiefe Befriedigung darüber empfunden hat, daß Deutschlands Einigung vornehmlich durch Preußen zustande gekommen war. Am 18. Januar 1871 fand die feierliche Kaiserproklamation in militärischem Rahmen im Spiegelsaal des Versailler Schlosses statt. Wilhelm I. beschrieb in einem Brief an seine Gemahlin den Akt als »sehr würdig«. Die Proklamation, die im Entwurf vom Kronprinzen stammte, lautete:

»An das deutsche Volk.

Wir, Wilhelm, von Gottes Gnaden König von Preußen, nachdem die deutschen Fürsten und freien Städte den einmütigen Ruf an Uns gerichtet haben, mit der Herstellung des Deutschen Reiches die seit mehr denn sechzig Jahren ruhende deutsche Kaiserwürde zu erneuern und zu übernehmen; und nachdem in der Verfassung des Deutschen Bundes die entsprechenden Bestimmungen vorgesehen sind, bekunden hiermit, daß Wir es als eine Pflicht gegen das gemeinsame Vaterland betrachtet haben, diesem Rufe der verbündeten deutschen Fürsten und Städte Folge zu leisten, und die deutsche Kaiserwürde anzunehmen. Demgemäß werden Wir und Unsere Nachfolger an der Krone Preußens fortan den Kaiserlichen Titel in allen Unseren Beziehungen und Angelegenheiten des Deutschen Reichs führen und hoffen zu Gott, daß es der Deutschen Nation gegeben sein werde, unter dem Wahrzeichen ihrer alten Herrlichkeit das Vaterland einer segensreichen Zukunft entgegenzuführen.

Wir übernehmen die Kaiserliche Würde in dem Bewußtsein der Pflicht, in deutscher Treue die Rechte des Reichs und seiner Glieder zu schützen, den Frieden zu wahren, die Unabhängigkeit Deutschlands, gestützt auf die geeinte Kraft seines Volkes, zu verteidigen.

Wir nehmen sie an in der Hoffnung, daß dem Deutschen Volke vergönnt sein wird, den Lohn seiner heißen und opfermutigen Kämpfe in dauerndem Frieden und innerhalb der Grenzen zu genießen, welche dem Vaterland die seit Jahrhunderten entbehrte Sicherung gegen erneute Angriffe Frankreichs gewähren.

Uns aber und Unseren Nachfolgern an der Kaiserkrone wolle Gott verleihen, allzeit Mehrer des Deutschen Reiches zu sein, nicht an kriegerischen Eroberungen, sondern an den Gütern und Gaben des Friedens auf dem Gebiete nationaler Wohlfahrt, Freiheit und Gesittung.«

Als Wilhelm I. den Kaisertitel erhielt, zählte er 73 Jahre, von da an hat er bis zu seinem Tod, im nahezu vollendeten 91sten Lebensjahr, das zweite Deutsche Reich, das in dieser Zeit gänzlich unter der Regierung Bismarcks stand, weitgehend mitgestaltet und geprägt. Häufig standen sich die beiden alten Herren konträr gegenüber, der gegenseitig empfundene Respekt führte sie jedoch immer wieder zu fruchtbarer Zusammenarbeit.

Im Mai 1871 gab Frankreich den Krieg gegen das geeinte Deutschland verloren, Elsaß-Lothringen, das im Frieden von Münster und Osnabrück (1648) an Frankreich gekommen war, ging nach 223 Jahren (!) französischer Geschichte zum letztenmal an Deutschland zurück.

Von nun an sollte es Bismarcks dringendste Aufgabe sein, das deutsche Sicherheitsbedürfnis zu befriedigen und das Reich möglichst aus allen sich anbahnenden europäischen Konflikten herauszuhalten. 1872 trafen sich die drei europäischen Kaiser (Rußland, Österreich, Deutschland), um ihre Länder in ein gemeinsames Bündnis zu bringen, das jedoch nicht allzu lange Bestand hatte. Im Dreikaiserabkommen von 1873 fanden die getroffenen Regelungen ihren Niederschlag. Die Bismarcksche Bündnispolitik stellt ein diplomatisches Meisterstück dar, mit dem der Eiserne Kanzler sein Lebenswerk krönte. Auf dem Berliner Kongreß von 1878 errang Bismarck einen weiteren Erfolg als Vermittler zwischen den europäischen Großmächten in der Balkankrise, die nach dem Russisch-Türkischen Krieg ausgebrochen war. Allerdings verstimmte der Berliner Kongreß den Zaren so sehr, daß er das Dreikaiserabkommen kündigte. In der Frage der Beziehung zu Rußland und Österreich kam es zwischen Wilhelm I. und Bismarck zur letzten großen Kontroverse: Während der Kaiser die Anlehnung an Rußland suchte, favorisierte Bismarck die Annäherung an Österreich. Letztlich mußte der Kaiser nachgeben, um den Rücktritt Bismarcks zu verhindern. 1881 wurde erneut ein Dreikaiservertrag geschlossen, der den Wünschen Kaiser Wilhelms I. entsprach.
Innenpolitisch fühlte der Kaiser stets konservativ, dennoch verabschiedete der Reichstag während der Regierungszeit Wilhelms I. die erste Sozialgesetzgebung, das erste umfangreiche Gesetzeswerk zur Versorgung der Bevölkerung, das Deutschland schlagartig zum fortschrittlichsten Staat der Welt machte. Aufwendigen Prunk verabscheute der Kaiser, der auch durch sein persönliches Beispiel für Bescheidenheit, Einfachheit und Sparsamkeit eintrat. Trotz seiner Beliebtheit wurden auf Wilhelm I. insgesamt fünf Attentate verübt. 1849 wurde auf ihn in Ingelheim geschossen, 1861 entging er den Schüssen eines Studenten in Baden-Baden, zwei weitere Attentatsversuche schlugen 1878 fehl, doch wurde er am 2. Juni 1878 so sehr verletzt, daß er für lange Zeit ans Bett gefesselt blieb, und schließlich sollte er zusammen mit zahlreichen anderen Fürsten des Reiches bei der Einweihung des Niederwald-Denkmals in die Luft gesprengt werden.
Auch Wilhelm I. verstand sich, wie die meisten Fürsten aus dem Haus der Hohenzollern, als bekennender Christ, der sich auch als Herrscher über die Vorgänge in der evangelischen Kirche informierte und sich zu Fragen der Kirchenpolitik des öfteren öffentlich äußerte.
Die letzten Jahre des Kaisers überschatteten die Sorgen über die

Erkrankung des einzigen Sohnes, des Kronprinzen Friedrich, zu dem er nach preußischer Tradition ein eher angespanntes Verhältnis hatte. Allerdings darf nicht unvergessen bleiben, daß Kronprinz Friedrich in vielen Fällen vermittelnd zwischen Bismarck und dem Kaiser eingesprungen ist.

Wilhelm I. war ein durch und durch ehrlicher, geradlinig denkender, edelmütiger, fleißiger und jovialer Fürst, vor allem aber war er Soldat, ein erfahrener, geschulter Berufsoffizier, der sein Handwerk von frühester Jugend an erlernt und zeitweise auch unter schwierigen Bedingungen ausgeübt hatte. Dieser Beruf gab ihm die Standfestigkeit und den charakterlichen Halt für seine Entscheidungen als Herrscher, die ihn ganz wesentlich von seinen drei Vorgängern in Preußen unterschieden. Wenn man einen Vergleich wagen will, dann ist er, um im Haus der Hohenzollern zu bleiben, ein zweiter »Soldatenkönig«, ein zweiter Friedrich Wilhelm I., jedoch mit ganz anderen charakterlichen Merkmalen. Der Beiname »der Große«, mit dem ihn sein Enkel schmücken wollte, fand zwar nicht die Zustimmung in der Geschichte, doch zählt Kaiser Wilhelm I. zweifellos zu den bedeutenden Fürsten der Hohenzollern. Seine abgeklärte Ruhe, die ihn im Alter auszeichnete, erarbeitete er sich aufgrund seines voll entwickelten Temperaments genauso hart, wie er sich fleißig in den Dienst gestellt hat. Hier stand er seinem großen Vorfahren Friedrich dem Großen kaum nach. Bismarck würdigte Wilhelm I. an seinem Todestag vor dem Reichstag:

»Die heldenmütige Tapferkeit, das national hochgespannte Ehrgefühl und vor allen Dingen die treue, arbeitsame Pflichterfüllung im Dienste des Vaterlandes und die Liebe zum Vaterlande, die in unserem dahingeschiedenen Herrn verkörpert waren, möge sie ein ungestörtes Erbteil unserer Nation sein, welches der aus unserer Mitte geschiedene Kaiser uns hinterlassen hat.«

Kaiser Wilhelm I. starb am 9. März 1888 kurz vor Vollendung seines 91sten Lebensjahrs. Er ruht im Mausoleum des Charlottenburger Schlosses an der Seite seiner Eltern.

1888 Friedrich III.

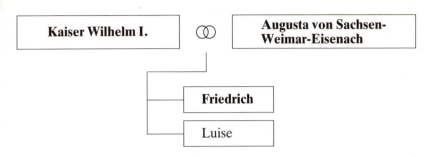

Friedrich III. (eigentlich Friedrich Wilhelm) wurde am 18. Oktober 1831 geboren. Zur Geburt ihres Sohnes erhielt die Mutter Augusta von Sachsen-Weimar-Eisenach unter anderem ein artiges Glückwunschschreiben des alternden Dichterfürsten Goethe. Das Schicksal Friedrichs III. verband sich indirekt auf tragische Weise mit der Existenz des zweiten deutschen Kaiserreichs; auf jeden Fall entwickelte sich Deutschland aufgrund des frühen Tods Friedrich III. in eine Richtung, die eine Liberalisierung Deutschlands – die durch die freiheitliche Gesinnung des zweiten Hohenzollernkaisers möglich gewesen wäre – ausschloß und eine weitere Modernisierung des Landes verhinderte. Friedrich III. vereinigte in sich die positiven Eigenschaften seines Vaters mit der Intelligenz und Kultur seiner Mutter. Diese glückliche charakterliche und geistige Ausprägung zu einer gewinnenden Persönlichkeit gab Anlaß zu berechtigten Hoffnungen hinsichtlich einer erfolg- und segensreichen Regierungstätigkeit. Daß diese Regierungszeit nur 99 Tage lang währen sollte, gehört zu den Unglücksfällen der deutschen Geschichte. In der Praxis übte Friedrich III., bei seinem Amtsantritt bereits von tödlicher Krankheit gezeichnet, keine Regierungstätigkeit aus.

Im Gegensatz zu seinem Vater, der für sein späteres königliches Amt ursprünglich gar nicht vorgesehen und deshalb auch nicht in diese Richtung ausgebildet worden war, erhielt Friedrich III. eine spezielle Schulung und Erziehung als Kronprinz. Wie in Preußen üblich, wurde besonderer Wert auf die militärische Ausbildung gelegt, so daß Friedrich III. wie sein Vater als Soldat und Offizier dachte und handelte. 1848 erlebte der 17jährige die Berliner Revolution, die den jungen Prinzen mit tiefem Abscheu gegen die Revolutionäre erfüllte. Um so erstaunlicher wirkt seine spätere liberale Haltung. Dieser Sinneswandel hatte

Gründe: Im Leben des späteren Kaisers nahmen zwei Frauen hervorragende Bedeutung ein, zum einen die Mutter, die die Entwicklung des Sohns nachhaltig beeinflußte, und zum anderen die Ehefrau Viktoria, die älteste Tochter Königin Viktorias von Großbritannien. 1851 lernte Friedrich die elfjährige Viktoria in England kennen, fünf Jahre später verlobten sich die beiden in Schottland, und am 25. Januar 1858 heirateten sie in London. Es war eine Liebesheirat, aus der sieben Kinder hervorgingen. Noch nie hatte ein preußischer Kronprinz gewagt, im Ausland zu heiraten, aber die britischen Schwiegereltern verlangten es so. Viktoria gewöhnte sich nie an die preußischen Verhältnisse und beklagte diese oft in verletzender Weise gegenüber Einheimischen, wodurch ihr Beliebtheitsgrad nicht gerade anstieg. Preußische Politik und später auch die Reichspolitik Bismarcks, den sie als den »großen bösen Mann« ansah, verfolgte sie mit (englischem) Mißtrauen und nahm gehörigen Einfluß auf die Meinungsbildung ihres Ehemannes.

Im täglichen Leben des Kronprinzen lagen die ihm zugedachten Aufgaben im militärischen Bereich. Diese Arbeit als Offizier leistete er gerne und mit Sachverstand. An der Erstürmung der Düppeler Schanzen im Deutsch-Dänischen Krieg 1864 nahm er persönlich teil. In Königgrätz führte Friedrich III. formell eine Armee, in Wirklichkeit übte jedoch der Stabschef General von Blumenthal die Kommandogewalt aus, doch ergänzten sich der Kronprinz und der General harmonisch. In der Schlacht von Königgrätz löste das (verspätete) Erscheinen der Armee des Kronprinzen die österreichische Niederlage aus. Ein besonderer Verdienst ist dafür jedoch weder dem Prinzen noch dem General von Blumenthal zuzuschreiben. Allerdings übte der Prinz erheblichen Einfluß auf den Nikolsburger Frieden (König Wilhelm I. wollte eine harte »Bestrafung« Österreichs), als er das drohende Zerwürfnis zwischen Bismarck und dem König schlichten und der Meinung Bismarcks zum Durchbruch verhelfen konnte. Später vermittelte der Kronprinz noch mehrere Male zwischen seinem Vater und Bismarck.

In den Krieg gegen Frankreich 1870/71 ging Friedrich mit wahrer Begeisterung. Ebenso begeisterte sich der Kronprinz für die Kaiserwürde, die er ganz anders wertete als sein Vater. Während Wilhelm I. eher dem Niedergang der preußischen Königskrone nachtrauerte, begrüßte Friedrich III. den Kaisertitel hocherfreut und mit Enthusiasmus, wobei er von der Erneuerung der Kaiserherrlichkeit des Heiligen Römischen Reichs träumte.

Als Friedrich III. aus dem Krieg gegen Frankreich zurückkehrte, zählte er 41 Jahre, befand sich also in den besten Mannesjahren, um die anspruchsvolle Aufgabe, für die ihn das Schicksal vermeintlich ausersehen hatte, zu übernehmen. Doch die 17 Jahre des Wartens auf die Übernahme der Regierungsgeschäfte zermürbten den Kronprinzen zusehends. Wenn nach dem Beweis des medizinischen Zusammenhangs zwischen seelischer und körperlicher Erkrankung gesucht wird, dann hätte Friedrich III. ein prominentes Forschungsobjekt darstellen können. 1887 stellte ein Ärztegremium beim Kronprinzen Kehlkopfkrebs fest. Der unwürdige Ärztestreit, der danach um die Krankheit des Kronprinzen ausbrach, wurde sowohl durch das geringe Wissen über die Krankheit als auch durch die Kronprinzessin provoziert. Nachdem sich Viktoria darüber klarwurde, daß die Erkrankung ihres Mannes einen tödlichen Verlauf nehmen würde, kam es ihr in ihrer tiefen Zuneigung zuerst darauf an, Friedrich zu einem würdigen Tod zu verhelfen. Aus diesem Grund wurde eine schnelle Operation, die möglicherweise noch Heilung gebracht haben könnte, verhindert. Der britische Kehlkopfspezialist Dr. Morell Mackenzie durchschaute die Absicht Viktorias, vielleicht spielten die beiden auch ein gemeinsam abgekartetes Spiel. Als dann endlich eine Operation durchgeführt wurde, fand diese nach heutigen Gesichtspunkten unter unglaublichen Begleitumständen in einem Hotelzimmer in San Remo statt. In dieser Situation starb am 9. März 1888 Kaiser Wilhelm I. Zwar konnte Friedrich III. noch als Kaiser des Deutschen Reichs nach Berlin zurückkehren und die Regierung formell übernehmen, doch die wohlgemeinten Absichten zerrannen in der Anerkennung der Bismarckschen Politik, die zu ändern Friedrich III. nicht mehr die Kraft aufbrachte.

Kaiser Friedrich III. starb am 15. Juni 1888 im Neuen Palais in Potsdam. Sein Sohn sorgte für Mißklang beim Ableben des Kaisers, als er das Schloß von Truppen umstellen und durchsuchen ließ, um der Entfernung von Dokumenten nach England durch seine Mutter vorzubeugen.

1888–1918 Wilhelm II.

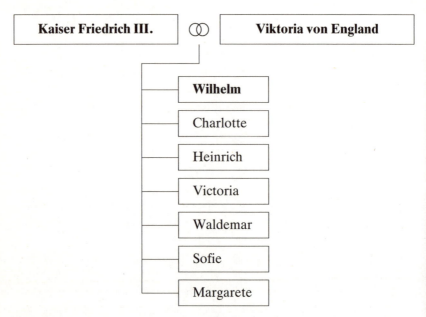

Wilhelm II. wurde am 27. Januar 1859 in Potsdam geboren. Nach der kurzen Regierungszeit seines Vaters Kaiser Friedrich III., der nur 99 Tage lang regierte, bestieg Kaiser Wilhelm II. mit 29 Jahren viel zu früh und unvollkommen auf sein Amt vorbereitet den deutschen Kaiserthron. Zwar hatte seine Ausbildung und Erziehung auf die spätere Aufgabe hingezielt, doch fällt es nicht schwer, die Mängel, Fehlgriffe und Unterlassungen in der Ausbildung des Prinzen aufzuzeigen. Mit diesen Versäumnissen die schweren Fehler zu entschuldigen, die Kaiser Wilhelm II. zu Recht vorgeworfen werden können, wäre zu einfach: Vielmehr dominierte in der mangelhaft ausgebildeten, gespaltenen Persönlichkeit des letzten deutschen Kaisers ein eklatanter Minderwertigkeitskomplex, der den Monarchen zu den seltsamsten Entschlüssen führte.

Ungeschicklichkeiten und Ungereimtheiten könnten einem hochadeligen Müßiggänger nachgesehen werden, nur: Wilhelm II. wollte das Amt des höchsten Repräsentanten des Staats ausfüllen und die Vollkommenheit seiner politischen Führungstätigkeit beweisen, wann immer die Gelegenheit vorhanden war. Die Spaltung seines problematischen Charakters ließ ihn starrsinnig ohne Beständigkeit, preußisch pflichtbewußt ohne Selbstvertrauen und betont ehrenhaft ohne Gelassenheit auftreten und handeln.

Wilhelm II. war ein begabtes, aber schwieriges Kind, dessen Entwicklung sowohl von einer harten Erziehung als auch von der als notwendig erachteten Vorstellung, einen angeborenen Körperfehler, den verkrüppelten linken Arm, verstecken zu müssen, geprägt wurde. Die Zwiespältigkeit in der Persönlichkeit des Prinzen gründete sich möglicherweise auf die zweiseitig ausgerichteten »preußischen« und »englischen« Erziehungsmethoden. In der Absicht, den körperlichen Schaden zu kompensieren, steigerte sich das Selbstgefühl Wilhelms II. zur Arroganz, in die er nicht nur durch seine Lehrer, sondern auch durch kaiserliche Ratgeber und verantwortliche Politiker hineingetrieben wurde, selbst Bismarck scheint hier nicht schuldlos, obwohl er sich nach seiner Entlassung über die Art des Monarchen bitter beklagte. Im Verlauf seiner Jugend geriet Wilhelm immer mehr in eine frontale Haltung gegenüber seinen Eltern. Diese Opposition richtete sich vor allem gegen die dominante Familienstellung seiner hochintelligenten Mutter Viktoria, einer Tochter der englischen Queen Victoria. Der Sohn fürchtete (sicherlich zu Unrecht) seine Überfremdung durch englische Einflüsse. In dieser Ansicht unterstützten ihn natürlich die Anhänger des preußischen Junkertums.

Bereits 1869 war der zehnjährige Prinz von seinem Großvater Kaiser Wilhelm I. nach preußischer Tradition zum Leutnant ernannt worden. Am Triumphzug durch das Brandenburger Tor nach dem Krieg von 1870/71 nahm er stolz teil. Weitere Stationen seiner Jugendjahre sind mehrere Reisen nach England, ein Besuch in Paris und eine kurze Studienzeit 1877 an der Bonner Universität. Ab 1879 diente Wilhelm als Leutnant im Garderegiment in Potsdam. Im Herbst des Jahres 1881 wurde er zum Major befördert. Im Februar 1880 verlobte sich Prinz Wilhelm mit Auguste Viktoria (»Dona«) von Sonderburg-Augustenburg, deren Vater sein Großvater in den Kriegen um Schleswig-Holstein bekämpft hatte. Die Heirat fand am 27. Februar 1881 in Berlin statt. Die Ehe der beiden verlief glücklich, sieben Kinder wurden in der Zeit zwischen 1882 bis 1892 geboren. Als Wohnung diente dem Paar in den ersten Jahren das Marmorpalais im Norden Potsdams. Hier lebten die beiden ähnlich wie das elterliche Kronprinzenpaar. Später wohnte das Ehepaar in den Berliner Schlössern oder im Neuen Palais in Potsdam, das zu diesem Zweck modernisiert wurde.

Am 15. Juni 1888, dem sogenannten »Dreikaiserjahr«, starb nach schwerer Krankheit der Vater des Kronprinzen, Kaiser Friedrich III., der erst kurz zuvor, am 3. März 1888, den Thron bestiegen hatte. Unverzüglich ließ Wilhelm II. in einer geplanten Aktion das Neue Palais, wo Friedrich II. gestorben war, von Truppen besetzen und durchsuchen, um der Entfernung von Dokumenten nach England durch seine Mutter zuvorzukommen. Allerdings wurde nichts Bedeutendes gefunden; das ohnehin angespannte Verhältnis zwischen Mutter und Sohn durchlief den absoluten Tiefpunkt. Den Einfluß der Kaiserwitwe auf die Politik beendete diese Maßnahme sozusagen mit einem Paukenschlag.

Die Anfangszeit seiner Regierung kennzeichnet eine geradezu fieberhafte Reisetätigkeit des neuen Kaisers. Die Beziehung Wilhelms II. zum Reichskanzler von Bismarck waren von Beginn an belastet. Bismarck versuchte dem Kaiser aus dem Weg zu gehen, doch dies war nicht immer möglich. Mit der Entlassung Bismarcks im Jahre 1890, mit der sich der Kaiser nicht nur über die bestehende Reichsordnung hinwegsetzte, wollte sich Wilhelm II. für eigene Entscheidungen freimachen. Der Zerfall der von Bismarck mühsam aufgebauten Bündnispolitik begann. Die Männer, die nach der Entlassung Bismarcks an seine Stelle rückten, waren danach ausgewählt worden, ob sie dem Kaiser eine Gewähr dafür boten, selbst in die Politik eingreifen zu können. Die Umgebung Wilhelms II. sorgte für krasse Fehlinformationen des Monarchen, die um ihn immer mehr eine unrealistische Scheinwelt aufbauten.

Neben Wilhelms Bestreben, die Außenpolitik trotz offenkundiger Unfähigkeit selbst zu leiten, trug auch der überproportionale Aufbau der deutschen Flotte, die aus den kläglichen Beständen der ehemals preußischen Marine hervorgegangen war und unter Admiral v. Tirpitz zu einem enormen Machtinstrument aufgebläht wurde, zur allmählichen Belastung der Beziehungen zu England bei. Wilhelm II. gefiel sich besonders in schneidiger Marineuniform; zu seiner eigenen Verfügung ließ er sich die Luxusyacht »Hohenzollern« bauen. In diesem Zusammenhang kann der Erwerb überseeischer Kolonien nicht unerwähnt bleiben. Nur der Große Kurfürst hatte den Versuch, überseeische Gebiete zu erwerben, unternommen. Seine bescheidenen Erfolge gingen jedoch rasch wieder verloren. Es gehörte zu den Großmachtsträumen Kaiser Wilhelms II., nach englischem Vorbild über Kolonien zu verfügen. Tatsächlich hat Deutschland dann einige Gebiete in Afrika, in Ostasien und im pazifischen Raum besessen, die nach dem Ersten

Weltkrieg (vielleicht zum Glück) an die Siegermächte ausgeliefert werden mußten.

Die Reihe der ungeschickten und für das Reich schädlichen Einmischungsversuche des Kaisers in die deutsche Außenpolitik ist lang. Bereits Bismarck scheiterte daran, diese Versuche einzudämmen. Dem Deutschen Reich haben diese politischen Dissonanzen schweren Schaden zugefügt. Vor allem des Kaisers öffentliche Reden zeugen von seiner Unfähigkeit. Einige Beispiele sollen hier genannt werden: In der Abschiedsrede zur Fahrt Prinz Heinrichs nach Ostasien am 15. Dezember 1897 in Kiel äußerte er unter anderem: »*Reichsgewalt ist Seegewalt; sollte einer uns an unseren guten Rechten kränken wollen, dann fahre drein mit gepanzerter Faust.*« Am 27. Juli 1900 hielt der Kaiser die sogenannte *Hunnenrede* anläßlich der Abreise eines deutschen Expeditionskorps zur Teilnahme am Boxeraufstand in China. 1902 sprach er von einem Weltreich des deutschen Geistes, in ähnlichem Sinne äußerte er sich 1905 bei einer Ansprache in Bremen. Neben diesen verbalen Entgleisungen riefen auch viele seiner politischen Einmischungsversuche bestenfalls Kopfschütteln – vor allem im Ausland – hervor. Dazu gehören die Entsendung des Kanonenboots »Panther« (»*Panthersprung nach Agadir*«) in die Krisenzone während des Frankreich-Marokko-Konflikts und das »Burentelegramm« an Ohm Krüger im Kampf um Südafrika. Bei einem Interview, das er 1908 dem englischen »Daily Telegraph« gab, verhielt er sich so ungeschickt, daß dadurch die sogenannte Kaiserkrise in Berlin ausgelöst wurde. Wilhelm II. wurde von den Vorgängen um seine geplante Absetzung ebenso überrascht wie persönlich tief getroffen. Erstmals während seiner Regierungszeit wurde ihm hier möglicherweise klar, daß zwischen seiner Welt und der Realität ein tiefer Graben gezogen war. Vielleicht trug die Verwundung seiner Eitelkeit, die er in dieser Krise erlitt, zu seiner höchst auffälligen und unverständlichen Lethargie bei, die er während des Ersten Weltkriegs an den Tag legte.

Zwar stieg die kaiserliche Machtstellung bis zu seinem Höhepunkt im Jahr 1913, als er sein 25jähriges Regierungsjubiläum feierte, wieder an, doch schien diese Stellung auch im eigenen Land bereits hohl und ausgelaugt. Hervorgerufen durch die Ermordung des österreichischen Thronfolgerpaares in Sarajewo schlitterte Deutschland durch die Unfähigkeit der Regierung in den Ersten Weltkrieg. Die Chance, sich an die Spitze seiner Truppen zu stellen und selbst in den Krieg zu ziehen, wie es sein Großvater beispielhaft getan hatte, ließ Kaiser Wilhelm II. feige verstreichen. Nachdem der Krieg verloren war, dankte Wilhelm II. am 9. November 1918 kraftlos ab und floh am Tag darauf in einem Sonderzug nach Holland ins Exil. Sein Reich ließ er im Chaos zurück. Kaiser Wilhelm II. mangelnden guten Willen zu unterstellen, würde ihm nicht gerecht; er wollte das Beste für sein Volk, die Macht des Reichs vergrößern und den Frieden erhalten. Daß er diese Ziele nicht erreichen konnte, lag an den erwähnten charakterlichen Mängeln, die ihn an sein übersteigertes Gottesgnadentum und an romantische Vorstellungen seines kaiserlichen Daseins glauben ließen, ohne ihm Chancen einer objektiven, selbstkritischen Einschätzung einzuräumen. In der Reihe der Vorfahren des Kaisers gleicht ihm am ehesten König Friedrich Wilhelm IV., der ähnlich ungewollt Mißverständnisse provozierte und durch seine Sprunghaftigkeit und Unbeständigkeit auffiel. Befangen in der Sucht, sich ständig profilieren zu müssen, lud Wilhelm II. am Ende seiner Regierungszeit ungezähltes Leid bedenkenlos auf die Schultern seiner Untertanen und ließ sie schließlich damit allein. Die Eroberung der Niederlande durch die deutsche Wehrmacht im Zweiten Weltkrieg konfrontierte Wilhelm II. vor seinem Tod noch einmal mit deutschen Soldaten. Doch die braunen Machthaber schenkten dem alten Mann wenig Beachtung. Kaiser Wilhelm II. starb in seinem holländischen Exil am 4. Juni 1941, er wurde seinem Wunsch entsprechend im Park des Schlosses Doorn beerdigt.

Teil III

Die Könige von Hannover
1814–1866

Einleitung zu Teil III

Das Fürstenhaus der Welfen gehörte seit Beginn kontinuierlicher Geschichtsschreibung im mitteleuropäischen Raum zu den bedeutendsten Familien Europas. Westfränkische und ostfränkische Karolinger, Burgunder, Ludolfinger Sachsen, Billunger, Supplinburger, Staufer, Wittelsbacher, Habsburger, Wettiner und Hohenzollern waren mit Welfen verwandt oder verschwägert. Ursprünglich aus Bayern stammend, hatten sich Welfen auch in Schwaben und Sachsen durchgesetzt, bis sich mit Heinrich dem Löwen die größte Katastrophe des Welfenhauses vollzog. Zunächst aller Länder beraubt, konnten sie sich im Lauf der Zeit allmählich eine neuerliche, lokal begrenzte Machtbasis – auf einige Gebiete um Braunschweig beschränkt – schaffen. Darüber hinaus haben Welfen in höchsten europäischen Fürstenhäusern in Großbritannien, Italien und Rußland Kronen und andere Würden getragen.

Schließlich verzweigte sich im Verlauf der Jahrhunderte das Braunschweiger Welfenhaus in mehrere Seiten- und Nebenlinien und zersplitterte so, anders als z. B. Habsburger, Wittelsbacher oder Hohenzollern, seine neu gewonnenen Kräfte. Wie kaum eine andere große deutsche Fürstenfamilie spiegelt daher die welfische im kleinen den Zustand des Deutschen Reichs über Jahrhunderte wider und offenbart dabei alle Vor- und Nachteile, die mit dieser Zerteilung verbunden waren. Braunschweig, Wolfenbüttel, Celle, Lüneburg, das obere Wesergebiet und Hannover wurden durch den Kulturgeist, aber auch durch den Machtanspruch seiner Fürsten geprägt. Verantwortungsbewußte, geistvolle

Regierungszt.	Name	vor Regierungsantritt
1814–1820	Georg III.	Kurfürst
1820–1830	Georg IV.	Prinzregent
1830–1837	Wilhelm IV.	Herzog von Clarence
1837–1851	Ernst August I.	Herzog von Cumberland
1851–1866	Georg V.	Kronprinz

und verständnisvoll volkstümliche Fürsten wechselten mit den Versagern und Verschwendern, die besonders die Hannoveraner in England hervorgebracht haben.

Am 19. Dezember 1692 erhielt das Herzogtum Hannover unter Herzog Ernst August I. durch Kaiser Leopold I. gegen vielfachen Widerstand im Reich die neunte Kurwürde. Der Sohn dieses Kurfürsten, Georg I., wurde König von Großbritannien und begründete dort die englische Linie des Welfenhauses, das sich heute Windsor nennt. Gleichzeitig führte Georg I. aber auch durch seine Heirat mit Sophie Dorothea von Braunschweig-Celle die Häuser Braunschweig-Lüneburg, Braunschweig-Celle und Hannover zusammen. Unter dem Urenkel Georgs I., Georg III., wurde das Kurfürstentum Hannover 1807 von Napoleon aufgelöst und in das von ihm gegründete Königreich Westfalen eingegliedert. Zu dieser Zeit litt Hannover sehr, da sich die französische Besatzung dort am Kriegsgegner England schadlos halten konnte. Nach dem Sturz des französischen Kaisers 1813 befreit, wurde das Land Hannover 1814 auf dem Wiener Kongreß neu geschaffen und am 12. Oktober 1814 zum Königreich erhoben. Wie schon zuvor alle Herrscher seit Georg I. führten auch die Söhne Georgs III. das britische Königreich und das Haus Hannover in Personalunion. Diese Union erlosch nach dem Tod Wilhelms IV. (1837), als die Nichte Wilhelms IV., Viktoria, die Regierung Großbritanniens übernahm und ihr Onkel Ernst August das Königreich Hannover erhielt. Diese Trennung verlangte das Hannoveraner Recht, das Frauen nur unter ganz bestimmten Umständen, die jedoch zu diesem Zeitpunkt nicht vorlagen, zur Regierung zuließ.

Das Königreich Hannover gehörte zu den sogenannten deutschen Mittelstaaten, die durch den Gegensatz zwischen Österreich und Preu-

Bemerkungen
König v. Großbritannien 1760–1820
gleichzeitig König v. Großbritannien
gleichzeitig König v. Großbritannien
–
Hannover geht 1866 in Preußen auf

ßen hin- und hergerissen wurden und es nicht verstanden, eine eigene, dritte Kraft in Deutschland zu bilden. Durch die Teilnahme am Krieg von 1866, bei dem sich König Georg V., der Sohn König Ernst Augusts I., zusammen mit dem Deutschen Bund auf der Seite Österreichs befand (auf die er durch Bismarcks Politik gedrängt worden war), ging nach verlorenem Kampf das Land im Königreich Preußen auf. Das königliche Haus Hannover hat also von allen deutschen Königreichen die kürzeste Geschichte. Dennoch besitzt die Familie der Welfen als einziges deutsches Fürstenhaus auch heute noch eine Königskrone – in Großbritannien.

1814–1820 Georg III.

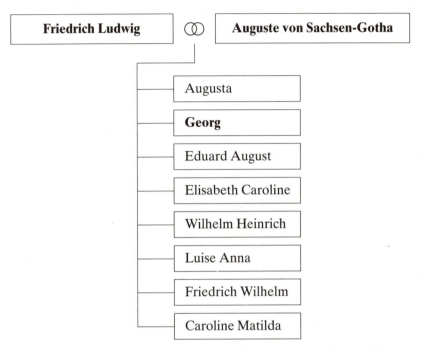

Als erster der britischen Hannoveraner Könige wurde Georg III. am 4. Juni 1738 in London geboren. Seine beiden Vorgänger auf dem britischen Thron, sein Großvater und Urgroßvater, hatten das Licht dieser Welt noch im Hannoveraner Stammland erblickt. Da der Vater Georgs 1751 starb, als der Prinz erst 13 Jahre alt war, prägte ihn weitgehend der Einfluß der Mutter. Die britische Erziehung des Prinzen leiteten Graf Bolingbroke und Lord Bute. Die Bildung Georgs umfaßte wissenschaftliche, allgemeinbildende und musische Fächer, darüber hinaus übte er verschiedene Sportarten erfolgreich aus. Die Regierungszeit Georgs III. in Großbritannien und wegen der britisch-hannoverschen Personalunion damit auch im Kurfürstentum Hannover begann am 25. Oktober 1760, als sein Großvater Georg II. überraschend an einem Herzanfall starb. Von allen welfischen Herrschern auf dem britischen Thron war Georg III. der einzige, der beim Volk Ansehen und zeitweise auch Beliebtheit genoß.
Anders als seine Vorgänger, die sich ihrem Hannoveraner Stammland verbunden und verpflichtet fühlten, dachte und handelte König

Georg III. ausschließlich britisch. Sein deutsches Herkunftsland, das unter ihm zum Königreich aufstieg, hat er nie gesehen. Georg III. darf man also als den ersten Engländer des Welfenhauses ansehen. Aber der König war auch in anderer Hinsicht in der Reihe Hannoveraner Herrscher in Großbritannien eine positive Ausnahme.

Während seine Vorgänger und Nachfolger durch ihre Miß- und Mätressenwirtschaft überwiegend negative Kritiken herausforderten, war Georg III. beständig, treu, bieder, gutmütig, wahrheitsliebend und von durch und durch anständig ehrenhaftem Charakter. Dabei schien seine überaus glückliche und harmonische Ehe mit Charlotte von Mecklenburg-Strelitz, als rein politische Zweckehe gedacht, von vornherein gar nicht begünstigt. Doch die charakterfeste, willensstarke, eher unattraktive, zierliche Prinzessin verstand es, ihren Ehemann an sich zu binden. Die Hochzeit hatte 1761 stattgefunden, insgesamt bekam das Paar nicht weniger als 15 Kinder.

König Georgs III. Amtszeit war sowohl in Großbritannien als auch im Kurfürstentum Hannover durch manche Schwierigkeit belastet. Der König zeichnete sich dabei nicht gerade durch überragende intelligente Lösungen aus, aber er stellte sich den Problemen, wich nicht aus und bemühte sich engagiert. Während er für Großbritannien den Verlust der britischen Kolonien in Nordamerika hinnehmen, den Wandel des Agrarlands England zu den Anfängen eines Industriestaates erleben, die Weiterentwicklung des politischen Parteiensystems dulden und den Kampf gegen das napoleonische Frankreich führen mußte, ging in der Zeit von 1803 bis 1813 sein deutsches Stammland, das Kurfürstentum Hannover, an Frankreich verloren. 1807 ließ Napoleon das Kurfürstentum dem von ihm gegründeten Königreich Westfalen zuschlagen. Nach der Befreiung von Frankreich wurde Hannover 1814 auf dem Wiener Kongreß neu geschaffen und am 12. Oktober 1814 zum Königreich erhoben.

Zu diesem Zeitpunkt sollte die Geschichte im hier zu schildernden Rahmen beginnen, doch 1814 war König Georg III. nur noch nominell ein Herrscher. Eine langjährige Erkrankung, die erstmals 1788 erkennbar geworden war, hatte dazu geführt, daß ab 1810 sein Sohn Georg (IV.) die Regierungsgeschäfte als Prinzregent übernehmen mußte. Georg III. litt an Porphyrie (Vergiftung des Nervensystems durch Überproduktion roter Blutpigmente), einer seltenen Krankheit, die als Geisteskrankheit galt und mit den damaligen Mitteln nicht heilbar war. König Georg III. war zwar der erste König Hannovers, doch hat er durch seine Krankheit die Regierung des Landes nicht ausüben können. In England wegen seiner Ehrlichkeit, seiner untadeligen Moral und seiner bürgernahen Gutmütigkeit in der Bevölkerung geachtet, starb Georg III. am 29. Januar 1820 im Alter von 81 Jahren völlig erblindet, in offenbarer geistiger Umnachtung auf Schloß Windsor, wo man ihm eine Wohnung eingerichtet hatte.

1820–1830 Georg IV.

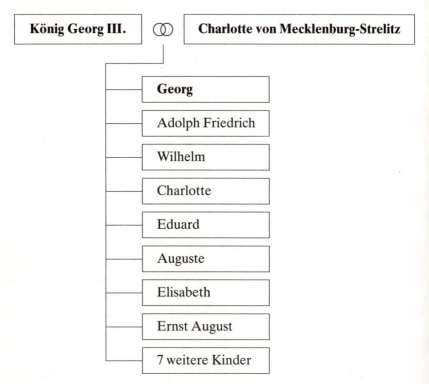

Der älteste Sohn König Georgs III. und Charlottes von Mecklenburg-Strelitz wurde am 12. August 1762 in London geboren. Obwohl der Prinz eine strenge, umfassende britische Erziehung und Ausbildung erhielt und aus einer intakten Ehe stammte, was im welfischen Königshaus als Ausnahme galt, wurde Georg IV. von allen Hannoveraner-Königen Großbritanniens der übelste.

Schon als Prinz von Wales machte er sich einen recht negativen Namen. Seine Vorliebe für alkoholische Getränke, Festgelage und Orgien ruinierten frühzeitig sein Ansehen, zerstörten seine Figur und die Reste positiver Charakterzüge nachhaltig. Seine Affären lieferten über längere Zeiträume den Stoff für die Londoner Stadtgespräche und spielten sich meist unter dem Niveau dessen ab, was für das Zeitalter noch als statthaft gelten konnte. Eine dieser Frauengeschichten, mit einer Maria Fitzherbert, mündete in einer »heimlichen Ehe«, die jedoch für ungültig erklärt wurde, weil nach einem britischen Gesetz von 1772

Mitglieder der königlichen Familie unter 25 Jahren nur mit der Erlaubnis des Königs heiraten durften. Aber auch diese Verbindung hinderte Prinz Georg nicht, in weitere Abenteuer hineinzuschlittern. Trotz der anhaltenden amourösen Beziehungen stimmte er einer Verheiratung mit seiner Cousine Karoline von Braunschweig zu. Dies machte das britische Parlament zur Bedingung, um die enormen Schulden des Prinzen zu decken. Die Hochzeit fand im April 1795 statt. Aus dieser Ehe ist lediglich eine Tochter, Charlotte, hervorgegangen, die 1817 im Alter von nur 21 Jahren starb. Die Ehe Georgs mit Karoline von Braunschweig endete nach kürzester Zeit in einer absoluten Katastrophe, wobei sich beide Partner gegenseitig nichts vorzuwerfen hatten. Kurz nach der Geburt der Tochter im Jahr 1796 trennten sich die Wege der Eheleute. Während der Prinz sein zügelloser Lotterleben in London schamlos fortsetzte, reiste seine Gemahlin in Begleitung eines Kammerherrn (!) durch ganz Europa. Die Ehe endete 1821, als Karoline starb, nachdem sie durch ihr überraschendes Erscheinen bei den Krönungsfeierlichkeiten ihres Mannes für einen außerordentlichen Eklat gesorgt hatte. Das Tauziehen um die Scheidung hatte somit ein Ende.

Neben seinem ausschweifenden Leben förderte Prinz Georg als Kronprinz auch das Gerücht der angeblichen Geisteskrankheit seines Vaters. Diese Mutmaßungen führten 1811 dazu, daß Georg als Prinzregent für König Georg III. eingesetzt wurde. Doch auch durch die Übernahme dieser verantwortungsvollen Aufgabe trat in der Lebenshaltung Georgs keinerlei Besserung ein. Zwar vollzog er bei Beginn seiner Regentschaft einen politischen Gesinnungswechsel von der Partei der »Whigs« zu den von seinem Vater bevorzugten »Tories«, womit er sich die Zuarbeit der königstreuen Minister sicherte, doch insgesamt gesehen schadete er mit dieser Aktion seinem angekratzten Image noch mehr.

Nur in einer Hinsicht kann auch über diesen unrühmlichen Vertreter des Hannoveraner Königshauses in Großbritannien etwas Positives gesagt werden. Er hatte einen anerkannt guten Geschmack, den er besonders in die Gestaltung von ihm geplanter Bauvorhaben und deren Einrichtungen einfließen ließ. Aber auch diese Seite seiner Persönlichkeit wurde überschattet von seiner Prunk- und Zeremoniesucht, hinter der er die Mängel seiner politischen Erscheinung zu verdecken suchte. Dies galt trotz der in Großbritannien bereits eingeführten konstitutionellen Monarchie (Bill of Rights, 1689), die dem Monarchen ohnehin nur begrenzte Einflußnahme in die politischen Entscheidungen ermöglichte.

Am 29. Januar 1820 starb König Georg III., und der Kronprinz bestieg als Georg IV. in pompös angelegten Feierlichkeiten den britischen Königsthron. Gleichzeitig übernahm er damit auch die Krone des Königreichs Hannover, das er im Jahr darauf zum ersten- und zum einzigenmal besuchte. Hier wurde er von der Bevölkerung nach 66 Jahren Abwesenheit eines nominellen Herrschers jubelnd begrüßt. Doch obwohl der König so begeistert empfangen wurde, tat er nichts, um die hoffnungsvollen Erwartungen seiner deutschen Untertanen zu erfüllen. Fortschrittliche Neuerungen blieben aus, und liberale Angehörige der Hannoveraner Regierung wurden durch reaktionäre ersetzt. Die Bestrebungen aus dem Bürger- und Bauernstand zu mehr demokratischer Beteiligung an den Machtstrukturen des Landes fanden nur taube Ohren. Ausgerechnet dieser sittenlose Fürst wurde als Prinzregent Vormund des Braunschweiger Thronfolgers in der welfischen deutschen Verwandtschaft.

In Großbritannien blieb König Georg IV. in den zehn Jahren seiner Regierung dem Ruf gerecht, den er sich als Kronprinz und Prinzregent erworben hatte. Ohne Engagement für sein Amt, von Faulheit und Unzuverlässigkeit geprägt, ergab er sich umgeben von Schmeichlern und Günstlingen seinem unmoralischen Lebenswandel und zog sich allmählich auch noch, die geringsten Amtspflichten vernachlässigend, aus dem gesamten öffentlichen Leben zurück. Als er am 26. Juni 1830 in Windsor starb, weinte niemand eine Träne um ihn.

1830–1837 Wilhelm IV.

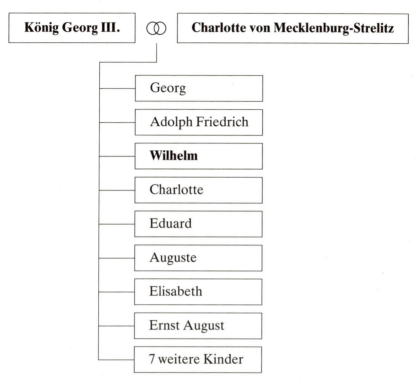

Prinz Wilhelm (William), der Bruder des späteren Königs Georg IV., wurde am 21. August 1765 in London geboren. Er wuchs im eher bürgerlichen Lebensstil, den sein Vater pflegte, mit seinen Geschwistern in Dutch House, Kew Gardens, auf. Seine britische Erziehung und Ausbildung bereitete ihn keinesfalls auf sein späteres Amt vor. Es mag sein, daß der Vater keine großen Talente in diesem Sohn erkannte. Mit 14 mußte Wilhelm als Offiziersanwärter in die britische Marine eintreten. Obwohl sich seine Vorgesetzten zufrieden über ihn äußerten, ließ der Vater ihn erst mit 20 Jahren zum Lieutenant befördern. Nach der Beendigung dieses Lebensabschnitts führte Wilhelm, zum Herzog von Clarence ernannt, ein sorgloses Leben, das er durch seine zahlreichen amourösen Affären abwechslungsreich gestaltete.

Im Gegensatz zu seinem Bruder Georg blieb »Billy« ein gutmütiger und unkomplizierter Mensch, der nur in seinen Frauengeschichten dem sittenlosen Bruder glich. Letztlich pflegte Wilhelm eine längere Beziehung zu der Schauspielerin Jordan, die zehn Kinder (!) von ihm bekam, die den Namen Fitzclarence erhielten. Wegen der Unauffälligkeit seiner Aufgaben, die ihm vom Vater und später auch von seinem Bruder übertragen wurden, konnte sich Wilhelm relativ unbehelligt seinen Neigungen hingeben und stand zudem nicht so sehr in der öffentlichen Kritik wie der Thronfolger.

Nach dem Tod seiner Nichte Charlotte, der einzigen Tochter seines Bruders Georg, die zu diesem Zeitpunkt die einzige Thronanwärterin der nachfolgenden welfischen Generation in England gewesen war, mußten sich der Prinz und seine Brüder um eine rasche standesgemäße Verheiratung bemühen. Wilhelm fand in Adelaide von Sachsen-Meiningen eine entsprechende Partnerin, mit der er wider Erwarten eine glückliche Ehe führte. Die Hochzeit fand noch 1817 statt. Da die Prinzessin keine lebensfähigen Kinder bekam, fiel die englische Krone im Jahr 1837 an ein 18jähriges Mädchen, die einzige Tochter des Herzogs von Kent, Victoria. Da Hannover keine weibliche Erbfolge kannte, war Wilhelm IV. daher der fünfte und letzte englische König, der in Personalunion über England *und* Hannover herrschte. Mit ihm endete diese einmalige Erscheinung, die für das norddeutsche Fürstentum eigentlich nur auf militärischem und kulturellem Gebiet Vorteile gebracht hatte. Verbesserungen auf dem Gebiet der Wirtschaft, vor allem eine durch Großbritannien geförderte Teilhabe am britischen Aufschwung im 18. und 19. Jahrhundert, blieben ebenso aus wie die Umsetzung der politischen Liberalisierung auf den britischen Inseln im deutschen Stammland der Hannoveraner Fürsten.

Als König Georg IV. am 26. Juni starb, übernahm Wilhelm IV. im Alter von 64 Jahren das Amt eines britischen Königs mit naiver Freude darüber, daß er seinen Bruder überlebt und nun doch noch eine höchst verantwortliche Aufgabe erhalten hatte. Obwohl er von seinen Anlagen her nicht gerade begünstigt war, wurde er ein besserer Herrscher auf dem britischen Thron, als es sein Vorgänger König Georg IV. gewesen war, womit unter Berücksichtigung der engen geistigen Grenzen, die Wilhelm IV. gesetzt waren, die Mängel seines Vorgängers indirekt nochmals deutlich werden.

Die wichtigste Leistung in der Amtszeit König Wilhelms IV. war die Anerkennung der parlamentarischen Reform von 1832, mit der er die Rechte der britischen Krone stark einschränkte, aber diese vermutlich für seine Familie rettete. Um das Königreich Hannover kümmerte sich Wilhelm nur am Rande. Dort wurde die Regierung durch seinen Bruder

Friedrich, Herzog von Cambridge, als Vizekönig ausgeübt. Dieser führte 1833 die längst fällige Befreiung der Bauern von der Fron und Leibeigenschaft durch und entschädigte die adeligen Grundbesitzer durch Geld (im Gegensatz zu Preußen, wo der Adel durch Land entschädigt worden war). Im gleichen Jahr wurden mit dem Staatsgrundgesetz erstmals auch in Hannover dem Bürger- und Bauernstand politische Rechte eingeräumt.

Nach den zügellosen Zeiten König Georgs IV. verbreitete König Wilhelm IV. mit seiner Gemahlin Adelaide wieder etwas von der familiären Atmosphäre, wie sie zu Zeiten seines Vaters König Georg III. üblich gewesen war. Doch auch Wilhelm IV. besaß cholerische Züge, die befürchten ließen, daß auch er möglicherweise eines Tages dem Wahnsinn verfallen könne. Mit der verwitweten Herzogin von Kent, der Mutter der Thronfolgerin Victoria, war der König aus unerfindlichen Gründen bitter verfeindet.

Von der Mehrzahl seiner britischen Untertanen geachtet und anerkannt, starb König Wilhelm IV., wie er es sich gewünscht hatte, erst zwei Tage nach dem Jahrestag der Schlacht von Waterloo am 20. Juni 1837 in Windsor.

1837–1851 Ernst August I.

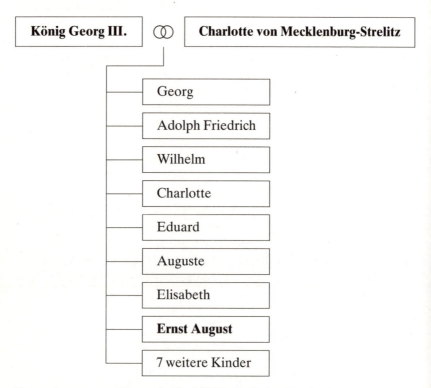

Ernst August wurde am 5. Juni 1771 als Sohn König Georgs III. und Charlottes von Mecklenburg-Strelitz in London geboren, wo der Vater als König von Großbritannien residierte. Der Prinz wurde englisch erzogen und beherrschte, obwohl er von 1786 bis 1791 in Göttingen studierte, die deutsche Sprache nur unvollkommen. 1790 avancierte Ernst August im hannoverschen Militär zum Rittmeister und nahm von 1793 bis 1795 als Oberst bzw. als General am 1. Koalitionskrieg gegen Frankreich teil, wobei er mehrfach für seine außerordentliche Tapferkeit und seinen bis an Tollkühnheit grenzenden Mut Auszeichnungen erhielt. Er erlitt Verwundungen und verlor im Kampf sein rechtes Auge.
1796 kehrte er nach London zurück, wo er 1798 zum Generalleutnant der hannoverschen Armee befördert wurde. Wie in Deutschland, so war Ernst August auch in England ausgesprochen unbeliebt. 1799 erhielt er dort den Titel eines Herzogs von Cumberland und besaß Sitz

und Stimme im britischen Oberhaus, wo er der Partei der Tories angehörte und zu einem ihrer Leiter aufstieg. Immer mehr mischte sich Ernst August in die innenpolitischen Angelegenheiten Großbritanniens ein und schuf sich durch seine starr konservative Haltung eine ansehnliche Gegnerschaft; ob allerdings der auf ihn verübte Mordanschlag im Jahre 1810 durch den Kammerdiener Sellis damit begründet werden kann, konnte nie geklärt werden. Ernst August trug durch diesen Anschlag eine tiefe, entstellende Säbelhiebnarbe am Kopf davon. 1813 wurde er zum britischen Feldmarschall ernannt, durfte aber an den Befreiungskriegen gegen Frankreich nicht aktiv teilnehmen. Dennoch nahm er am 4. November 1813 das Land Hannover für seinen Vater Georg III. in den Familienbesitz zurück und wurde bei diesem Anlaß von der Hannoveraner Bevölkerung begeistert begrüßt.
Am 29. Mai 1815 heiratete Ernst August seine um sieben Jahre jüngere Cousine, die schöne und lebenslustige Friederike von Mecklenburg-Strelitz, die jüngste Schwester der Königin Luise. Friederike war bei der Hochzeit bereits 36 Jahre alt und schon zweimal verheiratet gewesen. Aus beiden Ehen brachte sie mehrere Kinder mit in die Verbindung. Obwohl die Prinzessin nicht den besten Ruf genoß, wurde die Ehe des Paares ausgesprochen glücklich, wobei es Friederike gut verstand, die schroffe, militärische Haltung ihres Mannes abzumildern und in günstiger Weise zu beeinflussen. Allerdings verbarg Ernst August unter einer rauhen äußerlichen Schale weiche Züge, die in seiner Wohltätigkeit und seiner innigen Verbundenheit mit den Schicksalen seiner Freunde und engen Vertrauten zum Ausdruck kamen.
Sein Schwager, König Friedrich Wilhelm III. von Preußen, holte Ernst August 1819 nach Berlin und stellte ihn als General in das preußische Militär ein, in dem er bis 1828 diente. Nachdem Ernst August aus Berlin nach England zurückgekehrt war, wandte er sich erneut seinen innenpolitischen Ambitionen in England zu, wodurch sich das Maß seiner Unbeliebtheit noch steigerte. Schließlich wurde er, als sein Bruder Wilhelm IV. 1837 gestorben war, als König von Hannover nach Deutschland zurückgesandt, wo er bis 1851 die Regierung des Landes ausübte: Seine Nichte Victoria, die 1837 Königin von England wurde, durfte nach gültigem hannoverschen Recht, das Frauen nur unter ganz bestimmten Bedingungen zur Regierung zuließ, nicht gleichzeitig Königin von Hannover werden.
Damit endete die Personalunion in der Führung des britischen Königshauses und des Fürstentums Hannovers, die von 1714 bis 1837 bestan-

den hatte. Für Hannover hatte die Union wenige Vorteile gebracht und sich spürbar nur auf die Kultur und das Militär ausgerichtet. Am 25. Juni 1837 verließ der Bruder Ernst Augusts, Herzog Adolph Friedrich von Cambridge, der als Vizekönig das Land regiert hatte, Hannover. Drei Tage später zog König Ernst August I. in die Stadt ein.
In seiner Politik verfolgte Ernst August I. als König einen absolutistischen, konservativen Kurs, stützte den Adel und bekämpfte jede demokratische Regung hin zum modernen Staatswesen. Gleich nach seinem Regierungsantritt ließ er sieben bedeutende Göttinger Professoren, darunter die Gebrüder Grimm, Dahlmann und Gervinius, ihrer Ämter entheben und des Landes verweisen, weil sie es gewagt hatten, gegen die Aufhebung des 1833 eingeführten Staatsgrundgesetzes zu protestieren. Jedoch schon 1840 ließ der König ein neues Grundgesetz verkünden.
Verdienste erwarb sich Ernst August I. bei der Reform des Hannoveraner Militärs. Er gestaltete die Führung und Organisation nach preußischem Vorbild, das ihm aus seiner Dienstzeit in Berlin bestens bekannt war, und ließ die körperliche Züchtigung von Soldaten verbieten. Gegen die zunehmende Verstimmung der Bevölkerung und auch als Reaktion auf die Bestrebungen des Revolutionsjahrs 1848 berief der König den Rechtswissenschaftler Stüve zum Innenminister, der am Grundgesetz von 1833 mitgearbeitet hatte und als beliebter und geachteter Mann aus dem Volk mit konservativer Haltung für zeitweise Beruhigung sorgte. Stüwe überarbeitete die Hannoveraner Verfassung und versuchte, die Verwaltung des Landes der direkten Einflußnahme des Königs zu entziehen.
1849 schloß sich Ernst August I. nach kurzer Hinwendung zu Preußen Österreich an, ein verhängnisvoller Schritt, wie sich später herausstellte. Die Reichsverfassung von 1849 lehnte der König ab. Dem Deutschen Zollverein trat er erst im Jahr 1851, drei Monate vor seinem Tod, bei und schaffte damit noch die Voraussetzung für die Entwicklung der Großindustrie in Hannover und Linden.
König Ernst August I. war der erste König Hannovers, der als königlicher Souverän dem Land ausschließlich vorgestanden hat und als tapferer Soldat und standhaft überzeugter, konservativer Politiker und Herrscher in die Landesgeschichte eingegangen ist. Erst in seinen letzten Regierungsjahren konnte er die Zuneigung seiner Untertanen gewinnen, zu extrem war er seiner Haltung, die längst überholt war, verhaftet geblieben. In der Weiterentwicklung der Agrarreform im

Königreich Hannover erwarb er sich größere Verdienste. Streng genommen war Ernst August I. der erste »echte« König in Hannover, da seine Vorgänger alle zusätzlich die ungleich höherwertige britische Krone getragen hatten. König Ernst August I. starb am 18. November 1851 in Hannover und wurde am 26. November zusammen mit seiner Gemahlin Friederike, die bereits am 29. Juni 1841 gestorben und zunächst in der Gruft des Leineschlosses bestattet worden war, in dem von Laves geschaffenen Mausoleum im Herrenhausener Berggarten beerdigt. Zehn Jahre später ließ sein Sohn das eindrucksvolle Denkmal des Königs, das heute noch den Bahnhofsvorplatz in Hannover ziert, enthüllen.

1851–1866 Georg V.

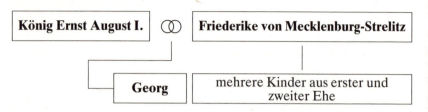

Der letzte König des Königreichs Hannover war der einzige, der in Deutschland geboren worden war. Er erblickte das Licht dieser Welt am 27. Mai 1819 im preußischen Berlin, wo der Vater Ernst August als General in der preußischen Armee diente. Diese Position war dem britischen Königssohn von seinem Schwager, dem König Friedrich Wilhelm III., angetragen worden. Prinz Georg wuchs bis 1828 in Berlin auf. Danach kehrte die Familie zunächst nach England zurück. Bereits als Kleinkind verlor Georg durch eine Krankheit die Sehkraft des linken Auges. 1833, im Alter von 14 Jahren, erblindete der Prinz völlig. Als er bei einem Unfall sein rechtes Auge verletzte, wurde eine Operation notwendig, bei der der Prinz entweder wegen einer Ungeschicklichkeit des Operateurs oder durch eine heftige Bewegung des Jungen (eine Betäubung war noch nicht möglich) auch die Sehkraft des rechten Auges verlor. Trotz seiner Blindheit erhielt Georg eine hervorragende Ausbildung, allerdings war er ein besonders begabter Mensch und hochintelligent. Durch seine Sehbehinderung wurde sein Gehör geschärft, was er sich unter anderem in der Musik zunutze machte. Am 18. Februar 1843 heiratete er Marie von Sachsen-Altenberg; aus der glücklichen Ehe gingen ein Sohn, der Erbprinz Ernst August, und zwei Töchter hervor. Georg hatte seine spätere Frau durch das Arrangement seines Vaters auf der Insel Norderney kennen- und schließlich liebengelernt.

Am 18. November 1851 trat Georg trotz seines Handicaps die Nachfolge seines Vaters im Königreich Hannover an. König Georg V. war ein begabter, intelligenter, zuletzt beliebter, leutseliger und gemäßigter Fürst. In der Innenpolitik setzte er zunächst die zuletzt gemäßigte politische Richtung seines Vaters fort, um aber ab 1855 zu einer reaktionären Politik zurückzukehren, indem er die seit 1848 eingeführten Beschränkungen der Ritterschaft zu deren Gunsten wieder aufhob. 1862 ließ der König nach einem Regierungswechsel wieder ein liberales

Ministerkollegium vereidigen. Besonders als Förderer der Kunst und der Musik trat Georg V. hervor, dabei leistete er als Komponist Beachtliches. Bedingt durch seine Blindheit wirkte der König oft mystisch im Gottesgnadentum verklärt. Darüber hinaus handelte er oft verunsichert und widersprüchlich, wodurch er eine große Anzahl hoher Beamter verschliß.
Im Gegensatz zu seinem Vater, der bis 1848 ein Anhänger Preußens gewesen war, tendierte König Georg V. nach Österreich, ohne sich jedoch vertraglich zu binden. Er bemühte sich, eine neutrale Stellung zwischen den beiden starken Kräften Österreich und Preußen einzunehmen. Doch bei allen politischen Aktivitäten, die von Österreich in Deutschland ausgingen, mußte sich Hannover wegen der geographischen Nähe den preußischen Entscheidungen anschließen. Im Deutsch-Dänischen Krieg von 1863/64 nahm Hannover zwar als Partner seines großen Nachbarn teil, doch kam es schon hier zwischen preußischen und hannoverschen Truppen zu Zwischenfällen. Als die Konfrontation zwischen Preußen und Österreich immer akuter wurde, bemühte sich das Königreich Hannover verzweifelt um die Wahrung seiner Existenz. Ein preußisches Ultimatum am 15. Juni 1866 preßte Georg V. jedoch zur Entscheidung. Einen Tag später versuchte eine Delegation der Stadt Hannover, den König zur unbewaffneten Neutralität im bevorstehenden Konflikt zwischen Preußen und Österreich zu bewegen. Doch Georg hielt an seinem Entschluß fest und begab sich zu seinen Truppen nach Göttingen. Bereits am 17. Juni 1866 besetzte preußisches Militär die Stadt Hannover. Der König glaubte das preußische Bündnis aus Gewissensgründen nicht eingehen zu können und mußte sich vor der militärischen Überlegenheit des preußischen Militärs an der Spitze seiner Truppen nach Süden aus dem Land zurückziehen, um den Anschluß an die Bayern zu finden. Bei Langensalza besiegten die Hannoveraner am 27. Juni 1866 eine kleinere preußische Armeeinheit. Doch ohne Munition und Unterstützung, von allen Seiten eingekreist, mußte das kleine hannoversche Heer am 29. Juni 1866 kapitulieren. König Georg V. floh nach Wien ins Exil. Zwei preußische Gesetze vom 20. September und vom 3. Oktober 1866 beendeten die Existenz des Königreichs Hannover, das nun als Brücke zwischen den westlichen und östlichen Teilen eine willkommene Vergrößerung des Königreichs Preußen bildete.
Erst in der Emigration gelangte König Georg V. zu Anerkennung und Ansehen, das er sich durch seine königliche Haltung und seine starke

Fassung erwarb. Sein tragisches Schicksal, das er mit Würde zu ertragen wußte, brachte ihm in der Bevölkerung und über die Grenzen Hannovers hinaus ehrfurchtsvolles Andenken. Georg V. lebte seit seiner Vertreibung aus Hannover überwiegend in Gmunden in Österreich, aber auch in Wien und in Paris, wo er am 12. Juni 1878 starb.

Selbst die sterbliche Hülle des letzten Hannoveraner Königs durfte nicht ins Land zurückkehren. Königin Victoria, seine Cousine, schenkte ihm die letzte Ruhestätte in der Kapelle des Schlosses Windsor.

Teil IV

Die kursächsischen Könige
1806–1918

Einleitung zu Teil IV

Das Fürstenhaus der Wettiner hatte sich als uraltes Adelsgeschlecht an der östlichen deutschen Reichsgrenze gegenüber den Slawen behauptet und im Verlauf des Mittelalters zäh um die Erweiterung ihres Landbesitzes in Sachsen und Thüringen bemüht. Nach dem Aussterben der Askanier wurde 1423 der Wettiner Friedrich der Streitbare durch Kaiser Sigismund I. mit der frei gewordenen Kurstimme belehnt und damit zum Kurfürsten des Deutschen Reichs erhoben. Doch schon 1485 erfolgte die bedeutungsschwere Aufteilung des wettinischen Landbesitzes auf die Thüringer Ernestinische und die sächsische Albertinische Linie des Hauses. Zunächst besaßen die Ernestiner die Kurstimme, nach dem Schmalkaldischen Krieg ging diese Würde allerdings auf die Albertiner über. Die Trennung des Wettiner Fürstenhauses in die beiden großen Linien brachte einen nicht wiedergutzumachenden Bruch im Aufstreben dieses Adelshauses, mit dem die Chance einer erfolgreichen Weiterentwicklung zu einem starken Südostterritorium im Deutschen Reich unwiederbringlich verlorenging.

Kursachsen verblieb fortan im Rahmen provinzieller Kleinstaatlichkeit, wenn auch mit August dem Starken und dessen Sohn zwei Wettiner Fürsten die polnische Königskrone trugen und Dresden zeitweise zu einer glänzenden Metropole aufstieg. Allerdings störte der große Nachbar Sachsens im Norden, Preußen, die gedeihliche Entwick-

Regierungszt.	Name	vor Regierungsantritt
1806–1827	Friedrich August I.	Kurfürst
1827–1836	Anton I.	Prinz
1836–1854	Friedrich August II.	Prinz
1854–1873	Johann I.	Prinz
1873–1902	Albert I.	Kronprinz
1902–1904	Georg I.	Prinz
1904–1918	Friedrich August III.	Kronprinz

lung des Landes immer wieder nachhaltig. Aber auch die Ernestinische Linie der Wettiner trug Königskronen, in Belgien, Portugal und in Bulgarien. Darüber hinaus drang dieser Zweig der Familie durch die Heirat des Prinzen Albert von Sachsen-Coburg und Gotha mit Victoria von England (Hannover) in das britische Königshaus ein.
Durch den Anschluß an Frankreich konnte der Kurfürst Friedrich August III. im Jahr 1806 sein Land mit Zustimmung Napoleons (!) zum Königreich Sachsen erheben und sich seitdem König Friedrich August I. nennen. Auf dem Wiener Kongreß gelang es Friedrich August I. zwar, sein Königsreich zu erhalten, doch ging Sachsen aus den Verhandlungen deutlich verkleinert hervor. In den unruhigen Zeiten des 19. Jahrhunderts regten sich auch im Königreich Sachsen Stimmen, die die Verbesserung der Lebensgrundlagen des Volks verlangten und die deutsche Vereinigung forderten. Im Mai 1849 kam es daher in Dresden zur Revolution, die von sächsischen und zu Hilfe gerufenen preußischen Truppen blutig niedergeworfen wurde. Der Krieg von 1866 sah Sachsen auf der Seite Habsburg-Österreichs. Das Land, als unmittelbarer Nachbar Preußens daher im Verlauf des Kriegs rasch von preußischen Truppen besetzt, mußte nach der Niederlage von Königgrätz kapitulieren. Im Frieden von Nikolsburg blieb Sachsen als Königreich erhalten, mußte aber durch die aufgezwungene Mitgliedschaft im Norddeutschen Bund weitgehend auf souveräne Rechte verzichten, dies gilt natürlich noch vermehrt für die Zeit nach der deutschen Reichsgründung von 1871. Begünstigt durch die aufstrebende industrielle Entwicklung im Königreich Sachsen entstand hier in der Zeit

Bemerkungen
Kurfürst seit 1763, der »Gerechte«
Bruder Friedrich Augusts II., der »Gütige«
–
Bruder Friedrich Augusts II.
–
Bruder Alberts I.
am 13. 11. 1918 abgedankt

zwischen 1871 und 1918 eine stark sozialistisch geprägte Gesellschaftsstruktur (»Rotes Königreich«), ohne allerdings dabei das sächsische Königtum in Zweifel zu ziehen. Unter dem Druck der Kriegsereignisse des Ersten Weltkriegs und dessen Auswirkungen kam es am 8. November 1918 in Sachsen zur Revolution. Arbeiter- und Soldatenräte übernahmen die Herrschaft. Zwei Tage später wurde in Dresden die Republik ausgerufen, worauf König Friedrich August III. am 13. November 1918 resigniert abdankte.

1806–1827 Friedrich August I. (III.)

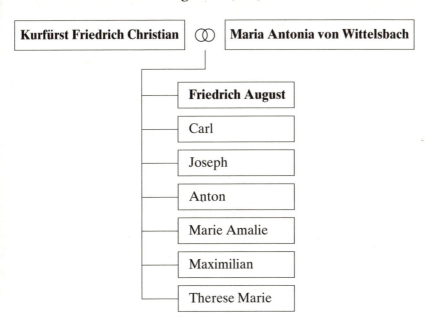

Friedrich August wurde am 23. Dezember 1750 als erster Sohn des späteren Kurfürsten Friedrich Christian von Sachsen und Maria Antonias von Wittelsbach, einer Tochter Kaiser Karls VII., in Dresden geboren. Friedrich August erhielt eine sehr gute Ausbildung. Er sprach fließend Latein, Französisch, Italienisch, Polnisch und natürlich auch Deutsch. Darüber hinaus beherrschte er das Klavierspiel meisterlich. Sein besonderes Hobby aber war bis an sein Lebensende die Botanik. Der Prinz besaß einen hellen Verstand, eine sichere Urteilskraft und einen ausgeprägten Gerechtigkeitssinn. Die Ausbildung des Prinzen wurde vom Oberhofmeister von Forell (einem Schweizer Freiherrn) geleitet.

Bereits mit 13 Jahren (1763) mußte der junge Prinz die Nachfolge seines Vaters als Kurfürst von Sachsen antreten, allerdings tat er dies bis 1768 unter der Vormundschaft seines Onkels Prinz Xaver. Unter der Obhut verschiedener Erzieher wuchs Friedrich August in Dresden auf, wobei er zwischen Einflüssen seines konservativen Onkels und seiner modern denkenden intelligenten Mutter stand. Da Prinzregent Xaver frühzeitig auf seine Herrschaft verzichtete, übernahm Friedrich August bereits 1769 mit 19 Jahren die Landesregierung. Im gleichen Jahr heiratete er die 17jährige Prinzessin Amalie von Pfalz-Zweibrücken. Aus der glücklichen Ehe ging nur eine Tochter hervor.

Nach seinem Regierungsantritt gelang dem jungen Kurfürsten zunächst ein wirtschaftlicher Erfolg mit der Beseitigung der noch vorhandenen Schäden, die der Siebenjährige Krieg verursacht hatte. Dabei stützte Friedrich August die bürgerlichen Initiativen und hielt sich selbst in seiner Verwaltung und beim Militär sparsam zurück. Die Beteiligung an Kriegen war nicht sein Anliegen, doch wurde er im Verlauf seiner Regierungszeit immer wieder dazu gezwungen. Das Angebot zur Übernahme der polnischen Krone, die zwei seiner Vorgänger getragen hatten, schlug er aus. Seine Hofhaltung spiegelte seinen starren Katholizismus, aber auch die gepflegte zeitgemäße Kultur wider. In der Strafrechtsreform von 1770 schaffte der Kurfürst die Folter, die Landesausweisung sowie die Todesstrafe bei bestimmten Eigentumsdelikten ab. Die Niederwerfung des sächsischen Bauernaufstands von 1790 tat der Popularität des Kurfürsten keinen Abbruch.

Bei den Auseinandersetzungen im Zusammenhang mit der Französischen Revolution nahm Sachsen zunächst auf der Seite Österreichs und Preußens bis 1799 an den Koalitionskriegen gegen Frankreich teil, und auch in der Schlacht von Jena und Auerstedt standen sächsische Truppen an preußischer Seite, wozu sich der Kurfürst allerdings mehr gepreßt fühlte, als daß er sich freiwillig dazu entschieden hätte. Danach suchte Friedrich August aus reinem Selbsterhaltungstrieb rasch die Annäherung an Napoleon. Am 11. Dezember 1806 ernannte sich Kurfürst Friedrich August III. von Sachsen mit der Zustimmung Napoleons zum König und erhob Sachsen damit zum Königreich. Er selbst nannte sich nun König Friedrich August I. Das Land trat dem Rheinbund bei und wurde damit Frankreichs Verbündeter. Im Zug der Befreiungskriege geriet der König in Leipzig in preußische Gefangenschaft und kehrte erst nach dem Wiener Frieden am 7. Juni 1815 in sein stark verkleinertes Königreich zurück. Danach beteiligte sich Sachsen an der endgültigen Niederwerfung Napoleons (1815).

In den letzten zwölf Jahren seiner langen Regierungszeit widmete sich König Friedrich August I. in seinem unverdrossenen Stil dem Landesaufbau und erwarb sich in diesen Bemühungen anerkannte Verdienste. Sachsen hatte in der Zeit von 1806 bis 1815 besonders stark unter den Ereignissen dieser Zeit gelitten. Das Eindringen und der Durchzug zahlloser ausländischer Truppen (allein in den Jahren 1813 und 1814 wurden in Dresden insgesamt 10 092 292 Einquartierungen gezählt)

hatte Sachsen ruiniert. Die Kampfhandlungen hatten viele Städte und Dörfer verwüstet, die Bevölkerung war ausgeplündert und verarmt, und die Wirtschaft lag darnieder. Der König ließ die Verkehrswege ausbauen und erneuern, unterstützte den Handel und den Neuaufbau industrieller Betriebe und Produktionsstätten und schuf Bildungs- und Fortbildungseinrichtungen.
Die Regierungszeit König Friedrich Augusts I. kennzeichnet bescheidene Zurückhaltung in außenpolitischen Angelegenheiten, besonders gegenüber dem Napoleonischen Frankreich, und ein gerechter und volkstümlicher Herrschaftsstil, der dem Absolutismus jedoch noch ganz verpflichtet blieb. Auf dem Wiener Kongreß büßte Sachsen nahezu die Hälfte seines Gebiets ein und schrumpfte zugunsten von Preußen zum kleinsten deutschen Königreich zusammen. Immerhin gelang es König Friedrich August I., mit Hilfe des Kaisers Franz von Österreich seine Krone zu retten. In seiner fast 60jährigen Regierungszeit ist dieser beliebte und geachtete Herrscher stets seinen Grundsätzen treu geblieben, seinen populären Beinamen »der Gerechte«, den ihm sein Volk verlieh, trug er völlig zu Recht.
König Friedrich August I. starb im Alter von 76 Jahren am 31. Mai 1827 in Dresden, wo er in der Hofkirche beerdigt wurde.

1827–1836 Anton I.

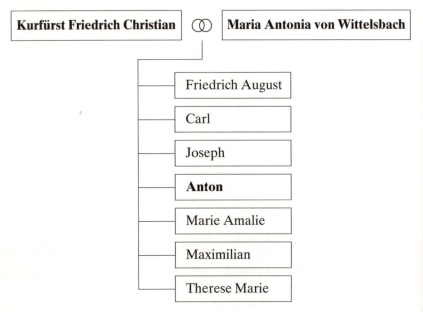

Als König Friedrich August I. am 31. Mai 1827 starb, nahm die sächsische Bevölkerung überrascht zur Kenntnis, daß nicht der erwartete Nachfolger, der Sohn Prinz Maximilians, sondern der betagte Bruder des Verstorbenen, Prinz Anton, die Regierungsgeschäfte im Königreich Sachsen übernahm.
Der jüngere Bruder König Friedrich Augusts I. wurde am 27. Dezember 1755 in Dresden geboren. Der Vater Friedrich Christian hatte zu diesem Zeitpunkt noch nicht die Kurwürde übernommen. Die Mutter Maria Antonia war eine Tochter Kaiser Karls VII.
Als Anton I. die Regierung Sachsens antrat, zählte er bereits 72 Jahre und war ein vom Tod gezeichneter Mann. Bis dahin hatte der Prinz ein eher zurückgezogenes Leben geführt, sich ganz den Wissenschaften und der Musik gewidmet. Die erforderliche Bildung und Erziehung hatte er in seiner Jugendzeit durch den Weitblick und die Sorgfalt seiner Eltern, besonders seiner Mutter, erworben. Ursprünglich war Prinz Anton von seinen Eltern für ein geistliches Amt bestimmt worden und hatte daher nach seiner Ausbildungs- und Militärzeit als Domherr in Köln und Speyer gewirkt.
Am 24. November 1781 heiratete Prinz Anton jedoch die Tochter

König Amadeus III. von Sardinien, Marie Charlotte, die ein Jahr später starb. Seine zweite Ehe schloß der Prinz am 18. Oktober 1787 mit Maria Theresia, der Tochter des Großherzogs Leopold von Toskana, des späteren Kaisers Leopold II. Aus dieser Verbindung gingen vier Kinder hervor, die jedoch alle im Kleinkindalter starben. Die glückliche Ehe des Paares, das bis zur Regierungsübernahme Antons I. überwiegend am Hof König Friedrich Augusts I. gelebt hatte, endete, als Maria Theresia während der Krönungsfeierlichkeiten ihres Mannes erkrankte und am 7. November 1827 in Dresden starb.

König Anton I. setzte während seiner Regierungszeit, obwohl er für seine Milde und Güte bekannt war, zunächst den vom Absolutismus geprägten Regierungsstil seines Bruders fort. Doch schuf er mit Hilfe von Verordnungen und neuen Gesetzen manche Lockerung der erstarrten sächsischen Ordnung. Durch Einsparungen beim Militär konnte König Anton I. sogar eine Steuerermäßigung verkünden. Auch auf dem Bildungssektor sorgte der König für Erneuerung und Fortschritt. Trotz dieser Maßnahmen kam es 1830 zu Unruhen und Unmutsäußerungen der Bevölkerung über die mittelalterlichen Zustände auf dem Land und die Willkür des sächsischen Beamtenapparats.

König Anton I. sah sich durch die tumultartigen Vorgänge vor allem in Dresden und Leipzig genötigt, seinen unbeliebten Kabinettsminister Graf von Einsiedel zu entlassen und ihn durch den Geheimen Rat von Lindenau zu ersetzen. Außerdem ernannte er, nach dem Thronverzicht seines jüngeren Bruders Maximilian, dessen Sohn Friedrich August zum Mitregenten.

Dem König war wohl zu diesem Zeitpunkt klargeworden, daß ihm die Regierungsarbeit nicht nur durch seine angegriffene Gesundheit schwerfiel, sondern daß die Zeit nach einem jüngeren, modernen Landesherrn verlangte. Unter der Regentschaft des Kronprinzen Friedrich August erhielt Sachsen am 4. September 1831 eine Verfassung, die das Königreich in eine konstitutionelle Monarchie umwandelte. Damit wurden die Rechte des Königs stark beschnitten und in die Hände eines Staatsrats übertragen, dessen Vorsitz allerdings der jüngere Bruder des Kronprinzen, Johann, übernahm.

1832 wurde eine neue Städteordnung erlassen, alle noch verbliebenen Frondienste abgeschafft und eine allgemeine Landreform durchgeführt, die besonders die Belange der ärmeren Landbevölkerung berücksichtigte. 1834 trat Sachsen dem Deutschen Zollverein bei, wodurch die den sächsischen Handel beschränkenden Zollschranken beseitigt wurden. Ein Jahr später (1835!) wurde die allgemeine Schulpflicht eingeführt.

Im Bewußtsein, daß die Landesgeschicke bei seinem Neffen in gute Hände gekommen waren und zum Wohl Sachsens fortgeführt werden würden, starb König Anton I. am 6. Juni 1836 im Alter von 80 Jahren in Pillnitz. Er wurde in der Grablege der Wettiner Fürsten in Dresden beerdigt. In der Bevölkerung blieb dieser König als »Anton der Gütige« in Erinnerung.

1836–1854 Friedrich August II.

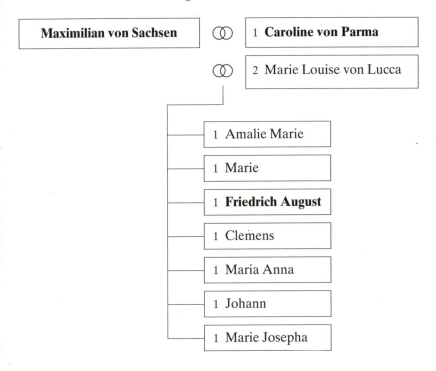

Friedrich August II. wurde am 18. Mai 1797 in Dresden geboren. Sein Vater Prinz Maximilian war ein Bruder des regierenden Kurfürsten und späteren Königs Friedrich August I. Da der Prinz als Anwärter auf den sächsischen Thron galt, erhielt er den Namen seines Onkels. Die Mutter, Caroline Theresia von Parma, starb bereits 1804 kurz vor dem siebten Geburtstag des Prinzen.

Die Erziehung Friedrich Augusts und seiner Schwester lag in den bewährten Händen des Oberhofmeisters von Forell, der die Lehrer sorgfältig und gewissenhaft auswählte. Darüber hinaus kümmerte sich aber auch der Vater persönlich um den Unterricht seiner Kinder. Die Ausbildung wurde zwar durch die Kriegsereignisse in den ersten Jahren des 19. Jahrhunderts gestört, aber nie ernsthaft unterbrochen.

Friedrich August war ein musisch begabter Mensch, zeichnete hervorragend; seine große Liebe wurde die Pflanzenkunde, in dieser Neigung folgte er seinem Onkel König Friedrich August I. Friedrich August II.

blieb dieser Wissenschaft zeitlebens verbunden und erwarb sich darin als wissenschaftlicher Fachmann und Forscher große Verdienste.

Unter dem persönlichen Eindruck, den Napoleon auf den jungen Prinzen machte, begann er sich für den Soldatenberuf zu interessieren. Seine militärische Ausbildung steuerte der Generalleutnant von Watzdorf. Nach seiner Teilnahme am Feldzug von 1815 gegen Frankreich wurde er bereits 1818 zum Generalmajor, 1828 zum Generalleutnant und bei seiner Ernennung zum königlichen Mitregenten im Jahr 1830 zum General und Oberbefehlshaber der sächsischen Armee ernannt. Als jugendlicher Offizier entwickelte sich Friedrich August zum begeisterten Anhänger einer nationalen Einheit Deutschlands, was der Aufbruchstimmung der damaligen Zeit entsprach. Diese Haltung hat er nie aufgegeben, wenn er auch während seiner Regierungszeit eher vorsichtig, abwägend und abgeklärt handelte und taktierte.

Am 7. Oktober 1819 heiratete Friedrich August die Erzherzogin Carolina, die Tochter des österreichischen Kaisers Franz I. Sie starb jedoch bereits 1832 und hinterließ die Tochter Marie. Ein Jahr später verband er sich am 24. April mit der Prinzessin Maria, einer Tochter des Königs Maximilian I. Joseph von Bayern.

Als König Friedrich August I. 1827 starb, löste die Entscheidung, dem greisen Prinzen Anton, einem Bruder des Verstorbenen, das königliche Amt zu übertragen, allgemeine Verwunderung aus. Zu sehr hatte man auf den durch seine liebenswürdige Art und seine persönliche Ausstrahlung überaus beliebten Prinzen gehofft, zumal dieser bereits seit 1819 dem Geheimen Rat, dem obersten sächsischen Staatsgremium, angehörte. Nachdem König Anton I. im Jahr 1830 wegen seines erstarrten, dem Absolutismus verhafteten Regierungsstils tumultartige Unruhen auslöste, ernannte er seinen Neffen zum Mitregenten. Sein angegriffener Gesundheitszustand mag dem König diesen Entschluß erleichtert haben. Praktisch führte Friedrich August seitdem die Regierungsgeschäfte. Zu den ersten Maßnahmen seiner Amtsführung gehörte die Schaffung einer Verfassung für das Königreich Sachsen. Sie wurde am 4. September 1831 verkündet und verwandelte das absolutistisch regierte Land in eine konstitutionelle Monarchie. Weitere Erneuerungen betrafen die Abschaffung der Frondienste, die Landreform, die Neubildung einer Städteordnung und die Einführung der allgemeinen Schulpflicht im Jahr 1835. 1834 trat Sachsen dem Deutschen Zollverein bei und eröffnete der wirtschaftlichen Entwicklung des Landes damit bessere Möglichkeiten. Als König Anton I. am 6. Juni 1836 starb, war

Friedrich August, nunmehr König, bereits ein im Amt erfahrener Herrscher. Unermüdlich setzte er die seinem Regierungsstil entsprechende Arbeit fort.

1838 erließ er das Pendant zur Städteordnung, die Landgemeindeordnung. Im Jahr 1840 trat die erste Sozialgesetzgebung mit der Armenordnung und der Gründung der Landeskranken- und Versorgungsanstalt in Kraft. Das Steuersystem Sachsens wurde mehrmals überarbeitet und mit größter Gerechtigkeit ausgestattet. Nach dem Ableben der sparsamen Vorgänger des Königs ließ Friedrich August II. in Dresden verschiedene öffentliche Gebäude errichten, so das Hoftheater, das jedoch 1869 durch einen Brand zerstört wurde, die Orangerie und das Augusteum, die Stadt Leipzig erhielt ein neues Universitätsgebäude. Mit großer Intensität wurde der Ausbau des Eisenbahnnetzes in Sachsen vorangetrieben, das mit der Eröffnung der Strecke Leipzig-Dresden über die erste größere Bahnstrecke in Deutschland verfügte, der bald vier weitere größere Bahntrassen folgten. Die wirtschaftliche Entwicklung des Landes konnte durch diese Verbesserung der Transportwege einen raschen Aufschwung nehmen. Mit dem Ausbau der Eisenbahnlinien erfolgte fast gleichzeitig die Errichtung eines elektrischen Telegrafennetzes in Sachsen.

Während der Regentschaft und Regierungzeit Königs Friedrich August II. entwickelte sich Dresden wieder zu der Kunstmetropole, die die Stadt im 18. Jahrhundert bereits einmal gewesen war. Die vorsichtige Liberalisierung Sachsens und die Toleranz und das Kunstverständnis des Königs und seines Bruders Prinz Johann lockten viele Künstler in die sächsische Hauptstadt: Richard Wagner, Carl Maria von Weber, Robert Schumann, E. T. A. Hoffmann, Ludwig Uhland, Hoffmann von Fallersleben, Caspar David Friedrich, Johann C. C. Dahl und Gottfried Semper wirkten, um nur einige wenige zu nennen, nach den Befreiungskriegen in Dresden.

Die Jahre 1848/49 wurden wie in vielen deutschen Ländern zu Revolutionsjahren. Vorausgegangen waren die verheerende Flutkatastrophe durch die Frühjahrsüberschwemmung der Elbe im Jahre 1845 sowie die eklatanten Mißernten der Jahre 1846 und 1847, Ereignisse, die zu einer ernsthaften Hungersnot und Teuerungswelle führten. Zwar konnte der König im März 1848 die Bevölkerung durch eine leidenschaftliche Ansprache noch beruhigen, doch auch durch die Gewährung der Pressefreiheit, die Modernisierung der Vereins- und Versammlungsrechte sowie weitere gesetzliche Verbesserungen der Rechtslage der

Bürger konnte der Ausbruch eines offenen Aufstands nicht mehr verhindert werden. Der demokratisch gesonnene Teil der Bevölkerung Sachsens wollte den Umsturz, um in Gesamtdeutschland die ersehnte Republik zu errichten.

Am 28. April 1849 wurde der sächsische Landtag aufgelöst, und am 3. Mai 1849 brach eine offene Rebellion in Dresden aus. Einen Tag später mußte der König mit seiner Familie auf den Königstein fliehen. Eine provisorische Regierung übernahm die Organisation des Aufstands, ließ Eisenbahnstrecken zerstören und in Dresden Barrikaden errichten. Am 9. Mai 1849 war der Versuch der Demokratisierung in Sachsen mit Hilfe preußischer Truppen des Freundes und Schwagers König Friedrich Wilhelm IV. von Preußen innerhalb von fünf Tagen blutig niedergeworfen worden. Selbst dieser barbarische Akt konnte die Zuneigung der Bevölkerung zu ihrem König Friedrich August II. auf Dauer nicht belasten. Allerdings übte der König nach der gewaltsamen Beendigung des Aufstands Milde und ließ die verhängten Todesurteile gegen die Rädelsführer nicht vollstrecken.

Friedrich August II. liebte die Natur über alles. Er unternahm weite Reisen, um die Flora entlegener Landstriche zu erforschen. Dabei bewegte er sich oft völlig allein in unwegsamem Gelände und bestieg selbst im Gebirge die steilsten Hänge. Solche Reisen führten ihn u. a. nach Montenegro und in das schottische Hochland. Aber auch im eigenen Land reiste der König oft, nicht nur, um sich in der Natur zu bewegen, sondern auch, um sich durch eigene Anschauung Lagebilder über sein Land und die Bevölkerung zu verschaffen.

Im August 1854 brach der König zu einer Reise über München nach Tirol auf. Am 9. August 1854 fuhr er in einer leichten Kutsche im Pitztal. In der Nähe des Orts Brennbüchel bei Imst stürzte der Wagen an einer engen Wegstelle um, Friedrich August II. wurde herausgeschleudert und vom Hufschlag eines Pferdes so schwer am Kopf getroffen, daß er noch am selben Tag im Wirtshaus zu Brennbüchel starb. Der Leichnam des Königs traf am 15. August 1854 in Dresden ein, wo er tags darauf in der Hofkirche beigesetzt wurde. Die sächsische Bevölkerung trauerte ehrlichen Herzens.

1854–1873 Johann I.

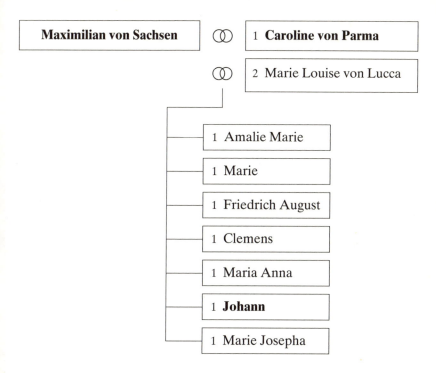

Prinz Johann wurde am 12. Dezember 1801 als jüngster Sohn des sächsischen Prinzen Maximilian und Caroline Theresias von Parma in Dresden geboren. Obwohl die Mutter 1804 starb, erhielt der junge Prinz, dessen herausragende Talente und überdurchschnittliche Intelligenz bereits früh erkannt wurden, eine sorgfältige Ausbildung und Erziehung, die zunächst überwiegend vom Vater persönlich übernommen wurde. Später übertrug Maximilian dem Oberhofmeister von Forell die Sorge für die weitere Ausbildung seines Sohns, der ausgezeichnete Lehrer erhielt, die die ungewöhnlich guten Anlagen des Prinzen in bester Weise zu fördern wußten. Die Wirren der napoleonischen Zeit führten zu verschiedentlichen Aufenthalten der Familie außerhalb Sachsens, so z. B. in Regensburg und Prag. In der Zeit von 1815 bis 1822 wurde die grundlegende Unterrichtung des Prinzen abgeschlossen, die neben der wissenschaftlichen Ausbildung auch eine militärische Unterweisung enthielt. Bereits 1816 wurde Johann zum Oberst und 1822 zum Generalmajor ernannt, allerdings zeigte der Prinz

wenig Neigung zum Soldatenberuf. In diesen Jahren leiteten die Generale von Watzdorf und von Cerrini die Erziehung des Prinzen.
Auf einer Studienreise in die Schweiz und nach Italien, die der Prinz zusammen mit seinem Bruder Clemens unternahm, erkrankte dieser in Pisa und starb dort am 4. Januar 1822. Auf der Rückreise lernte Prinz Johann in München seine spätere Ehefrau, die bayrische Prinzessin Amalia, kennen. Die beiden heirateten noch im gleichen Jahr am 10. September 1822.
1822 erhielt Prinz Johann seine ersten politischen Aufgaben, als er von seinem Onkel, König Friedrich August I., in das Finanzkollegium berufen und 1825 zu dessen Vizepräsidenten ernannt wurde. Gleichzeitig setzte er aber auch seine literarischen und landwirtschaftlichen Studien fort und erlernte, nachdem er bereits Latein, Französisch und Italienisch sprach, auch noch das Griechische aus eigenem Antrieb, um sich in der Sprache der Klassiker ausdrücken zu können. Bereits in diesen Zeiten beschäftigte er sich neben seinen politischen Tätigkeiten mit wissenschaftlichen Studien und tat sich auch selbst als Dichter hervor. Eine besondere Leistung, die allgemeine Bewunderung und Anerkennung in literarischen Kreisen hervorrief, war seine vielbeachtete deutsche Übersetzung Dantes »Göttlicher Komödie«, die er im Jahr 1849 abschloß. Während eines Besuchs 1828 in Berlin traf Johann unter anderen mit Männern wie Wilhelm von Humboldt zusammen. In diesen Jahren schuf sich der Prinz einen Freundeskreis, dem viele bedeutende Wissenschaftler und Künstler angehörten. Außerdem bewegte er sich, meistens zusammen mit seiner Frau, völlig unkonventionell in bürgerlichen Künstlerkreisen der Stadt Dresden.
1829 und 1830 wurde Prinz Johann die Krone des befreiten Griechenlands angeboten, die er jedoch ablehnte. Durch die Unruhen des Jahres 1830 und die dadurch für notwendig erachteten politischen Veränderungen in Sachsen wuchsen auch die Aufgaben, die dem Prinzen übertragen wurden. Zeitweise fungierte Johann nun als Präsident des Finanzkollegiums, wurde Mitglied des Geheimen Rats, Generalkommandant der Kommunalgarden und Präsident verschiedener weiterer Gremien. An der Schaffung der sächsischen Verfassung von 1831, die auf Veranlassung seines Bruders Friedrich August erstellt wurde, der inzwischen als Mitregent für den altersschwachen König Anton I. die Regierungsgeschäfte führte, arbeitete Prinz Johann eigenhändig mit und nahm an vielen Stellen persönlich Einfluß. 1838 unternahm der Prinz eine weitere Studienreise durch Italien. Weitere Aufgaben erwar-

teten ihn 1841 als Bundesmilitärinspektor des Deutschen Bundes für Österreich in Wien. 1843 wurde er zum General der sächsischen Kavallerie befördert.
Während der Revolutionszeit (1848/49) studierte Johann relativ zurückgezogen fünf Jahre lang Chemie, insbesondere im Hinblick auf deren Anwendungsmöglichkeiten in der Landwirtschaft, einem der vielen Interessengebiete des Prinzen. Die letzte größere Arbeit, die Johann noch vor seiner Krönung zum sächsischen König ausführte, war die Überarbeitung des sächsischen Strafgesetzbuches.
Durch den plötzlichen Unfalltod seines Bruders, des Königs Friedrich August II. am 9. August 1854, mußte Johann das Königreich als Herrscher übernehmen, da die Ehen seines Bruders ohne männliche Nachkommen geblieben waren. Er trat das Amt voll innerer Ablehnung an, denn eigentlich war König Johann I. sehr viel mehr Gelehrter und Wissenschaftler als Politiker. Darüber hinaus erfreute sich Johann, ganz im Gegensatz zu dem verstorbenen Friedrich August II., in der Bevölkerung keineswegs besonderer Beliebtheit. Nur mühsam gelang es dem König, das Vertrauen der Bürger in seine Regierungsführung zu gewinnen. 1856 ließ er die grundherrschaftlichen Patrimonialgerichte durch von Juristen geleitete, ordentliche Gerichte ersetzen. Der fortschreitenden Industrialisierung Sachsens trug der König mit der Schaffung einer Gewerbeordnung auf der Basis der Gewerbefreiheit Rechnung. Auch im Schulwesen tat sich der Herrscher mit zeitgerechten Erneuerungen hervor.
Auf seinen Inspektionsreisen führten die Kontakte mit der Bevölkerung wegen seiner raschen Auffassungsgabe, seiner enormen Kenntnisse und kraft seines Urteilsvermögens zu allgemeiner Bewunderung des Königs. Die anfängliche Ablehnung der Persönlichkeit Johanns I. verwandelte sich unter diesen Eindrücken in Respekt und Anerkennung.
1866 trat Sachsen aufgrund seiner Mitgliedschaft im Deutschen Bund an der Seite Österreichs in den Krieg gegen Preußen ein. Nach Ausbruch der Kriegshandlungen mußte die sächsische Armee wegen der hoffnungslosen Unterlegenheit gegenüber Preußen nach Böhmen ausweichen. Zwar schlugen sich die Sachsen unter der Führung des Kronprinzen Albert aufopferungsvoll, doch konnten auch sie die Niederlage von Königgrätz (3. Juli 1866) nicht verhindern. Erst am 21. Oktober 1866 schloß Preußen einen Separatfrieden mit Sachsen, der das Land in den Norddeutschen Bund zwang und die sächsische Armee dem Oberbefehl

des preußischen Königs unterstellte. 1870 zog die sächsische Armee in den Krieg gegen Frankreich. Sie wurde dabei von den Söhnen König Johanns I., Albert und Georg, begleitet. Am 15. Juli 1871 kehrte Kronprinz Albert als Feldmarschall an der Spitze der sächsischen Truppen unter dem Jubel der Bevölkerung nach Dresden zurück.
König Johann überlebte die Veränderungen durch die Reichsgründung 1871 nur um zwei Jahre. Dem von seinen geistigen Kräften her bedeutendsten sächsischen König und seiner geliebten Gemahlin waren von den drei Söhnen und sechs Töchtern, die während der langen, glücklichen Ehe geboren wurden, nur die Söhne Albert und Georg und die Tochter Elisabeth geblieben. Trotz dieser harten Schicksalsschläge blieb der König stets ein unermüdlicher Arbeiter und aufopferungsvoller Herrscher, der sich durch seine wissenschaftlichen und literarischen Werke neben allgemeiner Anerkennung und Bewunderung auch persönliche Zufriedenheit und Ablenkung verschaffte. König Johann I. starb am 29. Oktober 1873 in Pillnitz und wurde in der Dresdner Hofkirche beerdigt.

1873–1902 Albert I.

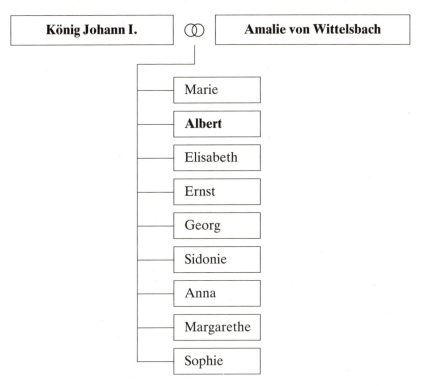

Albert wurde am 23. April 1828 als erster Sohn des späteren Königs Johann I. und Amalies in Dresden geboren. Der Prinz erhielt, gesteuert von seinem hochgebildeten Vater, eine exzellente Ausbildung, die auf das spätere Regierungsamt des Prinzen ausgerichtet war. Trotz dieses universalen Bildungskonzepts ließ Prinz Albert jedoch schon früh seine Neigung und Begabung zum Soldatenberuf erkennen.
Als Offizier nahm der Prinz an den bedeutenden Kriegshandlungen des 19. Jahrhunderts teil, wobei er sich durch Unerschrockenheit, außergewöhnlichen Mut, Tapferkeit und Geschick als Truppenführer auszeichnete. Bereits mit elf Jahren führte er zum erstenmal das ihm schon wenige Wochen nach seiner Geburt übertragene Infanterieregiment. Von 1843 bis 1847 leistete Prinz Albert dann aktiven Militärdienst und schied zunächst als Hauptmann aus, um an der Universität Bonn Jura zu studieren. In den unruhigen Zeiten Ende der 40er Jahre des 19. Jahrhunderts mußte er 1849 sein Studium abbrechen, um am ersten

Deutsch-Dänischen Krieg teilzunehmen. Nach einigen Auslandsbesuchen, die ihn unter anderem nach Rußland und Ungarn führten, erhielt er 1853, inzwischen zum Generalleutnant befördert, die 1. Sächsische Infanteriedivision.
Im gleichen Jahr führte er die schwedische Prinzessin Carola von Wasa heim und feierte mit ihr eine glanzvolle Hochzeit in Dresden. Die beiden führten eine glückliche Ehe, die aber kinderlos blieb. Mit der Inthronisation seines Vaters zum sächsischen König stieg Prinz Albert 1854 zum Kronprinzen auf. Auf seinen Reisen durch Europa traf er mit den bedeutenden Monarchen seiner Zeit zusammen. So nahm er an den Krönungsfeierlichkeiten König Wilhelm I. von Preußen teil, und mit Kaiser Franz Joseph I. von Österreich-Ungarn verband ihn seit der Jugendzeit eine echte Freundschaft.
Ende der 50er Jahre wurde der Kronprinz zum General befördert und mit dem Oberbefehl über die gesamte sächsische Armee betraut.
Im Deutsch-Österreichischen Krieg von 1866 nahm Sachsen auf der Seite Österreichs teil. Trotz der vernichtenden Niederlage, die die sächsisch-österreichischen Truppen bei Königgrätz erlitten, zeichnete sich der Kronprinz auch in diesen Kämpfen erneut aus. Nach dem für Sachsen verlorenen Krieg wurde die sächsische Armee als 12. Armeekorps in das deutsche Bundesheer integriert, dessen kommandierender General der Kronprinz wurde. Der Deutsch-Französische Krieg von 1870/71 sah Kronprinz Albert wieder an der Spitze seiner Truppen. Hier kämpfte er bei Gravelotte und St. Privat, Beaumont und Sedan erfolgreich und begünstigte durch sein persönliches Beispiel (z. B. seine Freundschaft mit Moltke) die Integration der sächsischen und preußischen Truppen zu einer gesamtdeutschen Armee.
Im Sommer des Jahres 1871 kehrte Albert hochdekoriert aus Frankreich zurück und zog, umjubelt von der Bevölkerung, in Dresden ein, wo er als Generalfeldmarschall von seinem Vater König Johann I. als besondere Auszeichnung den Marschallstab des polnischen Königs Johann Sobiesky erhielt, den dieser einem Wettiner Vorfahren 1683 im Türkenkrieg vor Wien geschenkt hatte.
Am 29. Oktober 1873 folgte Prinz Albert seinem verstorbenen Vater auf dem sächsischen Thron. Seine Möglichkeiten zur Landesführung und souveränen Bestimmung der sächsischen Politik schränkte die Deutsche Reichsgründung von 1871 stark ein. Dennoch entwickelte sich Sachsen in seiner über 30 Jahre währenden Regierungszeit zu einem wohlhabenden, wirtschaftlich und kulturell erfolgreichen Land,

das in Technik, Handel, Industrie und Gewerbe zu hoher Blüte gelangte und diese positive Entwicklung auch auf die Kultur und die Wissenschaften übertrug. So wurde etwa die Denkmalpflege in Sachsen gegen Ende des vorigen Jahrhunderts begründet und großzügig unterstützt. Zahlreiche repräsentative neue Bauten entstanden in Leipzig und Dresden, und beide Städte entwickelten sich zu Zentren des künstlerischen Lebens. Zu diesen Leistungen trug der fleißige, analytisch denkende König mit seinem Sinn für das Wichtige und seiner offenen, menschlich verbindlichen Art ganz wesentlich bei. Die durch die Industrialisierung aufkeimende soziale Unzufriedenheit in der Bevölkerung konnte durch die Persönlichkeit des Königs und seine tätige Unterstützung auch der ärmeren Bevölkerungsschichten abgewendet werden. Der Stolz über die erbrachten Leistungen und der allgemeine Wohlstand des Landes taten ein übriges, um Zufriedenheit und Sicherheit in allen Bevölkerungskreisen zu erzeugen. Wiederum führten den König zahlreiche Reisen durch Europa und pflegten nützliche Verbindungen Sachsens. Die besondere Aufmerksamkeit des Herrschers hatten jedoch seine Soldaten. Er ließ die für die damalige Zeit modernsten Kasernenanlagen in Deutschland errichten, die bis in die heutige Zeit hinein benutzt worden sind.

Hochverehrt starb König Albert I. am 19. Juni 1902 im Alter von 74 Jahren auf dem Gut Sibyllenort in Schlesien. Er wurde in der Grablege der Wettiner Fürsten in der Hofkirche in Dresden bestattet.

1902–1904 Georg I.

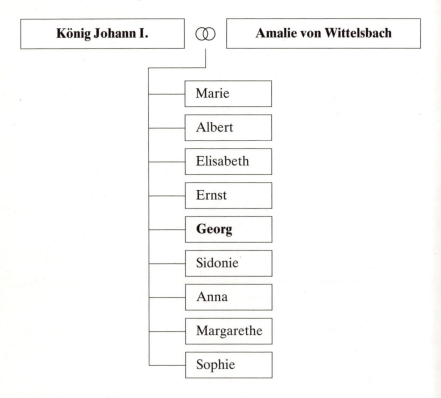

Georg wurde am 8. August 1832 als Sohn des späteren Königs Johann I. und Amalies, einer Tochter König Maximilians I. Joseph von Bayern, in Dresden geboren. Der Prinz wuchs im Kreis einer ausgesprochen harmonischen Familie auf, für die die glückliche Ehe der Eltern die Grundlage bildete. Georg erhielt ebenso wie sein Bruder Albert, in dessen Schatten Georg nahezu sein ganzes Leben lang stand, eine hervorragende Erziehung und Ausbildung, für die König Johann I. sorgte. Die elementare Bildung der Prinzen Albert, Ernst und Georg leitete der Pädagoge Dr. Albert von Langen, ein ausgezeichneter Lehrer und überzeugter Protestant, obwohl das sächsische Königshaus traditionell der katholischen Kirche angehörte. Die übliche militärische Einführung des Prinzen übernahm der Oberstleutnant Maximilian von Engel. Im März 1846 wurde Georg zusammen mit seinem Bruder Ernst (der bereits ein Jahr später starb) zum Leutnant ernannt. Georg war ein

musisch begabter Mensch. Schon früh erlernte er das Klavierspiel und erregte damit schon als junger Prinz allgemeine Bewunderung. Die Ausbildung Georgs wurde an der Universität Bonn in den Jahren 1849/50 vervollkommnet.
In der Folgezeit diente der Prinz bei verschiedenen Waffengattungen in der sächsischen Armee und wurde 1857 zum Oberst des Garde-Reiter-Regiments ernannt. Wie sein Bruder Albert fühlte sich auch Georg zum Soldatenberuf hingezogen. Am Feldzug von 1866 nahm er bereits als Generalmajor und Kommandeur der 1. Reiterbrigade aktiv teil. Im Krieg von 1870/71 führte Prinz Georg zeitweise das 12. sächsische Armeekorps (ab 1873 ständig bis 1900) bzw. die 1. Sächsische Division Nr. 23. Der Prinz kämpfte bei St. Privat, Sedan und vor Paris. Am 15. Juli 1871 kehrte Georg aus dem Krieg zurück und zog an der Seite Alberts unter dem Jubel der Bevölkerung in Dresden ein. 1888 wurde Georg zum preußischen Generalfeldmarschall und zum Generalinspekteur der 2. Armeeinspektion ernannt. Insgesamt hat sich der Prinz als Soldat große Verdienste um die Verbesserung des Heeres in materieller und personeller Hinsicht erworben.
In seinen politischen Aktivitäten unterstützte Prinz Georg seinen Vater und später auch seinen Bruder tatkräftig. 1857 war er Mitglied des sächsischen Staatsrats geworden, und 1862 trat er in die I. Kammer ein. Hier trug er zur Gesetzgebung bei und wurde 1873 Vorsitzender der Finanzdeputation. In dieser Position bemühte er sich, die Einkommensteuer in Sachsen einzuführen. Darüber hinaus wirkte Georg in zahlreichen Gremien und Gesellschaften zur Förderung von Kunst und Wissenschaft mit. Sein persönliches Engagement steuerte zum Erhalt vieler Kunstdenkmäler in Sachsen erheblich bei.
Am 11. Mai 1859 heiratete Georg in Lissabon die 16jährige portugiesische Königstochter Maria Anna von Portugal. Aus der glücklichen Ehe gingen vier Söhne und vier Töchter hervor. Den Tod seiner Gemahlin, die am 5. Februar 1884 im Alter von nur 41 Jahren nach kurzer Krankheit starb, hat er nie überwunden.
Als Georg 1902 im Alter von 70 Jahren die Regierung übernahm, fühlte er sich eigentlich für dieses Amt nicht mehr geeignet. Er litt darunter, daß er aufgrund seines Alters und seines eher schroffen militärisch geprägten Wesens nicht die Popularität seines Bruders und seines Sohnes erlangen konnte, obwohl er es aufgrund seiner Leistungen sicher verdient hätte. In der kurzen Amtszeit König Georgs I., die nur etwas länger als zwei Jahre dauerte, war es ihm auch aus gesundheitli-

chen Gründen nicht vergönnt, sich noch deutlicher profilieren zu können.
König Georg I. starb am 15. Oktober 1904 in Pillnitz, wo schon zwei seiner königlichen Vorgänger verschieden waren. Auch er ruht in der Dresdener Hofkirche.

1904–1918 Friedrich August III.

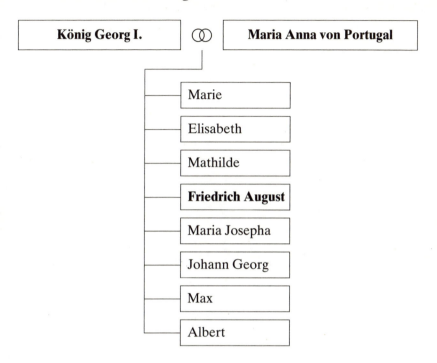

Der letzte sächsische König, Friedrich August III., wurde am 25. Mai 1865 als erster Sohn des späteren Königs Georg I. und Maria Annas von Portugal in Dresden geboren. Bereits als fünfjähriges Kind wurde er zum Kommandeur eines Infanterieregiments ernannt. Eine militärische Erziehung prägte seine Kindheit und Jugendzeit. Dieser Erziehung blieb er durch seine soldatische Karriere sein ganzes Leben lang verpflichtet. Die elementare Ausbildung des Prinzen war von sehr guten Lehrern geleitet worden.

Zu Ostern 1883 bestand der Prinz vor einer hochrangigen Kommission, der unter anderem König Albert I., der Vater und der sächsische Kultusminister angehörten, seine Abiturprüfung. Gleich danach trat Friedrich August am 1. April 1883 als Leutnant seinen aktiven Militärdienst im 1. Grenadierregiment Nr. 100 der sächsischen Armee an. Hier durchlief er eine umfassende militärische Ausbildung bei allen Truppengattungen, die nur in kurzen Abschnitten unterbrochen wurde, und stieg dann planmäßig in allen Truppenführungsebenen bis zum Armeechef auf. Letztlich erhielt er 1912 von Kaiser Wilhelm II. den Dienstgrad eines Generalfeldmarschalls übertragen.

Ab Mai 1884 studierte der Prinz je zwei Semester Rechtswissenschaften in Straßburg und Leipzig. Danach folgten kurze Einsätze in der Landesverwaltung (Amts- und Kreishauptmannschaft Dresden). In den Jahren 1886 und 1889 führte Friedrich August längere Studienreisen durch, die ihn auf den Balkan (1886), nach Großbritannien (1886), Italien, Spanien, Nordafrika, Ägypten, Palästina, Griechenland und in die Türkei (1889) führten. Nur noch dreimal verließ der Prinz danach Sachsen: 1894 reiste er zur Beisetzung Zar Alexanders III. nach Rußland, 1897 zu den Feiern anläßlich des 60jährigen Regierungsjubiläums der Königin Victoria nach Großbritannien und 1903, als ihn ein schwerer Schicksalsschlag getroffen hatte, nach Sizilien.

Am 21. November 1891 heiratete Friedrich August die Erzherzogin Luise von Habsburg-Toskana. Aus der anfänglich glücklichen Verbindung gingen in rascher Folge drei Söhne und drei Töchter hervor. Doch wurde die Ehe 1903 spektakulär getrennt, wobei die Erzherzogin durch ihre Affäre mit dem Sprachlehrer André Giron den Anlaß bot. Eine weitere Tochter, die noch vor dem Eklat gezeugt worden war und am 5. Mai 1903 (!) in Lindau am Bodensee geboren wurde, kam erst nach weiteren öffentlichen Peinlichkeiten 1907 in die Obhut des leiblichen Vaters Friedrich August. Am 25. September 1907 heiratete die 37jährige Luise, als Gräfin Montignoso, den 23jährigen Musiker Enrico Toselli in London.

Als der Vater König Georg I. am 15. Oktober 1904 starb, war der Kronprinz 39 Jahre alt, also im besten Mannesalter, um die Regierung anzutreten. In den ersten zehn Jahren der Regierungszeit König Friedrich Augusts III. entwickelte sich Sachsen wirtschaftlich und kulturell sehr erfolgreich. Diese aufstrebende Entwicklung wurde jedoch durch den Ausbruch des Ersten Weltkriegs jäh unterbrochen. Als König nahm Friedrich August III. an den Kampfhandlungen des Kriegs nicht persönlich teil, sondern widmete sich seinen Regierungsgeschäften. In den politischen Wirren nach dem Ende des Kriegs wurde der König von Arbeiter- und Soldatenräten zum Rücktritt bewegt. Die Basis seiner Volkstümlichkeit, seine unkonventionelle Art und sein umwerfender Humor werden durch die wörtliche Besiegelung seines Rücktritts deutlich, als er den neun anwesenden Arbeiter- und Soldatenräten am 13. November 1918 ungnädig eröffnete: »Macht Euern Dreck alleene!« Obwohl König Friedrich August III. zum Militärdienst bestimmt wurde, war er mit Leib und Seele Soldat. Es wäre jedoch völlig falsch, den letzten König von Sachsen als Militarist abzutun. König Friedrich August III. war ein überzeugter Katholik und darüber hinaus ein leutseliger, humorvoller, durch und durch ehrenhafter, volkstümlicher, überaus geachteter und verehrter Fürst, der sich in allen Bevölkerungsschichten höchster Anerkennung und Beliebtheit erfreute.

Nach seinem Rücktritt zog er sich auf sein Gut Sibyllenort in Schlesien zurück, wo er am 18. Februar 1932 starb. Der hohe Grad seiner Beliebtheit wurde noch einmal deutlich, als sein Leichnam nach Dresden überführt wurde, um in der Hofkirche beigesetzt zu werden. Nicht nur die Bewohner der Stadt Dresden, sondern ganz Sachsen war auf den Beinen, um dem König die letzte Ehre zu erweisen, so jedenfalls berichteten die sächsischen Zeitungen.

Teil V

Die Könige der Bayern
1806–1918

Einleitung zu Teil V

Als Kaiser Friedrich Barbarossa dem Pfalzgrafen Otto von Wittelsbach am 16. September 1180 das Herzogtum Bayern anvertraute, belohnte er damit nicht nur einen verdienten Gefolgsmann, der ihm über viele Jahre hervorragende Dienste vor allem im Kampf in Italien geleistet hatte, sondern er wollte auch einen kampferprobten, treuen Anhänger auf diesem Herzogstuhl wissen, der sich gegen eventuelle Ansprüche der aus Bayern vertriebenen Welfen zur Wehr setzen konnte und gleichzeitig nicht so machtvoll war, daß er den Kaiser selbst gefährdete. Otto von Wittelsbach hat sich nur drei Jahre lang seines neuen Besitzes erfreuen können, ehe er für immer die Augen schloß. Doch begründete dieser Wittelsbacher den Aufstieg der Familie.

Bevor das Herzogtum allerdings zum Königreich emporwuchs, mußten noch über 600 Jahre verstreichen. Es waren Jahrhunderte, in denen Wittelsbacher im Deutschen Reich und darüber hinaus in Europa stets eine wichtige Rolle gespielt haben. Zwei Kaiser und ein König des Heiligen Römischen Reichs der Deutschen gingen aus ihrem Haus hervor (Kaiser Ludwig der Bayer 1314–1347, Kaiser Karl VII. 1742–1745 und König Ruprecht I. 1400–1410). Aber auch außerhalb des Deutschen Reichs haben zu verschiedensten Zeiten etwa in Ungarn, Schweden und Griechenland Wittelsbacher Fürsten Königskronen getragen. Herzog Maximilian I. holte sich im 30jährigen Krieg

Regierungszt.	Name	vor Regierungsantritt
1806–1825	Maximilian I. Joseph	Kurfürst
1825–1848	Ludwig I.	Kronprinz
1848–1864	Maximilian II. Joseph	Kronprinz
1864–1886	Ludwig II.	Kronprinz
1886–1913	Otto I.	Prinz
1913–1918	Ludwig III.	Prinzregent

die Kurwürde vom Kaiser zurück, die die Familie schon einmal besessen hatte. Gegen den übermächtigen Nachbarn, die Habsburger, hatten sie es im Verlauf der Geschichte meistens nicht leicht. Aber dennoch hielt man immer wieder zusammen, was zu zerfallen drohte, und was die eigene Kraft nicht schaffte, das erreichen die Töchter und Söhne, die die Habsburger und Wittelsbacher ehelich verbanden.
Kaum erwähnenswert scheint es in diesem Zusammenhang zu sein, daß die Wittelsbacher neben den verwandtschaftlichen Beziehungen zum Haus Habsburg natürlich auch mit nahezu allen anderen wichtigen europäischen Adelsfamilien Verbindungen eingingen. Eigentlich sind die Habsburger und Wittelsbacher durch die vielen Ehen, die die beiden Häuser miteinander geschlossen haben, zu einer Familie zusammengewachsen; daß dies politisch und rechtlich nicht so geworden ist, scheint Teil des deutschen Reichsschicksals zu sein, das hier im einzelnen, wie auch im größeren Zusammenhang, zerrissen und aufgespalten war.
Aber auch unter sich hatten die Wittelsbacher große Schwierigkeiten, den Besitz zu erhalten. Vielmals wurde geteilt und zertrennt, doch wie beim Besitzstand der Habsburger kam das Land durch komplizierte Erbgänge wieder zusammen. Immerhin sorgten die Wittelsbacher über die Jahrhunderte dafür, daß stets wenigstens ein männlicher Nachkomme präsent war, wenn auch manchmal in recht weitentfernten Nebenlinien. So war es auch, als in Bayern der zukünftige erste König Maximilian I. Joseph aus Zweibrücken-Birkenfeld im Jahr 1799 die Regierung antrat. Seine gegen die Interessen des Deutschen Reichs

Bemerkungen
–
mußte 1848 abdanken
–
der »Märchenkönig«
geisteskrank, Regierung durch Prinzregent Luitpold (1886–1912) und seinen Sohn Ludwig (III.) (1912/13)
am 7. 11. 1918 gestürzt

gepflegte Verbindung mit dem Frankreich Napoleons I. führte nach dem verlorenen Kampf der Österreicher bei Austerlitz zur Erhöhung des bayrischen Herzogtums zum Königreich, das trotz zeitweisen Glanzes ebenso unrühmlich verschwand, wie es entstanden war. Immerhin behinderte König Ludwig II. im Jahr 1871 nicht die Vereinigung der deutschen Länder unter preußischer Vorherrschaft, obwohl er damit seine eigene Souveränität weitgehend aufgab. Vielleicht wäre dem Haus das Schicksal des zweiten Reichs erspart geblieben, hätte Ludwig II. die Kraft besessen, die Entstehung dieses Reichs zu unterbinden.
So aber beendete am 8. November 1918 der Sozialist Kurt Eisner durch einen Staatsstreich nach 738 Jahren kontinuierlicher Familiengeschichte die Wittelsbacher Regentschaft im Land Bayern.

1806–1825 Maximilian I. Joseph

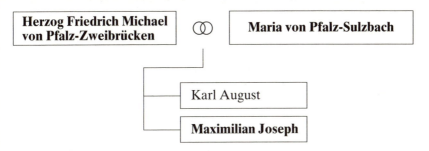

Als Maximilian Joseph am 27. Mai 1756 in Mannheim geboren wurde, hätte ihm niemand eine glänzende Zukunft vorausgesagt. Doch das Schicksal entschied auf wunderbare Weise zugunsten dieses Prinzen aus der gänzlich unbedeutenden Seitenlinie der Wittelsbacher. Schon das Herzogtum Zweibrücken-Birkenfeld kam nur durch glückliche Umstände in die Hand Maximilians. Da sein Onkel Christian IV. von Zweibrücken-Birkenfeld nur Kinder aus einer morganatischen Ehe hinterließ, erbte der ältere Bruder Maximilians, Karl-August, das kleine Ländchen. Doch Karl August starb im Alter von 51 Jahren, ohne Nachkommen zu hinterlassen, wodurch Maximilian letztlich das Herzogtum samt der Grafschaft Rappoltstein erhielt.

Maximilian Joseph wurde zunächst beim Kurfürsten Karl Theodor in Bayern und dann am Hof Herzog Christians IV. völlig nach französischem Muster erzogen. In diesen Kulturkreis fühlte sich Maximilian bis an sein Lebensende eingebunden. Da die späteren Erbschaften nicht vorhersehbar waren, blieb die Ausbildung des Prinzen dürftig. 1770 kaufte man dem Sprößling das Patent eines Obristen beim französischen Regiment Royal Alsace in Straßburg, das er 1776 tatsächlich als Kommandeur übernahm.

In Straßburg führte Maximilian ein recht flottes und ausschweifendes Leben, das durch Beschluß der Familie durch die Verheiratung mit Wilhelmine Auguste von Hessen-Darmstadt im September des Jahres 1785 in bessere Bahnen gelenkt werden sollte. Aus dieser Ehe gingen vier Kinder hervor, doch die Herzogin starb bereits 1796, als Maximilian zwar die Erbschaft des Herzogtums Zweibrücken angetreten hatte, das Land jedoch von französischen Revolutionstruppen besetzt war. 1797 heiratete Maximilian dann die Protestantin Karoline Friederike von Baden, die ihm acht Kinder gebar.

Nach dem Tod des Kurfürsten Karl Theodor von Pfalz-Bayern zog Maximilian am 12. März 1799 in die Münchener Residenz ein. Sein Vorgänger hatte als ungeliebter, strenger Landesvater nur geringe Popularität besessen, insofern schienen die Vorbedingungen für Maximilians Regentschaft nicht schlecht, wenn auch die Österreicher in Bayern standen und er sich diesen wohl oder übel anschließen mußte.
Die Amtszeit Maximilians muß im Licht und Schatten der Napoleonischen Zeit gesehen werden. Aufgrund seiner Erziehung tendierte er zu einem Bündnis mit Frankreich. Er selbst äußerte gegenüber dem französischen Botschafter, den er auf Weisung Österreichs nach Paris zurückschicken mußte: »**Ich bin in Frankreich aufgewachsen und bitte Sie, mich als Franzosen zu betrachten.**« Anstelle des zwangsweisen Anschlusses an Österreich wäre der Kurfürst sehr viel lieber auf die französische Seite gewechselt.
Maximilian Joseph erfreute sich in Bayern von Beginn seiner Regierungszeit an großer Beliebtheit. Er galt als jovial, gütig, freundlich und umgänglich, wenn er auch notwendige Qualifikationen für sein Amt vermissen ließ. Dafür aber hatte er einen guten Blick für die Auswahl seiner Ratgeber, etwa des 1809 zum Grafen ernannten Maximilian von Montgelas, der die Schul- und Wehrpflicht einführte, die Privilegien des Adels abbaute und Bayern zu einem für die damalige Zeit modernen Staat umwandelte.
Als Bayern zusammen mit Kaiser Franz II. im 2. Koalitionskrieg nach der Schlacht von Hohenlinden an Frankreich scheiterte, sah Maximilian die günstige Gelegenheit gekommen, das ersehnte Bündnis mit Frankreich zu schließen. Dieser Koalitionswechsel brachte Bayern 1803 enormen Landgewinn ein, besonders durch die Übereignung kirchlichen Besitzes (u. a. Würzburg und Bamberg), der säkularisiert und dem Staat unterstellt wurde. Ungezählte Kunstschätze gingen bei dieser Übernahmeaktion auf barbarische Weise verloren. Ein Vorfall, den Maximilian später aufrichtig bedauerte. Napoleon wollte Bayern, für das er eine nie definierte Vorliebe besaß, mit diesem Landzuwachs vor allem für den Verlust der linksrheinischen Besitzungen entschädigen, der durch den Vorschub der französischen Grenzen bis an den Rhein entstanden war.
Am 28. September 1805 ratifizierte Maximilian (der nach Würzburg ausgewichen war) den von Montgelas ausgehandelten bayrisch-französischen Bündnisvertrag trotz der heftigen österreichischen Proteste. Nach der Schlacht von Austerlitz am 2. Dezember 1805, die das vereinte

österreichisch-russische Heer gegen die französischen Truppen auf katastrophale Weise verlor, konnte sich das rechtzeitig auf die Erfolgsseite gerettete Bayern nochmals deutlich vergrößern. Die Reichsstädte Augsburg und Lindau (die heute noch zu Bayern gehören) kamen ebenso wie Tirol, Vorarlberg und die Bistümer Brixen und Trient hinzu.
Unter dem Eindruck dieser Erfolge ließ sich Maximilian mit der Genehmigung des französischen Kaisers am 1. Januar 1806 als König von Bayern ausrufen. Der Preis, den er dafür zahlen mußte, war die Auflösung des Verlöbnisses seiner Tochter Amalie Auguste mit dem Prinzen Karl von Baden. Bereits am 14. Januar 1806 mußte sie den Stiefsohn Napoleons, den Vizekönig von Italien, Eugène Beauharnais, heiraten (wider Erwarten wurde diese Ehe glücklich). Von nun an kämpften bayrische Soldaten auf allen Schlachtfeldern an französischer Seite, bis von den 34 000 Bayern, die 1812 nach Rußland gezogen waren, nur 1000 zurückkehrten. Unter diesem Eindruck wechselte König Max I., wenn auch schweren Herzens, erneut das politische und militärische Lager.
Diese Kehrtwendung beruhte vor allem auf der Überredungsarbeit des deutsch gesonnenen Kronprinzen Ludwig und Montgelas. Für Bayern war diese Entscheidung ein Segen. Anstatt mit dem Kaiser der Franzosen unterzugehen, schlug man sich wiederum zu den Siegern und zog daraus beim Wiener Kongreß ähnlichen Nutzen wie Preußen. Zwar mußte der König Tirol, Vorarlberg und die südalpinen Gebiete zurückgeben, doch ansonsten blieb das Königreich Bayern im wesentlichen als in sich geschlossenes Staatsgebiet auf dem Stand von 1806 erhalten und konnte sich sogar noch um die Rheinpfalz und einige andere Gebiete im Norden Bayerns arrondieren.
Die letzten Jahre der Regierung König Max I. prägte dann zunehmend der Einfluß des Kronprinzen auf die bayrische Politik. Auf Betreiben Ludwigs entließ der König 1817 seinen langjährigen, treuen Ersten Minister Montgelas und gab den Bayern im Jahr 1818 erstmals eine moderne Verfassung, in der weitgehend Rechtsgleichheit und religiöse Toleranz garantiert wurden (der erste Protestant erhielt 1801 (!) in München Bürgerrecht).
Der »gute König Max« blieb stets ein bescheidener und volkstümlicher Herrscher, der es immer verstand, in seinen Entscheidungen den größten Nutzen für sein Land zu ziehen. Daß ihm daher außerhalb Bayerns schlechte Eigenschaften nachgesagt wurden, hat ihn, den

bürgerlichsten aller Könige, nie angefochten. Vielmehr sind es gerade diese Eigenschaften, die ihm größte Beliebtheit in seinem Land verschaften, und ihn, den Pfälzer, zum »bayrischsten« der Bayern machten und ihn neben Kaiser Ludwig den Bayern und den Kurfürsten Maximilian I. in die Reihe der hervorragenden Wittelsbacher stellten. König Maximilian I. Joseph ist am 13. Oktober 1825 in Nymphenburg gestorben. Er wurde in der Theatinerkirche in München bestattet.

1825–1848 Ludwig I.

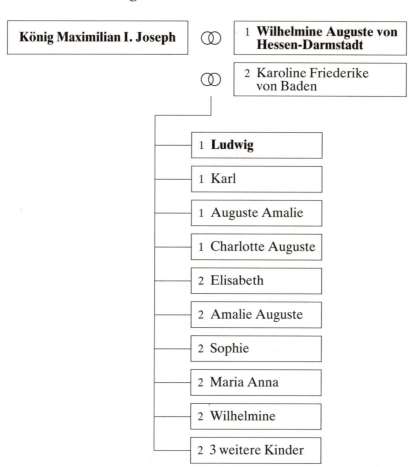

Als Prinz Ludwig am 25. August 1786 in Straßburg geboren wurde, war sein Vater dort noch Kommandeur des französischen Regiments Royal Alsace. Der Sohn erlebte also den rasanten Aufstieg Maximilians I. bewußt mit. Bei dessen Einzug in München zählte der zukünftige Kronprinz gerade 13 Jahre. Bis dahin wuchs er wohlbehütet überwiegend in der Pfalz auf. Nachdem der Vater Bayrischer Kurfürst (1806 ernannte sich Maximilian Joseph zum König von Bayern) geworden war, intensivierten die Eltern die Erziehung des Prinzen. Neben seinem Studium in Landshut und Göttingen erhielt er aber auch eine militärische Ausbildung.

Ludwig wurde eine gewisse Schwerfälligkeit im Denken nachgesagt, doch scheint dieser Mangel eher als Resultat seiner angeborenen Schwerhörigkeit und seines Sprachfehlers zu sein, der ihn zeitlebens belastete und den er möglicherweise durch seine (auch für einen Fürsten) außergewöhnlich umfangreichen amourösen Abenteuer zu kompensieren suchte. Wie kein anderer deutscher Fürst des 19. Jahrhunderts war Ludwig Anhänger der geistigen Strömungen der Romantik und schuf sich darin ein ungewöhnlich lebhaftes deutsches Bewußtsein, das ihn deutlich vom französisch empfindenden Vater abhob. Trotzdem mußte der Kronprinz gegen seine innere Überzeugung 1809 als Divisionskommandeur für Frankreich in den Krieg ziehen.

Die Suche nach einer standesgemäßen Ehefrau endete ein Jahr später durch die Heirat mit Therese von Sachsen-Hildburghausen, einer gütigen, lieben und verständnisvollen Frau, die die zahlreichen außerehelichen Beziehungen Ludwigs bis zu einem gewissen Punkt verzieh. Aus der Ehe gingen immerhin acht Kinder hervor, trotz der unübersehbaren Ergebnisse seiner anderen Verbindungen, denen mindestens drei uneheliche Kinder entsprangen. Auf der Suche nach einer Gemahlin war Ludwig gleich mehrere Male Napoleon ins Gehege gekommen: Ein Verlöbnis mit der Zarentochter Katharina Pawlowna mußte 1808 auf Druck des französischen Kaisers gelöst werden, und die Wiener Kaisertochter Marie Louise nahm der Korse selbst, als Ludwig daran dachte, um die Habsburgerin anzuhalten. Durch diese Umstände wurde die Feindschaft, die Ludwig gegenüber Napoleon empfand, nur verstärkt, aber nicht begründet, und dies, obwohl der Kaiser dem Kronprinzen 1807 in Paris den Degen schenkte, den er in der Schlacht von Austerlitz getragen hatte. Der politisch-militärische Umschwung, den König Maximilian I. vollzog, als er sich von Frankreich löste, hatte Ludwigs ganze Überredungskunst gekostet.

Neben seiner Einflußnahme in die Tagespolitik – dem Kronprinzen konnte es nicht liberal genug sein – widmete sich Ludwig bereits damals vorwiegend einer seiner Lieblingsbeschäftigungen: dem Bauen. Ludwig I. hat als Bayrischer König seine Residenzstadt München zur süddeutschen Kunstmetropole ausgebaut. Neben den zahlreichen Gebäuden, mit denen er München ausschmückte, gehört auch die Verlegung der Universität Landshut in die Residenz zu seinen Werken. Zu den bedeutenden Bauten Ludwigs gehören die beiden Pinakotheken, die Glyptothek, die Propyläen, die Bavaria, die neue königliche Residenz und zahlreiche Kirchen in München (unter anderen auch die

Bonifaziuskirche, in der er sich bestatten ließ) sowie die Kelheimer Feldherrnhalle und die Walhalla bei Regensburg. Alle großen Bauunternehmungen, die Ludwig I. geplant hat, sind trotz mancher finanzieller Schwierigkeiten zu Ende geführt worden. Darüber hinaus betätigte er sich als bedeutender Kunstsammler und Mäzen. Heute werden die von der Stadt München ausgehende Anziehungskraft und der Reiz ihrer Ausstrahlung von den Ergebnissen der Bautätigkeit dieses Monarchen mitbestimmt.
Als der Vater des Kronprinzen, König Max I., am 25. Oktober 1825 starb, übernahm Ludwig gut vorbereitet sein Amt. Der alte König hatte seinen Sohn beizeiten an der Regierung beteiligt, eine Chance, die der junge Prinz gut genutzt hatte. In der Haltung des neuen Königs muß es jedoch nach kurzer Zeit einen Bruch gegeben haben; seine anfangs betont liberalen Regierungsvorstellungen änderten sich etwa ab dem Jahr 1832 zu deutlicher Rückkehr zu kirchlich geprägter, konservativer, absolutistischer Haltung. Dieser reaktionäre ideologische Wandel wird auch durch den Wechsel seiner favorisierten Minister deutlich. Möglicherweise ist der Sinneswandel des Königs durch das Hambacher Fest und die Julirevolution beeinflußt worden. 1832 war auch das Jahr, in dem König Ludwig I. seinen Sohn Otto als König nach Griechenland entließ, der in dem von den Türken befreiten Land jedoch nie recht Fuß fassen konnte und 1862 von der einheimischen Bevölkerung vertrieben wurde.
Nicht nur wegen der angespannten Finanzlage schlug die Stimmung im Land der Bayern allmählich gegen König Ludwig I. um. Wären seine Bauten und eine gewisse Lola Montez nicht gewesen, so hätte man den König wohl als unbedeutend längst abgetan, doch die an sich unbedeutende Affäre, in die sich der 60jährige 1846 verstrickte, gab ihm bis heute eine (jedenfalls durch diese Angelegenheit) kaum gerechtfertigte Popularität. Lola Montez, in Wahrheit Eliza Dolores Gilbert, geschiedene Mrs. James, aus Schottland, kam als Tänzerin im Oktober 1846 nach München. Da der König die Gewohnheit besaß, sich um alles in München selbst zu kümmern, erfuhr er auch davon, daß die Montez am Hoftheater tanzen wollte, jedoch abgelehnt worden war. Weil der König gerne Spanisch sprach, wurde die Tänzerin vorgeladen, und damit nahm das Schicksal seinen Lauf. Lola Montez durfte tanzen und erhielt ein Wohnhaus in der Barerstraße in München.
Durch den Versuch des Königs, sie einbürgern zu lassen, wurden immer mehr Stimmen gegen die Montez laut. Die Kirche erhob Einwände, das

Ministerkabinett verweigerte der Einbürgerung die Zustimmung, und die Studenten gingen auf die Straße, weil ein Professor entlassen worden war. König Ludwig I. reagierte mit uneinsichtigem Trotz und ernannte Lola Montez zur Gräfin von Landsfeld. Am 11. Februar 1848 weitete sich die Affäre um die schöne Tänzerin zur Massendemonstration aus, und Ludwig sah sich gezwungen, Lola Montez aus München zu entfernen. Heimlich kehrte sie noch einmal zurück, um den König umzustimmen bzw. um ihn zum Rücktritt zu bewegen. Doch Ludwig hatte sich (zu spät) anders entschieden. Im Revolutionsjahr 1848 entwickelte sich die Privatangelegenheit des Königs zur Staatsaktion. Am 20. März 1848 dankte König Ludwig I. resignierend, gescheitert an einer Tänzerin, zugunsten seines ältesten Sohnes Maximilian Joseph ab. Ob dieser Schritt voreilig bzw. unnötig war, bleibt dahingestellt.
König Ludwig I. hat noch weitere 20 Jahre gelebt, in denen er als Privatmann seinem Hobby, der Vollendung seiner Bauvorhaben, nachgehen konnte. Am 29. Februar 1868 starb er während eines Kuraufenthalts in Nizza.

1848–1864 Maximilian II. Joseph

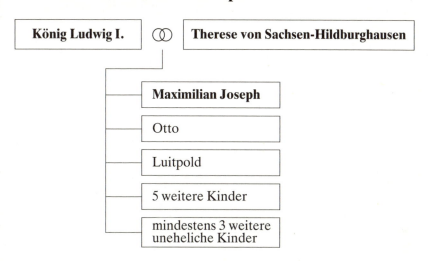

Häufig gab es in deutschen Fürstenhäusern krasse charakterliche Unterschiede zwischen Vater und Sohn, denkt man z. B. an Friedrich Wilhelm I. von Preußen und seinen Sohn Friedrich den Großen oder an Friedrich Wilhelm II. und seinen Nachfolger Friedrich Wilhelm III. von Preußen. So war es auch im Königreich Bayern bei König Ludwig I. und seinem ältesten Sohn Maximilian Joseph, der am 28. November 1811 in München geboren wurde. Im Gegensatz zum temperamentvollen, lebenslustigen und dynamischen Ludwig blieb Maximilian II. ein blasser, pedantischer, milder Gelehrtentyp, der Beruf, den er am liebsten ausgeübt hätte, wenn es das Schicksal anders gefügt hätte, und er war ein treuer Ehemann, eine Eigenschaft, die Ludwig I. am meisten abging.

Maximilian wurde in München und Umgebung erzogen und studierte an den Universitäten in Berlin, Göttingen und auch in München. Um den Kronprinzen auf sein späteres Amt vorzubereiten, schickte König Ludwig ihn auf zahlreiche Bildungsreisen. Auf einer dieser Unternehmungen erkrankte Maximilian 1835 in Ungarn an Typhus. Von dieser Krankheit hat er sich bis an sein Lebensende nie mehr richtig erholen können, vor allem plagten ihn ständige Kopfschmerzen. 1842 heiratete der Kronprinz die preußische Prinzessin Marie. Es war eine Liebesheirat, die eine glückliche Ehe begründete, aus der zwei Söhne hervorgingen. Leider kam durch Marie von Preußen jene Krankheit in die

Familie der Wittelsbacher, die den beiden Söhnen später soviel Schwierigkeiten gemacht hat. Marie war eine einfache Frau, die aber ein ausgeprägtes soziales Bewußtsein besaß und ein Herz für die kleinen Leute und ein offenes Ohr für deren Probleme hatte. In dieser Hinsicht hat Marie später als Königin ihren Mann mit Sicherheit auch politisch beeinflußt. An den geistvollen Gesprächen, die ihr Ehemann mit seinen Wissenschaftlern und Künstlern führte, nahm sie hingegen keinen Anteil.

Im Jahre 1848 mußte der Vater Maximilians, König Ludwig I., wegen seiner heftigen Affäre mit der Tänzerin Lola Montez zurücktreten und die Regierung dem Sohn überlassen. König Maximilian II. hatte es nicht leicht. Zwar fiel seine Regierungszeit sozusagen zwischen die Ereignisse, doch mischte sich der alte König, der in München blieb, häufig und gerne immer wieder in die Amtsgeschäfte ein. Dies führte zwangsläufig zu Spannungen. Zeitweise verkehrten Vater und Sohn nur schriftlich miteinander.

König Max II. setzte die Verschönerung Münchens, die sein Vater begonnen hatte, fort. Auch er ließ eine ganze Straße, die (noch heute) seinen Namen trägt, errichten und fügte weitere prunkvolle Bauten in das Stadtbild ein. Ansonsten aber legte der König mehr Wert auf die Förderung der Wissenschaften. Er holte zahlreiche gute (manchmal auch weniger gute) Gelehrte nach München und stiftete das berühmte Maximilianeum. Er begründete die Historische Kommission der Bayerischen Akademie der Wissenschaften und stiftete einen Orden für die Förderung von Kunst und Wissenschaft. Darüber hinaus tat er aber auch viel zur Entwicklung der heimischen Volkskunst, baute die Schnitzerschule in Mittenwald auf, unterstützte Bildungsbestrebungen auf unterer Ebene und gründete 1854 das Bayerische Nationalmuseum.

In seiner Politik verfolgte Maximilian II. einen für seine Zeit außergewöhnlich fortschrittlichen Kurs. Er ließ die bayrische Verfassung erneuern, führte die Gewaltenteilung zwischen Legislative und Exekutive ein, schuf ein gerechteres Wahlsystem, wandelte die Gerichtsbarkeit und gab dem Volk weitere Freiheiten, die über das, was der Vater und Großvater bereits gewährt hatten, noch hinausgingen. Der König wollte betont bürgernah wie der Großvater sein, ohne aber dessen Volkstümlichkeit erreichen zu können. Er unterhielt sich gerne und oft mit seinen Untertanen, mischte sich unter das Volk und wollte Bürger auf dem Königsthron sein. Eine umfassende Sozialgesetzgebung ist an seinem frühen Tod gescheitert, dennoch erzielte er auch auf diesem

Gebiet deutliche Verbesserungen. Eines seiner Verdienste ist der Bau der ersten Arbeiterwohnungen in München.
Der friedliebende, gewissenhafte und überkorrekte Herrscher wirkt wohl bis in die heutige Zeit hinein. Er entdeckte bei Wanderungen durch sein Königreich Bayern, an denen die Ehefrau und die beiden Söhne zünftig mit Rucksack teilnehmen mußten, die bayrische Landschaft für den Tourismus. Dabei wirkt König Max II. durch seine Hinwendung zur ursprünglichen, dem Volk verbundenen Kunst, die er populär zu machen half, bis auf den heutigen Tag.
Das segensreiche Wirken dieses bescheidenen, so wohlmeinenden Mannes wurde durch seinen plötzlichen Tod am 10. März 1864 in München viel zu früh beendet. König Maximilian II. Joseph ist nur 52 Jahre alt geworden, er ruht in der Münchener Theatinerkirche.

1864–1886 Ludwig II.

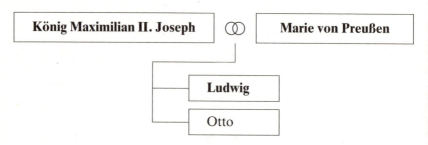

Der bekannteste, der unglücklichste, geschmähte und dennoch geliebte König Ludwig II. erblickte am 25. August 1845 (am Geburtstag seines Großvaters König Ludwig I.) in Nymphenburg das Licht der Welt. Seine Mutter, die schöne Marie von Preußen, trug wahrscheinlich den Keim des Unglücks in sich, mit dem sie ihre beiden Söhne belastete. Doch wenn auch die Marotten Ludwigs Bayern beinahe in den Ruin getrieben haben, heute gehören seine Schlösser zu den Attraktionen Bayerns, die zahllose Besucherströme in das Land locken. Das einsame Leben und der geheimnisumwitterte Tod dieses Königs umgeben Ludwig II. mit einem eigenartigen Mythos, den nur er unter allen deutschen Herrschern besitzt und der ihn auch heute noch in einem gänzlich eigenen Licht erscheinen läßt. Aber es waren nicht nur die Lebensumstände des Monarchen, auch seine beeindruckende Erscheinung (er maß 1,91 Meter) verbunden mit seiner liebenswürdigen Art ließen es so unwahrscheinlich erscheinen, daß dieser Mann sein Leben in Abgeschiedenheit von menschlicher Gesellschaft verbrachte.

Ludwig wurde als Kronprinz spartanisch, bescheiden und von der Umwelt abgeschirmt erzogen. Dem Vater war besonders daran gelegen, den Prinzen zur Beachtung seiner Pflichten anzuhalten, und dies glaubte er am besten erreichen zu können, wenn er seine Söhne harten Strapazen und Entbehrungen aussetzte. Der frühe Tod König Maximilians II. Joseph am 10. März 1864 traf den 18jährigen Ludwig, als er sich gerade anschickte, ein Studium an einer Universität aufzunehmen. Völlig unvorbereitet auf sein Amt, brach er sofort alle Studien ab, um die Landesregierung zu übernehmen.

Der unerfahrene junge König stand in dieser Zeit, in der sich in Deutschland die Suche nach dem zukünftigen gemeinsamen nationalen Weg abzuzeichnen begann, auf der Seite Österreichs. Nach kaum zwei

Jahren Amtszeit unterschrieb Ludwig II. am 10. Mai 1866 den Befehl, der Bayerns Mobilmachung für einen Krieg gegen Preußen anordnete. Ein Krieg, den der friedliche und übersensible König überhaupt nicht wollte und auf den Bayerns Militär durch die Schuld seiner Vorgänger nicht vorbereitet war. Die bayrische Armee erlitt folglich Niederlage um Niederlage und mußte ebenso wie die Österreicher kapitulieren. Am 22. August 1866 wurde der Friedensvertrag zwischen Preußen und Bayern geschlossen.
Bismarck ließ die Bayern beinahe ebenso glimpflich davonkommen wie die Österreicher, die zehn Millionen Gulden weniger zahlen mußten als die Bayern, die überdies noch einige Stückchen Land in Franken verloren. Aber Bayern wurde noch in einen geheimen Bündnisvertrag mit Preußen gepreßt und mußte vier Jahre später, als es gegen Frankreich ging, erneut in die Kasse greifen und die Armee mit 55 000 Mann unter preußischer Führung zur Verfügung stellen.
König Ludwig II. war dies alles zuwider, er zog sich an den Vierwaldstätter See zurück, um sich dort mit Richard Wagner zu treffen. Mit 16 Jahren hatte Ludwig begonnen, für die Musik Wagners und für den Künstler zu schwärmen. Bald nach dem Regierungsantritt ließ der König den Komponisten nach München holen, wo er am 4. Mai 1864 eintraf. Hier begann die Freundschaft zwischen Ludwig II. und Wagner, die durch zahlreiche Dokumente belegt ist. Die unangemessene, übersteigerte Förderung des Künstlers und die naive Verehrung, die der König für ihn empfand, führte letztlich dazu, daß Wagner im Dezember 1865 München verlassen mußte, die Unterstützung ging jedoch weiter. Für Wagner ließ Ludwig das Festspielhaus in Bayreuth erbauen, das 1876 mit den ersten Festspielen feierlich eröffnet wurde. Die Opern *Die Meistersinger von Nürnberg, Rheingold* und die *Walküre* wurden im Münchener Hoftheater uraufgeführt, die Partitur des *Lohengrin* schenkte Wagner seinem König 1868 zum Weihnachtsfest. Der Tod des Künstlers im Jahr 1883 traf Ludwig schwer.
1867 verlobte sich Ludwig II. mit seiner Cousine Sophie. Doch obwohl die Residenz bereits zur Hochzeit des Paares rüstete, löste der König ganz überraschend die geplante Verbindung. Ludwig blieb unverheiratet. Möglicherweise führten seine Empfindungen für die Schwester seiner Verlobten, die mit Kaiser Franz Joseph von Österreich verheirateten Elisabeth (Sissi), zu dieser Entscheidung. Jedenfalls traf sich Ludwig II. des öfteren mit der Kaiserin; daß die beiden zumindest eng befreundet waren, steht außer Frage.

1832 erwarb Ludwigs Vater die Ruine Hohenschwangau und ließ sie renovieren, um das Schloß als Sommerresidenz zu nutzen. Auf einem benachbarten Berg befand sich eine weitere Burgruine, Vorder-Hohenschwangau. Ludwig II. beschloß, dieses Gemäuer ebenfalls erneuern zu lassen, jedoch riß man die Reste ein, und ab 1869 entstand an dieser Stelle das Schloß Neuschwanstein, das ebenso wie das Schloß Herrenchiemsee, mit dem 1878 begonnen wurde und in dem der König nur zehn Tage wohnte, nie vollendet worden ist. Neben diesen beiden spektakulären Bauten, die das Budget des Königs (der überhaupt kein Verhältnis zum Geld hatte) dramatisch belasteten, ließ er auch ab 1870 den ehemaligen Zehnthof des Klosters Ettal, Linderhof, zu einem Schloß ausbauen. Während durch Neuschwanstein die von Wagner bestärkte schwärmerische Neigung des Königs für die frühmittelalterliche Sagenwelt in Stein gesetzt und zum Ausdruck kam und seinen Ruf als »Märchenkönig« begründete, dokumentierten Linderhof und Herrenchiemsee die innere Wandlung Ludwigs II. zum Absolutismus eines Ludwig XIV., die durch seine Besuche 1867 und 1874 in Versailles Nahrung bekam.

Die Finanzierung der außergewöhnlichen Bauten wurde durch die Zuwendungen Bismarcks möglich, mit denen der Reichskanzler die Rolle König Ludwigs II. honorierte, als dieser durch einen von Bismarck vorgefertigten Brief 1871 die Krönung Wilhelms I. zum Kaiser des Deutschen Reichs ermöglichte. Darüber hinaus wollte Bismarck, der dem König immer gewogen blieb, auch die Position des Monarchen in Bayern stärken. Ludwig hatte im Vorfeld der Reichsgründung von 1871 eine Lösung vorgeschwebt, bei der die Kaiserwürde zwischen den Häusern Hohenzollern und Wittelsbach alternieren sollte, was jedoch in Preußen nicht akzeptiert wurde. Von dieser Zeit an wurde Ludwig von kaiserlich-preußischer Seite argwöhnisch, konspirativ überwacht und die Umgebung des Königs sowie die Münchener Presse negativ gegen ihn beeinflußt. Aus Berlin flossen nicht nur Gelder in die Kassen des Königs, sondern auch in manch andere Münchener Tasche.

Diese Machenschaften und die in den Augen seiner Umgebung allmählich immer seltsamer wirkenden Befehle, die Ludwig II. ausgab, führten im Mai 1886 letztlich dazu, daß der König seines Amts enthoben wurde und sein Onkel Luitpold die Regentschaft für seinen Neffen antrat. Ludwig II. erkannte die Absicht seiner Umgebung, bei der die preußische Gesandtschaft kräftig mitgemischt hatte, und wollte fliehen oder sich wehren, doch wurde er auf Schloß Neuschwanstein ergriffen und auf Schloß Berg an den Starnberger See gebracht. Einige Tage später, am 13. Juni 1886, ist er dort zusammen mit seinem Arzt Dr. Gudden im See ertrunken. Er wurde am 19. Juni 1886 in der Münchener Michaeliskirche unter großer Anteilnahme der Bevölkerung beigesetzt. Obwohl Ludwig II. (mit Ausnahme Friedrichs des Großen) der am meisten beschriebene deutsche König ist, sind viele zentrale Fragen seines Lebens ungeklärt: War der König tatsächlich der Sohn Maximilians II. Joseph? Oder wurde im Haus Wittelsbach mit Wissen des Königs ein falsches Spiel getrieben? War Ludwig II. wirklich unglücklich und wenn ja, war der Grund die unerfüllte Liebe zur Kaiserin Elisabeth? War er wirklich krank? Oder wurde er durch politische (preußische) Machenschaften ins Abseits gedrängt? War sein Tod wirklich ein Freitod? Oder wurde der König ermordet oder handelte es sich um einen Unglücksfall während eines Fluchtversuchs? Fragen über Fragen, die nicht mehr geklärt werden können. Doch was steht fest? Ludwig II. war für sein Amt wie kaum ein anderer Herrscher denkbar ungeeignet. Seine freudlose Jugend und das angespannte Verhältnis zu seiner Mutter trugen nicht dazu bei, dem Herrscher seine Aufgaben zu erleichtern. Seine übersensible Natur hätte treuer Freunde und verläßlicher Ratgeber bedurft, die waren jedoch nicht vorhanden. So trieben ihn seine Veranlagung und die Umgebung immer tiefer in die selbst gewählte Einsamkeit, in der er schließlich scheiterte.

1886–1913 Otto I.

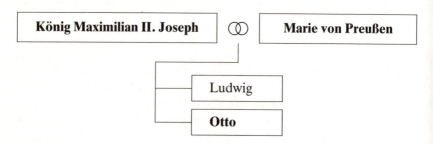

Prinz Otto wurde am 27. April 1848 in Nymphenburg geboren. Der ab 1870 geistig verwirrte Bruder König Ludwigs II. hätte nach dessen Tod nominell die Regierung des Königreichs Bayern übernehmen müssen. Dies war jedoch wegen der Krankheit Ottos nicht möglich. Statt dessen regierte der Onkel, Prinzregent Luitpold.

Als Prinzregent Luitpold im Jahr 1912 starb, übernahm dessen Sohn Ludwig die Amtsgeschäfte. Ludwig ernannte sich 1913 als Ludwig III. zum König Bayerns, obwohl Otto I. noch bis zum 11. Oktober 1916 – in völliger Abgeschiedenheit von der Welt auf Schloß Fürstenried in der Nähe von München – lebte.

1913–1918 Ludwig III.

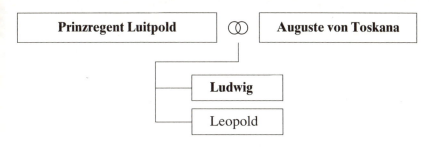

Der letzte Wittelsbacher König wurde am 7. Januar 1845 in München geboren, er war also noch um einige Monate älter als König Ludwig II., der bereits 1886 gestorben war. Als der Prinzregent Luitpold, der die Regierung des Königreichs Bayern seit Ludwigs II. Tod geführt hatte, 1912 im Alter von beinahe 91 Jahren starb, endete in Bayern eine Ära, die beschaulich und bieder vor allem dem etablierten Bürgertum genutzt hatte.
Der Sohn Luitpolds, Ludwig, der die Amtsgeschäfte nun übernahm, war zu diesem Zeitpunkt bereits ein alter Mann, ein von Krankheit und nahem Tod gezeichneter Greis, der als unbeweglich und bäuerlich galt und aufgrund seines Alters nicht mehr in der Lage zu sein schien, hinzuzulernen. Überflüssigerweise ließ sich dieser Ludwig im November des Jahres 1913 zum König Ludwig III. von Bayern krönen, zu einem Zeitpunkt, als der rechtmäßige König Otto I. noch lebte, doch geistig verwirrt ein kümmerliches Leben auf Schloß Fürstenried fristete. Sein Beliebtheitsgrad in der Bevölkerung konnte Ludwig III. dadurch nicht verbessern, im Gegenteil, das Volk, dessen Hilfe er 1918 so dringend benötigt hätte, hat ihm diesen Schritt nie verziehen.
Die Regierungszeit König Ludwigs III. wurde durch den Ersten Weltkrieg überschattet. Vielleicht wäre der König nicht einmal der schlechteste Herrscher in Bayern geworden, doch der Krieg ließ ihm keine Chance. Am Abend des 7. November 1918 verließ der König mit seiner Familie wegen anhaltender Unruhen München und floh zunächst nach Schloß Wildenwart im Chiemgau, von da auf das in der Nähe von Salzburg gelegene Schloß Anif. Aber auch dort gab es keine ausreichende Sicherheit.
Am 8. November hatte der Journalist Kurt Eisner die 738jährige kontinuierliche Wittelsbacher Herrschaft in Bayern beendet, indem er

die Republik ausrief. König Ludwig III. entband zwar die Beamtenschaft und das bayrische Militär vom Treueeid. Er selbst dankte jedoch nie ab.

Am 18. Oktober 1921 ist König Ludwig III. in Sarvar in Ungarn gestorben. Wenigstens seinem Leichnam gestattete man die Rückkehr. Er ruht in der Münchener Frauenkirche.

Teil VI

Die Könige von Württemberg
1806–1918

Einleitung zu Teil VI

Die Geschichte des Landes Württemberg kann man bis zur Abdankung König Wilhelms II. am 30. November 1918 grob gesehen in drei Abschnitte einteilen. Der erste Teil dieser Geschichte reicht von dem im dunkeln der Zeit liegenden Ursprüngen der Familie, die dem Land ihren Namen gab, bis in das Jahr 1442. Der zweite Teil dieser Geschichte rechnet von 1442 bis 1806, als Württemberg zum Königreich erhoben wurde, und der letzte Abschnitt umfaßt dann die Zeit dieses Königreichs.

Im 11. Jahrhundert kam die Familie der Württemberger zum Ursprung ihres Landbesitzes »Wirteneberc« in der Nähe von Untertürkheim. Durch engen Anschluß an die Staufer vermehrte sich der Familienbesitz allmählich. Der Grafentitel wurde verliehen, und beim Untergang des staufischen Königsgeschlechts hielt sich die Familie an deren schwäbischem Eigentum schadlos. Das Neckartal bildete das Kernstück württembergischen Landes, das im Verlauf des Mittelalters ständig erweitert wurde und die Familie zur bedeutendsten Macht in Südwestdeutschland aufsteigen ließ. Der bis in das 15. Jahrhundert hinein vergrößerte Herrschaftsbereich blieb danach, nur unwesentlich verändert, bis in die Napoleonische Zeit erhalten. Dabei kam den Württembergern zugute, daß sie es auf gut schwäbische Art verstanden, den Familienbesitz beisammenzuhalten und die in anderen Familien des Hochadels üblichen Teilungen weitgehend zu vermeiden.

Vor allem aber konnten sie die Absicht der Habsburger vereiteln, das Herzogtum Schwaben auf Kosten Württembergs auferstehen zu lassen. Unter Kaiser Maximilian I. wurde die Reichsgrafschaft Württemberg

Regierungszt.	Name	vor Regierungsantritt
1806–1816	Friedrich I.	Kurfürst
1816–1864	Wilhelm I.	Kronprinz
1864–1891	Karl I.	Kronprinz
1891–1918	Wilhelm II.	Prinz

zum Herzogtum erhoben, womit der Kaiser allerdings die Hoffnung verband, dieses Herzogtum dereinst dem Habsburger Besitz zurechen zu können. Über Jahrhunderte hinweg mußten sich die Herzöge gegen diese Habsburger Gelüste wehren. Diese Absicht lieferte letztlich auch den Anstoß dafür, daß Herzog Friedrich II. im 3. Koalitionskrieg an die Seite Napoleons trat, der ihn zunächst (1804) zum Kurfürsten ernannte und ihm 1806 die Erhebung Württembergs zum Königreich ermöglichte. In der Napoleonischen Zeit verdoppelte sich das Land Württemberg hinsichtlich der Bevölkerung und der räumlichen Ausdehnung. Letzteres vor allem zum Nachteil der Habsburger sowie auf Kosten der damals noch existenten Reichsgrafschaften in Südwestdeutschland.

Der Wiener Kongreß brachte dem Königreich Württemberg keinen Gebietszuwachs. Die erhoffte Gebietserweiterung durch Hinzunahme des Großherzogtums Baden blieb aus (Baden sollte auf dem linken Rheinufer entschädigt werden). Die Zeit des Königreichs Württemberg ist gekennzeichnet durch den Kampf der Könige um den Erhalt der Souveränität. Unter diesem Aspekt muß der Versuch König Friedrichs I., eine reaktionäre Verfassung durchzusetzen, sowie sein am 8. Juni 1815 nur widerwillig vollzogener Beitritt als letzter der deutschen souveränen Fürsten zum Deutschen Bund gesehen werden. Unter König Wilhelm I. begann auch in Württemberg die allmähliche Abkehr vom absolutistisch geprägten Staat. Am 25. September 1819 erhielt das Land seine erste Verfassung. Dennoch blieb die Politik der württembergischen Regierungen zumeist reaktionär. In den Jahren 1848–49 entlud sich auch in Württemberg der Drang der Bevölkerung nach mehr Freiheit und Demokratie in revolutionären Aktionen. Wilhelm I. gewährte einige Zugeständnisse, die er alsbald jedoch wieder zurücknahm. Im deutschen Bruderkrieg von 1866 kämpfte Württemberg auf österreichischer Seite, mußte aber nach einer bald erlittenen

Bemerkungen
König ab 1. 1. 1806
–
–
dankte am 30. 11. 1918 ab

Niederlage die Vorherrschaft Preußens in Deutschland anerkennen. Nach der Reichsgründung vom 1. Januar 1871 büßte Württemberg zwar weitgehend seine souveränen Rechte ein, doch wirtschaftlich blühte das Land auf. Erst der Erste Weltkrieg brachte auch in dieser Hinsicht eine Zäsur. Am 30. November 1918 beendete König Wilhelm II. die über Jahrhunderte währende Herrschaft seiner Familie in Württemberg, in dem er zugunsten einer Republik abdankte.

1806–1816 Friedrich I.

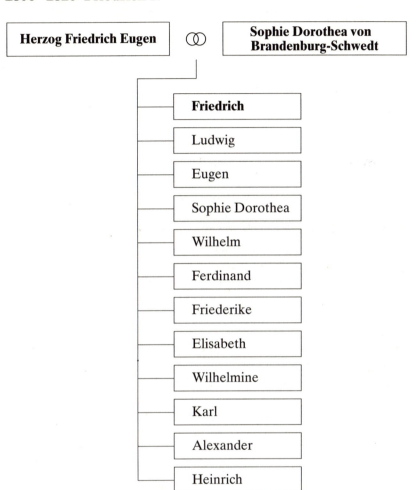

Der spätere König Friedrich I. von Württemberg wurde am 6. November 1754 in Treptow an der Rega als erster Sohn Herzog Friedrich Eugens und Sophie Dorotheas von Brandenburg-Schwedt, einer Nichte Friedrichs des Großen, geboren. Die protestantische (obwohl der Vater katholisch war) Erziehung des Prinzen richtete sich nicht auf eine spätere Herrschaft als Herzog von Württemberg aus, da der Vater als jüngster Bruder Herzog Carl Eugens erst an dritter Stelle, noch hinter dem Zweitgeborenen Ludwig Eugen, in der Erbfolge rangierte. Da diese jedoch keine männlichen Nachkommen hinterließen, erbte Friedrich II. (als König Friedrich I.) am 22. Dezember 1797 nach dem Tod seines Vaters das Herzogtum Württemberg.

Die enge Verbindung seines Vaters zu Preußen, der in allen großen Schlachten des Siebenjährigen Kriegs an der Seite Friedrichs des Großen gekämpft hatte, führte dazu, daß der Prinz nach einer freudlosen Jugend mit 20 Jahren an den preußischen Hof Friedrichs des Großen kam und 1777 als (23jähriger) Oberst eines preußischen Regiments am Bayerischen Erbfolgekrieg teilnahm. Zu seinem Großonkel Friedrich dem Großen hatte Friedrich ein freundschaftlich ungetrübtes Verhältnis, das so lange anhielt, bis das Haus Württemberg Verbindungen zu Rußland und Österreich einging.

1881 wechselte Friedrich in russischen Dienst, als seine Schwester Sophie Dorothea den späteren Zaren Paul I. heiratete. In seiner Rußlandzeit führte Friedrich als Generalgouverneur den Verwaltungsbezirk Wiborg und nahm unter Zarin Katharina der Großen am Türkenkrieg teil, in dem er sich durch seine Tapferkeit auszeichnete. Als deutlich wurde, daß Friedrich das Herzogtum Württemberg würde übernehmen müssen, kehrte er nach Deutschland zurück und lebte bis zu seinem Amtsantritt auf einem kleinen Landsitz in der Nähe von Mainz.

Friedrich war in erster Ehe seit 1780 mit Auguste von Braunschweig-Wolfenbüttel verheiratet, die ihn auf seinen Reisen und Aufenthalten in ganz Europa begleitete. Aus dieser Ehe gingen zwei Söhne und zwei Töchter hervor. Doch die Ehe war keineswegs glücklich. Nach der von Zarin Katharina befohlenen Trennung des Paares (ohne daß es zu einer offiziellen Scheidung kam) starb Auguste 1788 unter mysteriösen Umständen in einem Schloß in Estland. Seine zweite Ehe ging Friedrich 1797 mit Charlotte, einer Tochter König Georgs III. von Großbritannien, ein. Auch diese Ehre wurde nicht glücklich, doch pflegte Friedrich mit seiner Gemahlin einen stets respektvollen Umgang. Zu diesem distanzierten Verhältnis trug wohl auch der Umstand bei, daß Charlotte nach einer totgeborenen Tochter keine weiteren Kinder bekommen konnte.

Sofort nach seiner Regierungsübernahme im Jahr 1797 gab Herzog Friedrich die von seinem Vorgänger verfolgte Neutralitätspolitik gegenüber Frankreich auf und steuerte einen klaren Konfrontationskurs gegen Napoleon, als er an der Seite Österreichs am 2. Koalitionskrieg teilnahm. Dadurch ging 1801 das Herzogtum zunächst für Friedrich

verloren. Doch bereits ein Jahr später gelang es dem Herzog durch Vermittlung seines Neffen Zar Alexander I., einen Vertrag mit Frankreich auszuhandeln, der ihn reichlich entschädigte. Letztlich kam jedoch Herzog Friedrich auf die Seite Napoleons, weil das Haus Habsburg den Plan verfolgte, das Herzogtum Württemberg aufzulösen und Friedrich in der Toskana abzufinden.
Am 27. April 1804 wurde dem Herzog durch Napoleon die Kurwürde verliehen. Napoleon zwang Friedrich 1805 zur Teilnahme am 3. Koalitionskrieg. Im Frieden von Preßburg wurde Friedrich erneut durch Napoleon belohnt, der der Erhebung Württembergs zum Königreich zustimmte und dem Land große Teile Vorderösterreichs sowie weitere Gebiete der schwäbischen Reichsritterschaft zuschlug. Am 1. Januar 1806 ließ Friedrich, nunmehr als König Friedrich I., die Erhebung des Landes zum Königreich verkünden. Napoleon band den König nun noch enger an sich, indem er dessen Tochter Katharina mit seinem Sohn Jérôme, der als König über Westfalen regierte, verheiratete. In der Folgezeit nahmen Württemberger Truppen an allen Feldzügen Kaiser Napoleons teil. König Friedrich I. ließ sich diese Hilfsleistungen jedoch mehrfach durch weitere Gebietszugewinne honorieren. Bis 1812 hatte sich das Königreich Württemberg hinsichtlich seiner Größe und der Einwohnerzahl verdoppelt.
König Friedrich I. regierte als absoluter Herrscher, der seinen Untertanen keine Grundrechte einräumte. Freie Religionsausübung stand er lediglich den Lutheranern, den Reformierten und den Katholiken zu. Ansonsten duldete er keine freiheitlichen Regungen. Das betraf alle Bevölkerungsschichten; auch die Rechte des Adels wurden stark beschnitten, dessen Steuerfreiheit und Patriarchalgerichtsbarkeit abgeschafft wurden. Zeitweise bestand für Standesherren Residenzpflicht in Stuttgart. Niemand durfte das Königreich ohne Genehmigung verlassen.
Auch in die Rechtsprechung griff der König eigenmächtig ein und fällte selbst Urteile. Allerdings muß dabei beachtet werden, daß sich der König streng an das geltende Recht hielt. Zur Überwachung der Durchführung seiner Anordnungen sowie des Landes und der Bevölkerung ganz allgemein schuf der König ein straff organisiertes Bespitzelungssystem. Gesetze zum Verbot der freien Meinungsäußerung, das Versammlungsverbot, die Einführung der Zensur und die Bildung eines Polizeiministeriums sind nur selbstverständliche Auswirkungen der reaktionären Einstellung dieses Herrschers.

1806 wurde die allgemeine Wehrpflicht eingeführt und die vorhandenen Reste einer selbständigen Verwaltung der Städte und Gemeinden und deren Gerichtsbarkeit weitgehend abgeschafft. Entsprechend der Haltung und der Ausbildung dieser Herrscherpersönlichkeit wurde das württembergische Heer vorbildlich aufgebaut, organisiert und geführt, allerdings ging die Armee im Rußlandfeldzug von 1812 nahezu total verloren. Trotz seiner reservierten Einstellung gegenüber Frankreich ließ König Friedrich I. seine Truppen noch in den Befreiungskriegen auf französischer Seite kämpfen. Erst verhältnismäßig spät (als die Niederlage Napoleons absehbar wurde) wechselte er die Bündnisseite. Dennoch hat Friedrich I. auch den Wiener Kongreß schadlos überstanden.

König Friedrich I. gilt als der bedeutendste Herrscher Württembergs neuerer Zeit. Mit seiner überlegenen Intelligenz und seiner unermüdlichen Schaffenskraft baute er sein Königreich zu einem modernen Staat auf. Sein erfolgreiches Wirken gründete sich auch auf das von ihm eingeführte Verwaltungssystem nach französischem zentralistischem Muster. Dazu konnte er Württemberg in seinen 19 Regierungsjahren durch große Gebietserweiterungen zu seiner größten Ausbreitung verhelfen. Allerdings verfolgte der König seine Ziele rücksichtslos und oft auch ohne menschliche Regung. Die eigene Unterordnung unter den Staatsgedanken, die er ähnlich wie der preußische König Friedrich der Große konsequent durchhielt, verlangte er auch von seinen Untertanen. Aufkeimenden Demokratisierungs- und Liberalisierungsideen ließ er keinerlei Chancen.

Die Unbeliebtheit des Königs im Lande förderten neben seiner unbeugsamen Regierungsführung auch seine Prunk- und Repräsentationslust sowie seine unmäßige Jagdleidenschaft, für die er immense Summen aufbot. Im Streit um eine neue Landesverfassung mußte der König 1815 erstmals dem württembergischen Parlament nachgeben und einige Zugeständnisse, die seinen Absolutismus einschränkten, zulassen. Mitten in den Auseinandersetzungen über diese Verfassungsreform starb Friedrich I. überraschend am 30. Oktober 1816 in Stuttgart im Alter von 62 Jahren. Er ruht in der Familiengruft im Schloß Ludwigsburg.

1816–1864 Wilhelm I.

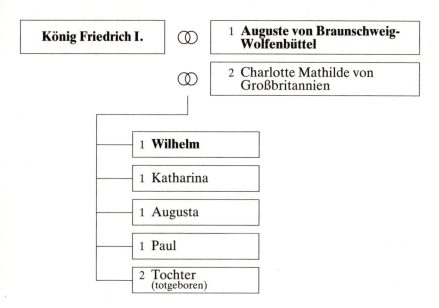

Wilhelm I. von Württemberg wurde am 27. September in Lüben in Schlesien als erster Sohn des späteren Königs Friedrich I. und Augustes von Braunschweig-Wolfenbüttel geboren. Der Vater war zu dieser Zeit im preußischen Dienst und kommandierte als General in Schlesien ein Dragonerregiment. Der Neigung Friedrich I. entsprechend, wurde der Prinz militärisch erzogen. Seine Mutter starb, als Wilhelm erst acht Jahre zählte.

Der absolutistische Regierungsstil und der unbeugsame, schwierige Charakter Friedrichs I. führten zu häufigen Meinungsverschiedenheiten zwischen Vater und Sohn, dessen frühe Jahre dadurch überschattet wurden. Doch führte der brutale Erziehungsstil des Vaters nicht zum erwünschten Erfolg, vielmehr reagierte der Prinz immer trotzig. 1803 floh Wilhelm mit einem bürgerlichen Mädchen nach Paris, wo er Napoleon um Erlaubnis zur Heirat bat. Der Korse lehnte dies jedoch aus Rücksicht auf Herzog Friedrich von Württemberg ab. Erst 1806 wurde das Zerwürfnis zwischen Vater und Sohn im beiderseitigen Einvernehmen beendet. Das Verhältnis zu der Bürgerstochter Abel, die dem Prinzen Zwillinge geboren hatte, war bereits vorher gelöst worden.

Wilhelm nahm als junger Prinz an den Kriegen gegen die französischen Revolutionsheere teil, er kämpfte unter dem österreichischen Erzherzog Johann unter anderem in der Schlacht bei Hohenlinden. Nach dem Bündniswechsel Friedrichs I. wurde Württemberg 1806 mit Zustimmung Napoleons zum Königreich erhoben. Der zum Kronprinz aufgestiegene Wilhelm wurde 1809 zum General befördert und erhielt den Oberbefehl über die württembergische Armee. 1812 führte Wilhelm das württembergische Truppenkontingent der französischen Streitkräfte nach Rußland. Allerdings blieb er, wahrscheinlich war das seine Rettung, erkrankt in Wilna zurück. Nach dem erneuten Bündniswechsel Württembergs im Anschluß an die Völkerschlacht von Leipzig befehligte Kronprinz Wilhelm ein Armeekorps gegen Frankreich. Hier erlebte er unmittelbar die Kampfhandlungen von La Rothière, Montereau und Bar sur Aube, wo er wegen seiner umsichtigen Truppenführung am 3. Februar 1814 von König Friedrich Wilhelm III. von Preußen den Schwarzen Adlerorden erhielt. Sein persönliches Bestreben, Elsaß-Lothringen wieder mit dem Südwesten Deutschlands zu verbinden, blieb allerdings unerfüllt.

Wilhelm I. war dreimal verheiratet. Die erste Ehe schloß er 1807 mit Charlotte Auguste, einer Tochter König Maximilians I. Joseph von Bayern. Diese rein politische Zweckehe wurde 1814 geschieden, ohne daß es zwischen den Eheleuten zu einer echten Beziehung gekommen wäre. 1816 heiratete Wilhelm seine Cousine Katharina Pawlona, eine Tochter des russischen Zaren Paul I. Doch Katharina starb nach nur drei Ehejahren überraschend 1819, nachdem sie sich durch ihr soziales Engagement die Liebe des Volkes erworben hatte. Obwohl das königliche Paar äußerlich einen harmonischen Eindruck machte, war auch diese Ehe im Grunde unglücklich. Darüber täuschen auch die Betroffenheit Wilhelms und seine Reaktionen nach dem Tod Katharinas nicht hinweg. Bereits ein Jahr später heiratete er seine um 20 Jahre jüngere Cousine Pauline, die Tochter seines Onkels Ludwig. Aus dieser Ehe stammt sein Nachfolger Karl. Dennoch war auch diese Ehe nicht vom Glück begünstigt. Insgesamt stammen aus den Ehen Wilhelms fünf Kinder, zwei Töchter aus der zweiten und zwei Töchter und ein Sohn, der ersehnte Thronfolger, aus der dritten Ehe. Wilhelm bewies keiner seiner Frauen Treue; seine außerehelichen Beziehungen, vor allem das Verhältnis zu der Hofschauspielerin Amalie Stubenrauch, bildeten öfter die Stuttgarter Stadtgespräche.

Nach dem Tod seines Vaters übernahm Wilhelm I. am 30. Oktober 1816 die Regierung des Königreichs Württemberg. Als König führte er während seiner fast 48jährigen Regierungszeit sein Land zwischen den beiden großen deutschen Staaten Österreich und Preußen einerseits und Frankreich als feindlichen Nachbarn andererseits mit Klugheit und Geschick. Bereits 1819 ließ er Württemberg eine neue fortschrittliche Verfassung geben und beendete damit die reaktionäre absolutistische Regierung seines Vaters. Durch seine aufgeschlossene moderne Art schuf er Vertrauen in seine Amtsführung und sicherte damit den inneren Frieden als Voraussetzung für Stabilität und Fortschritt. Mit staffer Haushaltsführung, Milde und scharfem Verstand regierte König Wilhelm I. gerecht und praxisnah.

Die Verwaltung des Landes, die Landeskirche und das Schulwesen wurden neu geordnet, Handel, Verkehrswesen, Landwirtschaft und Industrie gefördert und unterstützt. Nach schwäbischer Art unterlag der Staatshaushalt seiner strengen und auf Sparsamkeit ausgerichteten Kontrolle. Nach den schwierigen wechselvollen Jahren der Napoleonischen Zeit kehrte Ruhe, Ordnung und Wohlstand im Land ein, wobei der König mit Verständnis und Kraft im besten Sinne dazu beitrug.

Doch trotz seines Bemühens, sich vom Absolutismus seines Vaters klar abzugrenzen, blieb auch er ein reaktionärer Landesvater, allerdings mit wesentlich milderer Prägung des Regierungsstils, als es bei seinem despotischen Vater gewesen war. Er legte sehr viel Wert auf die Feststellung, daß er ein konstitutioneller Monarch sei. Es darf aber davon ausgegangen werden, daß diese Meinung nicht der inneren Überzeugung des Königs entsprach, sondern vielmehr der Beruhigung fortschrittlicher Kräfte diente. Sein Fleiß und sein persönlicher Einsatz fanden allgemeine Anerkennung, vor allem auch die Ordnung der durch seinen Vater verursachten Mißstände in der württembergischen Finanzwirtschaft.

Als Offizier sorgte König Wilhelm I. für die Ausbildung und Schlagkraft des kleinen württembergischen Heeres, das als Kaderarmee geplant und gehalten wurde, allerdings während seiner Regierungszeit (abgesehen von der Revolution 1848/49) nicht zum Einsatz kam. Weitere Interessen des Herrschers lagen auf dem Gebiet der Landwirtschaft, hier kümmerte er sich besonders um die württembergische Pferdezucht, die natürlich auf militärischem Interesse ruhte. Der König reiste sehr gern; auf seinen Inspektionsreisen kutschierte er öfter auch selbst seinen kleinen Wagen. Als hochgebildeter Mensch pflegte der König einen Kunst- und Bildungssinn, der zwar manche Chance im eigenen Land ausließ (Uhland, Mörike, Boisserée), dem man dennoch eine eigene Prägung zubilligen muß.

Auch die Richtlinien der Außenpolitik bestimmte der König während seiner langen Regierungszeit weitgehend selbst. Konsequent verfolgte er eine Abgrenzungspolitik gegenüber den beiden großen deutschen Hegemonialmächten Preußen und Österreich, dabei konnte er sich durchaus erfolgreich behaupten, wenn er auch sein Ziel, die weitere Vergrößerung Württembergs zu einer dritten deutschen Großmacht, nicht erreichte. Obwohl König Wilhelm I. neben seinem Zeitgenossen König Johann von Sachsen als bedeutender Kopf unter den deutschen Fürsten galt und zeitweise unter ihnen eine Führungsrolle innehatte, gelang es ihm letztlich nicht, seine ehrgeizigen Pläne zu verwirklichen. Als Politiker und Herrscher bleibt Wilhelm I. bis heute umstritten. Seine gegen die deutsche Einheit gerichtete Politik steht im Gegensatz zu seinen gelegentlichen verbalen Äußerungen. Vielleicht ging es dem König vor allem darum, für sein Land die besten Eintrittsvoraussetzungen in ein absehbares zukünftiges vereintes Deutschland zu verschaffen.

Nahezu 81jährig starb König Wilhelm I. von Württemberg am 25. Juni 1864 auf seinem Landgut Rosenstein in der Nähe von Stuttgart. Er wurde gemäß seinem Wunsch in der Kapelle auf dem Rotenberg beerdigt.

1864–1891 Karl I.

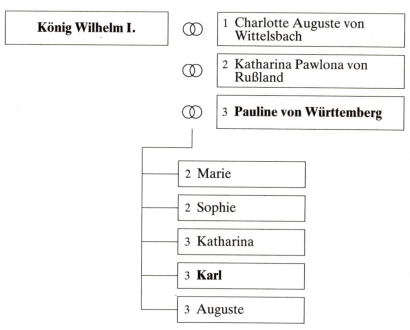

Der Kronprinz Karl Friedrich Alexander von Württemberg wurde am 6. März 1823 in Stuttgart als einziger Sohn König Wilhelms I. von Württemberg und Paulines geboren. Entsprechend sorgfältig und behütet erfolgte die Erziehung und Ausbildung des Prinzen. Trotz guter Anlagen und musischer Begabung gelangte Prinz Karl nicht an die geistigen Kräfte des Vaters oder des Großvaters König Friedrich I. heran. Karl besaß einen milden, weichen, sanftmütigen Charakter und strebte schwärmerisch nach Idealen, ohne allerdings den Mut und die Tatkraft zu besitzen, diese zu erreichen. Dem geistig überlegenen Vater ordnete sich Prinz Karl trotz häufig gegensätzlicher Meinungen widerspruchslos unter. Das Verhältnis zwischen Vater und Sohn blieb daher stets distanziert und kühl.

Wie üblich in den Fürstenhäusern des 19. Jahrhunderts erhielt der Prinz eine militärische Ausbildung, die dieser ohne Freude am Soldatenberuf in der württembergischen Offizierschule in Ludwigsburg durchlief. Danach studierte Karl in Tübingen und Berlin, und mit dem Eintreten in die Volljährigkeit (1841) übertrug ihm der Vater erstmals auch politische Aufgaben, wenn auch selten und in der Sache von unter-

geordneter Bedeutung. Die Vorbereitung des Kronprinzen auf sein späteres Amt ließ daher zu wünschen übrig.
Auf einer seiner Bildungsreisen durch Europa verlobte sich Karl 1846 in Palermo mit der Großfürstin Olga von Rußland, einer Tochter Zar Nikolaus I. Am 13. Juni 1846 fand die feierliche Hochzeit in St. Petersburg statt. Die Ehe der beiden galt als glücklich, und sie ist es wohl auch zunächst gewesen, später wurde sie durch die homosexuelle Neigung Karls (Woodcockaffäre) belastet.
Da dem Paar eigene Kinder versagt blieben, nahm es 1863 Olgas Nichte Wera, eine Tochter des Großfürsten Konstantin von Rußland, auf. Wera heiratete 1874 Herzog Wilhelm Eugen von Württemberg, die beiden Kinder aus dieser Ehe wurden von Karl und Olga wie Enkelkinder behandelt. Die Großfürstin Olga war nicht nur eine schöne, sondern auch eine intelligente, lebendige und handlungskräftige Frau. Nicht nur in der Ehe, auch im politischen Leben, vor allem als Karl die Krone Württembergs trug, sorgte Olga als Königin für den Antrieb ihres Mannes und wurde in vielen Fragen zur klugen Beraterin des Königs. Auch das Verhältnis Olgas zu ihrem Schwiegervater König Wilhelm I. war besser als die Vater-Sohn-Beziehung.
Bei seinem Regierungsantritt am 25. Juni 1864 zählte König Karl I. 41 Jahre. Auch Karl I. wollte sich, wie einst sein Vater vom despotischen Großvater absetzen und gewährte neue Freiheiten im Land. Auch die Lösung der nationalen Frage einer Einigung Deutschlands beurteilte der König positiv. Allerdings lehnte er die Vorherrschaft Preußens ab.
Unter diesen Umständen konnte Württemberg im Krieg von 1866 nur auf der Seite Österreichs stehen und somit auf der Seite des Verlierers. Aus realpolitischen Erwägungen heraus vollzog der König nach der Niederlage einen Kurswechsel und schloß sich Preußen an. Innerlich vollzog der König diese Kehrtwendung jedoch nicht mit. Bis an sein Lebensende strebte er (mit unzureichenden Kräften) danach, die preußischen und nach 1871 die Einflüsse des Reiches, insbesondere nach 1888 die Kaiser Wilhelms II., zurückzudrängen, ohne allerdings größere Erfolge zu erzielen.
Durch sein freundschaftliches Verhältnis zu Kaiser Napoleon III. suchte König Karl zunächst in Frankreich Unterstützung für seinen Kampf gegen das preußische Hegemonialstreben. Doch als im Nachgang der »Emser Depesche« auch in Württemberg die nationale Stimmung für einen Krieg gegen Frankreich erwachte, ging Karl I. dieser

mögliche Garant der württembergischen Unabhängigkeit verloren. Eher widerwillig ordnete der König 1870 die Mobilmachung an, und Württemberg trat als letztes Land dem Vertrag zur Gründung des zweiten Deutschen Reichs bei. Bis zuletzt hatte der König dabei seine Entscheidung hinausgezögert. Zeitweise erwog er sogar, Alexander von Rußland um eine Intervention in Berlin zu bitten, mit dem Ziel, die Souveränität Württembergs zu erhalten.
Mit Wirkung vom 1. Januar 1871 wurde Württemberg deutscher Bundesstaat, die nationalen Kräfte in Deutschland und natürlich auch in Württemberg waren nach dem gewonnenen Krieg einfach zu stark, als daß der König den Einigungsprozeß hätte aufhalten können. Die Reichsgründung schränkte die souveränen Rechte des Königs erheblich ein. Zwar blieben Karl I. durchaus Möglichkeiten der Einflußnahme in die Reichspolitik, doch machte er davon nur geringen Gebrauch. König und Königin gefielen sich in einer ablehnenden Trotzhaltung gegenüber dem Reich und beschränkten die Kontakte zu Berlin und dem dortigen (preußischen) Kaiserhof auf das unumgänglich Notwendige. Erst ab 1876 trat in dieser Haltung des Königspaares beim Besuch des Kaisers in Stuttgart eine gewisse Änderung ein.
Die politischen Lähmungserscheinungen des Königs in Reichsangelegenheiten übertrug er auch auf seine Aktivitäten in der württembergischen Landespolitik, so daß er seinen Ministerpräsidenten weitgehend Entscheidungsfreiheit ließ, die diese (Varnbüler und Mittnacht) zum Wohl Württembergs auch fleißig nutzten. Die positive Entwicklung, die das Land in der Regierungszeit Karls I. nahm, ist nicht das Verdienst des Königs, sondern in erster Linie das seiner führenden Minister und Beamten, die auf den Gebieten der Wirtschaft, des Rechts, der Verwaltung und des Verkehrswesens große Erfolge erzielten, während sich der König als Kunst- und Musikinteressent übte und sich in diesen Bereichen Verdienste erwarb.
Mit zunehmendem Alter wurde der König in der Wahrnehmung seiner königlichen Aufgaben immer nachlässiger und pflichtvergessener. Seine häufigen Abwesenheiten von Stuttgart wirkten fast wie Flucht vor der Verantwortung.
Gelegentlich mußte der sonst so zurückhaltende und bescheidene Kronprinz Wilhelm, der spätere König Wilhelm II. von Württemberg, in die Regierungsgeschäfte eingreifen, um Unheil abzuwehren.
Doch muß man Karl I. zugute halten, daß er sich mit dem Verlust seiner Souveränität seit 1871 nie abfinden konnte. Oft ist ihm diese Untätig-

keit jedoch wohlmeinend als Milde und Friedensliebe ausgelegt worden.
König Karl I. starb am 6. Oktober 1891 in Stuttgart. Er wurde dort in der Kirche des alten Schlosses beigesetzt.

1891–1918 Wilhelm II.

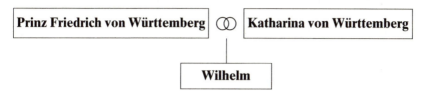

Wilhelm II. von Württemberg wurde am 25. Februar 1848 als erster Sohn Prinz Friedrichs von Württemberg, ein Neffe des regierenden Königs Wilhelm I. und Katharinas, einer Tochter König Wilhelms I. von Württemberg, in Stuttgart geboren. Da die Ehe des damaligen Kronprinzen Karl von Württemberg kinderlos blieb, zeichnete sich schon frühzeitig die mögliche Thronfolge Prinz Wilhelms ab. Seine sorgfältige Ausbildung und Erziehung richteten sich daher auf eine spätere Übernahme der Regierung des Königreichs Württemberg aus. Als der Prinz sechs Jahre alt wurde, bekam er den Religionslehrer Karl Günther als Erzieher zugeteilt, der in Wilhelm die Grundlagen seines späteren Wissens und seiner Bildung legte. Die allgemeine, schulisch geprägte bürgerliche Ausbildung änderte sich 1862, als der Lehrer Günther durch den Hauptmann Linck ersetzt wurde. Gleichzeitig ernannte der Großvater den Enkel zum Leutnant. Wilhelm II. von Württemberg ist nie gerne Soldat gewesen, doch hat er sich dem Zwang, dem er sich durch seine Geburt und Bestimmung ausgesetzt sah, nicht widersetzt und aus Staatsräson in jedem Fall sein Bestes gegeben. Darüber hinaus überwachte und steuerte der Großvater König Wilhelm I. von Württemberg die Erziehung seines Enkels höchst persönlich.
Im Herbst des Jahres 1865 nahm der Prinz an der Universität Tübingen das Studium der Rechts- und Staatswissenschaften auf. Im Sommer des nächsten Jahres mußte er dann sein Studium unterbrechen, um als Offizier eines Württemberger Reiterregiments in der Bundesarmee im deutschen Bruderkrieg gegen die preußische Mainarmee zu kämpfen. Schon im September 1866 setzte er sein Studium, nunmehr an der Göttinger Universität, fort. Am Deutsch-Französischen Krieg von 1870/71 nahm Prinz Wilhelm als Rittmeister teil. Nach der Beendigung dieses Krieges ging Wilhelm in den preußischen Militärdienst, begleitet vom persönlichen Adjutanten König Karls I. von Württemberg, Graf Zeppelin. Der bei der Inthronisation König Karls zum Kronprinz

avancierte Wilhelm versah in dieser Zeit als Rittmeister Dienst in einem Husarenregiment. Bis 1875 durchlief er nun die für einen Thronanwärter übliche steile Militärkarriere in der preußischen Armee und schied letztlich als Regimentskommandeur mit dem Dienstgrad eines Oberstleutnants aus dem Militärdienst aus. Den persönlichen Dienst, den Graf Ferdinand von Zeppelin dem Kronprinzen erwiesen hatte, belohnte Wilhelm als König dankbar, indem er das Lebenswerk des Grafen, den Luftschiffbau in Friedrichshafen, ganz entschieden unterstützte.

Im Winter 1875/76 unternahm Kronprinz Wilhelm eine ausgedehnte Studienreise durch Italien, die ihn bis nach Neapel führte. Am 15. Februar 1877 heiratete er dann in Arolsen die 19jährige Prinzessin Marie von Waldeck-Pyrmont, eine Liebesheirat, die am Hof wegen des vergleichsweise niederen Adels der Braut wenig Zustimmung fand. Wieder zog er nun den bunten Rock an und übernahm als Kommandeur die 27. württembergische Kavalleriebrigade in Ludwigsburg. Bereits zu dieser Zeit erfreute sich der Prinz außergewöhnlich großer Beliebtheit bei der Bevölkerung, die an seinem schweren privaten Schicksal Anteil nahm.

In seiner ersten Ehe war Wilhelm nur eine kurze glückliche Zeit beschieden. Sein Sohn Ulrich, das zweite Kind seiner Gemahlin, starb nach nur fünf Lebensmonaten im Jahr 1880. Kurze Zeit später, im April 1882, starb dann seine geliebte Frau an den Folgen einer Fehlgeburt. Der Kronprinz wurde als außergewöhnlich empfindsamer, sensibler Mensch von diesen Schicksalsschlägen besonders hart getroffen. Trotz des Widerstrebens König Karls I. legte Wilhelm zunächst alle Ämter nieder und zog sich völlig aus dem öffentlichen Leben zurück. Doch durch die Heirat mit der jungen Prinzessin Charlotte von Schaumburg-Lippe 1886 überwand der Kronprinz diese Lebenskrise. Obwohl zwischen den Ehepartnern ein erheblicher Altersunterschied bestand, führten die beiden eine glückliche Ehe, der leider keine Kinder, vor allem auch nicht der ersehnte Thronfolger beschieden war. Der Tochter Pauline aus erster Ehe war Wilhelm II. ein liebevoller, manchmal ängstlich besorgter Vater. Diese Liebe übertrug er dann später auch auf seine beiden Enkel.

Am 6. Oktober starb König Karl I. von Württemberg nach längerer Krankheit. Karl I. hatte seinen Neffen sorgfältig auf sein Amt vorbereitet, indem er ihn rechtzeitig in die Regierungsarbeit einbezogen hatte und sich wegen seines schlechten Gesundheitszustands öfter durch den Neffen hatte vertreten lassen. Nun bestieg Wilhelm selbst den württem-

bergischen Thron. Er sollte der letzte König dieses Landes werden. Doch wie kein anderer deutscher Herrscher füllte dieser Mann sein Amt als Landesvater mit so viel selbstverständlicher natürlicher Souveränität aus, daß anläßlich seines 25jährigen Regierungsjubiläums die sozialdemokratische (!) »Tagwacht« 1916 schrieb: »... daß unter den gegebenen Verhältnissen gar nichts geändert würde, wenn morgen an Stelle der Monarchie die Republik treten würde und daß, hätten alle Bürger und Bürgerinnen zu entscheiden, kein weiter Anwärter mehr Aussicht hätte, an die Spitze des Staates gestellt zu werden, als der jetzige König ...«
Württemberg entwickelte sich unter König Wilhelm II. zu einer vorbildlich regierten konstitutionellen Monarchie, wobei dem Herrscher ganz persönlich ein großer Anteil am Aufstieg des Landes gebührte. Stets im Rahmen der Verfassung, umgeben von hervorragend ausgesuchten Ratgebern, kümmerte sich der König um seine Geschäfte und verstand es dabei wie kein anderer, seine Untertanen für sich zu gewinnen. Sein Regierungsstil zeichnete sich durch vertrauenerweckende Güte, verständnisvolle Einsicht, vornehme Bescheidenheit und einen ausgeprägten Gerechtigkeitssinn aus. Seine untadelige Haltung bot keinerlei Anlaß, Württembergs Regierung zu verändern. Dennoch machte die Revolution im Jahre 1918 auch vor diesem Land nicht halt. Am 9. November 1918 drang eine aufgewiegelte Menschenmenge in das Wilhelmspalais in Stuttgart ein und hißte dort eine rote Fahne. König Wilhelm II. begab sich nach Bebenhausen, wo er nun seinen Wohnsitz nahm. Am 30. November 1918 dankte er auch offiziell ab.
König Wilhelm II. von Württemberg stand als guter Deutscher und treu sorgender Landesvater stets auf dem Boden der württembergischen Landesverfassung und den Rechtsnormen des Deutschen Reichs und zu den sich daraus ergebenden Verpflichtungen. Von der Rechtmäßigkeit des Kriegs überzeugt, litt er im Ersten Weltkrieg immer mehr unter den hohen menschlichen Verlusten. Württembergs letzter König starb am 2. Oktober 1921 von der gesamten Bevölkerung tief betrauert in Bebenhausen. Er wurde als einfacher Bürger, wie er es gewünscht hatte, neben seiner ersten Gemahlin und seinem Sohn Ulrich auf dem Friedhof von Ludwigsburg beerdigt.

Name		Seiten

Personenverzeichnis

Abel'	Bürgerstochter	393
Adalbert v. Bremen	Bischof	63 ff.
Adalbert v. Ivrea	Markgraf	42
Adalbert v. Mainz	Erzbischof	76
Adalbert v. Prag	Bischof	46
Adelaide v. S.-Meiningen	Königin	326
Adelheid	Kaiserin	28 ff., 33, 36, 39, 42 ff.
Adelheid	Mutter Kais. Konrads II.	53
Adelheid	Tochter Kais. Ottos II.	39, 44
Adelheid v. K. Elnbogen	Gräfin	125
Adolf I.	König	125 ff.
Adolf v. Köln	Erzbischof	99, 102
Adolph Fr. v. England	Prinz	322, 325, 328, 330
Adrian v. Utrecht	Papst	179
Agnes	Tochter Ks. Heinrichs IV.	69, 80
Agnes v. Poitou	Kaiserin	57, 61 ff.
Agnes	Tochter König Wenzels II.	126
Agnes v. Vohburg	Ehefrau Kais. Friedrichs I.	83, 93, 99
Alba	Herzog	194
Albert I. v. Sachsen	König	351 ff., 356 ff.
Albert v. Sachsen	Herzog	172
Albert v. Sachsen	Sohn König Georgs I.	359
Albert v. S.-Gotha	Ehemann Königin Victorias	337
Albrecht I.	König	123, 125 ff., 132
Albrecht II.	König	162 ff., 166
Albrecht III. v. Habsb.	Graf	121 ff.
Albrecht IV. v. Habsb.	Herzog	157, 162
Albrecht v. Habsburg	Prinz	164, 167
Albrecht der Bär	Herzog	76
Albrecht Fr. v. Preußen	Prinz	253
Albrecht v. Habsburg	Sohn Kaiser Max. II.	196, 200
Albrecht v. Preußen	Sohn König Fr. Wilhelms III.	295, 299
Albrecht v. Thüringen	Landgraf	126
Alexander II.	Papst	62 ff.
Alexander III.	Papst	86 ff.
Alexander V.	Papst	157
Alexander VI.	Papst	173
Alexander I. v. Rußland	Zar	248, 391
Alexander III. v. Rußl.	Zar	360
Alexander v. d. Mark	Sohn König Fr. Wilhelms II.	285, 289
Alexander v. Dohna	Graf	259
Alexander v. Württemberg	Prinz	389

Name		Seiten
Alexandrine v. Preußen	Prinzessin	295, 299
Amadeus v. Sardinien	König	343
Amalia v. Bayern	Ehefrau König Johanns I.	350, 353, 356
Amalie A. v. Bayern	Tochter König Max I.	369, 371
Amalie Marie v. Sachsen	Prinzessin	345, 349
Amalie v. Pf.-Zweibr.	Ehefrau König Fr. Augusts I.	340
Amalie v. Preußen	Tochter König Fr. Wilhelms I.	264
Anastasius IV.	Papst	85
Ancillon	Theologe	295
Anna	Tochter Kaiser Karls IV.	145, 155
Anna v. Habsburg	Tochter Kaiser Ferd. I.	176, 189, 192
Anna v. Böhmen	Tochter König Johanns	140
Anna v. Glogau	Herzogin	136
Anna v. Habsburg	Tochter Kaiser Max II.	196, 200
Anna v. Sachsen	Tochter König Johanns I.	353, 356
Anna v. Schweidnitz	Ehefrau Kaiser Karls IV.	142 ff., 155
Anna v. Tirol	Ehefrau Kaiser Matthias I.	202
Anna v. Ungarn	Ehefrau Kaiser Ferd. I.	176, 189, 192
Anna v. Wittelsbach	Ehefrau Kaiser Karls IV.	142 ff., 155
Anne v. Bretagne	Königin	172
Anno v. Köln	Erzbischof	62 ff.
Anton I. v. Sachsen	König	339, 342 ff., 350
Aribo v. Mainz	Erzbischof	53
Arnold v. Köln	Erzbischof	84
Arnold	Müller	276
Arnulf v. Bayern	Herzog	20, 22, 26
August der Starke	König	219, 266
August v. Sachsen	Kurfürst	192
August W. v. Preußen	Sohn Kg. Fr. Wilhelms I.	264, 284
Augusta v. Hannover	Prinzessin	319
Augusta v. S.-Weimar	Kaiserin	300, 307
Augusta v. Württemberg	Tochter Kg. Friedrichs I.	393
Auguste v. Br.-Wolfenbüttel	Ehefrau Kg. Friedrichs I.	390, 393
Auguste V. v. Sonderburg-A.	Kaiserin	311
Auguste v. England	Prinzessin	322, 325, 328
Auguste v. Preußen	Tochter Kg. Fr. Wilhelms II.	289
Auguste v. S.-Gotha	Kurfürstin	319
Auguste v. Toskana	Ehefrau Prinzreg. Luitpolds	383
Auguste v. Württemberg	Tochter König Wilhelms I.	397
Balduin v. Trier	Erzbischof	132 ff.
Bartenstein	Reichsfreiherr	238
Batthyany	Feldmarschall	238
Beatrix	Tochter Kaiser Konrads II.	56
Beatrix	Kaiserin	86, 88, 91, 93, 99
Beatrix v. Sizilien	Tochter König Manfreds	120
Beatrix v. Aragon	Pfalzgräfin	150
Beatrix v. Modena	Herzogin	234

Name		Seiten
Beatrix v. Tusc.-Canossa	Herzogin	59
Beauharnais, Eugène	Vizekönig	369
Beck	Lehrer	238
Beethoven, Ludwig v.	Musiker	287
Benedikt VIII.	Papst	51
Benedikt XI.	Papst	131
Benedikt XII.	Papst	138
Bendikt XIII.	Papst	151, 158 ff.
Berard v. Castacca	Legat	107
Berengar v. Ivrea	Markgraf	28, 42 ff.
Bernward v. Hildesheim	Bischof	44, 50
Berta v. Schwaben	Tochter Hg. Friedrichs I.	80
Bertha v. Schwaben	Königin	42
Bertha v. Turin	Königin	64, 66, 69
Berthold v. Henneberg	Erzbischof	174
Berthold v. Zähringen	Herzog	62
Billung, Hermann	Markgraf	26
Billung, Magnus	Herzog	65, 75
Billung, Ordulf	Herzog	75
Bischoffwerder	Minister	286, 291
Bismarck, Otto v.	Reichskanzler	299, 302 ff., 308, 311 ff., 318, 379 ff.
Blanca v. Frankreich	Tochter König Philipps IV.	129
Blanche v. Valois	Ehefrau Kaiser Karls IV.	140 ff., 145, 155
Blomberg, Barbara	Geliebte Kaiser Karls V.	185
Blumenthal, v.	General	308
Boisserée, M. u. J.	Kunstgelehrte	396
Boleslaw v. Böhmen	Herzog	26, 34
Boleslaw IV. v. Polen	Herzog	86
Boleslaw »Chobry«	Herzog	46, 50, 54
Bolingbroke	Graf	319
Bonifaz VIII.	Papst	130 ff.
Bonifazius IX.	Papst	151
Bretislaw	Herzog	57
Brun v. Köln	Erzbischof	21, 25, 32
Brun v. Augsburg	Bischof	54
Brun v. Sachsen	Sohn Kaiser Ottos I.	31, 33
Brun v. Toul	Papst	59
Bruno v. Kärnten	Papst	45 ff.
Burchard v. Worms	Bischof	53
Burkhard v. Burgund	Bischof	42
Bute	Lord	319
Cäcilia R. v. Habsburg	Tochter Kaiser Ferd. II.	209
Calixt II.	Papst	73
Carl Eugen v. Württemberg	Herzog	389
Carl v. Sachsen	Prinz	339, 342
Carola v. Wasa	Ehefrau König Alberts I.	354

Name		Seiten
Carolina v. Habsburg	Ehefrau König Fr. Augusts II.	346
Caroline M. v. Hannover	Prinzessin	319
Caroline v. Parma	Prinzessin	345, 349
Catt, Henry de	Vorleser	279
Cerrini, v.	General	350
Chairedin »Barbarossa«	Pirat	184
Charlotte A. v. Bayern	Tochter König Max I.	371, 394, 397
Charlotte v. England	Tochter König Georgs III.	322, 328, 390, 393
Charlotte v. England	Tochter König Georgs IV.	323, 326
Charlotte v. M.-Strelitz	Ehefrau König Georgs III.	320, 322, 328
Charlotte v. Preußen	Tochter Kg. Fr. Wilhelms III.	295, 299
Charlotte v. Preußen	Tochter Kaiser Friedrichs III.	310
Charlotte v. Sch.-Lippe	Ehefrau König Wilhelms II.	402
Chlodwig	Merowingerkönig	10
Christian v. Dänemark	König	206
Christian IV. v. Zweibr.-Birkenfeld	Herzog	367
Cimburgis v. Masowien	Herzogin	164
Claudia F. v. Tirol	Ehefrau Kaiser Leopolds I.	214, 218, 221
Clemens II.	Papst	57, 59
Clemens III.	Papst	67, 95
Clemens V.	Papst	133
Clemens VI.	Papst	139, 141 f.
Clemens VII.	Papst	146, 183
Clemens A. v. Bayern	Prinz	227
Clemens v. Sachsen	Prinz	345, 349 ff.
Clementia v. Zähringen	Herzogin	102
Cocceji, v.	Freiherr	276
Coelestin III.	Papst	95
Colloredo, v.	Reichsgraf	245
Cortez, Fernando	Eroberer	179
Corvinius, Matthias	König	167 ff., 172
Crescentius	Führer von Rom	45 ff.
Dahl, Johann C. C.	Künstler	347
Dahlmann	Professor	330
Damasus II.	Papst	59
Danckelmann, Eberhard	Politiker	254, 259
Dante, Alighieri	Dichter	350
Daun, Leopold Joseph Graf v.	Feldmarschall	232, 277, 279
Dieter v. Nassau	Graf	125
Dieter v. Trier	Erzbischof	130
Dietrich v. Österreich	Herzog	126
Dönhoff, v.	Gräfin	286, 289
Doria, Andrea	Admiral	183 ff.
Dorothea v. Lüneburg-C.	Kurfürstin	253 ff.
Duhan de Jandun	Lehrer	269

Name		Seiten
Eberhard v. Franken	Herzog	20, 26 ff.
Eckehard v. Meißen	Markgraf	49
Edgitha v. England	Königin	31, 33
Eduard I. v. Großbrit.	König	126
Eduard A. v. Hannover	Prinz	319
Eduard v. England	Prinz	322, 325, 328
Eichel	Sekretär	272
Eisner, Kurt	Revolutionär	366, 383
Eleonore G. v. Mantua	Ehef. Kaiser Ferd. II.	205, 209
Eleonore G. v. Rethel	Ehef. Kais. Ferd. III.	209, 213
Eleonore M. v. Habsburg	Tocht. Kais. Ferd. III.	213
Eleonore Magdalena	Ehef. Kais. Leopolds I.	214, 218, 221
Eleonore v. Habsburg	Tocht. Kais. Ferd. I.	192
Eleonore v. Portugal	Ehef. Kaiser Fr. III.	166, 169
Eleonore v. Spanien	Tocht. Kg. Philipps d. Sch.	178, 185, 188
Elisa v. Radziwill	Prinzessin	300
Elisabeth	Tocht. Kais. Karls IV.	145, 155
Elisabeth	Tocht. Kais. Sigism. I.	162
Elisabeth C. v. Hannover	Prinzessin	319
Elisabeth Christine	Ehefr. Kais. Karls VI.	222, 229
Elisabeth Ch. v. Orléans	Herzogin	236
Elisab. Ch. v. Br.-Bev.	Ehef. König Fr. II.	236, 267 ff.
Elisabeth S. v. Preußen	Tocht. d. Großen Kurf.	253
Elisabeth v. Böhmen	Königin	134, 140
Elisab. v. Br.-Wolfenb.	Königin	285, 289
Elisabeth v. Bayern	Tocht. König Max I.	371
Elisabeth v. England	Prinzessin	322, 325, 328
Elisabeth v. Görz-Tirol	Ehef. Kg. Albrechts I.	128
Elisabeth v. Habsburg	Tocht. Kaiser Ferd. I.	192
Elisabeth v. Habsburg	Tocht. Kaiser Max. II.	196, 200
Elisabeth v. Österreich	Kaiserin	379 ff.
Elisabeth v. Pommern	Ehef. Kaiser Karls IV.	143 ff., 155
Elisabeth v. Sachsen	Tocht. Kg. Johanns I.	353, 356
Elisabeth v. Sachsen	Tocht. König Georgs I.	359
Elisabeth v. Spanien	Tocht. Kg. Philipps d. Sch.	178, 188
Elisabeth v. Württemberg	Kaiserin	246
Elisabeth v. Württemberg	Prinzessin	389
Elisabeth v. Zollern	Ehef. Kg. Ruprechts I.	150, 152
Emma v. Italien	Königin	42
Engelbert v. Berg	Erzbischof	114
Enke, Wilhelmine	Mätr. Kg. Fr. Wilhelms II.	285, 289, 291
Enzio v. Sardinien	König	113, 118, 120
Erasmus v. Rotterdam	Wissenschaftler	179
Erdmannsdorf, Fr. W. Frhr. v.	Baumeister	288
Ernst August I. v. Hann.	König	318, 325 ff.
Ernst August I. v. Hann.	Kurfürst	317, 324, 328 ff.
Ernst der Eiserne	Herzog	164
Ernst R. v. Starhemberg	Reichsgraf	216 ff.

Name		Seiten
Ernst v. Habsburg	Prinz	196, 200
Ernst v. Mansfeld	Söldnerführer	205
Ernst v. Sachsen	Prinz	353, 356
Ernst v. Schwaben	Herzog	54
Eugen III.	Papst	84 ff.
Eugen IV.	Papst	163, 165 ff.
Eugen v. Savoyen	Feldherr	189, 217, 219 ff., 224 ff., 231, 260, 268
Eugen v. Württemberg	Prinz	389
Ezzo	Pfalzgraf	39
Fabricius	Sekretär	205
Farnese, Alessandro	Statthalter	200
Felix V.	Papst	165 ff.
Ferdinand I.	Kaiser	168, 176, 178, 180 ff., 188 ff., 196
Ferdinand II.	Kaiser	202, 204 ff., 209 ff., 214
Ferdinand III.	Kaiser	207, 209 ff.
Ferdinand IV.	König	212 ff.
Ferdinand v. Braunschw.	Prinz	278
Ferdinand v. Habsburg	Sohn Kais. Ferd. I.	192 ff.
Ferdinand v. Habsburg	Sohn Kais. M. Theres.	234, 238, 243
Ferdinand v. Habsburg	Sohn Kais. Leop. II.	245
Ferdinand v. Kastillien	König	174, 179, 188
Ferdinand v. Preußen	Sohn Kg. Fr. Wilh. I.	264
Ferdinand v. Preußen	Sohn Kg. Fr. Wilh. III.	295, 299
Ferdinand v. Württemberg	Prinz	389
Ferdinand v. Zeppelin	Graf	401 ff.
Fitzherbert, Maria	Mätr. Kg. Georgs IV.	322
Forell, v.	Oberhofmeister	339, 345, 349
Frantz	Jesuit	238
Franz I.	Kaiser	226, 230, 236 ff., 243, 273
Franz I. v. Frankreich	König	175, 180 ff., 185
Franz II.	Kaiser	13, 245 ff., 341, 346, 368
Franz Joseph I.	Kaiser	297, 301, 354, 379
Fredersdorf	Kammerherr	275, 281
Friederike Luise v. Pr.	Tocht. Kg. Fr. Wilh. I.	264
Friederike S. W. v. Pr.	Prinzessin	284
Friederike v. H.-Darmstadt	Königin	285, 289
Friederike v. M.-Strelitz	Ehef. Kg. Ernst Augusts I.	329, 331 ff.
Friederike v. Preußen	Tocht. Kg. Fr. Wilh. II.	289
Friederike v. Preußen	Tocht. Kg. Fr. Wilh. III.	295, 299
Friederike v. Württemb.	Prinzessin	389
Friedrich I., Barbarossa	Kaiser	81 ff., 93 ff., 99, 102, 107, 176, 364
Friedrich II.	Kaiser	92 ff., 98 ff., 104, 106 ff., 113 ff., 118 ff., 129
Friedrich III.	Kaiser	164 ff., 169, 171 ff.

Name		Seiten
Friedrich III.	Kaiser	300, 306 ff.
Friedrich	Sohn Kais. Friedr. II.	113, 118
Friedrich, Caspar David	Maler	347
Friedrich I. v. Schwab.	Herzog	73, 77 ff.
Friedrich I. v. Preußen	König	250, 253 ff., 258 ff., 264 ff.
Friedrich I. v. Baden	Großherzog	300
Friedrich I. v. Württbg.	König	246, 387, 389 ff., 397
Friedrich II. v. Schw.	Herzog	76 ff., 83, 93
Friedrich II. v. Preußen	König	228 ff., 236, 239 ff., 250, 256, 258, 262, 264 ff., 284 ff., 290 ff., 297, 375, 389 ff.
Friedrich III. v. Schw.	Herzog	91, 93 ff.
Friedrich IV. v. Tirol	Herzog	164
Friedrich V. v. Zollern	Kurfürst	157, 250
Friedrich V. v. d. Pfalz	Kurfürst	205 ff., 211
Friedr. Aug. I. v. Sachs.	König	240 ff., 342, 345, 350
Friedr. Aug. II. v. Sachs.	König	343, 345 ff., 349 ff.
Friedr. Aug. III. v. Sachs.	König	338, 359 ff.
Friedrich Chr. v. Sachs.	Kurfürst	339, 342
Friedrich Eugen v. Württ.	Herzog	389
Friedrich d. Freidige	Herzog	126, 131
Friedrich d. Schöne	König	136 ff.
Friedrich d. Streitbare	Kurfürst	336
Friedr. Ludw. v. Hann.	Kurfürst	319
Friedr. M. v. Pfalz-Zw.	Herzog	367
Friedrich v. Isenburg	Graf	154
Friedrich v. Mainz	Erzbischof	27
Friedrich v. N.-Lothr.	Herzog	57
Friedrich v. Württembg.	Prinz	401
Friedr. Wilh. I. v. Pr.	König	223, 240, 250, 257 ff., 264 ff., 284, 307, 375
Friedr. Wilh. II. v. Pr.	König	284 ff., 289 ff.
Friedr. Wilh. III. v. Pr.	König	285, 289 ff., 295, 299, 329, 337, 375, 394
Friedr. Wilh. IV. v. Pr.	König	295 ff., 299, 301, 314, 348
Friedr. Wilh. v. Br.burg	Kurfürst	215, 312
Friedr. Wilh. v. Hann.	Prinz	319
Friedr. Wilh. v. Pr.	Kurfürst	253 ff., 264
Fuchs, v.	Gräfin	233
Gabor, Bethlen	Fürst	206
Gallas	General	210
Gattinara, Mercurino	Großkanzler	181
Gebhardt v. Eichstätt	Papst	59, 62
Gebhardt v. Supplinburg	Graf	75
Gebhard v. Waldburg	Erzbischof	198
Georg I. v. Großbrit.	König	317

Name		Seiten
Georg I. v. Sachsen	König	352 ff., 356 ff.
Georg II. v. Großbrit.	König	267, 319
Georg III. v. Großbrit.	König	317, 319 ff.
Georg IV. v. Großbrit.	König	320, 322 ff.
Georg V. v. Hannover	König	318, 332 ff.
Georg v. Frundsberg	Söldnerführer	177, 182 ff.
Georg v. Podiebrad	Statthalter	166 ff.
Gerberga	Tocht. Kg. Heinrichs I.	21 ff., 25
Gerbert v. Aurillac	Papst	44, 46
Gerhard v. Mainz	Erzbischof	130
Gerlach I. v. Isenb.-L.	Graf	125
Gertrud	Tocht. Kais. Lothars III.	78
Gertrud	Tocht. Herzog Friedr. I.	80
Gertrud	Tocht. Heinrichs d. Löwen	102
Gertrud Petronella	Gräfin	75
Gertrud v. Haldensleben	Herzogin	75
Gertrud v. Hohenberg	Ehef. König Rudolfs I.	128
Gilbert, Elisa Dolores	Tänzerin	373
Giron, André	Lehrer	360
Gisela v. Burgund	Herzogin	49
Gisela v. Schwaben	Herzogin	49, 53, 56
Giselbert v. Lothringen	Herzog	21 ff., 26 ff.
Gnupa v. Dänemark	König	23
Götz v. Berlichingen	Ritter	177
Gontard, Carl von	Baumeister	288
Gottfried d. Bärtige	Herzog	57, 59
Gottfried M. v. Anjou	Graf	61
Gottfried v. Oberlothr.	Graf	35
Gregor V.	Papst	45 ff.
Gregor IX.	Papst	110 ff., 118
Gregor XII.	Papst	151, 158
Gregor v. St. Angelo	Papst	77 f.
Grimm, J. u. W.	Professoren	330
Gudden, Dr.	Arzt	381
Günther, Karl	Lehrer	401
Günther v. Schwarzburg	Graf	142
Guido v. Arezzo	Bischof	138
Guido v. Praeveste	Gesandter	103
Guido v. Vienne	Papst	73
Gunhild v. Dänemark	Königin	56, 63
Gustav II. A. v. Schwed.	König	140
Hadrian IV.	Papst	85 ff.
Hadrian VI.	Papst	179
Hadwig	Tocht. Kg. Heinrichs I.	21, 25
Hardenberg, v.	Politiker	292 ff.
Harrach, Auguste	Gräfin	293, 295
Hartmann	Sohn König Rudolfs I.	128

Name		Seiten
Hartwich v. Bremen	Bischof	94
Hatheburg	Ehef. Kg. Heinrichs I.	21, 25
Hedwig v. Formbach	Herzogin	75
Heilwig v. Kiburg	Gräfin	121
Heinrich I.	König	20ff., 25ff., 31, 33, 48
Heinrich II.	Kaiser	45, 49ff., 54
Heinrich II. v. England	König	94
Heinrich III.	Kaiser	11, 54, 56ff., 62ff.
Heinrich IV.	Kaiser	13, 59, 61ff., 75
Heinrich V.	Kaiser	67ff., 80
Heinrich VI.	Kaiser	89, 91, 93ff., 99, 102, 106
Heinrich VII.	Kaiser	132ff.
Heinrich (VII.)	König	109, 111, 113ff., 118
Heinrich	Sohn Kais. Ottos I.	31, 33
Heinrich	Vater Kais. Konr. II.	53
Heinrich	Sohn Heinr. d. Löwen	94, 100, 102ff.
Heinrich	Sohn Kais. Fried. II.	113
Heinrich d. Löwe	Herzog	84, 86ff., 94, 96, 102, 316
Heinrich d. Stolze	Herzog	78ff.
Heinrich d. Zänker	Herzog	34, 40, 44, 46, 49
Heinrich »Jasomirgott«	Herzog	85
Heinrich v. Bayern	Herzog	21, 25, 27ff., 57
Heinrich v. Kärnten	Kurfürst	133
Heinrich v. Luxemburg	Graf	132
Heinrich v. Preußen	Sohn Kg. Fr. Wilh. I.	264, 287
Heinrich v. Preußen	Sohn Kg. Fr. Wilh. II.	289
Heinrich v. Preußen	Sohn Kais. Fried. III.	310, 313
Heinrich v. Schwerin	Graf	114
Heinrich v. Virneburg	Erzbischof	133
Heinrich v. Württemberg	Prinz	389
Henriette v. Hessen-K.	Ehef. König Fried. I.	254, 258
Hermann v. Salm	Graf	67
Hermann v. Schwaben	Herzog	26, 28, 49ff.
Hildebrand	Papst	62, 65ff.
Hoffmann, E. T. A.	Dichter	347
Hoffmann v. Fallersleben	Dichter	347
Hoiko v. Eupen	Graf	44
Honorius II.	Papst	62, 77
Honorius III.	Papst	109ff.
Hoyer v. Mansfeld	Graf	72, 76
Hugo v. Italien	König	42
Hugo v. Paris	Graf	21
Humboldt, Wilhelm v.	Wissenschaftler	350
Hunyadi, Johann	Woiwode	166
Hus, Johannes	Reformator	149, 159ff.
Ida	Tocht. Hrzg. Dietrichs II.	75
Imagina	Gräfin	125

Name		Seiten
Innozenz II.	Papst	77 f.
Innozenz III.	Papst	100, 103, 106 ff.
Innozenz IV.	Papst	112, 120
Irene	Königin	97, 101
Isabella v. Brienne	Kaiserin	110, 113, 118
Isabella v. Burgund	Ehef. Kg. Rudolfs I.	128
Isabella v. Portugal	Kaiserin	182, 185
Joachim v. Brandenburg	Kurfürst	192
Jobst I.	König	148 ff., 153 ff.
Johann I. v. Sachsen	König	343, 345, 349 ff., 356, 396
Johann III. S. v. Polen	König	227, 354
Johann	Sohn Kais. Karls IV.	145, 155
Johann Georg v. Sachsen	Sohn Kg. Georgs I.	359
Johann Heinr. v. Mähren	Sohn Kg. Johanns	140, 153
Johann »Ohneland«	König	96, 103
Johann v. Böhmen	König	134, 139 ff.
Johann v. Brabant	Herzog	132
Johann v. Habsburg	Sohn Kais. Leopolds II.	244
Johann v. Habsburg	Erzherzog	394
Johann v. Sachsen	Kurfürst	186
Johann v. Spanien	Kronprinz	170
Johanna d. Wahnsinnige	Königin	174, 178, 188
Johanna v. B.-Straubing	Herzogin	162
Johanna v. England	Kaiserin	111, 113, 118
Johanna v. England	Tocht. Kg. Heinr. II.	94
Johannes XII.	Papst	31
Johannes XIII.	Papst	158
Johannes XV.	Papst	45
Johannes XVI.	Papst	44 ff.
Johannes XXII.	Papst	138
Johannes XXIII.	Papst	158
Johannes Philagathos v. Rossano	Papst	44 ff.
Johannes v. Ravenna	Erzbischof	39, 44
Jordan	Schauspielerin	326
Joseph I.	Kaiser	214, 217 ff., 243
Joseph II.	Kaiser	234 ff., 243 ff., 282
Joseph Ferd. v. Bayern	Kurfürst	227
Joseph v. Habsburg	Sohn Kais. Leop. II.	245
Joseph v. Sachsen	Prinz	339, 342
Juan d'Austria	Sohn Kais. Karls V.	200
Judith	Tocht. Kais. Heinr. III.	63
Judith	Herzogin	83
Julie v. Voß	Ehef. Kg. Fr. Wilh. II.	286, 289
Kalixt III.	Papst	89
Karl I. v. Württemberg	König	394, 397 ff.

Name		Seiten
Karl II. v. Rethel	Herzog	209
Karl II. v. Spanien	König	216, 222
Karl IV.	Kaiser	139 ff., 145 ff., 150, 153, 155 ff.
Karl IV. v. Frankreich	König	140
Karl V.	Kaiser	171, 178 ff., 188, 190 ff.
Karl VI.	Kaiser	214, 217, 220 ff., 228 ff., 236, 270
Karl VII.	Kaiser	227, 231 ff., 239, 271, 339, 342, 364
Karl VIII. v. Frankr.	König	172 ff.
Karl XII. v. Schweden	König	256
Karl A. v. Pfalz-Zwbr.	Prinz	367
Karl d. Einfältige	König	10, 22
Karl d. Große	Kaiser	10, 12, 19, 21, 25, 47, 55, 108, 181
Karl d. Kühne	Herzog	169 ff.
Karl Emil v. Preußen	Kurprinz	253
Karl Joseph v. Habsburg	Sohn Kais. Ferd. III.	213
Karl L. J. v. Habsburg	Sohn Kais. Leop. II.	245
Karl R. v. Anjou-Neapel	König	130, 134
Karl Theodor v. Bayern	Kurfürst	367 ff.
Karl v. Anjou-Neapel	König	120
Karl v. Baden	Prinz	369
Karl v. Bayern	Prinz	371
Karl v. Flandern	Graf	77
Karl v. Habsburg	Sohn Kais. Ferd. I.	192 ff.
Karl v. Innerösterreich	Herzog	204
Karl v. Lannoy	Vizekönig	182
Karl v. Lothringen	Herzog	34
Karl v. Lothringen	Herzog	236
Karl v. Preußen	Sohn Kg. Fr. Wilh. III.	295, 299
Karl v. Valois	Prinz	133
Karl v. Württemberg	Prinz	389
Karolina A. v. Bayern	Kaiserin	246
Karoline Fr. v. Baden	Ehef. Kg. Max. I. Joseph	367, 371
Karoline v. Braunschweig	Königin	323
Kapet, Hugo	König	40
Kasimir II. v. Polen	König	167
Kasimir IV. v. Polen	König	162
Katharina	Tocht. Kais. Karls IV.	145, 155
Katharina	Tocht. Kg. Phil. d. Sch.	178, 188
Katharina d. Große	Zarin	280, 282, 390
Katharina Pawlowna	Prinzessin	372, 394, 397
Katharina v. Habsburg	Tocht. Kais. Ferd. I.	192
Katharina v. Württemberg	Tocht. Kg. Friedrichs I.	393
Katharina v. Württemberg	Tocht. Kg. Wilhelms I.	397, 401
Katte, Hans Hermann v.	Leutnant	266 ff.

Name		Seiten
Kaunitz, Wenzel Anton v.	Graf	232, 240
Keith, Peter	Offizier	269
Keppler, Johannes	Wissenschaftler	198
Khevenhüller	General	231
Khlesl, Melchior	Bischof	201 ff.
Klementine v. Habsburg	Tocht. Kais. Leop. II.	245
Knobelsdorff, Georg Wenzeslaus v.	Baumeister	269, 273
Knut d. Große	König	56
Konrad I.	König	11, 19 ff.
Konrad II.	Kaiser	53 ff., 71
Konrad III.	König	77 ff., 93
Konrad IV.	König	93, 113, 118 ff.
Konrad	Sohn Kais. Heinr. III.	63, 66 ff.
Konrad d. Rote	Herzog	53
Konradin	Sohn Kg. Konrads IV.	120
Konrad »Kurzbold«	Graf	28
Konrad v. Burgund	König	42
Konrad v. Marburg	Inquisitor	116
Konrad v. Salzburg	Erzbischof	129
Konrad v. Schwaben	Sohn Kais. Fried. I.	93, 99, 106
Konrad v. Wettin	Herzog	76
Konstanze v. Aragon	Königin	106 ff., 111, 113, 118
Konstanze v. Sizilien	Kaiserin	91, 94, 99 ff., 106
Konstantin d. Große	Kaiser	46
Konstantin v. Rußland	Großfürst	398
Kunigunde	Kaiserin	51
Lacy, v.	Feldmarschall	241, 282
Ladislaus I. v. Neapel	König	158
Ladislaus »Posthumus«	Sohn Kg. Albrechts II.	164, 166
Lamormain	Jesuit	205, 210
Langen, Albert v.	Lehrer	356
Langhans, Carl Gotthard	Baumeister	287
Laudon, v.	General	279, 282
Leo VIII.	Papst	31
Leo IX.	Papst	59
Leo X.	Papst	179 ff.
Leopold I.	Kaiser	213 ff., 218 ff., 256, 317
Leopold II.	Kaiser	234, 238, 242 ff., 343
Leopold III. v. Österr.	Markgraf	77
Leopold v. Bayern	Prinz	383
Leopold v. Dessau	General	273
Leopold v. Habsburg	Sohn Kais. Karls VI.	222, 226, 229
Leopold v. H.-Sigmaring.	Prinz	303
Leopold v. Innerösterr.	Herzog	204, 214
Leopold v. Lothringen	Herzog	236
Leopold V. v. Österreich	Herzog	96

Name		Seiten
Leopold VI. v. Österreich	Herzog	115
Leopold W. v. Habsburg	Sohn Kais. Ferd. II.	209, 213
Linck	Hauptmann	401
Lindenau, v.	Geheimrat	343
Liselotte v. d. Pfalz	Herzogin	236
Liudolf	Herzog	28 ff., 33 ff.
Liutgart	Tocht. Kais. Ottos I.	31, 33 ff.
Löwenherz, Richard	König	96, 100
Löwenstein, v.	Graf	220
Lothar III.	Kaiser	71 ff., 80
Lothar	Sohn Heinr. d. Löwen	94
Lothar v. Italien	König	29, 31, 42
Lothar v. Frankreich	König	35, 40, 42
Louvois	Minister	216
Lucius III.	Papst	91
Ludwig I. v. Bayern	König	369, 371 ff., 378
Ludwig I. v. Bayern	Herzog	115
Ludwig II. v. Bayern	König	48, 366, 378 ff.
Ludwig II. v. Ungarn	König	156, 182, 189
Ludwig III. v. Bayern	König	382 ff.
Ludwig IV.	Kaiser	136 ff., 141, 150, 364, 370
Ludwig IV. v. Frankreich	König	21, 42
Ludwig V. v. Frankreich	König	40
Ludwig VII. v. Frankr.	König	81, 87
Ludwig XI. v. Frankreich	König	170 ff.
Ludwig XII. v. Frankr.	König	174 ff.
Ludwig XIV. v. Frankr.	König	215 ff., 222, 380
Ludwig XVI. v. Frankr.	König	234, 242, 244, 287
Ludwig d. Kind	König	10
Ludwig d. Strenge	Herzog	136
Ludwig Eugen v. Württemb.	Prinz	389
Ludwig R. v. Br.-Wolfen.	Herzog	222
Ludwig v. Baden	Markgraf	220
Ludwig v. Bayern	Sohn Kais. Ludwg. IV.	138, 142
Ludwig v. Preußen	Sohn d. Großen Kurf.	253
Ludwig v. Preußen	Sohn Kg. Fr. Wilh. II.	289
Ludwig v. Ungarn	Kronprinz	176
Ludwig v. Württemberg	Prinz	389
Ludwig v. Württemberg	Herzog	394
Luise A. v. Br.-Bevern	Prinzessin	284
Luise Anna v. Hannover	Prinzessin	319
Luise Henr. v. Oranien	Königin	253
Luise U. v. Preußen	Tocht. Kg. Fr. Wilh. I.	264
Luise v. Habs.-Toskana	Königin	360
Luise v. M.-Strelitz	Königin	254, 290 ff., 299
Luise v. Preußen	Tocht. Kg. Fried. I.	258
Luise v. Preußen	Tocht. Kg. Fr. Wilh. III.	295, 299
Luise v. Preußen	Tocht. Kais. Wilh. I.	300, 307

Name		Seiten
Luise v. Savoyen	Königin	183
Luitpold v. Bayern	Prinzregent	375, 380, 382 ff.
Luther, Dr. Martin	Reformator	159, 180 ff., 186
Mackenzie, Morell	Arzt	309
Manfred v. Sizilien	König	113, 118 ff.
Manfredini, v.	Major	245
Manuel I. v. Byzanz	Kaiser	81
Margareta v. Spanien	Kaiserin	214, 218, 221
Margarethe	Tocht. Kais. Fr. II.	113, 118
Margarethe	2 Töcht. Ks. Karls IV.	145, 155
Margarethe »Maultasch«	Kurfürstin	138, 153
Margarethe v. Habsburg	Tocht. Kais. Max I.	170 ff., 176, 178, 180, 183, 189
Margarethe v. Habsburg	Markgräfin	153
Margarethe v. Inneröst.	Tocht. Hzg. Karls II.	204
Margarethe v. Preußen	Tocht. Kais. Fr. III.	310
Margarethe v. Sachsen	Tocht. Kg. Johanns I.	353, 356
Maria Amalia	Kaiserin	227, 229
Maria Amalia v. Habsbg.	Tocht. Ks. M. Theresias	238, 243
Maria Anna v. Bayern	Tocht. Kg. Max. I. Joseph	371
Maria Anna v. Bayern	Kaiserin	204 ff., 209
Maria Anna v. Habsburg	Tocht. Kais. Ferd. II.	209
Maria Anna v. Habsburg	2 Töcht. Ks. Ferd. III.	213
Maria Anna v. Habsburg	Tocht. Kais. Leop. I.	218, 221
Maria Anna v. Habsburg	Tocht. Kais. Karls VI.	229
Maria Anna v. Portugal	Königin	357, 359
Maria Anna v. Sachsen	Prinzessin	345, 349
Maria Anna v. Spanien	Kaiserin	209, 213
Maria Antonia v. Habsbg.	Tocht. Kais. Leop. I.	218, 221
Maria Antonia v. Witt.	Kurfürstin	339, 342
Maria Christ. v. Habsbg.	Tocht. Ks. M. Theresia	238, 243
Maria Elisab. v. Habsbg.	Tocht. Kais. Leop. I.	218, 221
Maria Isabella v. Parma	Kaiserin	239
Maria Josepha v. Bayern	Kaiserin	239
Maria Josepha v. Habsbg.	Tocht. Kais. Joseph I.	219
Maria Josepha v. Sachs.	Prinzessin	345, 349
Maria Josepha v. Sachs.	Tocht. Kg. Georgs I.	359
Maria Lud. v. Öst.-Este	Kaiserin	246
M. Therese v. Neapel-S.	Kaiserin	246
Maria Theresia I	Kaiserin	226, 228 ff., 237 ff., 243, 267, 270 ff.
Maria Theresia v. Habsbg.	Tocht. Kais. Leop. II.	245
Maria Theresia v. Tosk.	Königin	343
Maria v. Bayern	Herzogin	204
Maria v. Brabant	Herzogin	136
Maria v. Burgund	Kaiserin	169 ff.
Maria v. Pfalz-Sulzbach	Herzogin	366

Name		Seiten
Maria v. Spanien	Tocht. Kg. Philipps d. Sch.	176, 178, 185, 188
Maria v. Spanien	Tocht. Kais. Karls V.	193, 196, 200
Maria v. Ungarn	Kaiserin	156
Marianne v. d. Mark	Tocht. Kg. Fr. Wilh. II.	285, 289
Marie Amalie v. Sachsen	Prinzessin	339, 342
Marie Antoinette	Königin	234, 238, 242 ff.
Marie Caroline	Königin	234, 238, 243
Marie Charl. v. Sard.	Prinzessin	343
Marie Leop. v. Tirol	Kaiserin	209, 213
Marie Luise v. Habsburg	Kaiserin	248, 372
Marie Luise v. Lucca	Prinzessin	345
Marie Luise v. Spanien	Kaiserin	234, 243, 245
Marie v. Bayern	Königin	346
Marie v. Preußen	Königin	375 ff., 382
Marie v. Sachsen	Tocht. Kg. Johanns I.	353, 356
Marie v. Sachsen	Prinzessin	345
Marie v. Sachsen	Tocht. Kg. Georgs I.	359
Marie v. Sachsen-Altenb.	Königin	332
Marie v. Waldeck-Pyrmont	Königin	402
Marie v. Württemberg	Tocht. Kg. Wilhelms I.	397
Martin V.	Papst	158 ff.
Martinez	Kommissar	205
Martini, v.	Professor	238, 243
Mathilde	Königin	21, 25
Mathilde	Tocht. Ks. Konrads II.	56, 72
Mathilde	Äbtissin	31, 33
Mathilde	Tocht. Kais. Ottos II.	39, 44
Mathilde	Ehef. Hzg. Heinr. d. L.	88, 102
Mathilde v. England	Kaiserin	72, 76
Mathilde v. Sachsen	Tocht. Kg. Georgs I.	359
Matthias I.	Kaiser	193, 196, 199 ff., 205
Maupertuis	Mathematiker	274
Mauritius v. Barga	Erzbischof	73
Maximilian I.	Kaiser	168 ff., 179, 181, 386
Maximilian I. J. v. Bayern	König	346, 356, 365 ff.
Maximilian I. v. Bayern	Kurfürst	202, 204 ff., 211, 364, 370
Maximilian II.	Kaiser	190, 192 ff., 200
Maximilian II. J. v. Bayern	König	375 ff., 381 ff.
Maximilian II. v. Bayern	Kurfürst	214, 227
Maximilian III. v. Bayern	Kurfürst	231
Maximilian Fr. v. Habsb.	Hochmst. d. Dt.Ritt.O.	234, 238, 243
Maximilian v. Sachsen	Prinz	339, 342 ff., 349
Maximilian v. Montgelas	Graf	368 ff.
Max v. Sachsen	Sohn Kg. Georgs I.	359
Mechthild v. Habsburg	Herzogin	136
Melac	General	216
Melanchthon, Philipp	Reformator	183
Metternich, Klemens Wenzel v.	Fürst	293

Name		Seiten
Miezko v. Polen	Fürst	54
Mittnacht	Ministerpräsident	399
Möllendorf, v.	Generalfeldmarschall	287
Mörike, Eduard	Dichter	396
Moltke, Helmuth v.	Graf	302, 354
Montez, Lola	Tänzerin	373, 375
Moritz v. Brandenburg	Kurfürst	192
Moritz v. Sachsen	Kurfürst	186, 192
Mosel, v. d.	Festungskommandant	266
Mozart, Wolfgang Amad.	Musiker	287
Münchow, v.	Beamter	267, 269
Napoleon I.	Kaiser	13, 247 ff., 292, 300, 317, 320, 340, 345, 367, 372, 387, 393
Napoleon III.	Kaiser	301, 303, 391 ff., 398
Niklas v. Salm	Reichsgraf	189
Nikolaus I.	Zar	398
Nikolaus V.	Papst	138
Olga v. Rußland	Königin	398
Otto I.	Kaiser	11 ff., 21, 25 ff., 33, 38 ff., 43, 45, 64, 176
Otto I. v. Bayern	König	378, 382 ff.
Otto I. v. Griechenland	König	373, 375
Otto II.	Kaiser	31, 33 ff., 38 ff.
Otto III.	Kaiser	37, 39 f., 43 ff., 49 ff.
Otto IV.	Kaiser	100, 102 ff.
Otto d. Erhabene	Herzog	19, 21
Ottokar II v. Böhmen	König	121 ff.
Otto v. Bayern	Herzog	119
Otto v. Colonna	Papst	159
Otto v. Kärnten	Herzog	45
Otto v. Northeim	Herzog	62, 67
Otto v. Schwaben	Bischof	93, 99
Otto v. Wittelsbach	Herzog	85, 364
Otto v. Wittelsbach	Pfalzgraf	100
Parricida, Johann	Neffe Kg. Albrechts I.	131
Paschalis II.	Papst	68, 71 ff.
Paschalis III.	Papst	86 ff.
Paul I.	Zar	390, 394
Pauline v. Württemberg	Königin	394, 397
Paul v. Württemberg	Sohn Kg. Friedr. I.	393
Peter III.	Zar	280
Peter v. Aspelt	Erzbischof	133
Peter v. Fecamp	Papst	141
Peter v. Ungarn	König	57

Name		Seiten
Philibert v. Savoyen	Herzog	170
Philipp II. v. Frankr.	König	57
Philipp II. v. Spanien	König	186, 190, 192 ff., 200
Philipp III. v. Spanien	König	204
Philipp IV. v. Frankr.	König	126, 129, 132 ff.
Philipp IV. v. Spanien	König	214 ff.
Philippine Char. v. Pr.	Tocht. Kg. Fr. Wilh. I.	264
Philipp d. Gute	Herzog	170
Philipp d. Schöne	König	170, 174 ff., 178, 188
Philipp v. Hessen	Landgraf	186
Philipp v. Orléans	Herzog	236
Philipp v. Parma	Herzog	239
Philipp v. Schwaben	König	93, 96, 99 ff., 106, 115
Philipp Wilh. v. Pr.	Sohn d. Großen Kurf.	253
Philipp W. v. Zw.-Nbg.	Herzog	214
Piccolomini, Enea Silvio	Humanist	166
Pierloni, Petrus	Papst	78
Pippin d. Jüngere	König	12
Pius II.	Papst	166
Pizarro, Francisco	Eroberer	179
Poppo	Papst	59
Praxedis	Kaiserin	67, 69
Quantz, Johann J.	Musiker	275
Rainald v. Dassel	Erzbischof	86 ff.
Rainer v. Habsburg	Sohn Kais. Leop. II.	245
Rákóczi	Fürst	217, 220
Raspe, Heinrich	Gegenkönig	112, 119
Rebeur, Philippe	Lehrer	259
Richenza	Kaiserin	75, 78
Rieger, v.	Professor	243
Riemenschneider, Tilman	Künstler	51
Rietz	Kammerherr	285
Roger II.	Herzog	78
Roger II. v. Sizilien	König	94
Rudolf I.	König	121 ff., 128
Rudolf I.	Pfalzgraf	130, 133, 136, 138, 150
Rudolf II.	Kaiser	193, 195 ff., 200 ff., 209, 214
Rudolf II. v. Burgund	König	42
Rudolf II.	Pfalzgraf	142
Rudolf III. v. Burgund	König	51, 54
Rudolf	Sohn Kg. Rudolfs I.	128
Rudolf	Sohn Kg. Albrechts I.	129 ff.
Rudolf v. Rheinfelden	Herzog	62, 65
Rudolf v. Schwaben	Herzog	66 ff.
Rudolf v. Westfranken	König	23
Rudolph v. Habsburg	Sohn Kais. Leop. II.	245

Name		Seiten
Ruprecht I.	König	148 ff., 364
Ruprecht I.	Kurfürst	150
Ruprecht II.	Pfalzgraf	150
Ruprecht	Sohn Kg. Adolfs I.	126
Saladin	Sultan	91
Schlick, Kaspar	Humanist	166
Schumann, Robert	Künstler	347
Schwerin, Curt Christ. v.	General	270
Sellis	Kammerdiener	329
Semper, Gottfried	Baumeister	347
Seydlitz, Friedr. Wilh. v.	General	278, 282
Sforza, Bianca Maria	Kaiserin	173
Sibylle	Ehef. Tankreds v. Lecce	96 ff.
Sidonie v. Sachsen	Tocht. Kg. Johanns I.	353, 356
Siegfried III. v. Eppst.	Erzbischof	119
Siegfried v. Mainz	Erzbischof	63
Siegfried v. Westerburg	Erzbischof	125
Sigismund I.	Kaiser	145, 147, 149, 152, 154 ff., 162, 250, 336
Sigmund v. Tirol	Herzog	167 ff., 172
Silvester I.	Papst	46
Silvester II.	Papst	44, 46
Simon	Sohn Hzg. Dietrichs II.	75
Skleros, Konstantin	Fürstin	38
Skleros, Sofia	Fürstin	38
Slawata	Kommissar	205
Sobeslaw v. Böhmen	Herzog	77
Sofia	Äbtissin	39, 44
Sofie v. Preußen	Tocht. Kais. Fr. III.	310
Sophie Char. v. Br.-Lbg.	Königin	255, 258
Sophie Dorothea v. B.-S.	Herzogin	389
Sophie D. v. Br.-Celle	Königin	317
Sophie D. v. Hannover	Königin	260, 264
Sophie D. v. Württemberg	Prinzessin	389
Sophie D. v. Württemberg	Zarin	390
Sophie L. v. M.-Schwerin	Königin	255 ff.
Sophie v. Bayern	Tocht. Kg. Max. I. Joseph	371
Sophie v. Preußen	Tocht. Kg. Fr. Wilh. I.	264
Sophie v. Sachsen	Tocht. Kg. Johanns I.	353, 356
Sophie v. Tirol	Prinzessin	379
Sophie v. Württemberg	Tocht. Kg. Wilhelms I.	397
Stein, Heinr. Fried. Karl v.	Freiherr/Politiker	292
Strützky	Husar	283
Stüve, Joh. Karl Bertram	Minister	330
Stubenrauch, Amalie	Schauspielerin	394
Suleiman, II.	Sultan	194
Swieten, van	Arzt	232

Name		Seiten
Szapolyai, Johann	Woiwode	189
Tankred v. Lecce	Graf	95 ff.
Thankmar	Sohn Kg. Heinrichs I.	25, 27
Theophano	Kaiserin	33, 36, 38 ff., 43 ff.
Therese Kunigunde v. P.	Kurfürstin	227
Therese M. v. Sachsen	Prinzessin	339, 342
Therese v. S.-Hildburgh.	Königin	372, 375
Thurn, Matthias	Graf	205
Tilly, Johann Tserclaes v.	General	205 ff.
Toselli, Enrico	Musiker	360
Tsimiskes v. Byzanz	Kaiser	38
Tycho v. Brahe	Wissenschaftler	198
Udalrich	Herzog	54
Udo v. Rheingau	Graf	28
Uhland, Ludwig	Dichter	347, 396
Ulrich v. Württemberg	Prinz	402
Urban II.	Papst	67
Urban V.	Papst	143
Urban VI.	Papst	146
Varnbüler	Ministerpräsident	399
Veger	Jesuit	238
Victor II.	Papst	59, 62
Victor IV.	Papst	86
Victoria v. Großbrit.	Königin	308, 311, 317, 326 ff., 334, 336, 360
Victoria v. Preußen	Tocht. Kais. Fr. III.	310
Viktoria v. England	Kaiserin	308 ff.
Vinzenz I. v. Mantua	Herzog	205
Voltaire	Philosoph	268, 274 ff.
Waldemar II. v. Dänemark	König	114
Waldemar v. Preußen	Sohn Kais. Fr. III.	310
Wagner, Richard	Musiker	347, 379
Wagner v. Wagenfels	Graf	218
Wallenstein, Albr. Eus. W. v.	General	205 ff.
Walmar v. Salerno	Fürst	57
Walram II. v. Nassau	Graf	125
Walther v. d. Vogelweide	Künstler	91
Warin v. Köln	Erzbischof	40 f., 44
Wartenberg, Joh. Kas. v.	Graf	256, 261
Watzdorf, v.	General	350
Weber, Carl Maria v.	Musiker	347
Wenzel I.	König	140, 145 ff., 150 ff., 160
Wenzel II. v. Böhmen	König	123, 130
Wenzel III. v. Böhmen	König	130

Name		Seiten
Wenzel v. Luxemburg	Graf	147
Wenzel v. Böhmen	Herzog	26
Wera v. Rußland	Prinzessin	398
Wibert v. Ravenna	Papst	67
Widukind	Herzog	21
Wikbald v. Köln	Erzbischof	130
Wilhelm I.	Kaiser	295, 297 ff., 307 ff., 354, 380
Wilhelm I. v. Württemberg	König	246, 387, 393 ff., 401
Wilhelm II.	Kaiser	310 ff., 360, 398
Wilhelm II. v. Württemberg	König	386, 388, 399, 401 ff.
Wilhelm II. v. Sizilien	König	94
Wilhelm III. v. Oranien	König	201
Wilhelm IV. v. Großbrit.	König	317, 322 ff., 328 ff.
Wilhelm	Sohn Kais. Ottos I.	31, 33
Wilhelm	Sohn Tankr. v. Lecce	96 ff.
Wilhelm	Sohn Hzg. H. d. Löwen	102
Wilhelm d. Eroberer	König	64
Wilhelm Eugen v. Württemberg	Herzog	398
Wilhelm H. v. Hannover	Prinz	319
Wilhelmine A. v. Brauns.	Kaiserin	219
Wilhelmine A. H.-Darmst.	Königin	367
Wilhelmine v. Bayern	Tocht. Kg. Max. I. Joseph	371
Wilhelmine v. Preußen	Markgräfin	264 ff.
Wilhelmine v. Württemberg	Prinzessin	389
Wilhelm v. Croy	Erzieher	179
Wilhelm v. Holland	Gegenkönig	119
Wilhelm v. Oranien	König	201
Wilhelm v. Poitou	Graf	61
Wilhelm v. Preußen	Sohn Kg. Fr. Wilh. II.	289
Wilhelm v. Württemberg	Prinz	389
Willigis v. Mainz	Erzbischof	39 ff., 44
Wladislaw III. v. Polen	König	166
Wladislaw v. Polen	Sohn Kg. Kasimirs II.	167 ff.
Wöllner, Joh. Christ. v.	Minister	286, 291
Wolfgang v. Regensburg	Bischof	50
Wolfram v. Eschenbach	Künstler	91
Xaver v. Sachsen	Prinz	339
Ziethen, Hans Joachim v.	General	279, 282

Literaturhinweise

Bagusch, Johannes (Hrsg.) : Illustrierte Weltgeschichte in einem Band, Köln 1981
Balfour, Michael: Der Kaiser. Wilhelm II. und seine Zeit, Berlin 1964
Benrath, Henry: Die Kaiserin Theophano, Stuttgart 1940
Böttigers, C. W.: Geschichte von Sachsen, bearb. von Dr. Thomas Flathe, in: Geschichte der europäischen Staaten, Gotha 1867
Cyran, Eberhard: Der König. Die schlesische Reise des Henri de Catt, Heilbronn 1981
Diwald, Hellmuth: Heinrich der Erste. Die Gründung des Deutschen Reiches, Bergisch Gladbach 1987
Dönhoff, Marion Gräfin: Preußen. Maß und Maßlosigkeit, München 1987
Duffy, Christopher: Friedrich der Große und seine Armee, Stuttgart 1978
Falkenstein, Dr. Paul von: Johann, König von Sachsen, Dresden 1878
Fassmann, Kurt (Hrsg.): Die Großen der Weltgeschichte, Band 1–12, München 1971
Fischer-Fabian, Sebastian: Die deutschen Cäsaren, München 1977
–: Preußens Gloria, München 1977
Friedrich Wilhelm Prinz von Preußen: Preußens Könige, Gütersloh 1971
Fußbroich, Helmut: Theophanu. Die Griechin auf dem deutschen Kaiserthron, Köln 1991
Gaxotte, Pierre: Friedrich der Große, Berlin 1974
Gebhardt, Bruno: Handbuch der deutschen Geschichte, Band 1–3, Berlin 1970
Gerwing, Manfred: Cappenberg unter Tage. Zur Bedeutung Cappenbergs im Mittelalter, Köln 1990
Geschichte der deutschen Länder, Territorien-Ploetz Bd. 1/2, Freiburg 1971
Haas, Walter: Der Dom zu Speyer, Königstein 1988
Hafner, Sebastian: Preußen ohne Legende, München 1981
Hahn, Renate (Hrsg.): Die Öffnung der Kaisergräber im Dom zu Speyer, Progressdruck 1991
Hauptmeyer, Carl-Hans: Calenberg, Hannover 1983

Heimpel, Hermann/Heuss, Theodor/Reifenberg, Benno (Hrsg.): Die großen Deutschen. Deutsche Biographie, Bd. 1/5, Berlin 1956
Heine, Alexander (Hrsg.): Geschichte der Welfen, Essen 1986
Herzfeld, Prof. Dr. Hans (Hrsg.): Geschichte in Gestalten. Die großen Persönlichkeiten der Geschichte von der Antike bis zum Ende des Zweiten Weltkriegs, München 1989
Hiller, Helmut: Friedrich Barbarossa und seine Zeit, München 1977
–: Otto der Große und seine Zeit, München 1980
Kießmann, Eckart: Prinz Louis Ferdinand von Preußen 1772–1806, München 1978
Köhler, Dr. Johann August Ernst: Das Königreich Sachsen und seine Fürsten, Leipzig 1886
Lehmann, Johannes: Die Staufer, Gütersloh 1978
Leonhard, Heinrich, Hermann: Der blinde König, Der Schicksalsweg eines Vertriebenen, Hannover 1959
Mann, Golo/Nitschke, August (Hrsg.): Propyläen Weltgeschichte, Bd. 7, Berlin 1964
Mendelssohn-Bartholdy, Gustav: Der König, Bielefeld 1954
Meyers Großes Personenlexikon, hrsg. und bearb. von den Fachredaktionen des Bibliographischen Instituts Mannheim 1968
Mlynek, Klaus/Röhrbein, Waldemar R. (Hrsg.): Hannover Chronik, Hannover 1991
Mondadori, Arnoldo (Hrsg.): Die großen Dynastien, deutsche Ausgabe Erlangen 1978
Müller, Dr. Helmut M.: Schlaglichter der deutschen Geschichte, Mannheim 1986
Neue Deutsche Biographie, hrsg. von der Historischen Kommission bei der Bayerischen Akademie der Wissenschaften, Berlin 1953
Nöhbauer, Hans F.: Die Wittelsbacher, Rastatt 1979
Pleticha, Heinrich (Hrsg.): Deutsche Geschichte, Bd. 1/10, Stuttgart 1981
Pörtner, Rudolf: Das Römerreich der Deutschen, Düsseldorf 1967
Reiners, Ludwig: Friedrich, München 1952
Reiser, Rudolf: Die Wittelsbacher, München 1979
Richter, Johannes: Die Briefe Friedrichs an seinen vormaligen Kammerdiener Fredersdorf, Fürth 1926
Ritthaler, Anton: Die Hohenzollern, Frankfurt 1981
Rössler, Hellmuth/Franz, Günther: Bibliographisches Wörterbuch zur Deutschen Geschichte, Tübingen 1973

Rofloff, Heide N. (Hrsg.): Großbritannien und Hannover. Die Zeit der Personalunion 1714–1837, Frankfurt 1989
Rosendahl, Erich: König Georg V. von Hannover, Hannover 1928
Schieder, Theodor: Friedrich der Große, Berlin 1983
–: Deutsche Geschichte. Ereignisse und Probleme, Berlin 1973
Simon, Edith: Friedrich der Große. Vom Werden eines Königs, Reinbek 1963
Sturmhoefel, Konrad: Illustrierte Geschichte der sächsischen Lande und ihrer Herrscher, Leipzig 1902
–: Zu König Georgs Gedächtnis, Dresden 1905
Taddey, Gerhard (Hrsg.): Lexikon der deutschen Geschichte, Mannheim 1983
Uhland, Robert (Hrsg.): 900 Jahre Haus Württemberg, Stuttgart 1984
Vater, Oskar: Die Sächsischen Herrscher, ihre Familien und Verwandten, Rudolfstadt 1895
Wies, Ernst W.: Kaiser Friedrich Barbarossa. Mythos und Wirklichkeit, München · Esslingen 1990
–: Karl der Große. Kaiser und Heiliger, München · Esslingen 1992
–: Otto der Große. Kämpfer und Beter, München · Esslingen 1989
Wilkinson, C. Allix: König Ernst August von Hannover. Erinnerungen an seinen Hof und seine Zeit, Übers. aus dem Engl., Leipzig 1902

Karl der Große,
der Begründer
des neuen Kaisertums
in der Nachfolge
römischer Cäsaren –
genial und grausam
336 Seiten, DM 39,80

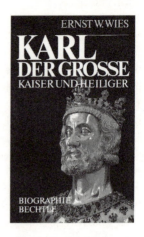

Otto der Große, der unbeirrbar
Glaubende, vollendete die Bildung
des Deutschen Reiches und sicherte
ihm die damals stärkste Machtstellung im europäischen Raum
336 Seiten, DM 39,80

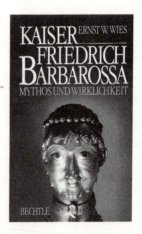

Kaiser Friedrich Barbarossa
– ein Spiegel der deutschen Seele,
ihrer hervorragenden Züge,
aber auch ihrer Abgründe und
schroffen Gegensätze
368 Seiten, DM 39,80